Konrad Lorenz / Franz M. Wuketits (Hrsg.)
Die Evolution des Denkens

Konrad Lorenz/Franz M. Wuketits (Hrsg.)

Die Evolution des Denkens

12 Beiträge von
Franz M. Wuketits
Gerhard Vollmer
Konrad Lorenz
Robert Kaspar
Rupert Riedl
Franz Seitelberger
Günter P. Wagner
Werner Leinfellner
Erhard Oeser
Hans Mohr
Reinhard Löw

R. Piper & Co. Verlag
München Zürich

*... richtige Ansicht der irdischen Dinge ist ein Erbteil
des allgemeinen Menschenverstandes.*

Johann Wolfgang von Goethe

*Es ist begreiflich, daß der Mensch einen gewissen Stolz
empfindet darüber, daß er sich, wenn auch nicht durch
seine eigenen Anstrengungen, auf den Gipfel der
organischen Stufenleiter erhoben hat; und die Tatsache,
daß er sich so erhoben hat, anstatt von Anfang an dorthin
gestellt zu sein, mag ihm die Hoffnung auf eine noch
höhere Stellung in einer fernen Zukunft erwecken.
Aber wir haben es hier nicht mit Furcht und Hoffnung
zu tun, sondern allein mit der Wahrheit, soweit wir fähig
sind, sie zu entdecken.*

Charles Darwin

ISBN 3-492-02793-8
2. Auflage, 4.–6. Tausend 1984
© R. Piper & Co. Verlag, München 1983
Gesetzt aus der Aldus-Antiqua
Umschlag: Disegno
Gesamtherstellung: Clausen & Bosse, Leck
Printed in Germany

Inhaltsverzeichnis

Vorwort

Zu den faszinierendsten und gleichzeitig schwierigsten Problemen unseres Denkens zählt das Denken selbst. *Woher* kommt dieses dem Menschen eigene Vermögen, über sich selbst und die ihn umgebende Wirklichkeit nachdenken zu können? *Woher* wissen wir überhaupt, daß die von uns also gedachte Wirklichkeit »wirklich« existiert? Und wenn unser Denken »richtig« ist: *Wie* funktioniert es? *Wie* kommt es zustande?

Seit Jahrhunderten bemüht sich der Mensch um befriedigende Antworten auf diese und andere Fragen und versucht damit jener Verwirrungen Herr zu werden, die ihm nicht zuletzt sein eigenes Denken bereitet. Denn daß unser Denken uns auch täuschen kann, mag eine Binsenweisheit sein. Es bleibt dann noch die Frage: *Wo* liegen die Grenzen des Denkens? Die Bedeutung einer möglichen Antwort gerade auf diese Frage ist nicht zu unterschätzen; wäre es doch die Antwort auf die Grenzen unserer Existenz als »denkende Wesen«; und wäre diese Antwort doch der Hinweis auf die vielen den Verstand verhexenden Täuschungen und Illusionen, denen der Mensch in seiner Geschichte fortgesetzt zum Opfer gefallen ist.

Die in neuerer Zeit sich profilierende *evolutionäre Erkenntnistheorie* ist eine hoffnungsvolle Disziplin, da sie versucht, das menschliche Erkennen und Denken zu seinen Wurzeln in die Tiefe unserer Stammesgeschichte zurückzuverfolgen. Sie ist genau jene Disziplin, die die *biologische* Basis unseres Denkens untersucht; dabei korrespondiert sie mit *psychologischen, anthropologischen* und *soziologischen* Forschungsansätzen und Resultaten. Gewiß, das komplexe Phänomen menschlichen Denkens wird nur im interdisziplinären Kontext befriedigend zu beschreiben und zu erklären sein. Wenn wir meinen, das Denken sei überhaupt beschreibbar und erklärbar, sind wir vielleicht Optimisten. Wir sind uns der »Restprobleme« bewußt, die bestehen und vielleicht immer bestehen werden. Nichts aber wäre der Situation der heutigen Menschheit abträglicher als Wissensverzicht!

Der vorliegende Band setzt sich zum Ziel, unser heute verfügbares Wissen über die Fundamente menschlichen Erkennens und Denkens auszubreiten. Die hier vereinten Beiträge sollen dem Leser ein Panorama der Argumente, Ergebnisse und Konsequenzen der evolutionären Erkenntnistheorie liefern; darüber hinaus wird die evolutionäre Erkenntnistheorie auch ihrer philosophischen Kritik zugänglich gemacht.

Die Beiträge wurden so zusammengestellt, daß der Leser ein einigermaßen einheitliches Bild von der Thematik erhalten kann. Einzelne Beiträge bauen in vieler Hinsicht aufeinander auf, so daß der Zusammenhang gewahrt werden kann. Damit soll dieses Buch nicht den Charakter einer bunten Folge von Essays tragen, von denen jeder für sich steht. Durch die Zusammenfassung bzw. Aufgliederung der Texte in Kapitel sollen thematische Schwerpunkte sichtbar gemacht werden, die dem Leser den Blick auf die engere Zusammengehörigkeit von je zwei bis vier Beiträgen ermöglichen. Der philosophischen Kritik wurde indes ein eigenes Kapitel gewidmet. Und der Epilog steht gewissermaßen als kurzer Ausblick auf jenen Horizont, vor dem die evolutionäre Erkenntnistheorie ihre Konturen als die eines neuen Menschenbildes sichtbar machen kann. Die Gesamtbibliographie am Ende des Buches hat nicht nur den Zweck, Nachweis über die von den einzelnen Autoren verwendete Literatur zu führen, sondern soll dem Leser eine Orientierung über die Fülle weitergehender Literatur zu den einzelnen Gegenständen erleichtern.

Selbstverständlich trägt jeder Beitrag dieses Buches den persönlichen Stempel seines Autors. Die einzelnen Autoren vertreten ja zum Teil verschiedene Wissensgebiete und haben zum Teil unterschiedliche Standpunkte in der einen oder anderen Kontroverse entwickelt. Aber dieser Band soll auch kein Lehrbuch der evolutionären Erkenntnistheorie sein, sondern gerade durch die unterschiedlichen Stilformen seiner Mitarbeiter dem Leser einen Einblick in die »laufenden« Diskussionen gewähren, die das Denken über unser eigenes Denken bestimmen.

An dieser Stelle gebührt allen Autoren des Buches unser Dank für die prompte Fertigstellung der Manuskripte und die klare Ausarbeitung der oft höchst verwickelten Probleme und Resultate ihrer Forschungen. Für die aufmerksame Lektüre aller Manuskripte ist Frau Dr. Heidi Bohnet (Bonn) besonderer Dank auszusprechen; sie hat auf einige Unklarheiten hingewiesen, die es im Interesse des Lesers zu beseitigen galt. Schließlich sei dem Verlag für die gute Zusammenarbeit und die sorgfältige Betreuung des Bandes gedankt.

Dezember 1982 *Die Herausgeber*

1. Kapitel
Evolutionäre Erkenntnistheorie: Grundlagen, Konzepte, Synthesen

Alles Wissen trägt den Stempel der Struktur unseres eigenen Geistes.

Stephen Toulmin

Franz M. Wuketits *Evolutionäre Erkenntnistheorie – Die neue Herausforderung*

> *Die sichtbaren Dinge bilden die Grundlagen der Erkenntnis des Unsichtbaren.*
>
> Anaxagoras

Einleitung

Jener Umstand, daß die biologische Evolutionslehre nunmehr auch menschliches Erkennen und Denken und mithin – allgemein gesprochen – den menschlichen Geist in ihr Theoriengebäude einbezieht, wurde bereits als neue »kopernikanische Wende« bezeichnet. Die der (biologischen) Evolutionstheorie entsprungene Konzeption von Erkenntnis- bzw. Denkstrukturen hat in einer *evolutionären Erkenntnistheorie* ihren Niederschlag gefunden, die das *apriorische* Erkenntnisvermögen (im Sinne von Immanuel Kant) als ein evolutives, in der Stammesgeschichte unserer Spezies und ihrer Vorläufer herausgebildetes *Aposteriori* zu erklären sucht.

Gleich, ob es sich hierbei um eine buchstäblich *kopernikanische* Wende handelt oder nicht, ist festzuhalten: Da somit das in der traditionellen Philosophie meist kategorial eigenständige »Geistprinzip« auf das Plateau der (biologischen) Evolution gestellt wird, hat die evolutionäre Erkenntnistheorie vielfach zu heftigen Kontroversen geführt, die keineswegs allein die philosophische Erkenntnislehre betreffen, sondern die psychologische, (kultur-)anthropologische und soziologische Theoriendiskussion[1] in gleichem Maße beeinflussen wie die in neuerer Zeit wieder entfachte »Ethik-Debatte«. In ihrer potentiellen Konsequenz jedenfalls zeigt sich die evolutionäre Erkenntnistheorie insgesamt als ein Weg zum menschlichen Selbstverständnis.

Dieser Beitrag ist in erster Linie als Einführung in den Gegenstand des vorliegenden Buches gedacht. Er soll dem Leser eine Orientierungshilfe sein, ein Wegweiser zu den Problemen und Ergebnissen der evolutionären Erkenntnistheorie. Ich will versuchen, den größeren Rahmen für die vielschichtige Thematik der nachfolgenden Beiträge zu zeichnen. Darüber hinaus möchte ich unser Thema auch ein wenig von seiner historischen Seite beleuchten, die geschichtliche Entwicklung der Grundfragen und Hauptthesen der evolutionären Theorie des menschlichen Erkennens und Denkens zumindest schlaglichtartig erscheinen lassen[2].

Mit seinem fürwahr epochalen Werk *On the Origin of Species* (1859) verhalf Darwin einem schon vorher zum Teil nur vage angedeuteten, zum Teil aber klar ausgesprochenen Gedanken zum endgültigen und entscheidenden Durchbruch: dem Gedanken, daß die Organismenarten nicht konstant, sondern veränderlich sind und daß die heutigen Lebewesen von früheren, »andersartigen« Formen abgeleitet werden können[3]. Mittlerweile gehören diese Aussagen längst zu den festen Bestandteilen biologischer Lehrbücher, und die Evolutionstheorie ist für den Biologen das tragende Gerüst seiner Wissenschaft. Ohne weitere Frage ist auch der Mensch in die Evolution des Lebenden eingegliedert und als Produkt jenes vor Jahrmilliarden begonnenen Spiels der Natur zu betrachten, das auf dem »blauen Planeten« Millionen von Arten hervorgebracht hat. Als einzige uns bekannte Spezies aber verfügt Homo sapiens über die Fähigkeit, den *ludus evolutionis* gedanklich nachzuvollziehen und somit ihr eigenes Werden und Gewordensein *bewußt* zu reflektieren; eine Fähigkeit, die selbst wiederum Produkt dieser Evolution sein muß[4].

Darwin hatte sich über die Evolution des Menschen ursprünglich mit großer Zurückhaltung geäußert: »Licht wird auch fallen auf den Menschen und seine Geschichte«, so schrieb er in dem erwähnten Buche[5], hatte die Konsequenzen der Evolutionstheorie wohl bedacht, war aber (noch) nicht willens, sie auch klar auszusprechen. Doch sollte Darwin in seinem weiteren Werk tatsächlich schon neues Licht auf den Menschen werfen. Zwölf Jahre nach der Veröffentlichung seines ersten evolutionstheoretischen Hauptwerkes schrieb er das Buch *The Descent of Man* (1871), worin er den Menschen nicht allein im Hinblick auf seinen Habitus als *biologische* Spezies der Evolution der Organismen unterordnete, sondern auch der These einer stammesgeschichtlichen Entwicklung psychischer bzw. geistiger Potentiale des Homo sapiens gebührend Raum widmete. Für Darwin war es deutlich geworden, daß die spezifisch menschlichen Attribute, daß die »Vernunftqualitäten« des Menschen mit all ihren sichtbaren Äußerungen – in Sprache, Kultur, Moralität – Ergebnisse der Evolution sind. Darwin war im 19. Jahrhundert freilich nicht der einzige, der die Evolutionstheorie auch als Erklärung für die Entstehung geistiger, kultureller Phänomene heranzog. Insbesondere hat der Philosoph Herbert Spencer (noch vor Darwin) ein allgemeines *Entwicklungsgesetz* postuliert und dieses Gesetz für die Entwicklung (Evolution) der gesamten realen Welt bis hin zum Bereich des Geistigen als maßgeblich erachtet[6]. Darwin beruft sich denn auch auf Spencer und meint:

Die Psychologie wird sicher auf der von Herbert Spencer geschaffenen Grundlage weiterbauen: daß jedes geistige Vermögen und jede Fähigkeit nur allmählich und stufenweise erlangt werden kann[7].

Die Frage, *in welcher Weise* sich das geistige Vermögen in der Evolution entwickelt hat, blieb für Darwin jedoch im wesentlichen ein offenes, in einer »fernen Zukunft« zu lösendes Problem. Was er selbst zur möglichen Lösung dieses Problems beigetragen hat, ist aber gewiß nicht wenig. Denn in seinem Buch »Die Abstammung des Menschen« und auch in weiteren Werken[8] widmete sich Darwin der Beschreibung und dem Vergleich tierischer Verhaltensweisen und überbrückte die Kluft zwischen »Tier« und »Mensch«, indem er auch menschliches Verhalten in seinen spezifisch geistigen Ausdrucksformen zur Evolution der Organismen in Beziehung setzte. Wenngleich sich Darwin hierbei auf Spencer gestützt hat, ist seine evolutionäre Betrachtung psychischer und geistiger Phänomene originell geblieben: Waren die »Entwicklungs-Philosophien« des 19. und des ausklingenden 18. Jahrhunderts sehr allgemein gehaltene und vielfach noch spekulative Weltdeutungen, vermochte Darwin seine Aussagen auf eine breite empirische Basis zu stellen und seine – stets vorsichtig formulierten – Schlußfolgerungen durch ein sehr reichhaltiges Beobachtungsmaterial zu untermauern.

Zusammengefaßt ergibt die im 19. Jahrhundert anvisierte evolutionäre Betrachtung psychischer und geistiger Aktivitäten die These, daß mentales Erleben nicht auf den Menschen beschränkt ist, daß die Ideenbildung bzw. das Denken ein körperlicher Prozeß und – so wie jede andere biologische Funktion – der Evolution unterworfen ist (Bunge 1980). Allerdings sollte man m. E. zwischen *psychischen* und *mentalen* oder *geistigen* Fähigkeiten unterscheiden (Wuketits 1982 c, 1983 a): Psychische Phänomene sind allen Organismen eigen, die ein Nervensystem oder diesem äquivalente Strukturen aufweisen, somit also Information aus ihrer Umwelt aufzunehmen und darauf zu *reagieren* in der Lage sind; mentale oder geistige Leistungen hingegen vollbringt nur der Mensch kraft seiner *Ratio* oder *Vernunft*, d. h. ich schränke mentale Leistungen ein auf das Vermögen eines *selbstreflexiven Bewußtseins*. Sowohl psychische als auch geistige Aktivitäten aber sind, wie wir sogleich im Ausblick auf die Resultate verschiedener Beiträge zum vorliegenden Buch[9] festhalten wollen, *nur auf der Grundlage biologischer Strukturen und Funktionen möglich, und die Bio-Evolution ist die unabdingbare Voraussetzung der psychischen und geistigen Evolution.*

Darwins Vermächtnis für die evolutionäre Erkenntnistheorie besteht also in empirischen Forschungsansätzen zu einer *evolutionären Psychologie*, die psychisches und geistiges Verhalten in gleichem Maße einbegreift und eine wesentliche Erweiterung der (biologischen) Evolutionslehre bedeutet. Die Betrachtung des Menschen *sub specie evolutionis* wurde ein Auftrag an die Naturwissenschaften und nicht minder an die Philosophie: Der evolutionäre Ansatz in der Erklärung menschlicher Erkenntnis- und Denkstrukturen war nichts weniger als das Signal zu einem neuen Menschenbild, welches freilich erst im Verlaufe des 20. Jahrhunderts in schärferen Konturen gezeichnet werden sollte. Die Tragweite dieses in der Evolutionstheorie wurzelnden Menschenbildes wird man verstehen, wenn man sich daran erinnert, daß hiermit ein Meilenstein auf dem Weg zur »Entanthropomorphisierung« unserer Weltvorstellungen gesetzt wurde. Dieser Weg, der mit der Etablierung des heliozentrischen Weltsystems zu Beginn der Neuzeit schon geebnet worden war, führte zum Verlust der Sonderstellung des Menschen im Kosmos. Die Aufregung um Darwins Werk ist, wie Jahrhunderte davor die durch das Buch *De revolutionibus coelestium* (»Über die Bewegung der Himmelskörper«) des Nikolaus Kopernikus verursachte Unruhe, psychologisch zu verstehen. Geht es um ihn selbst, dann reagiert der Mensch dünnhäutig. Peters (1972, S. 326) schreibt ganz richtig,

daß sich das heliozentrische System von Kopernikus und Darwins Theorie von der Abstammung des Menschen gegen schwere Widerstände durchsetzen mußten, weil sie mit den überlieferten Vorstellungen von der Sonderstellung des Menschen kollidierten. Paradoxerweise waren aber weder Kopernikus noch Darwin an dem, was viele als »Entthronung« des Menschen empfanden, sonderlich interessiert. Es ging ihnen keineswegs um die Klärung weltanschaulicher oder religiöser Fragen, sondern um bestimmte sachliche Anliegen.

Es ist sehr wesentlich, sich auch in Anbetracht der evolutionären Erkenntnistheorie zu vergegenwärtigen, daß es dabei keineswegs um die Diskussion weltanschaulicher Probleme gehen kann. Und um es gleich klarzustellen: *Keine* der Ideologien unserer Tage wird von der evolutionären Erkenntnistheorie – solange diese in ihren Ansprüchen und Zielsetzungen richtig verstanden wird – eine wissenschaftliche Stütze erhalten! Das Anliegen der evolutionären Erkenntnistheorie ist, so wie es

14

Kopernikus' und Darwins Anliegen war, vielmehr die Klärung bestimmter »Sachfragen«; die Klärung *stammesgeschichtlicher Bedingungen* des menschlichen Erkennens und Denkens nämlich. In diesem Tonfall hat Campbell (1974, S. 414) bereits deutlich gesagt, was evolutionäre Erkenntnistheorie ist:

Die evolutionäre Erkenntnistheorie trägt der Tatsache Rechnung und ist damit vereinbar, daß der Mensch Produkt der biologischen und in der Folge der sozialen und kulturellen Evolution ist, und als deskriptive Epistemologie (Erkenntnistheorie) erhebt sie überdies den Anspruch darauf, analytisch konsistent zu sein[10].

Inwieweit die evolutionäre Erkenntnistheorie, wie eingangs erwähnt, ein Weg zum menschlichen Selbstverständnis sein kann, wird daraus ersichtlich, daß sie die in der Evolution liegenden »Anfangsgründe« der uns gegebenen Erkenntnisfähigkeit und unserer Fähigkeit zur Selbsterkenntnis zu erhellen vermag. Ich erinnere in diesem Zusammenhang an den Ausspruch *Nosce te ipsum* (»Erkenne dich selbst«) des schwedischen Naturforschers Carl von Linné: Dieser Ausspruch, den Linné als kurze Charakterisierung des Homo sapiens, als dessen Artdiagnose geschrieben hat, ist der Imperativ, den zu befolgen uns die evolutionäre Erkenntnistheorie erleichtern dürfte.

Immanuel Kant – und danach?

Der heikle Punkt in vielen Diskussionen der evolutionären Erkenntnistheorie ist, daß diese Theorie offenbar beansprucht, die Erkenntnislehre Kants evolutionistisch umzudeuten. Das hat von seiten der Philosophie Kritiker auf den Plan gerufen, deren Argumenten der Leser anhand des Beitrags von Löw gut folgen wird können[11]. Es scheint also, daß Kants erkenntnistheoretisches System in der evolutionären Erkenntnistheorie in neue Schablonen gegossen wird. Tatsächlich aber sind hier, wie Oeser in seinem Beitrag noch ausführen wird, zwei Ebenen zu unterscheiden: die Ebene der philosophischen Erkenntnistheorie, die menschliches Erkennen *voraussetzt*, und die Ebene einer *Biologie der Erkenntnis* (Riedl 1980), die genau diese Voraussetzungen untersucht.

Evolutionäre Erkenntnistheorie ist daher nicht als »Konkurrenzunternehmen« zur philosophischen Erkenntnistheorie zu verstehen. Sie befaßt sich, wie schon gesagt, mit den stammesgeschichtlichen Vorbedingungen der menschlichen Erkenntnis – bzw. Erkenntnisfähigkeit. Selbstverständlich gelangt die evolutionäre Erkenntnistheorie dadurch zu einer Relativierung des Erkenntnisbegriffs; denn seinem Inhalt nach wird dieser Begriff zur biologischen und soziokulturellen Evolution des Menschen in Beziehung gesetzt. Und hierdurch vermag die evolutionäre Erkenntnistheorie eine breitere Basis für die »reine«, philosophische Erkenntnistheorie zu schaffen.

Sehr wesentlich war in der abendländischen Philosophie immer wieder die Frage, ob Erkenntnis sozusagen »aus dem Nichts« kommen kann oder ob das Erkenntnisvermögen auf gewisse »angeborene Strukturen« gegründet ist. Ein Blick auf Tabelle 1 zeigt, daß sowohl von Philosophen als auch (in neuerer Zeit) von Biologen, Psychologen, Anthropologen und Sprachwissenschaftlern die Existenz *a priori* gegebener mentaler und soziokultureller Strukturen als sehr wahrscheinlich erachtet worden ist. Wir kommen darauf noch zurück, wollen aber zuvor die Position Kants im Rahmen dieser Diskussion zumindest andeuten.

Kants *kritische Philosophie* kann als eine vermittelnde Position zwischen dem *Rationalismus* und dem *Empirismus* gesehen werden. Kommt für den Rationalismus alle Erkenntnis aus der Vernunft, meint der Empirismus andererseits, Erkenntnis sei allein durch die Sinnesorgane zu erzielen. Die Philosophie Kants aber geht davon aus, daß weder die eine noch die andere Auffassung, wird sie für absolut genommen, richtig sein kann. Vielmehr unterscheidet Kant zwischen Erkenntnissen *a priori* und Erkenntnissen *a posteriori*. Wenn wir Kants Erkenntnistheorie notgedrungenermaßen hier sehr vereinfacht darstellen, so können wir als quintessentiellen Schluß den folgenden ziehen: Unsere Erkenntnis nährt sich sehr wohl von durch die Sinnesorgane vermittelten Erfahrungen; doch diese allein genügen nicht, um »geordnete« Erkenntnis zu gewinnen, so daß sie mit »reinen« Vernunftkategorien gewissermaßen in Einklang gebracht werden müssen. »Lasset von eurem Erfahrungsbegriffe eines Körpers alles«, so schrieb Kant[12],

was daran empirisch ist, nach und nach weg: die Farbe, die Härte oder Weiche, die Schwere, selbst die Undurchdringlichkeit, so bleibt doch der *Raum* übrig, den er ... einnahm, und den könnt ihr nicht weglassen. Eben so, wenn ihr von eurem empirischen Begriffe eines jeden ... Objekts alle Eigenschaften weglaßt, die euch die Erfahrung lehrt; so könnt ihr ihm doch nicht diejenige nehmen, dadurch ihr es als *Substanz* oder einer Substanz *anhängend* denkt ... Ihr müßt also, überführt durch die Notwendigkeit, womit sich dieser Begriff euch aufdringt, gestehen, daß er in eurem Erkenntnisvermögen a priori seinen Sitz habe.

Tabelle 1: Übersicht über die wichtigsten als angeboren betrachteten »Strukturen« oder »Ideen« (aus Wuketits 1981b, nach Vollmer 1975)

	bei:
alle abstrakten Ideen	Platon (427–347 v. Chr. Geb.)
Axiome der Logik	Aristoteles (384–322 v. Chr. Geb.)
»idola tribus« (= »Idole«, Vorurteile des Stammes, der Gattung des Menschen)	F. Bacon (1561–1626)
Instinkte, Schlußregeln	D. Hume (1711–1776)
erste Prinzipien (z. B. eigene Existenz)	R. Descartes (1596–1650)
alle notwendigen Wahrheiten; viele intellektuelle Ideen; einige praktische Prinzipien	G. W. Leibniz (1646–1710)
der »Grund« für die Anschauungsformen und Kategorien	I. Kant (1724–1804)
Raumanschauung	H. v. Helmholtz (1821–1894)
Verhaltensmuster; Anschauungsformen; Kategorien (z. B. Kausalität)	K. Lorenz (geb. 1903)
Reaktionsnormen; kognitive Strukturen	J. Piaget (1896–1980)
Archetypen (Anima, Dualität)	C. G. Jung (1875–1961)
Strukturen (z. B. kulinarisches Dreieck)	C. Lévi-Strauss (geb. 1908)
universale Grammatik	N. Chomsky (1928–1978)

Die Voraussetzung dafür, daß Erkenntnis also überhaupt möglich ist, sind nach Kant gewisse apriorische »Strukturen«, und zwar die *Anschauungsformen* (Raum, Zeit) und die (Denk-)Kategorien (z. B. Kausalität). Es bringt somit »jeder Mensch bereits fertige Strukturen mit, die Erfahrung erst ermöglichen« (Vollmer 1982, S. 133).

Das erkenntnistheoretische System Kants ist gewiß eines der »geschlossensten« philosophischen Systeme, die je erdacht worden sind. Man darf wohl sagen, daß mit der kritischen Philosophie Kants die gesamte Geschichte der philosophischen Erkenntnislehre seit Platon – und nicht nur die Geschichte der Erkenntnislehre, sondern die Geschichte der Philosophie schlechthin – in vieler Hinsicht ihren Höhepunkt erreicht hatte. Ist es aber nicht verständlich, daß in Anschluß an Kant immer wieder die Frage aufgetaucht ist, wie es denn zu diesen apriorischen Strukturen kommt? Und wenn es sich dabei um *angeborene* Strukturen handelt, dann bleibt die Frage, zumal für den Naturforscher, wie denn »angeboren« zu erklären sei. Diese Fragen führten zu einer biologischen Relativierung des Apriorischen. Im 20. Jahrhundert hat insbesondere

Konrad Lorenz in seinem 1941 erschienenen Aufsatz »Kants Lehre vom Apriorischen im Lichte gegenwärtiger Biologie« (in diesem Band S. 95–124) den Weg zu dieser – auf der Grundlage der Evolution angesetzten – Relativierung gewiesen. Lorenz steht damit in einer weit ins 19. Jahrhundert zurückreichenden Tradition. Im Rahmen dieser Tradition hat sich die evolutionäre Erkenntnistheorie als ein Versuch herauskristallisiert, die Aprioris unserer Erkenntnis als Aposterioris der Evolution zu erklären. Zwei Postulate waren hierfür maßgebend:

1. Alle Lebewesen sind mit bestimmten angeborenen Strukturen ausgestattet. Kein Lebewesen ist bei seiner Geburt ein »leerer Kasten«, eine *tabula rasa*, sondern verfügt über bestimmte »Dispositionen«, die erst weitere, individuelle Lernleistungen ermöglichen.

2. Die angeborenen Strukturen ihrerseits sind Produkte der Evolution; sie sind Ergebnisse der natürlichen Auslese, die unter allen »Anfangsprodukten« diejenigen bevorzugt, die den Organismus zum Leben und Überleben befähigen.

Die angeborenen Dispositionen der Lebewesen (einschließlich des Menschen) sind so für jeden individuellen Organismus zwar von vornherein, also *a priori* gegeben, aber sie haben sich in jener Gattung, zu der das fragliche Individuum zu zählen ist, erst allmählich entwickelt, gleichsam als ein Selektionsvorteil. Die angeborenen Strukturen wurden mithin einer *dynamischen* – eben der evolutionären – Betrachtungsweise zugänglich. Und wieder sind wir bei Darwin, dem das Verdienst zukommt, durch die Begründung der Selektionstheorie, der Theorie der natürlichen Auslese, einer solchen Betrachtungsweise der alten Idee von den angeborenen Strukturen den realen, naturhistorischen Hintergrund verliehen zu haben. Von Darwin beeinflußt, haben zahlreiche Naturforscher den Apriorismus Kants phylogenetisch aufzulösen versucht, was teils von einer (m. E. ungerechtfertigten) Polemik gegen Kant begleitet wurde, so etwa bei Haeckel (1905, S. 11 f.):

Der große Irrtum von Kant ... beruht hauptsächlich darauf, daß seiner kritischen »Erkenntnis-Theorie« die physiologischen Grundlagen fehlten, die erst 60 Jahre nach seinem Tode durch Darwin's Reform der Entwickelungslehre und durch die Entdeckungen der Gehirn-Physiologie gewonnen wurden.

Daß Kant von der »Reform der Entwickelungslehre« noch nichts gewußt hat, kann man ihm allerdings nicht zum Vorwurf machen. Aber lesen wir weiter:

Er [Kant] betrachtete die Seele des Menschen mit ihren angeborenen Eigenschaften der Vernunft als ein fertig gegebenes Wesen ... Er dachte nicht daran, daß diese Seele sich phylogenetisch aus der Seele der nächstverwandten Säugethiere entwickelt haben könne. Die wunderbare Fähigkeit zu Erkenntnissen *a priori* ist aber ursprünglich entstanden durch Vererbung von Gehirn-Structuren, die bei den Vertebraten-Ahnen [Wirbeltierahnen] des Menschen langsam und stufenweise durch Anpassung an synthetische Verknüpfungen von Erfahrungen, von Erkenntnissen *a posteriori* erworben wurden.

Einige Jahre nachdem Haeckel diese Zeilen niedergeschrieben hatte, erschien ein Buch von Flaskämper mit dem Titel *Die Wissenschaft vom Leben* (1913), ein Buch, das heute offenbar kaum bekannt ist und in den Veröffentlichungen zur evolutionären Erkenntnistheorie so gut wie nie zitiert wird. Flaskämper – er war übrigens von Amtes wegen Statistiker und trug zur Neubegründung der sozialwissenschaftlichen Statistik bei – zählt aber zu den Vorläufern der evolutionären Erkenntnistheorie. Ähnlich wie Haeckel schreibt Flaskämper in dem besagten Buch (S. 255), ohne aber eine Polemik gegen Kant erkennen zu lassen:

[Den] Gedanken der Entwicklung müssen wir auch auf das Gebiet des Geistes übertragen ... Das Bewußtsein erwacht allmählich im Laufe der tierischen Entwicklung, und nach und nach entfalten sich die Äußerungen des bewußten Geistes von einfachen Regungen zu immer reicheren und differenzierteren. All dies gilt selbstverständlich und muß gelten auch für die Struktur unseres erkennenden Geistes. Auch dieser ist etwas Gewordenes; auch dieser hat sich entwickelt und entfaltet aus einfachen Anfängen zu dem jetzigen Zustande ... Selbst wenn die Kantsche Erkenntnistheorie nicht zu Recht bestünde, wenn sie völlig im Irrtum wäre, so wäre doch die Annahme der Möglichkeit einer grenzenlosen Erkenntnis noch nicht gerechtfertigt.

Ich will diese Stellen zitiert haben, um den Leser darauf hinzuweisen, daß man die stammesgeschichtliche Bedingtheit des Geistigen und/oder des Apriorischen (im Sinne der Anschauungsformen und der Kategorien des Geistes) zu Beginn unseres Jahrhunderts schon sehr deutlich gesehen hat. Aus dem 19. Jahrhundert vor Darwin ist allen voran nochmals Spencer zu erwähnen. Merkwürdig genug, daß der oben angeführte Aufsatz von Lorenz, obwohl also ein Jahrhundert danach publiziert, nicht die ihm gebührende Beachtung gefunden hat und anscheinend zunächst auch kaum verstanden wurde. Gerade letzteres wundert: Wenngleich Lorenz' Ansatz ein anderer war und Lorenz keinesfalls eine »Evolutions-Philosophie« à la Spencer im Sinne hatte, sollte man annehmen, daß Biologen und Philosophen damals gerüstet waren, eine evolutionäre

Erkenntnistheorie zu rezipieren, eben aufgrund deren langer Vorge-schichte. Das aber war nicht der Fall. Weitere Jahrzehnte mußten ver-streichen, bis man jener Herausforderung gewahr wurde, die die evolu-tionäre Erkenntnistheorie für verschiedene Gebiete – von der Biologie bis zur Philosophie und zu den Sozialwissenschaften – bedeutet. Die heute aktuelle Diskussion im Umfeld der evolutionären Erkenntnistheo-rie wurde eigentlich erst entfacht, nachdem die einschlägigen Arbeiten von Campbell (1974), Lorenz (1973), Riedl (1980a), Vollmer (1975) u. a. publiziert waren, die sich explizit mit der evolutionären Erkenntnistheo-rie beschäftigen. Als eine »Herausforderung« wurde diese Theorie erst in jüngster Zeit erkannt – damit läßt sich auch der Titel des vorliegenden Beitrags rechtfertigen.

Wollen wir die Geschichte der evolutionären Erkenntnistheorie etwa seit 1940 – unbeschadet der erwähnten früheren Ansätze dazu – in gro-ben Zügen nachvollziehen, so lassen sich hauptsächlich zwei Linien kenntlich machen: Einmal hat Lorenz ausgehend von dem Aufsatz über das Apriorische bei Kant in zahlreichen weiteren Arbeiten die evolutio-näre Erkenntnistheorie auf dem Fundament der vergleichenden Verhal-tensforschung gleichsam Stück für Stück zu einem umfassenden Gedan-kengebäude zusammengesetzt[13]; zum zweiten hat Karl Popper, gleich-zeitig und unabhängig von Lorenz, seitens der (philosophischen) Er-kenntnistheorie und der Wissenschaftstheorie die evolutionäre Betrach-tungsweise der Erkenntnis eingeführt[14]. Popper hat für die Entstehung und Entwicklung wissenschaftlicher Hypothesen bzw. Theorien ein evo-lutionäres Modell dargelegt, wonach unser Wissen das Resultat von Se-lektionsprozessen ist, ähnlich wie in der Evolution die der Organismen gewissen Auswahlprozessen unterliegt[15].

In dem Zeitraum seit 1940 sind darüber hinaus zahlreiche Biologen einer evolutionären Erkenntnistheorie zumindest nahegekommen, in-dem sie psychische und geistige Phänomene allgemein als Evolutions-produkte erklärt haben. Nur stellvertretend seien hier genannt Berta-lanffy (z. B. 1968), Jantsch (1975)[16], Monod (1971), Rensch (1968, 1970, 1977) und Simpson (1963); verweisen möchte ich in diesem Zusam-menhang auch auf die Arbeiten des chilenischen Neurophysiologen Ma-turana, dessen wichtigste Schriften nun gesammelt vorliegen (vgl. Ma-turana 1982). Sehr klar ausgesprochen hat die evolutionäre Position in der Diskussion der Erkenntnisproblematik in neuerer Zeit vor allem Mohr (1967, 1977, 1981), der ja auch zu vorliegendem Band beigetragen hat; und Riedl (1975, 1980a) hat die evolutionäre Erkenntnistheorie auf dem Fundament der vergleichenden Biologie entwickelt (seinen Zugang zur evolutionären Erkenntnistheorie beschreibt Riedl in diesem Band).

Mit diesen Hinweisen auf die Geschichte und Vorgeschichte der evolutionären Erkenntnistheorie mag sich der Leser begnügen. Wichtig erscheint mir nochmals die Feststellung, daß sich die evolutionäre Erkenntnistheorie in den Jahrzehnten ihrer Geschichte vor allem als eine Theorie profiliert hat, die die *biologische Bedingtheit des Geistigen* herausstellt und in diesem Rahmen die angeborenen psychisch-geistigen Dispositionen einer evolutionären Erklärung zugänglich macht.

Warum das Auge sonnenhaft ist

Eines der zentralen Probleme der Erkenntnistheorie ist bis heute die merkwürdige Übereinstimmung menschlicher Denkstrukturen mit den Strukturen unserer Außenwelt. Goethe hat eine Metapher Plotins in die Worte gekleidet: »Wär' nicht das Auge sonnenhaft, / Die Sonne könnt' es nicht erblicken.« Gewiß – würden die Strukturen der uns umgebenden Welt nicht auf unser Erkennen und Denken »passen«, dann wäre Erkenntnis schlechterdings unmöglich; es wäre unmöglich, die Welt zu erkennen. Diese Isomorphie zwischen Natur- und Denkmustern beruht, so wird der eine oder andere vielleicht vermuten, auf einer *prästabilierten Harmonie* (etwa im Sinne von Leibniz). Die evolutionäre Erkenntnistheorie hat dafür jedoch eine andere Erklärung. (Da sich die Beiträge von Vollmer und Riedl damit befassen, möchte ich mich hier auf einige wenige Bemerkungen beschränken.)

Im Lichte der modernen Systemtheorie erscheint uns die ganze Welt als ein komplexes Netzwerk von Beziehungen; sie erscheint uns als *hierarchisch organisiert*, und jede ihrer »Stufen« ist als Stufe von bestimmter *Komplexität* beschreibbar. Den hierarchischen Aufbau der Wirklichkeit hat man auch in der klassischen Philosophie vielfach schon gesehen, was dabei aber gefehlt hat, ist die Erkenntnis einer *dynamischen* Verknüpfung der einzelnen Stufen, von den Elementarteilchen bis zur Organisation kultureller Systeme. Alle Strukturen dieser Welt hängen eng miteinander zusammen und »interagieren« miteinander. Diese interaktiven Beziehungen, diese Wechselbeziehungen manifestieren sich in der *Evolution*. Die Evolution ist ein dynamisches Prinzip, das allen Systemen dieser Welt zugrunde liegt und alle Komplexitätsstufen miteinander verbindet, woraus sich Strukturähnlichkeiten bzw. Strukturisomorphien ergeben[17]. Aber auch unsere Wahrnehmungen, unser Erkennen, unser Denken sind Teilprozesse im dynamischen Geschehen der realen Welt – der Mensch steht ja nicht außerhalb der Welt, er ist vielmehr Teil von ihr. Und so wie die Welt in ihren gegenwärtigen Strukturen Produkt der *universellen* Evolution ist, so ist der Mensch, da Teil der Welt, ein Produkt der Evolution; und so muß auch das menschliche Erkennen und Denken der Evolution entsprungen sein. Die reale Welt kann somit nicht Produkt unserer »Einbildungskraft« sein, wir projizieren ihre Ordnung nicht erst durch unseren Denkapparat, sondern *unser Erkenntnis- bzw. Denkapparat als Gesamtheit der Leistungen der Sinnesorgane und des Gehirns bzw. Zentralnervensystems ist die Konsequenz der Ordnung der realen Welt.* Die Denkordnung muß »eine Nachbildung der Naturordnung sein« (Riedl 1975, S. 331), und »hinter den realen Strukturen [außerhalb unseres Subjekts] und unseren Erkenntnisstrukturen sind isomorphe Prinzipien zu erwarten« (Wuketits 1978a, S. 164), deren Ursachen eben in der Evolution zu suchen sind. Jeder Organismus steht in einer kontinuierlichen Wechselwirkung mit seiner Umwelt; und die Strukturen unseres Erkennens stehen in Wechselwirkung mit jenen schon viel früher entstandenen und für uns »objektiv« gegebenen Strukturen der Wirklichkeit. Die menschliche Erkenntnis ist in Anpassung an diese Wirklichkeit entwickelt worden – im Prozeß der Evolution, der mithin als ein Erkenntnis- und Lernvorgang beschrieben werden kann (Lorenz 1973)[18].

Abermals müssen wir auf Darwin zurückgreifen und uns der Selektion entsinnen, die Darwin als basale Triebkraft der Evolution erkannt hatte. Für die Apologeten idealistisch verbrämter Philosophien ist es wohl eine unerträgliche These, daß das Selektionsprinzip auch für die Entstehung unserer Erkenntnis- und Denkleistungen Gültigkeit haben soll. Aber diese sind nun einmal – wer wollte daran ernsthaft zweifeln!? – gebunden an die Strukturen und Funktionen des (menschlichen) Gehirns, welches als ein biologisches Organ zu betrachten ist und »als ein Organ zur Verarbeitung von Reizen und zur Steuerung physiologischer Vorgänge, vor allem zur Erkenntnisgewinnung« (Vollmer 1975, S. 188), den Prinzipien der Evolution (und damit der Selektion) unterliegt. Natürlich wurde in der Evolution das Gehirn bzw. der Erkenntnisapparat nur auf die Abbildung bestimmter Strukturen der realen Welt selektiert, und zwar jener Strukturen, die den Bereich des *Mesokosmos* einnehmen[19] und die zu erkennen, zu »verrechnen« bzw. abzubilden arterhaltende Bedeutung hatte. Wir meinen also nicht, Erkenntnis wäre die Abbildung der »Welt an sich«; Erkenntnis ist, auch in ihren einfachen Formen bei primitiveren Organismen, immer die Abbildung bestimmter Ausschnitte aus der realen Welt[20]. Mit den Worten von Lorenz (1973, S. 17):

Die »Brillen« unserer Denk- und Anschauungsformen, wie Kausalität, Substantialität, Raum und Zeit, sind *Funktionen* einer neurosensorischen Organisation, die im Dienste der Arterhaltung entstanden ist. Durch diese Brillen sehen wir also nicht, wie die transzendentalen Idealisten annehmen, eine unvoraussagbare Verzerrung des An-sich-Seienden, die in keiner noch so vagen Analogie, in keinem »Bildverhältnis«, zur Wirklichkeit steht, sondern ein wirkliches Bild derselben, allerdings eines, das in kraß utilitaristischer Weise vereinfacht ist: Wir haben nur für jene Seiten des An-sich-Bestehenden ein »Organ« entwickelt, auf die in arterhaltend zweckmäßiger Weise Bezug zu nehmen für unsere Art so lebenswichtig war, daß ein ausreichender Selektionsdruck die Ausbildung dieses speziellen Apparates bewirkte.

Die Isomorphie zwischen unseren Denkstrukturen und den Strukturen unserer außersubjektiven Wirklichkeit läßt sich so aus der Evolution erklären; und »wir erklären Erkenntnis a priori«, wie Mohr (1981, S. 39) betont, »durch die partielle Identität von kognitiver Struktur und Realstruktur«.

Bewußtsein, Sprache, Kultur

Wie schon weiter oben ausdrücklich gesagt wurde, betrachten wir psychische und geistige Leistungen als Evolutionsprodukte, als Phänomene, deren Bedingungen in der Bio-Evolution definiert sind. Mit dieser Betrachtungsweise aber verfechten wir keinen krassen Reduktionismus; wir sagen nicht: »Geist ist nichts anderes als Materie«, sondern wir meinen, daß das Geistige (Bewußtsein) in der Evolution eine neu auftretende *Systemeigenschaft,* eine spezifische Gehirnfunktion ist. Das Auftreten, die *Emergenz* der (menschlichen) Bewußtseinsphänomene ist unserer These zufolge nur auf der Grundlage komplexer »Schaltungen« des Gehirns bzw. Zentralnervensystems erklärbar, wobei diese Schaltungen mit der zunehmenden Differenzierung und Komplizierung des Zentralnervensystems in der Evolution einhergehen. Diese in neuerer Zeit mehrfach auseinandergesetzte These (Bunge 1977, 1979, 1980; Vollmer 1980; Wuketits 1980a, 1981a, b, 1983a) entspricht einem *emergentistischen Materialismus* oder *evolutionären Identismus*[21] und ist nicht nur vereinbar mit der evolutionären Erkenntnistheorie, sondern ist eine grundlegende, empirisch gestützte Prämisse derselben. Halten wir fest: Alle Bewußtseinsphänomene können

als Folge spezifischer Integrationsmuster materieller Elemente im zentralnervösen Bereich – insbesondere im Gehirn – betrachtet werden. Damit wird der materielle (physische) Bereich zur unabdingbaren Grundlage für die Emergenz des Bewußtseins erklärt, ohne daß dieses aber gemäß reduktionistischen Auffassungen mit jenem Bereich identisch gesetzt wird (Wuketits 1980a, S. 24).

Davon ausgehend sind auch mentale Leistungen wie die menschliche *Sprache* auf biologischer Grundlage erklärbar[22]. »Dem Erlernen der Sprache«, so meinen wir mit Lorenz (1973, S. 304),

liegt ... ein phylogenetisch gewordenes Programm zugrunde, nach dem bei jedem Kinde die Integration des angeborenen begrifflichen Denkens und des kulturell tradierten Wortschatzes immer wieder aufs neue vollzogen wird.

Um *irgendeine* Sprache zu erlernen, sind also gleichsam angeborene Dispositionen die Voraussetzung. Ein bedeutender Beitrag zur Theorie der Sprachentwicklung kam in diesem Zusammenhang von Chomsky[23]. Im Telegrammstil läßt sich Chomskys Konzept folgendermaßen charakterisieren: Der Mensch ist mit einer Sprachfähigkeit *genetisch* ausgestattet und besitzt daher eine *Prädisposition* zum Erlernen bestimmter Sprachen, so daß es dem Kinde möglich wird, die Grundregeln der Umgangssprache und mithin deren Grammatik aus dem Sprachpotential der Umwelt zu rekonstruieren und sinnvoll, situationsgemäß anzuwenden. Das Erlernen bestimmter Sprachen ist mithin zweifach bedingt: zum einen biologisch, zum anderen sozial. Daß eine Sprache erlernt werden kann, beruht auf der – in der Evolution allmählich herausgebildeten – genetischen Basis, welche unter den vielen Sprachen aber erlernt wird, hängt ab von der jeweiligen soziokulturellen Umwelt des einzelnen[24]. Somit läßt sich die Sprachwissenschaft bzw. *Linguistik*[25] hinsichtlich einiger ihrer Konzepte mit der evolutionären Erkenntnistheorie in Einklang bringen, ja, sie kann als Fundierung der evolutionären Erkenntnistheorie herangezogen werden. Gleiches gilt für die *Entwicklungspsychologie*.

Von hervorragender Bedeutung für das Verhältnis der Entwicklung des Erkenntnisvermögens sind die Arbeiten von Piaget, die in einer *genetischen Erkenntnistheorie* ihren Niederschlag gefunden haben (Piaget

1973)[26]. Piagets entwicklungspsychologischer Ansatz ist das Pendant zum biologisch-phylogenetischen: Er ist ausgerichtet auf die Erklärung der Entwicklung des Erkenntnisvermögens in der Ontogenese*. Beiden Ansätzen, dem phylogenetischen wie dem ontogenetischen, gemeinsam ist die Überzeugung, das Erkenntnisphänomen müsse auf eine reale, empirisch greifbare Grundlage gestellt werden. Für Piaget ist das *Wie* der Erkenntnis grundsätzlich eine Angelegenheit empirischer Forschung. Erkennen soll durch seine Geschichte erklärt werden, »seine Soziogenese und vor allem die psychologischen Ursprünge der Begriffe und Operationen, auf denen es beruht« (Piaget 1973, S. 7). Auch hier wird den schon oben erwähnten Wechselwirkungen zwischen Organismus und Umwelt Rechnung getragen. Vor allem geht Piaget von gewissen *Reaktionsnormen* des Lebewesens aus, die als angeboren betrachtet werden können, und zwar, wie Vollmer (1975, S. 20) zusammenfaßt, als »angeborene Entwicklungsgrenzen, innerhalb deren ein Organismus auf Umwelteinflüsse reagieren kann«.

Als weitere Stütze für die evolutionäre Erkenntnistheorie soll schließlich die Anthropologie – hier als *Ethnologie* verstanden[27] – in Erwähnung gebracht werden. Ich denke dabei an die Arbeiten von Lévi-Strauss, die in einer *strukturalen Anthropologie* (1971) zusammenlaufen. Mit dem Begriff der *Struktur* ist jeweils ein verschiedenen Kulturen gemeinsames Muster bezeichnet. Dabei können »Strukturen« (fundamentale Kulturmuster) in vielfältiger Weise greifbar gemacht werden: in Mythen, Symbolen, Sprachen usw. Die strukturale Anthropologie läßt sich, soweit ich sehe, lückenlos in die evolutionäre Erkenntnistheorie einfügen. Lévi-Strauss (1971) geht von der These aus, daß die Universalität bestimmter Strukturen auf Gesetzen beruht, die gewissermaßen tiefer liegen; daß die Strukturen angeboren sind und sich in der Entwicklungsgeschichte des menschlichen Geistes allmählich stabilisiert haben.

Mit diesen Bemerkungen zum Studium der Sprache bzw. Sprachfähigkeit, der ontogenetischen Entwicklung von Erkenntnismechanismen und der anthropologischen Strukturen will ich den Leser auf die *interdis-*

---

* Ontogenese: allgemein die individuelle Entwicklung eines Organismus; hier vor allem die Entwicklung des Kindes. Genau gesagt geht es Piaget um die »Psychontogenese«, also die Entwicklung von Erkenntnis- bzw. Denkstrukturen (Erkenntnismechanismen) während des Heranreifens des Kindes. Begrifflich kann der Psychontogenese die »Psychophylogenese« gegenübergestellt werden, die ein Gegenstand der evolutionären Erkenntnistheorie ist.

25

Tabelle 2: Die interdisziplinäre Matrix der evolutionären Erkenntnistheorie

Evolutionsbiologie	Entwicklungs-psychologie	Anthropologie, Ethnologie	Linguistik	
Evolution lebender Systeme	Entwicklung individueller Verhaltensweisen des Menschen	Strukturen der Organisation ethnischer Systeme	Strukturen der Sprache	Forschungs-
Sphäre des Organischen	Sphäre des Menschen	Sphäre des Menschen	Sphäre des Menschen	
Alle Ebenen lebender Systeme: Moleküle, Zellen, Organe, Organismen, Populationen	Psychische und mentale Ebene	Soziokulturelle Ebene	Mentale Ebene	Ebenen der
In der Evolution durch natürliche Selektion stabilisierte genetische Programme	Angeborene kognitive Fähigkeiten	Gemeinsame Strukturen kultureller und sozialer Organisation in unterschiedlichen ethnischen Systemen	Genetische Programme des Erlernens von Sprachen	Forschungs-
Evolutionäre Erkenntnistheorie				

ziplinäre Matrix der evolutionären Erkenntnistheorie hinweisen. In Tabelle 2 habe ich die wichtigsten Disziplinen angeführt, die in ihren Forschungsergebnissen auf verschiedenen Ebenen die Grundthesen der evolutionären Erkenntnistheorie untermauern. Damit mag deutlich sein, inwieweit sich verschiedene Gebiete – von der biologischen Evolutionslehre bis zur Linguistik – in der evolutionären Erkenntnistheorie begegnen.

Aufgrund der apodiktischen Kürze sind sicher verschiedene Fragen offen geblieben. Jedoch hoffe ich, gerade durch die skizzenhafte Darstellung der Grundgedanken der evolutionären Erkenntnistheorie in diesem Beitrag beim Leser jenes Interesse geweckt zu haben, das ihn zur Lektüre der weiteren Beiträge dieses Buches und zur eingehenderen Beschäftigung mit der evolutionären Erkenntnistheorie bewegt.

Anmerkungen

1 Die biologischen Grundlagen soziokulturellen Verhaltens hat jüngst Meyer (1982) unter Bezugnahme auf die evolutionäre Erkenntnistheorie ausführlich und kritisch auseinandergesetzt.

2 Etwas ausführlicher beschäftige ich mich damit in zwei weiteren, getrennt erscheinenden Arbeiten (vgl. Wuketits 1983 c, d). Sehr wichtig ist in diesem Zusammenhang die Arbeit von Campbell (1974), dem der vorliegende Beitrag viele Hinweise und Anregungen verdankt. Historische Gesichtspunkte zur evolutionären Erkenntnistheorie finden sich auch bei Vollmer (1975).

3 Siehe dazu z. B. Wuketits (1982 b).

4 Derartige Behauptungen stoßen vielfach auf philosophische Kritik (siehe Löws Beitrag zu diesem Band): Die Evolutionstheorie ist – wie jede Theorie – Produkt unseres Bewußtseins; dieses aber soll Produkt der Evolution sein. Man mag hier eine tautologische Erklärung vermuten. Diese Erklärung unseres Bewußtseins muß aber nicht tautologisch sein, denn indem wir die Evolution als *Voraussetzung* für das Auftreten von Bewußtseinsleistungen betrachten, erklären wir ja nicht das Bewußtsein aus sich selbst heraus.

5 Zitiert nach der von C. W. Neumann übersetzten Ausgabe (1967, S. 676).

6 Zu Spencers Entwicklungsgesetz siehe auch Oeser (in vorliegendem Band).

7 Wie Anm. 5.

8 Vor allem in dem Buch *The Expression of the Emotions in Man and Animals* (1872), »Der Ausdruck der Gemütsbewegungen bei dem Menschen und den Tieren«.

9 Siehe die Beiträge von Kaspar, Leinfellner, Seitelberger und Vollmer in diesem Band.

10 Zur Konsistenz der evolutionären Erkenntnistheorie unter logischem Gesichtspunkt siehe den Beitrag von Wagner.

11 Zu dieser Kritik siehe z. B. auch Lütterfelds (1982).

12 In der *Kritik der reinen Vernunft* zitiert nach der von Heidemann edierten Ausgabe (1966, S. 54).

13 Die wichtigsten Schriften von Lorenz, die den Weg zu einer evolutionären Erkenntnistheorie markieren, sind: Lorenz (1941, 1943, 1954, 1959, 1961); siehe auch seine *Gesammelten Abhandlungen* (1965). Lorenz' Ansätze zur evolutionären Erkenntnistheorie werden umfassend dargelegt und begründet in dem Buch *Die Rückseite des Spiegels* (1973).

14 Siehe Popper (1963, 1972, 1976). Poppers Methodologie ist eine *natural selection methodology* (Campbell 1974), sein Evolutionsmodell der Wissenschaftsentwicklung ein »selektiv eliminatives Modell«. Solche Modelle der Wissenschaftsentwicklung gehen ins 19. Jahrhundert zurück. (Der interessierte Leser möge Näheres der Arbeit von Campbell 1974 entnehmen.) In neuerer Zeit hat Oeser (1976) eine Theorie der Wissenschaftsentwicklung dargelegt, in der Wissenschaft als Informationsprozeß ausgewiesen wird; Oesers Modell entspricht einer evolutionären Betrachtung der Wissenschaftsentwicklung (siehe Oesers Beitrag in diesem Band). Vgl. ferner z. B. auch Radnitzky (1982).

15 Das soll nicht heißen, daß Wissenschaftsentwicklung sich *genauso* vollzieht wie die Bio-Evolution. Diese gilt vielmehr als Analogiemodell; selbstverständlich verläuft die »Wissenschaftsevolution« zum Teil nach anderen Prinzipien und spielt sich unter anderen Randbedingungen ab (siehe Oeser im vorliegenden Band).

16 Erich Jantsch (1929–1980) war ursprünglich Astronom, hat sich aber später vor allem der Biologie zugewandt.

17 Zu isomorphen Beziehungen der Systeme vgl. Bertalanffy (1968), E. und W. Leinfellner (1978), Wuketits (1982 a). Der Evolutionsbegriff wird dabei in seinem weitesten Sinne verwendet, Evolution heißt hier soviel wie Entwicklung der Welt vom

»Urknall« bis zum Auftreten des menschlichen Geistes (eine Übersicht gibt z. B. Unsöld 1981).

18 Siehe auch die zusammenfassende Darstellung von Kaspar (1980c).

19 Siehe Vollmers Beitrag zu diesem Band.

20 *Erkenntnis* ist hier im umfassendsten Sinne, als Informationsaufnahme und -verarbeitung gemeint; sofern Organismen über Sinnesorgane oder diesen äquivalente Strukturen (Sinneszentren bei Einzellern) verfügen, sind sie auch zu Erkenntnis befähigt. Jeder tierische Organismus weist also einen »Weltbildapparat« (Lorenz 1973) – *perceiving apparatus* in der Terminologie Poppers – auf, der sich in der Evolution entwickelt hat.

21 Der Begriff »evolutionärer *Identismus*« ist vielleicht irreführend; »Identismus« weist aber darauf hin, daß alle Systeme der realen Welt auf der Basis einheitlicher (»identischer«) Evolutionsprinzipien entstanden sind. Mit jeder Komplexitätsstufe entstehen in der Evolution neue Systemeigenschaften bzw. -gesetzlichkeiten. Für dieses Entstehen des Neuen in der Evolution schlägt Lorenz (1973) anstelle des Begriffs *Emergenz* den Terminus »Fulguration« vor.

22 Eine profunde Analyse der biologischen Grundlagen der Sprache gibt z. B. Lenneberg (1972).

23 Vgl. Chomsky (1970).

24 Die soziokulturelle Bedingtheit des Erkennens und Denkens ist in neuerer Zeit mehrfach untersucht worden. Verweisen möchte ich hier auf das Buch von Berger und Luckmann (1966). Nicht unerwähnt bleiben darf in diesem Zusammenhang der *Konstruktivismus*, den der interessierte Leser in dem von Watzlawick (1981) herausgegebenen Sammelband diskutiert finden wird. Siehe auch Watzlawick (1977).

25 Linguistik kann der Einfachheit halber mit »Sprachwissenschaft« gleichgesetzt werden. Die moderne Linguistik arbeitet weitgehend empirisch und kann – methodisch – als eine Naturwissenschaft betrachtet werden. Lesenswert in diesem Zusammenhang ist Whorfs *Sprache, Denken, Wirklichkeit* (1963), ein Buch, das vor allem auch die Bedingungen der »Sprache« herausarbeitet.

26 Als Einführung in Piagets Werk eignet sich Furth (1972). Kritisch evaluiert wird die Entwicklungspsychologie Piagets beispielsweise von Gardner (1979).

27 Der Begriff »Anthropologie« wird im englischen und französischen Sprachraum als Sammelbegriff für verschiedene mit »dem Menschen« befaßte Disziplinen verwendet; demnach ist Ethnologie ein Teilgebiet der Anthropologie, und zwar eine Disziplin, die insbesondere kulturvergleichende Forschung betreibt. »Als eine soziologische Disziplin, die sich mit den interethnischen Zusammenhängen und Systemen befaßt und daraus typische Situationen und Prozesse zu abstrahieren sucht«, wird die Ethnologie von Mühlmann und Müller (1966, S. 12) verstanden. Der interessierte Leser kann sich dort auch einen Überblick über die begrifflich konfuse Situation in der Abgrenzung »anthropologischer« Disziplinen verschaffen.

Gerhard Vollmer   *Mesokosmos und objektive Erkenntnis – Über Probleme, die von der evolutionären Erkenntnistheorie gelöst werden*

Das Ziel dieses Beitrages ist vierfach. Er dient einer kurzen Darstellung der wichtigsten Behauptungen der evolutionären Erkenntnistheorie (1,2), einer Gegenüberstellung dieser Thesen mit dem, was sie *nicht* behauptet (3), ferner der Diskussion philosophischer Probleme, die von der evolutionären Erkenntnistheorie gelöst oder erhellt werden (4–10), und schließlich dem impliziten Nachweis, daß dieser Ansatz *nicht* nur fruchtbar ist, sondern vielfache interdisziplinäre Vernetzungen aufweist.

Einige der Probleme, welche die evolutionäre Erkenntnistheorie zu lösen versucht, sind durch empirische Fakten nahegelegt. Diesen Fakten wenden wir uns zunächst zu.

1   Fakten und Passungen – was die evolutionäre Erkenntnistheorie erklären will

Menschliches Wissen ist nicht vollkommen, aber es existiert, ist also möglich. Daß überhaupt Wissen über die Welt existiert, ist eine *empirische Tatsache.* Es könnte anders sein. Es könnte Welten geben, die nicht erkannt, erklärt oder verstanden werden können, Welten ohne Regelmäßigkeiten, Ähnlichkeiten, Konstanten, Invarianten, Welten, in denen jedes Teilchen von jedem anderen verschieden wäre, Welten ohne Gesetze, ohne Symmetrien, ohne Ordnung. In solch einer chaotischen Welt wäre Wissen, wären sogar Organismen unmöglich, würden also auch nicht existieren.

Auf der anderen Seite könnte die Welt sein, wie sie ist (oder fast genauso), aber doch ohne Bewohner, ohne Organismen, ohne erkennende Wesen, ohne Erkenntnis. Sie könnte für Äonen und sogar ewig unerkannt bleiben. Daß es Wissen über die Welt geben muß, folgt aus keiner Logik, aus keiner Erkenntnistheorie, aus keiner Ontologie; es ist kontingent, nicht notwendig; empirisch, nicht a priori wahr.

Aber unsere Welt ist nicht chaotisch, und Erkenntnis existiert, wenn auch fehlbar und unvollständig. Was aber ist Erkenntnis? Als Arbeitsdefinition wählen wir: *Erkenntnis ist eine adäquate Rekonstruktion und Identifikation äußerer Strukturen im Subjekt.* Wie üblich, führt die Beantwortung einer Frage auf mehrere neue Probleme: Wie ist Erkenntnis möglich? Was ist mit »Rekonstruktion« gemeint? Wo findet sie statt? Wann ist sie adäquat? Was sind die subjektiven Beiträge zu dieser Rekonstruktion? Wie können wir subjektive und objektive Elemente trennen? Und wann ist Erkenntnis *objektiv*? Da diese Fragen durch jede Erkenntnistheorie beantwortet werden müssen, sind sie nicht auf die evolutionäre Erkenntnistheorie beschränkt. Da sie jedoch in der evolutionären Erkenntnistheorie *als beantwortet vorausgesetzt* werden, sollten wir wenigstens die Richtung einiger Antworten andeuten.

Wie ist Erkenntnis möglich? Das ist eine erkenntnistheoretische Frage. Sie nimmt die Existenz menschlicher Erkenntnis als empirische Tatsache hin und versucht, sie zu erklären. Sie gibt sich nicht mit den oben erwähnten notwendigen Bedingungen zufrieden. (»Die Welt muß gesetzmäßig sein.« »Ohne Symmetrien keine Erkenntnis.« »Es muß informationsverarbeitende Systeme geben.«) Sie sucht nach *hinreichenden* Bedingungen, um Erkenntnis zu erklären.

Eine erste Antwort, der sich die meisten Philosophen anschließen würden, kann folgendermaßen zusammengefaßt werden: *Menschliche Erkenntnis entsteht durch ein Zusammenwirken objektiver Strukturen (der realen Welt) und subjektiver Strukturen (des Erkenntnisapparates).* Ohne den Beitrag von Objekten gäbe es keine Erkenntnis über die *Welt*, nur Fiktionen, Träume, Halluzinationen, Idiosynkrasien. Ohne den Beitrag des Subjekts gäbe es kein Gedächtnis, keine Begriffe, keine Aussagen, keine Klassifikation, keine Schlüsse, keine Theorien, keine Wahrheit, also ebenfalls keine Erkenntnis. Erkenntnis ist also das Ergebnis eines komplizierten und nie endenden Prozesses, in den Objekt und Subjekt einbezogen sind. Der Beitrag des Subjekts kann perspektiv, selektiv oder konstruktiv sein.

Er ist *perspektiv*, wenn Standort, Bewegungs- oder Bewußtseinszustand des Subjekts in die Erkenntnis eingehen. (Beispiele: Lage des Horizontes, Fuß des Regenbogens, scheinbare Konvergenz von Eisenbahnschienen, sichtbarer Ausschnitt des Nachthimmels; Einflüsse einer Beobachterbewegung auf Gleichzeitigkeit, auf räumliche und zeitliche Abstände [spezielle Relativitätstheorie]; Einflüsse von Aufmerksamkeit, Sympathie, vorgängiger Erfahrung oder kultureller Prägung.)
Er ist *selektiv*, wenn nur eine Teilmenge objektiv existierender Dinge oder Struktu-

ren der unmittelbaren Erfahrung zugänglich ist. (Beispiele: sichtbarer Ausschnitt des elektromagnetischen Spektrums, hörbarer Bereich akustischer Wellen; »Umwelten« von Organismen nach Jacob von Uexküll [vgl. den Begriff des »Mesokosmos« in 4], Farbenblindheit, Empfindlichkeit und Auflösungsvermögen von Sinnesorganen.)

Er ist *konstruktiv,* wenn er die Erkenntnis positiv mitbestimmt oder erst ermöglicht. (Beispiele: Farben, Geruch, Geschmack, alle »sekundären Qualitäten« John Lockes, der Farbenkreis; die dreidimensionale Interpretation zweidimensionaler Netzhautinformation; Richtungsinterpretation von Schallsignalen aus Laufzeitdifferenzen; Farbkonstanz und andere Konstanzleistungen.)

Es dürfte deutlich sein, daß Erkenntnis – entgegen empiristischen Behauptungen – nicht eine Art Spiegelung der äußeren Welt ist noch eine lediglich algorithmische Verarbeitung äußerer Information. In jeder Erkenntnis steckt ein beachtlicher Anteil, der dem erkennenden Subjekt zu verdanken ist. Daß das Subjekt eine so wichtige, eine konstitutive Rolle beim Entstehen von Erkenntnis spielt, das hat Kant entdeckt und mit Recht betont.

Besonders bedeutsam ist nun die *Passung* subjektiver und objektiver Strukturen. Was meinen wir mit »Passung«? Hier müssen wir drei Aspekte (a, b, c) unterscheiden.

a) Subjektive und objektive Strukturen *passen aufeinander* derart, daß sie gemeinsam Erkenntnis ermöglichen. Die subjektiven Erkenntnisstrukturen *passen* auf die Realität, wie Werkzeuge ihren Aufgaben entsprechen. Eine Schraube kann man nicht mit einem Haar, einer Taschenlampe, nicht einmal mit einem Schraubenschlüssel handhaben. Werkzeuge sind für einige Aufgaben geeignet, für andere nicht.

In diesem Sinne *paßt* das Auge auf das Tageslicht, auf die maximale Intensität des Sonnenlichts und auf das optische Fenster der Atmosphäre. Es ist nicht nötig (und nicht wahr), daß das Auge *sonnenhaft* sei, wie Plotin oder Goethe behaupten. Es ist ja auch nicht mondhaft oder kerzenhaft. Sonne und Auge haben nichts gemeinsam; das Auge absorbiert und verarbeitet lediglich Signale, die von der Sonne ausgesandt, durch die Atmosphäre durchgelassen und von den meisten Objekten reflektiert werden.

Einige Verhaltensforscher und sogar Vertreter der evolutionären Erkenntnistheorie wie Konrad Lorenz beschreiben diese deutliche Passung, indem sie sagen, der Pferdehuf sei ein »Abbild« des Steppenbodens, die Flosse ein »Abbild« des umgebenden Wassers, sie »spiegele« die Gesetze der Hydrodynamik (Lorenz 1941, S. 102; 1943, S. 353; 1973, S. 15, 38). Diese Wortwahl ist irreführend, weil es keinen Spiegel, kein Bild, kein Abbild, keine Kopie von Boden oder Wasser gibt. Auch Rad oder Autoreifen sind schließlich keine »Abbilder« der asphaltierten Straßendecke.

Richtig ist natürlich, daß Huf und Flosse (und Reifen) *Hinweise* geben auf die Umgebung, für die sie geeignet sind und auf die sie passen. Denn nicht nur läßt sich eine bestimmte Aufgabe (z. B. Bewegung durch Wasser) nicht mit jedem beliebigen Werkzeug ausführen, sondern ganz analog paßt auch ein bestimmtes Werkzeug (z. B. eine Flosse) nicht für jede Aufgabe. Deshalb können wir den Zweck eines Werkzeugs aus seiner Struktur vermuten. Genau wie ein Schlüssel *einige* Information über das Schloß gibt, auf das er paßt, ohne es abzubilden, so vermitteln Huf und Flosse *einige* Information über die Medien, auf die sie passen, ohne sie abzubilden.

So könnte auch ein außerirdisches intelligentes Wesen, indem es ein Exemplar einer irdischen Art, zum Beispiel ein Zebra oder einen Hai, untersucht, einiges über ihre Umwelten herausfinden und so Vermutungen über die Bedingungen auf dem Planeten Erde anstellen: Vorhandensein großer Ebenen mit festem Boden, Einfluß der Gravitation; Vorhandensein von Flüssigkeit, sogar von Wasser, dessen Temperatur und Druck.

In diesem und *nur in diesem eingeschränkten Sinne* können wir sagen, daß eine organismische Struktur die zugehörige Umgebung »abbilde« und daß Sinnesorgane, Gehirn und Erkenntnisstrukturen Gegebenheiten der Außenwelt »spiegeln«.

b) Es sollte deutlich sein, daß die Passung kognitiver Strukturen in diesem elementaren Sinne für das Entstehen von Erkenntnis notwendig ist. Wenn Erkenntnis tatsächlich auf einer Wechselwirkung subjektiver und objektiver Strukturen beruht, dann muß es mindestens diese Art von Passung geben. Ohne Passung keine Erkenntnis.

Nun ist Erkenntnis aber auch *nützlich*.

Diese Behauptung könnte von einigen Pessimisten in Frage gestellt werden, die den Menschen als Mißgeschick ansehen, als eine Fehlentwicklung der Evolution oder als eine Bedrohung für das Leben auf der Erde. Dann aber könnte ein Ultrapessimist sogar den Wert des Lebens, der Evolution, des Universums bezweifeln. Wir können jedenfalls zeigen (vgl. S. 41), daß Erkenntnis nützlich ist im biologischen Sinne: *Sie erhöht die Chancen für die Reproduktion.* Wenn Erkenntnis nützlich ist in diesem Sinne, so ist es auch die Tatsache, daß subjektive Strukturen auf objektive passen und dadurch Erkenntnis möglich machen. Diese *Passung* erhöht – in Darwinscher Sprechweise – die Tauglichkeit, die *Fitness* eines Organismus; sie ist nützlich, funktional, brauchbar. Wenn wir solch eine Passung finden, buchen wir sie deshalb nicht als eine neutrale Tatsache, sondern als einen *Vorteil*. Die folgende Tabelle stellt einige solcher nützlicher Passungen zusammen.

Tabelle 3

Fakten und Passungen	Vorteile
AUGE	
Die Empfindlichkeit der Netzhaut liegt im »optischen Fenster« der Erdatmosphäre und um das Intensitätsmaximum der Sonnenstrahlung.	Normale Objekte reflektieren das Sonnenlicht und können so gesehen, gefangen oder vermieden werden. (Wir »sehen« gerade dort, wo es etwas zu sehen *gibt*.)
Verschiedene Wellenlängen werden als verschiedene Farben wahrgenommen. Aber eine Überlagerung aller Wellenlängen wird nicht als buntes Gemisch, sondern als farbloses (»weißes«) Licht interpretiert.	Objekte werden leichter und zuverlässiger erkannt und unterschieden. Normalbeleuchtung ist informationslos. Nur Abweichungen von der Normalverteilung bieten Information; nur sie brauchen wahrgenommen zu werden.
Die untere Empfindlichkeitsschwelle eines Photorezeptors in der Netzhaut liegt bei einem einzigen Lichtquant. Aber nur die gleichzeitige Reizung mehrerer benachbarter Sehzellen führt zu einer Lichtempfindung im Bewußtsein. Die Verschaltung der Sehnerven übt also eine Zensur der Reize aus.	Spontanes Feuern der Sehzellen, gelegentliche Störungen und die statistischen Schwankungen des Photonenstroms (»Rauschen«) sind informationslos und werden durch diese Zensur ausgeschieden.
OHR	
Schallwellen sind mechanische Schwingungen (i. a. der Luft), die das Trommelfell zum Schwingen bringen. Die Empfindlichkeit des Ohrs ist für verschiedene Schallfrequenzen verschieden. Bei mittleren Frequenzen (1000 bis 5000 Hertz) vermögen wir Töne zu hören, bei denen die Auslenkung des Trommelfells dem Radius eines einzigen Wasserstoffatoms entspricht.	Das Ohr ist gerade unempfindlich genug, um informationslose Geräusche zu unterschlagen. So bleibt uns die Wahrnehmung des regellosen Auftreffens der Luftmoleküle (bekannt als Brownsche Bewegung) auf das Trommelfell erspart.
Bei tieferen Frequenzen ist das Ohr weniger empfindlich (z. B. um einen Faktor 1000 bei Frequenzen um 100 Hertz).	Andernfalls würden wir die verwirrenden Geräusche hören, die durch Muskeln, Knochenbewegungen und Blutstrom erzeugt werden.
ANDERE SINNE	
Giftige Gase oder Substanzen riechen bzw. schmecken abstoßend, ekelhaft. Ausnahme: Das hochgiftige Kohlenmonoxid (CO) wird vom Menschen weder gerochen noch gesehen.	Sie werden instinktiv verabscheut und vermieden. Allerdings *kein Nachteil* in der Evolution: CO trat nicht auf.

Diese wenigen Beispiele von vielen zeigen, daß es nicht nur eine ausgezeichnete Passung zwischen Sinnesorganen und äußeren Bedingungen gibt, sondern daß diese Passung für uns auch *vorteilhaft* ist. Warum ist das so? Eine Antwort geben wir in 2.

c) Passung (a) und Fitness (b) garantieren nicht, daß die interne Rekonstruktion der Außenwelt immer korrekt ist. Wir wissen, daß es optische und andere Sinnestäuschungen gibt. Wir wissen, daß Farben, Laute, Geschmäcke und Gerüche subjektiv sind (Locke: sekundär) und kein getreues Abbild der Realität liefern. Wir wissen, daß der (psychologische) Farbenkreis geschlossen ist (durch die »erfundene« Farbe *Purpur*), während »in Wirklichkeit« der sichtbare Ausschnitt des (physikalischen) elektromagnetischen Spektrums nach beiden Seiten offen ist (und keine einzige Wellenlänge den Eindruck *Purpur* geben kann). Gleichwohl *paßt* der Farbenkreis sehr gut auf gewisse äußere Gegebenheiten (indem er nämlich Farbkonstanz ermöglicht) und erleichtert auch das Überleben von Organismen (indem er das Erkennen von Objekten unter verschiedener Beleuchtung ermöglicht oder erleichtert).

Das Beispiel des Farbenkreises zeigt, daß die interne Rekonstruktion von Objekten *nicht* immer korrekt ist und daß gleichwohl eine *gute Passung* zwischen objektiven und subjektiven Strukturen vorliegen kann (wenn sie Erkenntnis möglich macht). Aber in einigen (wenn auch nicht allen) Fällen ist diese Passung noch besser. Einige kognitive Strukturen passen auf die Realität in dem Sinne, daß sie mit ihr übereinstimmen. In *diesen* Fällen gibt es tatsächlich gemeinsame Züge, eine partielle Isomorphie zwischen objektiven und subjektiven Strukturen der Erkenntnis.

Nehmen wir ein Beispiel. In der visuellen Wahrnehmung (re)konstruieren wir dreidimensionale Objekte. Das geschieht ganz unbewußt in unserem Wahrnehmungsapparat. Tiefenwahrnehmung wird durch eine unbewußte Anwendung von Tiefenkriterien erreicht (u. a. Konvergenz der Augenachsen, seitliche Verschiebung der Netzhautbilder). Die interessante und etwas verblüffende Tatsache ist nun, daß unsere Welt und die Objekte darin *tatsächlich* dreidimensional sind. Diese Behauptung stützt sich nicht einfach auf den naiven Realismus. (»Die Welt ist, wie sie mir erscheint.«) Ein solches Argument wäre natürlich zirkelhaft. Daß die Welt »wirklich« drei räumliche Dimensionen hat, wird durch alle relevanten Theorien der modernen Physik bestätigt! Es gibt nicht den leisesten Hinweis auf eine abweichende Dimensionalität, keinen Widerspruch, auch keinen besseren Erfolg eines vier- oder n-dimensionalen Rivalen (obwohl solche mehrmals vorgeschlagen und ausprobiert wurden). Im Gegensatz zu einer populären Meinung behauptet auch die Relativitätstheorie nicht, der physikalische Raum sei vierdimensional. Vierdimensional ist das Raum-Zeit-Kontinuum, aber dreidimensionaler Raum und eindimensionale Zeit bleiben wohlunterschieden (wenn auch nicht unabhängig voneinander oder absolut wie in der klassischen Physik). Es gibt sogar Beweise, daß unter einigen sehr allgemeinen und empirisch wohlbestätigten Bedingungen (nachhallfreie Ausbreitung von Wellen, geschlossene Planetenbahnen, Möglichkeit lebender Systeme) der physikalische makroskopische Raum dreidimensional sein *muß*. Wäre er es nicht, so wären einige Dinge, die es in unserer Welt gibt, nicht möglich oder anders, als sie sind.

Es gibt also eine wohlbestätigte Übereinstimmung oder Kongruenz zwischen der Welt, wie sie ist, und der Welt, wie wir sie »sehen«, d. h. wie wir sie intern aus Sinnesdaten und Gedächtnisspuren rekonstruieren. Natürlich ist die Dimensionalität nicht die einzige Übereinstimmung oder strukturelle Korrespondenz oder Isomorphie zwischen Subjekt und Objekt, zwischen Erkenntnis und Realität. Wir können eine weit anspruchsvollere Behauptung aufstellen: Wann immer wir in der Wahrnehmung einen Unterschied *machen*, dann *gibt* es auch in der Realität einen Unterschied. Für eine Präzisierung dieser allgemeinen Behauptung sind drei Bemerkungen angebracht.

Erstens liegt der Unterschied in einigen Fällen nicht in den Objekten, sondern im Subjekt. Wohlbekannt ist die Tatsache, daß dasselbe (lauwarme) Wasser einer kalten Hand warm, einer warmen Hand aber kalt erscheint. Andere Beispiele sind Nachbilder, Phänomene lateraler Inhibition wie Kontrastverschärfung oder Mach-Bänder und andere physiologische oder psychologische Effekte. Diese Ausnahmefälle widerlegen jedoch die obige Behauptung nicht. Sie zeigen nicht, daß ein wahrgenommener Unterschied nicht immer auf einem wirklichen Unterschied beruht. Vielmehr liegt der Unterschied im Subjekt statt im Objekt; er ist *real, aber nicht objektiv.*

Zweitens gilt unsere allgemeine Implikation nicht in umgekehrter Richtung. Verschiedene Objekte oder Strukturen können als gleich oder sogar identisch gesehen werden. Der Eindruck »rot« kann *entweder* durch Licht der Wellenlänge 680 nm ($\triangleq$ 6800 Å) geweckt werden *oder* durch Sonnenlicht, aus dem die grüne Komponente ausgefiltert wurde. Die visuelle Wahrnehmung interpretiert in diesem Fall verschiedene Reize als identisch; und Physiker und Psychologen bedurften prismatischer Brechung und anderer Raffinessen, um diese falsche Identifizierung zu entdecken (und sogar zu erklären). Es ist die Aufgabe wissenschaftlicher Instrumente und der Wissenschaft im allgemeinen, das Auflösungsvermögen menschlicher Subjekte zu verbessern.

Drittens variiert dieses Auflösungsvermögen von Subjekt zu Subjekt und – noch deutlicher – von Art zu Art. Die meisten Tiere haben *keine* Tiefenwahrnehmung, und der »Wahrnehmungsraum« einiger einzelliger Organismen scheint eindimensional oder sogar nulldimensional zu sein. Mehr brauchen sie auch nicht. Und dies wiederum zeigt, daß nicht nur ihre und unsere *Leistungen*, sondern sogar ihre und unsere *Fehlleistungen* den Lebensbedürfnissen der Arten gerecht werden.

Und wieder sind wir versucht, nach einer Erklärung zu fragen für all diese Fakten, für Passungen, Tauglichkeiten, Kongruenzen, für Leistungen und Fehlleistungen. Diesen Fragen wenden wir uns jetzt zu.

2 Ansprüche – was die evolutionäre Erkenntnistheorie behauptet

a) Evolutionäre Erkenntnistheorie versucht, ein philosophisches Problem zu lösen, eine erkenntnistheoretische Frage zu beantworten. Nahegelegt wird diese Frage durch eine empirische Tatsache: Es gibt eine weitreichende – wenn auch nicht vollständige – Übereinstimmung zwischen objektiven Strukturen (der realen Außenwelt) und subjektiven Strukturen (unseres Wissens über diese Welt). Warum ist das so? Die meisten Philosophen nehmen an, daß diese Übereinstimmung kein Zufall ist, sondern *erklärt* werden kann und sollte. Die evolutionäre Erkenntnistheorie gibt eine evolutionäre Antwort:

Unser Erkenntnisapparat ist ein Ergebnis der (biologischen) Evolution. Unsere (subjektiven) Erkenntnisstrukturen passen auf die (objektiven) Strukturen der Welt, weil sie sich in Anpassung an diese Welt herausgebildet haben. Und sie stimmen mit den realen Strukturen (teilweise) überein, weil nur eine solche Übereinstimmung das Überleben ermöglichte. (Vollmer 1975, S. 102)

b) Wer eine Frage beantwortet, zeigt dadurch, daß er die Frage als sinnvoll anerkennt. Damit eine Warum-Frage wie die unsrige sinnvoll ist, muß die zu erklärende Tatsache wenigstens vorläufig als bestehend anerkannt werden. Wer die Tatsache bestreitet, hat keine Veranlassung, Warum-Fragen über sie zu stellen, und noch weniger, sie zu beantworten. Evolutionäre Erkenntnistheorie nimmt die (teilweise) Übereinstimmung zwischen objektiven und subjektiven Strukturen als gegeben hin und versucht, sie zu erklären. Und wer immer diese Übereinstimmung akzeptiert, aber die evolutionäre Erklärung nicht annimmt, bleibt aufgefordert, eine andere (und für ihn bessere) Erklärung zu bieten.

Die Geschichte der Philosophie zeigt, daß die erwähnte Übereinstimmung tatsächlich ernst genommen wurde und immer wieder Untersuchungsgegenstand war. Zahlreiche Erklärungen wurden gegeben; sie reichen vom Rationalismus zum Empirismus, von der prästabilierten Harmonie (Leibniz) zum Occasionalismus (Geulincx), von der Transzendentalphilosophie (Kant) zum transzendentalen Lingualismus (Wittgenstein), vom Konventionalismus (Poincaré) zum Ökonomismus (Mach). Alle diese Auffassungen sind von der evolutionären Erkenntnistheorie verschieden.

c) In der evolutionären Erkenntnistheorie wird eine philosophische Frage (Wie kommt es, daß subjektive und objektive Strukturen aufeinander passen oder sogar übereinstimmen?) beantwortet mit Hilfe einer wissenschaftlichen Theorie, nämlich der Evolutionstheorie. Ist das legitim? Kann eine philosophische Frage eine wissenschaftliche Antwort haben?

Sie kann. Daß wir die Grenzen der eigentlichen Philosophie überschreiten, um Lösungen für philosophische Probleme zu suchen, ist gerechtfertigt, wenn die Lösungen jenseits dieser Grenzen zu finden sind. Eben dies ist im Laufe der Philosophiegeschichte mehrfach geschehen. Es sei nur daran erinnert, daß Physik, Biologie, Psychologie, ja alle empirischen Wissenschaften außer der Astronomie, aus philosophischen Bemühungen hervorgegangen sind; hingewiesen sei auf den Titel von Newtons Hauptwerk, »Philosophiae Naturalis Principia Mathematica«; und erwähnt sei die heutzutage kuriose Tatsache, daß in Großbritannien einige Lehrstühle für theoretische Physik – auf dem Papier – immer noch der »Naturphilosophie« gewidmet sind. Ob in hundert Jahren die evolutionäre Erkenntnistheorie als eine philosophische oder als eine wissenschaftliche Disziplin gilt, ist *nicht* unser Problem.

d) Hier nun könnte ein noch schärferer Einwand erhoben werden: Ist nicht Erkenntnistheorie *vorrangig* gegenüber jeder empirischen Wissenschaft? Müßte nicht die erkenntnistheoretische Analyse jedem Anspruch auf empirisches Wissen *vorangehen*? Ist nicht Erkenntnistheorie unter anderem der Versuch, solches Wissen zu rechtfertigen, bevor es anderswo benutzt werden kann? Wie also könnte, wenn unsere erkenntnistheoretische Frage mit Hilfe einer empirisch-wissenschaftlichen Theorie beantwortet wird, die evolutionäre Erkenntnistheorie jemals dazu dienen, solch empirisches Wissen zu stützen, zu begründen oder zu rechtfertigen? Geraten wir nicht in einen Zirkel? Und riskieren wir nicht, uns in einem *circulus vitiosus* zu verfangen?

Die kurze Antwort darauf ist: *Ein Zirkel vielleicht* (je nach Terminologie), *ein vitiöser Zirkel nicht!* Eine ausführlichere Antwort könnte einen eigenen Beitrag zu diesem Band bilden (vgl. Vollmer, 1983). Wir müssen uns auf die folgenden Bemerkungen beschränken.

Wissenschaft und Erkenntnistheorie stehen in einem fruchtbaren Wechselspiel. Keine kann für sich allein bestehen. Beide *stützen und begrenzen* einander. Es kann keine Erkenntnistheorie geben ohne empirisches Wissen, vor allem der Biologie, der Psychologie, der Neurophysiologie, und keine Zuverlässigkeit in der Wissenschaft ohne Erkenntnistheorie. Wann immer ein Philosoph den Anspruch erhob, *die* Theorie menschlicher Erkenntnis gefunden (oder sogar bewiesen) zu haben, stellte sich doch heraus, daß er lediglich die erkenntnistheoretischen Voraussetzungen der Wissenschaft *seiner Zeit* formuliert hatte. Francis Bacon, Locke, Descartes, Kant, Wittgenstein, Ayer glaubten sogar, alle relevanten Probleme *endgültig* gelöst zu haben; für jeden aber gilt, was Reichenbach (1933, S. 626) über Kant sagt: »Was er gewollt hat, war eine Analyse der Vernunft, was er gegeben hat, wurde eine Analyse der Naturwissenschaft seiner Zeit.«

Erkenntnistheorie und Wissenschaft stellen verschiedene Fragen und geben deshalb verschiedene (freilich verträgliche) Antworten. Aber sie haben keine verschiedenen Methoden. Auch für Philosophen gibt es keinen Königsweg zu erkenntnistheoretischen Einsichten, keinen Beweis für erkenntnistheoretische Theorien, keine Offenbarung erkenntnistheoretischer Wahrheiten. Selbst dem scharfsinnigsten Erkenntnistheoretiker bleibt kein anderer Weg, als hypothetisch-deduktiv vorzugehen. Er muß bereit und bemüht sein, seinen erkenntnistheoretischen Behauptungen Fakten gegenüberzustellen; er kann es sich gar nicht leisten, auf diese Kontrolle zu verzichten. Tatsächlich wurden viele erkenntnistheoretische Auffassungen durch empirische Fakten *widerlegt*, zum Beispiel der strenge Empirismus (»alle Erkenntnis entstammt der individuellen Erfahrung«) und der strenge Rationalismus (»alle Erkenntnis entstammt dem reinen Denken«).

Statt für die Wissenschaft oder für die Erkenntnistheorie Priorität zu beanspruchen, sollten wir ihr Wechselspiel als Regelkreis ansehen. Offenbar gibt es viele Schleifen und Zirkel in der Welt, die doch keine vitiösen Zirkel zu sein brauchen.

Wieso kauen sich die Zähne nicht selbst? (Sie kauen sich tatsächlich, aber alle auf einmal, also mit wenig Kraft pro *Zahn*, so daß sie sich ganz langsam abnützen). Wieso verdaut der Magen sich nicht selbst, obwohl er Salzsäure absondert, die doch sogar Metalle auflöst und lebende Zellen abtötet? (Weil er eine doppelte Schutzschicht von Epithelzellen hat, die Wasserstoffionen abhält und alle drei Tage vollständig erneuert wird.) Wie kann es Hämmer geben, wenn Hämmer doch nur mit einem Hammer geschmiedet werden können? Brauchen wir nicht einen Münchhausen-Trick, um uns am eigenen Schopfe aus dem Sumpf zu ziehen, d. h. um den ersten Hammer in dieser Folge zu gewinnen? (Nein! Man denke an eine immer verbesserte Reihe von Hämmern, wobei man mit *Steinen* beginnt.)

Wieso kann es selbstreproduzierende Organismen geben? (Man beachte, daß kein System sich selbst *produziert*; es gibt nur Systeme, die *andere*, wenn auch ähnliche, Systeme erzeugen. Das ist möglich durch eine geeignete Kombination von Informations- und Funktionsträgern, wobei die Informationseinheiten für die Funktionseinheiten (DNA-Moleküle für Proteine) kodieren und die funktionellen Einheiten sowohl die Übersetzung als auch die Verdopplung der Informationseinheiten bewerkstelligen. (Sogar Maschinen können sich in analoger Weise reproduzieren.) Aber was war dann zuerst da, die Henne oder das Ei? (Weder die Henne noch das Ei; das Leben begann mit Makromolekülen, die zugleich Information und Funktion sind.) Zeigen nicht die Gödelschen Resultate, daß wir uns vor Selbstanwendungen hüten müssen? (Im Gegenteil, Gödels Beweise sind eindrucksvolle Beispiele für widerspruchsfreie, d. h. nichtvitiöse, Selbstanwendungen.)

Nur wenn wir das komplizierte Zusammenspiel zwischen empirischem Wissen und erkenntnistheoretischer Analyse in Betracht ziehen, können wir hoffen, ihre Regelkreisstruktur in einen neuen stabilen (d. h. intern und extern widerspruchsfreien) Zustand zu bringen. So ist die Verträglichkeit mit alten und neuen empirischen Fakten, d. h. ihre externe Konsistenz, eine unverzichtbare Forderung an jede Erkenntnistheorie. Die evolutionäre Erkenntnistheorie ist ein Versuch, diesen Anspruch einzulösen.

e) Sobald wir – vielleicht auch nur versuchsweise – die evolutionäre Antwort auf unsere Hauptfrage akzeptieren, werden wir dazu geführt, weitere Einsichten der Evolutionstheorie in die Erkenntnistheorie zu übertragen.

Wie in der Biologie interpretieren wir nun die *Passung* der kognitiven Strukturen als das Ergebnis eines *Anpassungs*prozesses. Dieser Prozeß wird beherrscht von den großen »Architekten« der Evolution, Mutation und Selektion. Wir betrachten jetzt nicht nur unsere Sinnesorgane, Zentralnervensystem und Gehirn als Ergebnisse der Evolution, sondern auch ihre Funktionen: Sehen, Wahrnehmen, Erkennen . . . Durch diesen Schritt wird der Bereich erkenntnistheoretischer Forschung und Argumentation erheblich erweitert. Während die traditionelle Erkenntnistheorie als Forschungsobjekt die Erkenntnis des erwachsenen Kulturmenschen hatte, muß die evolutionäre Erkenntnistheorie nicht nur die individuelle kognitive Entwicklung *jedes* menschlichen Wesens einschließen, sondern auch ihre phylogenetischen Ursprünge und die Bandbreite genetisch bestimmter Merkmale, also auch die kognitiven Differenzen zwischen Individuen, Rassen und Arten. Das erklärt, warum die *vergleichende* Verhaltensforschung (»Tierpsychologie«, wie sie damals noch genannt wurde) am Ursprung der modernen evolutionären Erkenntnistheorie steht.

f) Nun ist die Anpassung eines Organismus an seine Umgebung *nie* *ideal*. Das ist eine wohlbekannte und wohlerklärte Tatsache der Biologie. Die Anpassung ist nicht ideal, weil erstens für das Überleben eine ideale Anpassung nicht notwendig ist, weil zweitens eine ideale Passung nur unter großem Aufwand möglich wäre, weil drittens der Mutationsdruck nicht nur den Anpassungsprozeß ermöglicht, sondern ihm auch entgegenwirkt, und weil viertens die Bewahrung einer vermeintlich idealen Anpassung äußerste Starrheit bedeuten würde, die gegenüber Umweltänderungen keine Chancen mehr böte. Umweltänderungen sind aber in einem evolutionären Universum wie dem unseren unvermeidlich; sie würden *jede* Anpassung auf lange Sicht alles andere als »ideal« werden lassen.

Es ist richtig und wichtig, daß die Mutabilität von Organismen, d. h. ihre Neigung, Mutationen zu erfahren, während der Evolution abgenommen hat. Dies geschah, weil es mehr und mehr biologische Information zu bewahren, also zu kopieren galt, Information, die bereits wohlgeprüft war und sich als brauchbar erwiesen hatte. Die Mutabilität ist jedoch nie ganz verschwunden, gerade weil die Anpassung nie ideal ist.

Indem wir nun dieses »Gesetz der Unvollkommenheit« von der Biologie in die Erkenntnistheorie übertragen, können wir sehen, daß auch die Passung oder gar Kongruenz unserer subjektiven Erkenntnisstrukturen mit objektiven Strukturen nicht ideal oder vollkommen sein kann.

g) Dies mag nun recht trivial klingen. Wußten wir denn nicht längst, daß Erkenntnis und Wissen nicht vollkommen sind? Brauchen wir die Evolutionstheorie oder die evolutionäre Erkenntnistheorie, um herauszufinden oder uns erzählen zu lassen, daß wir fehlbar sind? Natürlich nicht.

In diesem Falle beansprucht die evolutionäre Erkenntnistheorie nicht, uns etwas Neues zu erzählen, sondern etwas Wohlbekanntes zu *erklären*. Auch dies darf als Leistung gelten. Schon seit Tausenden von Jahren wissen Leute, daß ein Apfel zu Boden fällt, wenn man ihn fallen läßt. Aber erst Newton (oder genaugenommen Einstein) konnte es *erklären*. Und die Erklärung einer trivialen Tatsache braucht ihrerseits keineswegs trivial zu sein.

h) Obwohl die Anpassung unseres Erkenntnisapparates nicht ideal ist und nicht ideal sein kann, *kann sie auch nicht zu schlecht sein*. Daß es eine gewisse Passung (und sogar Isomorphie, vgl. 2 i) zwischen subjektiven und objektiven Strukturen gibt, wurde in 1 dargestellt und hatte überhaupt erst unsere Hauptfrage angeregt (Warum ist das so?). Wie weit diese Passung reicht und wie gut sie ist, das ist eine empirische Frage. Aber es gibt auch eine prinzipielle Antwort aus der evolutionären Erkenntnistheorie: Die Passung muß wenigstens so gut sein, daß die existentiellen Bedürfnisse eines Organismus im allgemeinen und des Menschen im besonderen befriedigt werden. Sie muß *überlebensadäquat* sein.

Nehmen wir ein Beispiel. Baumbewohnende Tiere wie Affen, die von Ast zu Ast klettern oder sogar von Baum zu Baum springen, müssen irgendwie mit der dreidimensionalen Struktur ihrer Umwelt zurechtkommen.

Um es grob, aber bildhaft auszudrücken: Der Affe, der keine realistische Wahrnehmung von dem Ast hatte, nach dem er sprang, war bald ein toter Affe – und gehört daher nicht zu unseren Urahnen. (Simpson 1963, S. 84)

Es ist also kein Zufall, daß wir Menschen ein so gutes dreidimensionales Raumwahrnehmungsvermögen besitzen. Wir verdanken es unseren baumbewohnenden Vorfahren!

Wir können jede subjektive Erkenntnisstruktur als eine Hypothese über die Struktur der Welt auffassen. (Natürlich ist diese Hypothese unbewußt und recht unkritisch, in den meisten Fällen sogar unkorrigierbar). Evolution ist also *biologisch* ein Prozeß von Mutation und Selektion, *erkenntnistheoretisch* von Vermutungen und Widerlegungen, eine *Analogie*, die Popper mit Recht betont hat. Falsche Vermutungen werden in der Evolution eliminiert, wenn ihre Falschheit für das Überleben relevant ist. »Gute« Hypothesen, die den evolutionären Erfolg erhöhen, werden bewahrt oder auf lange Sicht ihrerseits durch noch »bessere« ersetzt.

i) Dieser Prozeß von Mutation und Selektion, von Versuch und Irrtumsbeseitigung, von Vermutung und Widerlegung, von Hypothese und Test führt zu der früher erwähnten *partiellen* Isomorphie. Eine vollständige Isomorphie ist weder erforderlich noch möglich. Aber wieder können wir aus evolutionären Prinzipien allein nicht voraussagen, wie weit diese Isomorphie reicht. Sie mag sehr gut oder auch sehr dürftig sein. Im Prinzip könnte sie sogar vollkommen sein, d. h. objektive Erkenntnis ist möglich, aber nicht garantiert.

Aber selbst wenn wir ein Stück objektiver Erkenntnis, ein Stück faktischer Wahrheit vor uns hätten, könnten wir das nicht beweisen. In der evolutionären Erkenntnistheorie ist dies eine endgültige Schranke für menschliche Erkenntnis, wie sie bereits von Xenophanes gesehen und von Popper und anderen betont wurde.

Aber diese prinzipielle Schranke macht Erkenntnis oder Wissenschaft nicht wertlos. Wenn es auch keinen Beweis für Wahrheit oder Objektivität gibt, so gibt es gleichwohl gute Hinweise und Kriterien, auf die wir in 6 zurückkommen werden.

j) Es ist wichtig zu sehen, wie die evolutionäre Erkenntnistheorie mit dem ehrwürdigen Problem der *angeborenen Ideen* verbunden ist, dem Prüfstein empiristischer und rationalistischer Argumente. Dieses Problem erschien einigen gelöst, anderen unbedeutend. Es ist die moderne Biologie, die eine gute Explikation für »Angeborensein« anbietet: Ein Merkmal gilt als angeboren dann, wenn es *genetisch bestimmt* ist. Entscheidend ist also nicht, ob ein Merkmal von Geburt an vorhanden ist, sondern ob es erblich ist und Teil der genetischen Information. Auf der anderen Seite sind es moderne Logik und Sprachphilosophie, die uns Rechenschaft geben über das, was »Ideen« sind oder sein könnten. Dafür gibt es vier qualifizierte Kandidaten: Begriffe, Aussagen (Hypothesen), Wertungen und Normen. Die evolutionäre Erkenntnistheorie befaßt sich mit *Begriffen* und *Hypothesen* (deskriptiven Aussagen) als kognitiven Strukturen, nicht mit Wertungen oder Normen. Sie umfaßt somit nicht *alle* Probleme, die mit angeborenen Ideen verbunden sind, obwohl sie für viele davon neue Aspekte bietet.

Unter diesem Aspekt könnten wir die Geschichte der Philosophie durchkämmen, um frühe Hinweise auf die evolutionäre Erkenntnistheorie zu finden oder um Rationalisten und Empiristen aus der Perspektive der evolutionären Erkenntnistheorie zu kritisieren. Das werden wir nicht tun. Wir werden jedoch einen Blick auf einen Philosophen werfen, der den Anspruch erhebt, Empirismus und Rationalismus zu überwinden: auf Kant.

k) Nach Kant gibt es ein synthetisches Apriori, wahre Erkenntnis über die Welt, unabhängig von jeder Erfahrung. Nach der evolutionären Erkenntnistheorie ist dies teilweise wahr: Soweit menschliches Wissen angeboren, d. h. genetisch übertragen ist, ist es unabhängig von jeder individuellen Erfahrung und doch in einigen Fällen korrekt; es ist *ontogenetisch a priori*. Und soweit angeborene kognitive Strukturen menschliche Erkenntnis formen, ermöglichen oder konstituieren, sind sie sogar transzendental im Kantischen Sinne. Aber auch diese genetische Information wurde im Laufe der Evolution erworben und getestet. Sie ist ein Ergebnis guter und schlechter Erfahrungen während Tausender und Millionen von Jahren. Sie ist also *phylogenetisch a posteriori*.

l) Obwohl sie die Existenz apriorischen Wissens anerkennt, zerstört doch die evolutionäre Erkenntnistheorie Kants Begriff vom Apriori: Faktisches Wissen ist, obwohl angeboren, *nicht mehr notwendig wahr*. Die evolutionäre Erkenntnistheorie ist also zugleich bescheidener und anspruchsvoller als Kants transzendentale Erkenntnistheorie. Sie ist *bescheidener*, in dem sie keine notwendigen Wahrheiten oder Objektivitätsgarantien vertritt. In der Transzendentalphilosophie ist Erfahrungswissen wahr und objektiv (im Kantischen Sinne), weil es grundsätzlich aus den Anschauungsformen und Kategorien des Verstandes synthetisiert wird. Was immer wir an Struktur in der menschlichen Erfahrung vorfinden, verdanken wir dem menschlichen Verstand selbst. Keine andere Erfahrung ist möglich als Erfahrung in diesen Formen und Kategorien. Daher können wir gewiß sein, diese und nur diese Strukturen in der Erfahrung zu finden. Aber für diese Gewißheit und Notwendigkeit bezahlen wir einen hohen Preis: Es ist unmöglich, irgend etwas über das Ding an sich zu wissen. In dieser Hinsicht, was also das Ding an sich betrifft, ist die evolutionäre Erkenntnistheorie *anspruchsvoller* als Kant. Tatsächlich dürfen wir hoffen, dem Ding an sich mit unserer Erkenntnis näher zu kommen, durch wissenschaftliche Theorien, wenn auch nicht durch Wahrnehmung oder unmittelbare Erfahrung. Wir hoffen, schließlich doch Wahres herauszufinden über die Welt, *wie sie ist*, nicht nur, wie sie uns erscheint.

So sehen wir, daß die evolutionäre Erkenntnistheorie – anders als Kant – eine klare Unterscheidung zwischen Erfahrungserkenntnis (strukturiert durch unsere Anschauungsformen und Kategorien) und wissenschaftlicher Erkenntnis macht. Auf diese Unterscheidung werden wir in 3 e, 3 f und 4 zurückkommen.

m) Während für einen Empiristen die kognitiven Fähigkeiten des

Menschen durch die reale Welt geformt werden, dreht Kant diese Beziehung um und macht den Menschen zum Gesetzgeber der Realität, wobei seine Kategorien und allgemeinen Verstandesprinzipien aller Erfahrung erst ihre Struktur geben. Mit diesem Schritt wollte Kant eine kopernikanische Wende in der Philosophie bewirkt haben. Sein Schritt war in der Tat epochemachend und sogar revolutionär. Aber wie Friedell, Reichenbach, Popper, Russell, Scholz, Smart, Shimony und andere bemerkt haben, war Kants Wende nicht kopernikanisch, sondern eine antikopernikanische Gegenrevolution, da er den Menschen erkenntnistheoretisch ins Zentrum der Welt zurückversetzte, von wo Kopernikus ihn kosmologisch vertrieben hatte.

Die evolutionäre Erkenntnistheorie nimmt nun den Menschen wieder aus dem Zentrum heraus und macht ihn zu einem unbedeutenden Beobachter kosmischer Prozesse – die ihn einschließen. In diesem Sinne ist die evolutionäre Erkenntnistheorie *eine wahrhaft kopernikanische Wende in der Erkenntnistheorie*. (Diese Behauptung findet sich zuerst in Vollmer 1975, S. 170–2. Vgl. auch den Epilog von Wuketits in diesem Band.)

Es leuchtet ein, daß diese kopernikanische Wende der evolutionären Erkenntnistheorie weitreichende anthropologische Folgerungen hat. Auch sie sollten untersucht werden; das ist jedoch nicht die Aufgabe dieses Beitrags.

3 Richtigstellungen – was die evolutionäre Erkenntnistheorie nicht behauptet

a) *Die evolutionäre Erkenntnistheorie behauptet nicht, alle erkenntnistheoretischen Probleme zu lösen oder auch nur zu behandeln.* So wie sie in diesem Beitrag vorgestellt wird, ist sie keine selbständige oder allumfassende Erkenntnistheorie. Bevor sie überhaupt formuliert werden kann, müssen andere Fragen – wenigstens vorläufig – von anderen Theorien beantwortet sein. Wir brauchen erstens Definitionen oder Explikationen der Begriffe »Kognition« und »Erkenntnis« (Erkenntnis ist eine adäquate Rekonstruktion und Identifikation objektiver Strukturen im Subjekt; Kognition ist der Prozeß, der zur Erkenntnis führt); zweitens eine Theorie darüber, wie Erkenntnis entsteht (durch eine Wechselwirkung subjektiver und objektiver Strukturen); drittens eine Theorie über das Verhältnis von realer Welt und erkennendem Subjekt (vgl. unsere projektive Erkenntnistheorie in 5); und viertens ausreichendes Faktenwissen über Existenz, Reichweite und Passung der subjektiven Erkenntnisstrukturen (welches durch Psychologie, Physiologie, Neurobiologie, Linguistik und andere Disziplinen zur Verfügung gestellt werden muß).

Erst dann kann die evolutionäre Erkenntnistheorie die folgenden Fragen (und andere) beantworten:

Woher kommen die subjektiven Erkenntnisstrukturen? (Sie sind Ergebnisse der biologischen Evolution.)

Warum sind sie bei allen Menschen (nahezu) gleich? (Weil sie teilweise genetisch bedingt sind und vererbt werden, dabei aber eine statistische Streuung wie jedes andere genetische Merkmal aufweisen.)

Warum passen die subjektiven Strukturen (der Erkenntnis) auf die objektiven Strukturen (der realen Welt) und stimmen sogar teilweise damit überein? (Weil wir die Evolution sonst nicht überlebt hätten.)

Warum ist menschliche Erkenntnis nicht ideal? (Weil biologische Anpassung nie ideal ist.)

Wie weit reicht menschliche Erkenntnis? (Sie ist zunächst einmal überlebensadäquat; d. h., soweit sie genetisch bedingt ist (Wahrnehmung und unmittelbare Erfahrung), paßt sie auf die Welt der mittleren Dimensionen, auf den Mesokosmos (vgl. 4); sie kann aber aus diesem uns umgebenden Mesokosmos hinausführen und tut das vor allem als wissenschaftliche Erkenntnis (vgl. 5).

Ist objektive Erkenntnis möglich? (Ja, wahrscheinlich existiert sie sogar.)

Gibt es Grenzen für die menschliche Erkenntnis? (Ja; selbst wenn wir objektives Wissen erlangt hätten, könnten wir doch seiner Wahrheit oder Objektivität nie absolut sicher sein. Alle Erkenntnis ist hypothetisch.)

Gibt es apriorisches Wissen über die Welt? (Wenn »a priori« bedeutet »unabhängig von aller individuellen Erfahrung«, ja; wenn es dagegen bedeutet »unabhängig von jeglicher Erfahrung«, nein; wenn es darüber hinaus bedeutet »absolut wahr«, nein.)

Natürlich ist es möglich und vielleicht sogar legitim, diese Thesen der eigentlichen evolutionären Erkenntnistheorie in den erwähnten vorbereitenden Kontext einzubauen und das erweiterte System »evolutionäre Erkenntnistheorie« zu nennen. Das aber könnte irreführen, da Evolution nicht für alle Teile dieser erweiterten Erkenntnistheorie relevant ist. Wir ziehen es deshalb vor, diese weitere Theorie »projektive Erkenntnistheorie« zu nennen (vgl. 5).

b) Diese Unvollständigkeit bedeutet *nicht, daß die evolutionäre Erkenntnistheorie ontologisch neutral wäre.* Sie setzt vielmehr eine bescheidene Variante des ontologischen Realismus voraus, die von Campbell, Lorenz und dem gegenwärtigen Autor »hypothetischer Realismus« genannt wurde. Der hypothetische Realismus ist verwandt, aber nicht identisch, mit dem kritischen Realismus. Gemeinsam haben sie die kritische Haltung, die Ablehnung des naiven Realismus, die Unterscheidung zwischen Wirklichkeit und Erscheinung. Aber der hypothetische Realismus betont den hypothetischen Charakter *aller* Erkenntnis, und während der kritische Realismus wenigstens die *Existenz* der Welt als evident ansieht, als nicht hinterfragbar, als intuitiv garantiert, unterscheidet der hypothetische Realismus psychologische Gewißheit und erkenntnistheoretische Ungewißheit; er sieht selbst die Existenz der Welt als eine (wohlbegründete) Vermutung an und versucht, Argumente zur Stützung dieser Hypothese zu finden (vgl. Vollmer 1975, S. 35–40).

c) Bei der Analyse des Erkenntnisprozesses unterscheidet die evolutionäre Erkenntnistheorie zwischen Subjekt und Objekt. Dies soll aber *nicht bedeuten, daß die Welt ontologisch zweigeteilt oder vervielfacht würde.* Auch die Abgrenzung zwischen der zu erkennenden Realität und dem erkennenden Subjekt ist nur ein heuristisches Mittel: Sinnesorgane, Zentralnervensystem und Gehirnfunktionen sind ebenso real wie die »Welt da draußen«. Bei der Suche nach Objektivität wird das Subjekt nicht »herausgeschnitten«, wie Schrödinger oder Sherrington es darstellen. Die evolutionäre Erkenntnistheorie steht vielmehr ganz auf der Seite der Identitätstheorie (und im Gegensatz zum Leib-Seele-Dualismus) und setzt diese mehr oder weniger voraus. Diese Frage wird in 10 diskutiert.

d) Die evolutionäre Erkenntnistheorie *behauptet nicht, daß alles menschliche Wissen genetisch (d. h. biologisch) bestimmt wäre.* Sie sagt vielmehr, daß unsere Erkenntnis biologisch bedingt und *teilweise* auch bestimmt ist. Dies sollte niemanden überraschen, der anerkennt, daß Erkenntnis durch unsere Sinnesorgane und Gehirne hervorgebracht wird. Wie könnte sie dann wohl von diesem Apparat unabhängig sein? Aber selbst diese schwächere und offenbar recht bescheidene Behauptung hat wichtige Konsequenzen.

Zunächst einmal entstand dieser Apparat als ein Werkzeug für das Überleben. Er wurde nur für eine spezielle Umgebung getestet und ausgelesen, die wir »Mesokosmos« nennen werden (siehe 4). Es gibt keinen apriorischen Grund, warum er für mehr taugen müßte.

Aber tatsächlich taugt er für mehr. Unser Gehirn befähigt uns, Hypothesen und Theorien zu bilden, die den Mesokosmos bei weitem überschreiten, mit dem es einig werden mußte. Das geschieht vor allem in der Wissenschaft. Dieser Gedanke bringt uns auf eine wichtige Unterscheidung.

e) Wie in 21 erwähnt, *identifiziert die evolutionäre Erkenntnistheorie nicht Erfahrungserkenntnis mit wissenschaftlicher Erkenntnis,* sondern zeigt, daß und wie beide unterschieden werden müssen.

Was durch unsere biologische Verfassung bestimmt ist (genauer durch unser genetisches Make-up, unsere angeborene Erkenntnisfähigkeit), das sind die Strukturen der Wahrnehmung und der unmittelbaren Erfahrung. Die dritte und oberste Ebene der Erkenntnis, wissenschaftliche Erkenntnis, ist jedoch nicht genetisch bestimmt. Es wäre sinnlos, nach den biologischen Wurzeln der Relativitätstheorie, der Quantenchromodynamik oder irgendeiner anderen Theorie der modernen Wissenschaft zu fragen. Beim Bilden von Hypothesen und Theorien sind wir frei, lediglich der logischen Widerspruchsfreiheit verpflichtet.

Auf der anderen Seite hat die moderne Wissenschaftstheorie gezeigt, daß jede Theorie, wenn sie empirisch genannt werden soll, empirisch prüfbar sein muß, das heißt, sie muß *irgendwie* an die Erfahrung, also an die Wahrnehmung angekoppelt werden. Auch ein Neutronenstern muß irgendwie eine kausale Wirkung auf unsere Augen ausüben (z. B. über schwarze Punkte auf einer Fotoplatte; vgl. 5). Die evolutionäre Erkenntnistheorie vertritt somit eine *kausale Theorie der Wahrnehmung.*

Nachdem wir den Unterschied betont haben zwischen Erfahrungserkenntnis, die biologisch determiniert ist, und wissenschaftlicher Erkenntnis, die es nicht ist, sind wir in der Lage, ein weiteres Mißverständnis zu beseitigen.

f) *Die evolutionäre Erkenntnistheorie erklärt oder beschreibt nicht die Evolution menschlicher Erkenntnis, sondern nur die Evolution unserer kognitiven Fähigkeiten.* Wie wissenschaftliche Theorien entworfen und getestet, bestätigt oder widerlegt, korrigiert oder abgelöst werden, ist nicht ein Problem der evolutionären Erkenntnistheorie, sondern der Wissenschaftstheorie.

Die Entwicklung wissenschaftlicher Erkenntnis erfolgt viel schneller als irgendein evolutiver Prozeß in der Biologie. Zweihundert und mehr Generationen sind erforderlich, damit eine positive Mutation sich in einer Population ausbreiten kann. Für menschliche Populationen liegt diese Zeitspanne in der Größenordnung von Zehntausenden von Jahren. Wissenschaft dagegen ist ein Phänomen der letzten Jahrhunderte oder, wenn wir großzügig sein wollen, einiger Jahrtausende. So könnte und müßte dem Wachstum wissenschaftlicher Erkenntnis selbst dann Rechnung getragen werden, wenn der Mensch als biologisch invariant angesehen würde. Aristoteles, zweitausend Jahre später geboren, wäre ein Leibniz geworden, Archimedes ein Gauß, Euklid ein Hilbert usw. Selbst

Gilgamesch hätte, heute geboren, keine Schwierigkeiten, Quantentheorie oder Molekularbiologie zu studieren oder Astronaut zu werden. Ihre Sinne und Gehirne waren bei der Geburt nicht sehr verschieden von den unsrigen. Die Unterschiede zwischen ihrer Erkenntnis und unserer sind nicht biologisch, sondern kulturell bedingt.

g) *Die evolutionäre Erkenntnistheorie behauptet also nicht, kulturelle Evolution gebe es nicht oder sie sei unwichtig für menschliche Erkenntnis*; auch nicht, kulturelle Evolution gehorche denselben Gesetzen wie biologische Evolution; auch nicht, kulturelle Evolution sei *nichts als* eine Verlängerung der biologischen Evolution. Im Gegenteil, kulturelle Evolution existiert, sie ist entscheidend für das Wesen des Menschen, und die jeweiligen Gesetze sind völlig unterschiedlich.

Gleichwohl gibt es enge und interessante Verbindungen.

Zunächst einmal bedeutet die Tatsache, daß unsere kognitiven Fähigkeiten der Evolution unterlagen, daß auch – und dies ist fast trivial – menschliche Erkenntnis entsprechend evolviert hat. Zweitens hört biologische Evolution nicht auf, wo die kulturelle Evolution beginnt. Im Gegenteil, kulturelle Evolution wirkt auf die biologische Evolution zurück, wobei allerdings andere Selektionskriterien als das reine Überleben maßgebend sind. Es ist sogar wahrscheinlich, daß die kulturelle Evolution das Tempo der biologischen Evolution beschleunigt hat, indem sie einen starken Selektionsdruck auf kulturelle Fähigkeiten wie Gedächtnis, Abstraktion, Symbolisierung und Sprache ausübte. Drittens beruht auch die kulturelle Evolution auf biologischen Fakten und Möglichkeiten; sie kann die biologischen Vorbedingungen nicht einfach ablegen. Biologische Determinanten gehören unabdingbar zur Kultur und zur kulturellen Evolution. Viertens gibt es Parallelen und Analogien zwischen biologischer und kultureller Evolution. Diese Analogien wurden von Popper, Toulmin, Campbell und anderen betont. In gewisser Hinsicht können wir die Evolution wissenschaftlicher Erkenntnis als eine Fortsetzung der biologischen Evolution ansehen oder auch die evolutionäre Erkenntnistheorie als eine Rückwärtsverlängerung oder sogar Begründung der Methode von Versuch und Irrtumsbeseitigung, die in der Biologie »Mutation und Selektion« genannt wird, in der wissenschaftlichen Methodologie dagegen »Vermutung und Widerlegung«. (Was Popper jedoch nicht bemerkt, ist die Tatsache, daß seine Theorie der Welt 3 und sein Leib-Seele-Dualismus nicht mit der evolutionären Erkenntnistheorie vereinbar sind. Hierzu vgl. auch 10.)

h) Aus den Bemerkungen in 2h, 2i und aus den biologischen Argumenten im allgemeinen geht hervor, daß es in der evolutionären Erkenntnistheorie ein stark pragmatisches Element gibt. Das bedeutet jedoch *nicht, daß die evolutionäre Erkenntnistheorie einer pragmatischen Wahrheitstheorie anhinge oder sie voraussetzte.* Biologisches Überleben, Darwinsche Tauglichkeit, evolutionärer Erfolg können die Wahrheit der uns oder anderen Lebewesen angeborenen Hypothesen weder definieren noch garantieren. Evolutionärer Erfolg liefert weder eine Definition noch ein Kriterium für Wahrheit.

Im Gegenteil, wir *wissen*, daß unser vernunftartiger (Egon Brunswik: ratiomorpher) Apparat, unsere Erkenntnisvorrichtung, fehlbar und manchmal im Irrtum ist. Ein gutes Beispiel (oder eigentlich ein Gegenbeispiel) ist der in 1 c erwähnte Farbenkreis, der hochadaptiv, das heißt erfolgreich ist, aber nicht nur subjektiv, sondern objektiv völlig »falsch«, frei »erfunden«, um Farbkonstanz und dadurch Objektivierung zu ermöglichen. Die evolutionäre Erkenntnistheorie kritisiert also und widerlegt sogar den pragmatistischen Wahrheitsbegriff. Sie ist somit weit davon entfernt, Genesis und Geltung zu verwechseln.

Nach der evolutionären Erkenntnistheorie *beweist evolutionärer Erfolg nicht, daß all unsere angeborenen Hypothesen wahr sind, sondern nur, daß sie nicht gänzlich falsch sein können.*

i) Diese Einsicht zeigt schließlich, daß *menschliche Erkenntnis, obwohl als Faktum einmalig, nicht auch prinzipiell einmalig sein muß.* Selbst Kant erwog die Möglichkeit nichtmenschlicher Wesen, deren Erkenntnisformen von unseren verschieden wären. Und die vergleichende Verhaltensforschung zeigt, daß sogar auf der Erde viele verschiedene Erkenntnisapparate möglich und realisiert sind. Fische mit Sinnesorganen für elektrische Felder, Vögel mit magnetischen Sinnen, Bienen, die Ultraviolett sehen, Schlangen mit Infrarot-Augen, Fledermäuse mit Organen zur Erzeugung und zum Empfang von Ultraschall, Delphine mit vernünftiger Kommunikation, sind nur *Beispiele* für die überwältigende Vielfalt informationsverarbeitender Systeme in der Natur.

j) Obwohl die evolutionäre Erkenntnistheorie versucht, die Möglichkeit, den Überlebensvorteil und den evolutionären Weg kognitiver Apparate zu erklären, *behauptet sie nicht, menschliche Erkenntnis, menschliche Intelligenz, menschliches Denken, menschliche Sprache, so wie sie sind, seien notwendig.* Die Erde könnte auch gut (oder sogar besser!) ohne intelligente Wesen auskommen. Es gibt kein Naturgesetz (und auch kein Gesetz der evolutionären Erkenntnistheorie), das behauptet, Intelligenz und Erkenntnis müßten überall und immer entstehen.

Aber die evolutionäre Erkenntnistheorie behauptet, daß *unter den gegebenen Anfangsbedingungen der Urerde und der Sonne menschliche Erkenntnis gemäß natürlichen Gesetzen entstanden ist.* Kein Wunder war erforderlich, kein göttlicher Eingriff, kein Verstoß gegen die Naturgesetze. Und *wenn* auf anderen Planeten ähnliche Bedingungen herrschen, dann wird nicht nur Leben, sondern sogar Intelligenz entstehen. Es könnte durchaus viele ökologische Nischen für intelligente Wesen geben. Aber wieder lernen wir aus der Evolutionstheorie, daß Leben und Intelligenz dort, wenn auch mit unseren vergleichbar, doch nicht damit identisch sein werden.

k) *Die evolutionäre Erkenntnistheorie ist keine Etho-Logie,* welche die evolutionären Ursprünge, Merkmale und Folgen ethischer (oder sogar ästhetischer) Normen oder Wertungen untersucht (vgl. 2j). Wir wissen, daß Normen und Werte keine Fakten sind, weder wahr noch falsch, daß sie – entgegen Platon und der Naturrechtslehre – nicht in der Natur aufgefunden werden und daß Ethik keine kognitive Disziplin ist.

Deshalb hat die evolutionäre Erkenntnistheorie keine *direkten* ethischen Konsequenzen. Was wir tun oder lassen sollten, was gut oder schlecht, richtig oder falsch ist, folgt aus *keiner* Erkenntnistheorie. Es gibt auch keine moralische Verpflichtung, den Evolutionsprozeß zu bewahren oder fortzusetzen, die aus einer Evolutionstheorie *abgeleitet* werden könnte. Nicht einmal eine pragmatische Auffassung von Ethik kann durch biologische oder erkenntnistheoretische Fakten *gerechtfertigt* werden.

Gleichwohl hängen in der Wissenschaft und vor allem in der Philosophie alle Probleme irgendwie miteinander zusammen. So werden wir bereitwillig die ethische *Relevanz* der evolutionären Erkenntnistheorie einräumen. Sie könnte sogar so weit reichen, einige moralische Normen oder ethische Systeme zu *widerlegen*, und erst recht, mit anderen *vereinbar* zu sein (vgl. den Beitrag von H. Mohr in diesem Band). So wie es idiotisch wäre, von Leuten zu verlangen, ein Perpetuum Mobile zu konstruieren, den Mond aus dem Gesichtsfeld zu entfernen oder die Zeitrichtung umzudrehen, so wäre es unsinnig, Normen aufzustellen, die aufgrund erkenntnistheoretischer Fakten nicht erfüllt werden können.

Niemand sollte von uns verlangen, vierdimensionale Anschauung zu entwickeln, Radiowellen oder magnetische Felder wahrzunehmen, telepathisch zu kommunizieren, einen idealen Erkenntnisapparat zu konstruieren, die Objektivität der Erkenntnis nachzuweisen, irgendein Naturgesetz im strikten Sinne zu beweisen, Normen in der Evolution aufzufinden, Erkenntnis zu gewinnen, ohne dabei Sinne oder Gedächtnis zu benützen. Daß solche Forderungen unsinnig wären, können wir aus der evolutionären Erkenntnistheorie lernen.

4 Mesokosmos und Anschaulichkeit

Die Welt, an die sich unser Erkenntnisapparat im Laufe der Evolution angepaßt hat, ist nur ein *Ausschnitt* der wirklichen Welt. Entsprechend dem biologischen Begriff der »ökologischen Nische« könnten wir diesen Ausschnitt als »kognitive Nische« bezeichnen. Jacob von Uexküll benützte für diesen Sachverhalt den Ausdruck »Umwelt« und zeichnete in seinem Buch »Streifzüge durch die Umwelten von Tieren und Menschen« von 1934 faszinierende Umwelten für Pantoffeltierchen, Zecke, Seegurke, Fliege und Hund. Jeder Organismus hat seine eigene kognitive Nische oder Umwelt, so auch der Mensch. *Die kognitive Nische des Menschen nennen wir »Mesokosmos«.* Unser Mesokosmos ist also jener Ausschnitt der realen Welt, den wir wahrnehmend und handelnd, sensorisch und motorisch, bewältigen. Die folgende Tabelle umreißt mesokosmische Größen und ihre Bereichsgrenzen.

Der Mesokosmos ist – grob gesprochen – eine *Welt der mittleren Dimensionen.* Diese Charakterisierung bedarf jedoch einiger Ergänzungen.

Erstens ist er nicht einfach eine Meterwelt. Er bezieht sich nicht nur auf räumliche Ausdehnungen, sondern, wie die Tabelle zeigt, auch auf andere physikalische Größen wie Zeit und Masse. Es wäre also nicht richtig, den Mesokosmos mit der Welt der mittleren *räumlichen* Dimensionen zu identifizieren.

Zweitens ist der »Mesokosmos« nach seiner Definition ein *anthropozentrischer* Begriff, da er sich explizit auf den Menschen und die Bereiche seiner Sinne bezieht. Der menschliche Mesokosmos ist also nicht einfach der übliche »Makrokosmos«. Es gibt Strukturen, wie das irdische Magnetfeld, die durchaus makroskopisch, aber nicht Teil unseres Mesokosmos sind, weil wir sie nicht fühlen (obwohl einige Vögel und Insekten das können). Dasselbe gilt zum Beispiel für Radiowellen oder für größere Mengen Kohlenmonoxid. Auf der anderen Seite gibt es mikroskopische Strukturen wie Photonen oder Moleküle, die man »sehen« oder »fühlen« kann, die also mesokosmisch sind.

Tabelle 4

Größe	Untergrenze	Beispiele	Obergrenze	Beispiele
Zeiten t	Sekunden s	Herzschlag	Jahrzehnte	Lebensdauer
Abstände s	Millimeter mm	Staub 0,05 mm Haar 0,1 mm	Kilometer km	Horizont 20 km Tagesmarsch 30 km Hörweite (Donner)
Geschwindig- keiten $v = \dfrac{\Delta s}{\Delta t}$	Ruhe $v = 0$		$v = 10$ m/s $= 36$ km/h	Sprinter, Geschoß, Tiere
Beschleuni- gungen $a = \dfrac{\Delta v}{\Delta t}$	gleichförmige Bewegung $a = 0$		$a = 10$ m/s^2 $\approx$ Erd- beschleu- nigung	Sprinter, freier Fall
Massen, Gewichte	Gramm g		Tonnen	Felsen, Bäume, Tiere
Tempera- turen	$-10°$ C	Gefrierpunkt	$100°$ C	Siedepunkt des Wassers

Drittens sind die Grenzen des Mesokosmos nicht scharf definiert, sondern nur innerhalb von Größenordnungen, das heißt bis auf Faktoren von etwa fünf. Sie können individuell variieren und durch Erfahrung, Training und Aufmerksamkeit verändert werden.

Viertens und letztens wird deutlich (es folgt fast schon aus der Definition), daß Sinnesorgane, Wahrnehmungsfähigkeit, Erfahrungsstrukturen, Alltagssprache und elementare Schlußweisen auf diesen Mesokosmos zugeschnitten sind; sie sind mesokosmischen Bedürfnissen *angemessen*. Dasselbe gilt für unsere Anschauungsformen. Unser Anschauungsvermögen hat sich den Alltagsbedürfnissen angepaßt. Mesokosmische Strukturen sind also anschaulich. Das wird durch die evolutionäre Erkenntnistheorie *erklärt*.

Aber wir dürfen nicht erwarten, daß die Welt überall und durchweg dieselben Strukturen aufweist. In anderen Dimensionen können sich die Strukturen von den mesokosmischen erheblich unterscheiden. Deshalb kann unser Anschauungsvermögen dort versagen; unsere Anschauungsformen könnten nur näherungsweise gelten oder gänzlich unangemessen sein. Eben dies ist es natürlich auch, was uns die moderne Wissenschaft mehrfach und mit zunehmender Klarheit gelehrt hat. Descartes nahm noch explizit an, daß die unsichtbare Mikrowelt dieselben Strukturen aufweise wie der Makrokosmos, und als eine vorläufige Hypothese war diese Annahme auch durchaus berechtigt. Gleichwohl ist sie widerlegt worden; sie kann nicht länger aufrechterhalten werden. Und auch dieses Versagen wird durch die evolutionäre Erkenntnistheorie *erklärt*.

Auch wenn man leicht einsieht, daß alle mesokosmischen Strukturen anschaulich sind, folgt daraus nicht notwendig, daß *nur* solche Strukturen anschaulich gemacht werden können; auch andere Objekte könnten anschaulich sein. Tatsächlich gibt es eine lange und immer wieder erneuerte Diskussion über die Reichweite und die Grenzen unseres Anschauungsvermögens. (Für die folgende Diskussion vgl. Vollmer 1982b)

Es gibt mehrere verschiedene Wege, durch die wir etwas zu veranschaulichen versuchen: Wir geben Beispiele und Gegenbeispiele, ersinnen Gedankenexperimente, liefern Analogien, konstruieren Modelle, rekonstruieren das Objekt (wenn es mesokosmisch ist), transformieren die jeweilige Struktur auf mesokosmische Dimensionen oder leiten empirische Folgerungen daraus ab (»Projektion«). Alle diese Methoden sind für didaktische Zwecke wichtig, ja unentbehrlich, aber nur drei von ihnen (die letzten drei) sind ernsthafte Kandidaten für eine angemessene Explikation von Anschaulichkeit. So könnten wir versucht sein, alternativ zu definieren:

Eine Struktur ist anschaulich genau dann, wenn

sie mesokosmisch ist (1);

sie in eine mesokosmische Struktur transformiert werden kann (2);

wir uns die Erfahrungen vorstellen können, die wir mit (oder in) einer solchen Struktur hätten (3).

Aber die erste Definition ist *zu eng*. Sie würde die Drehung und die Bewegung der Erde ausschließen, weil niemand sie sehen oder fühlen kann. Sie würde sogar (außer für Astronauten) ihre Kugelgestalt als unanschaulich ausschließen. Weder das Planetensystem noch Bohrs Atommodell, weder ein zweihundert Jahre alter Mann noch eine drei Meter große Frau wären vorstellbar, nicht einmal ein Einhorn. Aber alle diese Objekte gelten gewöhnlich als durchaus anschaulich. Es scheint, daß »unanschaulich« hier verwechselt wird mit »unglaublich, weil bisher nicht vorgekommen«.

Die dritte Definition wurde unter anderem von Helmholtz, Poincaré, Reichenbach gegeben und benützt. Sie versuchten zu zeigen, daß sogar nicht-euklidische Räume vorgestellt werden können. Aber welche Struktur der empirischen Wissenschaft wäre eigentlich nach ihrer Definition nicht mehr anschaulich? Wenn eine Theorie empirische Folgerungen hat (die sie haben *muß*, um als eine Theorie faktischer Wissenschaft zu gelten), dann können wir uns immer Sinneseindrücke ausmalen (vielleicht nur schwarze Punkte auf einem Schirm oder das Knacken in einem Lautsprecher), wie wir sie in einer Welt hätten, in der eine solche Theorie wahr ist. Danach wäre ja *jede* empirische Theorie anschaulich. Ein solcher Begriff von Anschaulichkeit wäre *zu weit*, nahezu leer, also nutzlos.

Natürlich war das von den Vertretern dieser »projektiven« Definition nicht beabsichtigt. Auch bei ihnen gelten *einige* Strukturen als unanschaulich, obwohl – und das ist ein weiterer Einwand – sie hinsichtlich ihrer Ausnahmen nicht übereinstimmen: Während Helmholtz und Reichenbach zu dem Ergebnis kommen, vierdimensionale Räume seien unanschaulich, behauptet Poincaré, sie seien anschaulich (Hilbert-Räume freilich nicht). Und schließlich ein letzter Einwand: Wenn etwas erst projiziert werden muß, damit es erfahren werden kann, dann gibt es offenbar einen Unterschied zwischen dem Ding und seiner Projektion. Und dieser Unterschied könnte für die Anschaulichkeit entscheidend sein. Warum sollten wir eine Struktur anschaulich nennen, wenn erst ihre Projektion anschaulich gemacht werden kann?

Somit bleibt uns nur die zweite Explikation. *Eine Struktur ist anschaulich genau dann, wenn sie (durch eine reguläre Transformation) in eine mesokosmische Struktur transformiert werden kann.* Diese Bedingung wird zunächst einmal von mesokosmischen Strukturen erfüllt (mit einem Transformationsfaktor 1). Aber auch das Planetensystem kann danach vorgestellt werden, weil wir, wenn wir es um den Faktor 10^{-8} verkleinern, ein mögliches mesokosmisches Objekt erhalten, ein Planetarium mit einem Durchmesser von etwa einem Meter. Ähnlich können wir uns die räumliche Anordnung von Molekülen anschaulich machen, weil wir durch Vergrößerung um einen Faktor 10^8 auf Alltagsabstände kommen, so daß sogar hölzerne Molekülmodelle möglich und angemessen sind. Selbst die Atommodelle von Rutherford oder Bohr sind anschaulich, weil alle ihre Eigenschaften mesokosmisch dargestellt werden können. Die Atome der Quantenmechanik allerdings können nicht so dargestellt werden (auch nicht ein Neutronenstern oder ein schwarzes Loch), weil sie Eigenschaften haben, die von jeder mesokosmischen Struktur gänzlich verschieden sind.

Eine *reguläre* Transformation eines Objekts entspricht also der Multiplikation eines (oder mehrerer) seiner charakteristischen Parameter (zum Beispiel seiner räumlichen Abmessungen) mit positiven, endlichen, reellen Zahlen. Der Faktor darf nicht Null oder unendlich sein, er darf auch nicht Eigenschaften betreffen, die durch ganze Zahlen dargestellt werden, wie Dimension oder Quantenzahl, weil die Anschaulichkeit oder Unanschaulichkeit einiger Strukturen gerade von der *Endlichkeit* ihrer Parameter abhängen kann. Daher also die Beschränkung auf nichtsinguläre (»reguläre«) Transformationen.

Das Problem der Regularität wird deutlich an der Planckschen Konstanten h, der *kleinsten* Wirkung, die es in der Natur gibt, oder auch an der Lichtgeschwindigkeit c, der *größten* Geschwindigkeit für die Übertragung von Signalen. Es ist nicht die Kleinheit oder Größe dieser Naturkonstanten, die ihre Rolle in der Physik so unanschaulich macht (sie könnten ja durch geeignete Faktoren leicht transformiert werden); es ist vielmehr ihr *Grenzcharakter*, der in der Welt der mittleren Dimensionen keine Entsprechungen hat, weil dort jede Geschwindigkeit verdoppelt und jede Wirkung halbiert werden kann.

Als ein Beispiel für die unanschaulichen Folgen dieses Grenzcharakters betrachten wir das relativistische Additionstheorem für Geschwindigkeiten: Bewegt sich ein Signalgeber (zum Beispiel eine Kanone oder ein Blitzgerät) gegenüber einem ruhenden Beobachter mit der Geschwindigkeit v_1 und hat das Signal (Kanonenkugel oder Blitz) für den Signalgeber in Bewegungsrichtung die Geschwindigkeit v_2, welche Signalgeschwindigkeit wird dann der ruhende Beobachter messen? Nach der klassischen Physik und nach der alltäglichen, also mesokosmischen Erfahrung gilt $v = v_1 + v_2$. Spezielle Relativitätstheorie und genaue Messungen lehren uns jedoch

$$v = \frac{v_1 + v_2}{1 + \frac{v_1 \cdot v_2}{c^2}} \, .$$

Kann man sich das vorstellen? Nein. Denn gerade durch die Transformation der einschlägigen Größen (Geschwindigkeiten v_1, v_2, c) auf mittlere Dimensionen (Lauf- oder Fahrtempo, Faktor etwa 10^{-8}) entstehen Folgerungen, die wir uns nicht anschaulich machen können: Ein Ball, von einem Spaziergänger ($v_1 = 1$ m/s) nach vorne geworfen ($v_2 = 3$ m/s), würde gegenüber einem ruhenden Beobachter *nicht*, wie man erwartet, die Geschwindigkeit $v = 4$ m/s zeigen, sondern auch nur die Geschwindigkeit $v = 3$ m/s, ein »unvorstellbares« Ergebnis. Aber die Relativitätstheorie hat recht, und die Alltagsvorstellung hat unrecht. So seltsam das aussehen mag, es ist gerade diese Seltsamkeit, die durch die evolutionäre Erkenntnistheorie *erklärt* wird.

Die Einsicht, daß unser Vorstellungsvermögen beschränkt ist, hat wichtige Konsequenzen für unsere Beurteilung von Wissenschaft.

a) Die Tatsache, daß eine Theorie – aus der Mathematik, der Physik oder irgendeiner anderen Disziplin – nicht anschaulich ist, muß nicht bedeuten, daß die Theorie falsch ist; und wenn sie anschaulich ist, ist sie nicht notwendig wahr. Der Vorwurf gegen Relativitäts- oder Quantentheorie, sie müßten falsch sein, weil es unmöglich ist, sich vierdimensionale Räume, pseudo-euklidische oder gar nicht-euklidische Metriken, Wahrscheinlichkeitsamplituden, wellige Materie oder körnige Strahlung vorzustellen – ein Vorwurf, der in den frühen Tagen dieser Theorien häufig zu hören war –, ist also nicht berechtigt. Anschaulichkeit ist kein Wahrheitskriterium. Im Gegenteil, wir mußten lernen, daß mikroskopische Strukturen – Moleküle, Atome, Elementarteilchen, Quarks – tatsächlich sehr verschieden von mesokosmischen Strukturen sind. Deshalb ist eine Theorie über Elementarteilchen, die anschaulich ist, fast mit Sicherheit falsch!

Als Niels Bohr von Heisenbergs und Paulis nichtlinearer Feldtheorie für Elementarteilchen erfuhr, bemerkte er: »Wir sind uns alle einig, daß eure Theorie verrückt ist. Die Frage, die uns trennt, ist die, ob sie verrückt genug ist, um richtig sein zu können.« Und bei der Wiedergabe von Bohrs Bemerkung sagt Dyson: »Für eine Spekulation, die nicht auf den ersten Blick verrückt aussieht, gibt es keine Chance.« (Dyson 1958, S. 80)

b) Wir sind, wenn Anschaulichkeit als Wahrheitskriterium weder notwendig noch hinreichend ist, ja wenn sie nicht einmal als heuristischer Führer zur Wahrheit dienen kann, um so mehr auf unanschauliche, d. h. abstrakte, Hilfsmittel angewiesen. Das *erklärt* die bedeutsame Rolle der Mathematik in der modernen Wissenschaft. Als formale Wissenschaft liefert die Mathematik selbst kein Wissen über die Welt (vgl. 7). Sie stellt uns aber verschiedene Strukturen zur Verfügung, die auf ihre Anwendbarkeit für die Naturbeschreibung geprüft werden können. Zu diesem Zweck müssen die abstrakten Strukturen durch angemessene Zuordnungsregeln *interpretiert* werden.

Nehmen wir ein Beispiel. Es gibt nur einen physikalischen Raum. Die Mathematiker aber haben zahlreiche Theorien entwickelt, die einander in verschiedenen Aussagen sogar widersprechen können (z. B. über die Existenz von Parallelen, über die Winkelsumme in Dreiecken oder über topologische Eigenschaften wie Kontinuität, Dimensionalität, Zusammenhang). So entsteht die Frage, welche dieser vielen geometrischen Strukturen, die mathematisch möglich, d. h. logisch widerspruchsfrei sind, in unserer Welt realisiert ist. Bei dieser Frage gibt es weder für die Existenz noch für die Eindeutigkeit einer Antwort eine Garantie. Es könnte sein, daß keines der vorgeschlagenen Raummodelle unsere räumlichen Erfahrungen angemessen beschreibt; andererseits könnten mehrere Geometrien oder mehrere Interpretationen derselben geometrischen Struktur das Gewünschte leisten. Unter diesen Umständen ist die Tatsache, daß wir überhaupt nützliche mathematische Modelle finden, ebenso erstaunlich (Anwendungsproblem, vgl. 7) wie die Tatsache, daß sich in der empirischen Wissenschaft auf lange Sicht eine und nur eine Theorie als allen Konkurrenten überlegen erweist (Konvergenzproblem).

Die Bedeutung der Mathematik für den Fortschritt in der Wissenschaft liegt also nicht nur in der Tatsache, daß unsere vagen und qualitativen Ideen exakt und sogar quantitativ formuliert werden, sondern auch in ihrer Fähigkeit, Strukturen der Realität nachzubilden, die uns anders gar nicht zugänglich wären. Weil unser Anschauungsvermögen auf mesokosmische Strukturen beschränkt ist, bleibt jede Wissenschaft, die erklären und nicht nur beschreiben will, auf mathematische (und somit nicht anschauliche) Strukturen angewiesen.

c) Die Tatsache, daß einige abstrakte Theorien nicht anschaulich gemacht werden können, bedeutet nicht, daß sie nicht *verstanden* werden könnten. Durch wiederholte Anwendung eines Algorithmus, eines Kalküls oder einer abstrakten Theorie können wir eine solche Geschicklichkeit bei ihrer Formulierung und Anwendung gewinnen, daß wir leicht alle Voraussetzungen und Folgerungen überblicken. Wir verstehen eine Theorie, wenn wir – wenigstens qualitativ – wissen, was die Theorie behauptet und was sie nicht behauptet. Eine noch schärfere Definition gibt Popper (1967, S. 14): »Eine Theorie verstehen wir, wenn wir das Problem verstehen, zu dessen Lösung sie entworfen wurde, und verstehen, inwiefern sie das Problem besser oder auch schlechter löst als ihre Konkurrenten.«

Wer eine Theorie häufig benützt, mag sogar das Gefühl haben, er könne sich die abstrakten Strukturen, die durch seine Theorie beschrieben werden, anschaulich vorstellen. Einige Mathematiker behaupteten, sich Hyperwürfel (»Tesseracte«) und andere vierdimensionale Objekte vorstellen zu können. Das mag tatsächlich so sein (obwohl die evolutionäre Erkenntnistheorie dagegen spricht); für das Verständnis der Theorie ist es jedenfalls nicht erforderlich. Die Beherrschung eines Algorithmus braucht Anschaulichkeit weder vorauszusetzen noch nach sich zu ziehen. Umgekehrt garantiert auch die lebhafteste Anschauung nicht das Verstehen, wenn das Problem oder die Argumente für und gegen die Theorie nicht verstanden sind. *Anschaulichkeit ist also weder notwendig noch hinreichend für Verstehbarkeit.*

Dies alles beleuchtet die Tatsache, daß der Verstand weiter reicht als die Anschauung, das Denken weiter als die Vorstellung, Begriffe weiter als die Sinne, Kalküle weiter als Bilder. Die moderne Physik ist unanschaulich und muß es sein, wenn sie den Mesokosmos überschreiten soll; unverständlich ist sie deshalb nicht.

d) Diese Einsicht muß beim Lehren berücksichtigt werden. Natürlich sollte jeder Lehrer oder Autor sich bemühen, seinen Stoff so klar und lebhaft, so konkret und anschaulich darzustellen, wie möglich. Dafür gibt es ausgezeichnete Beispiele (und – leider – auch Gegenbeispiele). Für solch ein Vorhaben gibt es aber auch *innere* Grenzen. Gegenüber Büchern, die in ihrem Vorwort versprechen, Relativitäts- oder Quantentheorie gänzlich anschaulich zu machen, ist Skepsis angebracht! Solche Versprechungen sind bestenfalls Zeichen guten Willens, aber sie können nicht eingelöst werden. Nicht alles kann auf jedem Niveau erklärt, komplizierte Dinge können nicht beliebig vereinfacht werden.

Um so notwendiger ist es, sich selbst oder andere mit ungewöhnlichen Strukturen dadurch vertraut zu machen, daß man die abstrakten Kalküle benützt und erläutert, die jene Strukturen erfassen. Dabei dürfen wir uns auf Bilder, Graphen, Diagramme, Beispiele, Kontraste, Gedankenexperimente, Analogien, Modelle, Projektionen stützen. Statt zuviel zu versprechen, sollten wir unsere inneren Grenzen kennen und didaktisch in Rechnung stellen.

e) Wir kommen zurück zu unserer Unterscheidung (aus 3e) von Erfahrungserkenntnis und wissenschaftlicher Erkenntnis. Wir können jetzt sehen, warum diese beiden Arten von Erkenntnis nicht umfangsgleich sind. Alltagserfahrung ist auf den Mesokosmos beschränkt; theoretische Erkenntnis dagegen schließt Erfahrungswissen ein *und überschreitet es.* Es gibt zwei wesentliche Unterschiede: Während Erfahrung mesokosmisch und (deshalb) anschaulich, aber unkritisch ist, ist theoretische Erkenntnis abstrakt, aber kritisch. Sowohl die größere Reichweite von Theorien (die den Mesokosmos überschreiten) als auch die kritische Haltung in der Wissenschaft geben der theoretischen Erkenntnis ihre Überlegenheit über die elementare Erfahrung: Sie ist objektiver.

Diese Überlegenheit mag einigen Lesern trivial erscheinen; für viele Philosophen ist sie es leider nicht:

nicht für Kant und seine Anhänger, aus Gründen, wie sie in 21 genannt wurden;
nicht für analytische Philosophen, die darauf bestehen, innerhalb der Grenzen der
Alltagssprache, also auch der Alltagserkenntnis, zu verbleiben;
nicht für Instrumentalisten, die Theorien lediglich als Instrumente für die ökonomische Zusammenfassung vergangener und für die Voraussage zukünftiger Erfahrungen auffassen und auf jeden Anspruch auf Wahrheit oder Objektivität verzichten;
nicht für Positivisten oder Phänomenalisten wie Mach, denen die Sinnesempfindungen die einzige positive Erkenntnis über die Welt liefern;
nicht für Operationalisten, die erklären, jeder wissenschaftliche Begriff müsse in
operationalen (also mesokosmischen) Termen definiert werden.

Aber auch wenn wir die Position des hypothetischen Realismus und die
Möglichkeit akzeptieren, daß theoretische Erkenntnis die Erfahrung
übersteigt, kommen wir doch nicht um die Notwendigkeit herum, jedes
Objekt, jede Struktur der empirischen Wissenschaft mit menschlichen
(also mesokosmischen) Erfahrungen zu verbinden. Diese Verbindung
können wir angemessen als eine *Projektion* beschreiben. Ein projektives
Modell menschlicher Erkenntnis entwerfen wir in 5.

5 Projektion und Rekonstruktion

Das Verhältnis zwischen Realität und Erkenntnis kann durch das Modell
der graphischen Projektion veranschaulicht werden. Wenn ein Objekt
optisch auf einen Schirm projiziert wird, dann hängt die Struktur des
Bildes ab von der

Struktur des Gegenstandes,	z. B. Würfel, Kugel;
Art der Projektion,	z. B. Parallel-, Zentralprojektion;
Struktur des auffangenden	z. B. Farb- oder Schwarz-
Schirmes,	Weiß-Film.

Kennen wir diese drei Bestimmungsstücke, dann können wir das Bild
konstruieren. Das Bild wird dabei nicht in jeder Einzelheit mit dem Ori-
ginal übereinstimmen. Im allgemeinen wird der Informationsgehalt
durch die Projektion verringert. Aber es wird immer eine gewisse *partielle Isomorphie* zwischen Objekt und Bild geben.

So können wir hoffen, das eigentliche Objekt aus einer oder mehreren
Projektionen zu rekonstruieren. Das geschieht zum Beispiel durch unser
Gehirn, wenn immer wir Objekte *sehen*. Unser Gehirn muß dreidimensionale äußere Objekte aus ihren zweidimensionalen Projektionen auf
unsere Netzhaut *rekonstruieren*. Es geschieht auch, wenn immer wir ein

Tabelle 5

Graphische Projektion		visuelle Wahrnehmung		faktisches Wissen
projiziertes Objekt	≙	Würfel	≙	reale Welt (Realität, Ding an sich)
Projektionsart	≙	Lichtwellen/ Photonen	≙	Signale (elektromagnetische Wellen, Schallwellen, Moleküle, Energieübertragungen)
Schirm	≙	Netzhaut	≙	Erkenntnisapparat (Sinnesorgane und Zentralnervensystem)
Bild	≙	Netzhauteindruck	≙	Sinneseindrücke
rekonstruiertes Objekt	≙	wahrgenommener (»gesehener«) Würfel	≙	Inhalte der Wahrnehmung, der Erfahrung, der theoretischen Erkenntnis

Bild, eine Fotografie oder ein Gemälde betrachten, die auch zweidimensional sind, aber als Darstellungen dreidimensionaler Objekte *interpretiert* werden. Die Interpretation erfolgt automatisch und durch die systematische Auswertung mehrerer Tiefenkriterien, die Psychologen und Physiologen wohlbekannt sind. Diese ratiomorphe Leistung kann auch rational nachvollzogen werden. Es ist eine nette Denksportaufgabe und eine beliebte Aufgabe bei Handwerkerprüfungen, einen materiellen Gegenstand aus Holz oder Stahl herstellen zu lassen, von dem lediglich Grundriß, Aufriß und Seitenriß gegeben sind. Sogar Computer können so programmiert werden, daß sie einfache dreidimensionale Objekte aus ihren zweidimensionalen Projektionen rekonstruieren.

Bei der Rekonstruktion (d. h. beim »Wahrnehmen«, »Sehen«) dreidimensionaler Objekte müssen wir – und natürlich auch Computer – die Information zurückgewinnen, die bei der Projektion verlorenging. Während also die Projektion eines Bildes deduktiv zwingend ist, wenn Objekt, Projektionsart und Schirm gegeben sind, ist der umgekehrte Prozeß, die Rekonstruktion von Objekten, nur *hypothetisch* möglich, selbst dann, wenn Bild, Projektionsmechanismus und Schirm vollständig bekannt sind. Jeder Wahrnehmungsakt ist eine versuchte Rekonstruktion äußerer Objekte aus chaotischen Sinneseindrücken. Diese Rekonstruktion ist meistens erfolgreich, manchmal aber auch nicht (wie optische Täuschungen, unmögliche Figuren, mehrdeutige Zeichnungen, Halluzinationen usw. zeigen). Die Tatsache, daß unser Wahrnehmungsapparat recht zuverlässig, wenn auch nicht vollkommen ist, wird natürlich durch die evolutionäre Erkenntnistheorie *erklärt*.

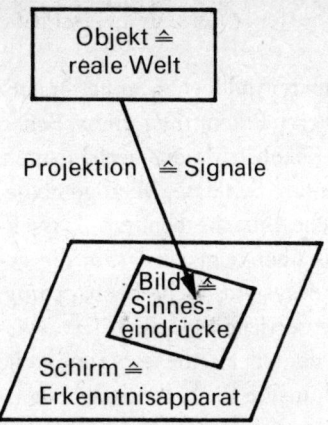

Abb. 1: Das projektive Modell für die Beziehung zwischen realer Welt und Sinneseindrücken.

Die Möglichkeit, unmittelbare Erfahrungen als Projektionen einer »höheren« Realität zu interpretieren, hat viele Autoren inspiriert. Wohlbekannt sind Abbotts und Gamows »Flachländer« und Beltramis »Ameisen«, die auf einer zweidimensionalen Oberfläche (z. B. einer Kugel) leben und versuchen, Metrik und Topologie ihrer Welt aus lokalen Messungen zu ermitteln, zum Beispiel aus Dreiecksvermessungen. Die Idee, daß die zweidimensionalen Muster, die sie wahrnehmen, in Wirklichkeit nur *Projektionen* dreidimensionaler Objekte sind, wäre für sie ein wahrhaft kopernikanischer Schritt.

Ist nicht unsere allgemeine erkenntnistheoretische Situation ähnlich? Versuchen wir nicht laufend, aus Sinneseindrücken eine »wahre« Welt zu rekonstruieren? Die Beziehungen zwischen Realität, Sinneswahrnehmung und Erkenntnis können wir mit der graphischen Projektion von Objekten und mit der visuellen Wahrnehmung vergleichen. Das geschieht in Tabelle 5 und in Abb. 1.

Visuelle Wahrnehmung erweist sich hier als Sonderfall allgemeiner Erkenntnis. Unsere Sinneseindrücke sind nur *Projektionen* realer Strukturen auf unsere »Oberfläche«, auf die »Ebene« unserer Sinnesorgane. Unser Streben nach Erkenntnis ist also der Versuch, diese realen Strukturen in unserem Gehirn zu rekonstruieren, d. h., isomorphe interne Modelle davon zu bilden.

Das Projektionsmodell ist nicht auf graphische Projektion beschränkt, auch nicht für die Wahrnehmung. Eine Rekonstruktion von Objekten, vor allem ihre Lokalisierung, erfolgt z. B. in der akustischen Wahrnehmung durch Verrechnung der *zeitlichen* Abfolge der Reize, der Zeitintervalle, der relativen Intensitäten verschiedener Reize und verschiedener Frequenzen.

So darf der Begriff »Projektion« nicht im rein bildlichen Sinne verstanden werden. Erst recht gilt das für die höheren Erkenntnisformen. Schon die Erfahrung übersteigt die alltäglichen Rekonstruktionsmechanismen, indem sie zusätzlich Gedächtnis, elementare Schlüsse, Verallgemeinerungen, einfache Analogien, gewöhnliche Sprache benützt. Wissenschaftliche oder theoretische Erkenntnis übersteigt wiederum die gewöhnliche Erfahrung, indem sie sich auf systematische Beobachtung, Messungen, Gesetze, formale Logik, theoretische Modelle stützt. Wissenschaftliche Instrumente kann man deuten als die experimentelle »Falle«, durch die wir reale Objekte auf unsere Beobachtungsebene zu projizieren versuchen.

Die Objekte der Astronomie können hier als deutliche Beispiele dienen, sozusagen als »reine« Fälle von Projektion. Unser gesamtes astronomisches Wissen mußte aus den dürftigen Signalen gewonnen werden, die uns aus dem Weltraum erreichen. Mit Himmelskörpern können wir keine Experimente machen, wir können sie nicht herstellen, beseitigen oder beeinflussen. Wir können sie nicht besuchen, nicht einmal beleuchten. Wir müssen mehr oder weniger geduldig darauf warten, daß kosmische Signale unsere Sinnesorgane oder unsere Teleskope erreichen, und dann versuchen, solche Signale als Projektionen astronomischer Objekte zu deuten.

Bis in die fünfziger Jahre waren die einzigen Signale aus dem Weltraum, die wir registrieren konnten, sichtbares Licht, d. h. elektromagnetische Wellen aus einem schmalen Ausschnitt des elektromagnetischen Spektrums, der durch das optische »Fenster« der Atmosphäre gegeben war. Alles, was wir über Planeten, über Bewegung und Aufbau von Sternen, über Zahl und Arten von Galaxien, über Existenz und Häufigkeit von Elementen, über interstellare und intergalaktische Materie, über Struktur und Geschichte des Universums wußten, mußten wir den unscheinbaren Lichtpünktchen entnehmen, die das nächtliche Firmament schmücken.

Inzwischen hat sich die Bandbreite unserer astronomischen Erfahrungen wesentlich erweitert. Außer sichtbarem Licht registrieren wir heute Radiowellen, infrarotes und ultraviolettes Licht, Röntgen- und Gammastrahlen. Wir finden und erforschen kosmische Teilchen, die uns aus dem Weltraum erreichen, und wir hoffen, in Zukunft auch Gravitationswellen oder Neutrinostrahlung entdecken zu können. Wir erforschen sogar *aktiv* das Planetensystem, indem wir Raumschiffe, Planetensonden, Mondexpeditionen, Laserimpulse und Radarsignale senden. Aber für die außerplanetarische Astronomie hat sich die prinzipielle Erkenntnissituation *nicht* geändert: Wir warten, registrieren und interpretieren.

Wir bilden Theorien über Sterne, Galaxien und das Universum derart, daß die Signale, die uns erreichen, als *Projektionen* dieser Objekte interpretiert werden. Und nur diese projektiv-realistische Interpretation gibt uns die Berechtigung, die kosmischen Signale zu *objektivieren*, über Neutronensterne, schwarze Löcher, magnetische Felder und Fluchtgeschwindigkeiten von Galaxien, über Quasarkerne und Kernbrennstoff innerhalb der Sterne, über ein expandierendes Universum und seinen Ursprung in einem Urknall als *real* zu sprechen. Der Weg der Projektion in der Astronomie ist sehr lang, nicht nur im räumlichen, sondern auch im kausalen und im logischen Sinne. Die Systeme, die wir in Astrophysik und Kosmologie postulieren, haben mit dem schwachen Schimmern am Nachthimmel oder mit den schwarzen Punkten auf unseren Fotoplatten nur noch wenig gemeinsam; und doch gibt es eine lange *kausale Kette* von Projektionen, die einen Neutronenstern mit unseren Sinneseindrücken verbindet und die in unseren Theorien durch eine ebenso lange *logische Kette* von Ableitungen dargestellt wird:

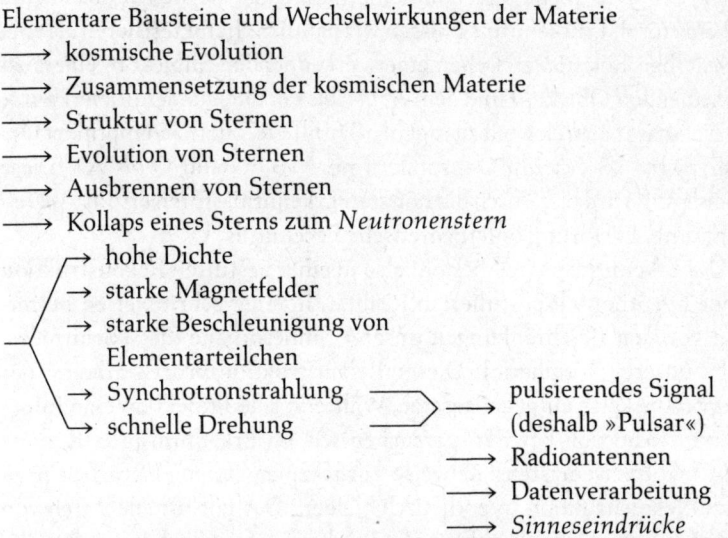

Elementare Bausteine und Wechselwirkungen der Materie
⟶ kosmische Evolution
⟶ Zusammensetzung der kosmischen Materie
⟶ Struktur von Sternen
⟶ Evolution von Sternen
⟶ Ausbrennen von Sternen
⟶ Kollaps eines Sterns zum *Neutronenstern*
　→ hohe Dichte
　→ starke Magnetfelder
　→ starke Beschleunigung von
　　 Elementarteilchen
　→ Synchrotronstrahlung　⟶　⟶ pulsierendes Signal
　→ schnelle Drehung　　　⟶　　 (deshalb »Pulsar«)
　　　　　　　　　　　　　　　⟶ Radioantennen
　　　　　　　　　　　　　　　⟶ Datenverarbeitung
　　　　　　　　　　　　　　　⟶ *Sinneseindrücke*

Mit jedem Pfeil in dieser Kette von Projektionen ist eine ganze Theorie verknüpft! Die Kette der hypothetischen Rekonstruktionen muß dann umgekehrt arbeiten. So kommen wir zu einem Mehrschichtenmodell menschlicher Erkenntnis (Abb. 2).

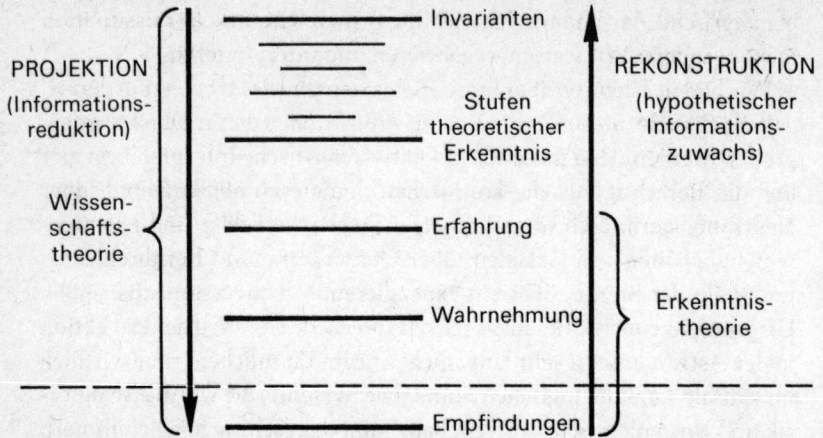

Abb. 2: Die Mehrschichtenstruktur menschlicher Erkenntnis: Objekte werden auf unsere Peripherie projiziert (↓). Die dadurch ausgelösten Empfindungen werden interpretiert als Projektionen von Objekten, die dann zu rekonstruieren sind (↑). Wirklichkeitserkenntnis ist so eine adäquate interne Rekonstruktion hypothetisch postulierter äußerer Objekte.

Die unterste Ebene bilden die Empfindungen. Sie stellen noch keine Erkenntnis dar. Erkenntnis müssen wir nämlich charakterisieren als eine *drei*stellige Relation zwischen einem erkennenden Subjekt S, einem zu erkennenden Objekt O und dem A, *als das* ein Objekt identifiziert wird. So ist es zwar ausreichend zu sagen: »S fühlt O«, oder: »S empfindet O«, aber nicht: »S erkennt O«, sondern nur: »S erkennt O *als* A«. Diese Bedingung wird erst durch die höheren Erkenntnisstufen erfüllt: Wahrnehmung, Erfahrung und theoretische Erkenntnis.

Der Erkenntnisprozeß besteht also in einer gestuften Rekonstruktion einer hypothetisch postulierten Realität, in einer schrittweisen Befreiung von den Beschränkungen unserer Sinnesorgane (des »Schirmes«, d. h. unserer Peripherie). Dieser Rekonstruktionsprozeß arbeitet der Projektionskette entgegengesetzt. Während jede Projektion eine Informationsreduktion bewirkt, versuchen wir im Erkenntnisprozeß, diese Information wenigstens teilweise zurückzugewinnen. Natürlich muß diese Rekonstruktion hypothetisch bleiben. Das gilt für alle Arten von Rekonstruktion: Wahrnehmung, Erfahrungs- und theoretische Erkenntnis. So spiegelt das projektive Modell ein wichtiges Ergebnis moderner Wissenschaftstheorie: *Alles Tatsachenwissen ist hypothetisch.*

Dieses Modell erlaubt auch eine vernünftige Unterscheidung von Erkenntnistheorie und Wissenschaftstheorie. Die klassische Erkenntnis theorie bis zu Kant und seinen Anhängern unterschied nicht zwischen Erfahrungserkenntnis und theoretischer Erkenntnis (vgl. 3 e und 4). Der Aufstieg der exakten Wissenschaften, besonders die physikalischen Theorien in Elektrodynamik, Atom- und Elementarteilchenphysik, Relativitätstheorie und Kosmologie, machen eine solche Unterscheidung unerläßlich. Wissenschaftstheorie erforscht die Struktur wissenschaftlicher Theorien und ihre Beziehung zu Wahrnehmung und Erfahrung. Natürlich stützt sich die Wissenschaftstheorie auch auf Methoden und Ergebnisse der Erkenntnistheorie, geht aber auch darüber hinaus.

Die erkenntnistheoretische Position, wie sie hier vertreten wird – und teilweise durch Platons Höhlengleichnis oder durch Reichenbachs Würfelwelt vorweggenommen wurde –, kann angemessen als »projektive Erkenntnistheorie« bezeichnet werden. Was ist ihr Verhältnis zur evolutionären Erkenntnistheorie? Die Antwort ist einfach: Im projektiven Modell klärt die evolutionäre Erkenntnistheorie die Rolle und Struktur des Projektions-»Schirmes«, d. h. die Funktion und Evolution unseres Erkenntnisapparates. Die projektive Erkenntnistheorie ist also der weitere, allgemeinere Ansatz. Sie kann sogar zu einer projektiven Wissenschaftstheorie erweitert werden, da wissenschaftliche Erkenntnis nur eine höhere Schicht in der Stufenleiter der Erkenntnis darstellt.

Theoretische Erkenntnis hat ihrerseits verschiedene Ebenen (vgl. Abb. 2). Indem wir uns immer weiter von der natürlichen Wahrnehmung entfernen, erhalten wir verschiedene Niveaus der Theoretizität. Dabei steigen wir zu immer umfassenderen Hypothesen und Theorien auf. Der Fortschritt der Wissenschaft besteht also nicht nur in einer *Erweiterung* unserer Erkenntnis, in der Ansammlung verschiedenartiger und immer genauerer Information, sondern auch und insbesondere in der *Vertiefung* von Erklärungen, in der Formulierung allgemeinerer und einheitlicherer Theorien. Diese Methode hat uns zunächst zur Formulierung spezieller Naturgesetze geführt (z. B. Galileis Fallgesetz), dann zur Einführung von universellen Konstanten (z. B. Newtons Gravitationskonstante), zur Formulierung allgemeiner Erhaltungssätze (für Masse, Energie, Impuls, Drehimpuls, Ladung ...) und in unserem Jahrhundert zur Entdeckung fundamentaler Symmetrieprinzipien (Homogenität und Isotropie des Raumes, Homogenität der Zeit ...). Der Erkenntnisfortschritt führt also zur Entdeckung von *invarianten* Zügen der Natur. Diesem Problem wenden wir uns in 6 zu.

Eines der grundlegenden Postulate der Wissenschaft ist das Objektivitätspostulat: *Wissenschaftliche Erkenntnis soll möglichst objektiv sein.* Das heißt, wissenschaftliche Aussagen sollen sich – außer vielleicht in Psychologie und Neurophysiologie – nicht auf den Bewußtseinszustand eines Beobachters (oder auch aller Beobachter) beziehen, sondern auf eine subjektunabhängige Wirklichkeit. »Objektiv« bedeutet also »ausschließlich bezogen auf die reale Welt und wahr«. Obwohl wir wissen, daß wir Erkenntnis nur von Dingen erlangen können, die *irgendwie* mit unseren Sinnesorganen wechselwirken, die also auf unsere Peripherie *projiziert* werden können, fordert uns das Objektivitätspostulat auf, Hypothesen und Theorien über Systeme zu formulieren, wie sie sind, selbst dann, wenn wir sie nicht beobachten, *Dinge an sich* zu rekonstruieren.

Ausgangspunkt für das Objektivitätspostulat war die Widerlegung des naiven Realismus. Daß die Welt nicht so ist, wie sie uns erscheint, war schon von Demokrit bemerkt und von vielen Denkern gezeigt worden, zum Beispiel von John Locke, der die terminologische Unterscheidung »primärer« und »sekundärer« Qualitäten populär machte. Aber sogar Lockes primäre Qualitäten, Masse, Undurchdringlichkeit, Ausdehnung, werden durch die moderne Physik in Frage gestellt. Darüber hinaus haben auch der euklidische Raum und Newtons absolute Zeit ihre Absolutheit eingebüßt. Wird sich die Welt in Subjektivität auflösen?

Offenbar wäre es wünschenswert, ein Objektivitätskriterium zu haben. Wie steht es dabei mit Intersubjektivität? Intersubjektivität ist natürlich notwendig, aber nicht hinreichend. Man denke nur an gemeinsame Irrtümer, kollektive Halluzinationen, Massenpsychosen, Sinnestäuschungen, einstimmige Fehlentscheidungen aufgrund falscher Theorien. Glücklicherweise gibt es weitere Kriterien, die in der folgenden Tabelle angegeben sind.

Intersubjektive Verständlichkeit: Wissenschaft ist keine Privatangelegenheit. Wissenschaftliche Aussagen müssen mitteilbar, also in einer gemeinsamen Sprache formuliert sein.

Unabhängigkeit vom Beobachtersystem: Nicht nur der Beobachter als Person soll unerheblich sein, sondern auch sein Standort, sein Bewußtseinszustand, seine »Perspektive« (vgl. S. 30).

Intersubjektive Prüfbarkeit: Jedermann sollte in der Lage sein, die Aussage zu prüfen, d. h. sich von ihrer Wahrheit zu überzeugen, ohne sie auf Autorität annehmen zu müssen.

Unabhängigkeit von der Methode: Die Wahrheit einer Aussage darf nicht von der Methode abhängen, die zu ihrer Überprüfung verwendet wird.

Unabhängigkeit von Konventionen: Die Wahrheit einer Aussage darf auch nicht von einem Willkürakt (Beschluß oder Konvention) abhängen.

Weisen diese Kriterien ein gemeinsames Merkmal auf? Wie wir gesehen haben, reicht Intersubjektivität nicht aus. Aber es gibt tatsächlich ein gemeinsames Merkmal: Es ist die Unabhängigkeit der fraglichen Struktur von gewissen Veränderungen, ihre *Invarianz* unter bestimmten Transformationen. So können wir sagen: Eine Aussage ist objektiv nur dann, wenn sie, d. h. ihre Wahrheit, invariant ist gegenüber einem Wechsel in den Bedingungen, unter denen sie formuliert wurde, wenn sie also unabhängig ist von dem Beobachter, vom Bezugssystem, von der Methode, mit der sie geprüft wird, und von Konventionen. Dieses Invarianzkriterium ist eine *notwendige* Bedingung für Objektivität, die es erlaubt, gewisse Eigenschaften als nicht-objektiv auszuschließen, zum Beispiel:

Tabelle 6

Die Wahrheit der Aussage	ist abhängig von
Picasso malte schöne Bilder.	Geschmack
Er wurde sehr alt.	Mittelwert
Gras ist grün.	Organisation der Wahrnehmung
Die Erde bewegt sich mit 30 km/s.	Bezugssystem
Ein Elektron ist ein Teilchen.	experimenteller Methode
Der Mond erscheint unter demselben Winkel wie die Sonne.	Lage
Wasser kocht bei 100° C.	atmosphärischem Druck
Fisch ißt man nicht mit dem Messer.	Konvention

Nun wäre es sehr befriedigend, wenn unsere Invarianzkriterien nicht nur notwendig wären, sondern auch für Objektivität *hinreichend*. Aber sie sind es nicht, nicht einmal in ihrer Konjunktion. Das ist bedauerlich, widerspiegelt aber lediglich den hypothetischen Charakter aller Erkenntnis, also die grundsätzliche Unmöglichkeit, die Wahrheit unseres Wissens mit endgültiger Gewißheit zu garantieren. Objektivität kann nie – auch mit keinem anderen Kriterium – endgültig bewiesen werden. Sie ist eine regulative Idee; sie mag sogar erreicht werden, aber man kann nie wissen, daß man sie erreicht hat (vgl. 2 i).

Aber auch in dieser Situation bietet unser Invarianzkriterium noch Wesentliches: Zwar garantiert Invarianz nicht Objektivität, aber sie rechtfertigt doch die hypothetische *Annahme*, daß eine Aussage objektiv ist. Wir erklären es also für legitim, invariante Aussagen *bis auf weiteres* als objektiv zu betrachten. Invarianz ist also ausreichend, um eine solche Annahme zu rechtfertigen, wenn auch nicht, sie zu beweisen.

Die Verbindung des Objektivitätspostulats mit einer Invarianzforderung kann in mehrfacher Weise begründet werden, wozu verschiedene wissenschaftliche Disziplinen wie Mathematik, Wahrnehmungspsychologie, Neurophysiologie, Physik beitragen. Diesen Argumenten wenden wir uns jetzt zu (vgl. Vollmer 1985).

a) Da ist die Tatsache, daß gewisse *mathematische Objekte* durch invariante Eigenschaften charakterisiert werden können, die von den verwendeten Koordinaten unabhängig sind.

Nehmen wir ein Beispiel aus der elementaren Geometrie. Die allgemeine Kegelschnittgleichung lautet in kartesischen Koordinaten

$$ax^2 + 2bxy + cy^2 + 2dx + 2ey + f = 0 \tag{1}$$

mit beliebigen (reellen) Koeffizienten a, ... f. Diese Gleichung verrät nicht unmittelbar, ob sie eine Ellipse, eine Hyperbel, eine Parabel oder ein Geradenpaar darstellt. Aber aus den Koeffizienten können wir neue Größen bilden, die eine solche Entscheidung erlauben. Sei

$$S := a + c, \qquad \delta := ac - b^2, \qquad \Delta := f\delta - ae^2 + 2bde - cd^2; \tag{2}$$

dann haben wir (»gdw« bedeutet »genau dann, wenn«)

eine Ellipse	gdw $\Delta \neq 0$ und $\delta > 0$	(reell für $\Delta \cdot S < 0$),
z. B. einen Kreis	gdw $\Delta \neq 0$ und $\delta > 0$	und b = 0, a = c, (3)
eine Parabel	gdw $\Delta \neq 0$ und $\delta = 0$,	
eine Hyperbel	gdw $\Delta \neq 0$ und $\delta < 0$,	
ein Geradenpaar		
(möglicherweise entartet)	gdw $\Delta = 0$.	

Wenn wir nun den Kegelschnitt in der Ebene bewegen, indem wir ihn verschieben oder drehen (oder beides), dann verändert sich die Figur geometrisch (»objektiv«) nicht, aber in der analytischen Darstellung (1) führt diese Bewegung zu neuen Koordinaten

$$\begin{aligned} x &\longrightarrow x \cdot \cos\psi - y \cdot \sin\psi + C \\ y &\longrightarrow x \cdot \sin\psi + y \cdot \cos\psi + F. \end{aligned} \tag{4}$$

Unter diesen (speziellen linearen) Transformationen nimmt Gleichung (1) die Form an

$$a'x^2 + 2b'xy + c'y^2 + 2d'x + 2e'y + f' = 0$$

mit neuen Koeffizienten a', ... f', die sich aus a, ... f, ψ, C, F ermitteln lassen. Während die Koeffizienten sich bis zur Unkenntlichkeit verändert haben, bleiben doch die Größen S, δ, Δ [aus (2)], wie man zeigen kann, unter allen Transformationen (4) *invariant*, d. h. diese Größen sind völlig unabhängig von der speziellen Koordinatenwahl. So überrascht es auch nicht, daß gerade die charakteristischen Merkmale eines Kegelschnittes (Achsen, Fläche usw.) durch diese Invarianten ausgedrückt werden können. Tatsächlich finden wir für die Halbachsen α, β einer Ellipse (wo $\delta > 0$)

$$\frac{\alpha}{\beta} = \left| \frac{2\,\Delta}{\delta\,(\,S \mp \sqrt{S^2 - 4\,\delta}\,)} \right|^{1/2},$$

also für ihre Fläche

$$F_{Ellipse} = \pi \cdot \alpha \cdot \beta = \pi\,\frac{|\Delta|}{\delta^{3/2}}\,.$$

Es sind also gerade die wesentlichen, die *objektiven* Eigenschaften, die sich durch ihre Invarianz auszeichnen. Die analytische Darstellung eines Kegelschnittes mag sich von Ort zu Ort oder von Koordinatensystem zu Koordinatensystem verändern – die wirklich geometrischen oder objektiven Beziehungen können leicht aus den Invarianten ermittelt werden.

In einer weit anspruchsvolleren Weise hat der Mathematiker Felix Klein in seinem »Erlanger Programm« von 1872 versucht, alle bekannten Geometrien durch ihre Invarianten zu charakterisieren. Hier werden die Begriffe der Invarianz, der Gruppe und der Symmetrie in fruchtbarer Weise verknüpft. Hermann Weyl hat diese Ideen noch ausgearbeitet und sogar auf den Zusammenhang mit der Objektivität hingewiesen. Und schließlich dürfte bekannt sein, daß sich die moderne Physik wesentlich auf gruppentheoretische Methoden, Symmetrieeigenschaften und Invarianzprinzipien stützt.

b) Schon unsere *Wahrnehmung* analysiert den Datenfluß, der fortwährend gegen unsere Sinne brandet, auf *invariante* Strukturen, die als Bausteine für eine interne Abbildung der Welt dienen. Diese Rekonstruktion erfolgt über raffinierte Konstanzmechanismen, zum Beispiel

Farbkonstanz	(trotz verschiedenartiger Beleuchtung sehen wir die Dinge in den gleichen Farben),
Richtungskonstanz	(Verschiebungen des Netzhautbildes infolge von Augenbewegungen werden *nicht* als Bewegungen unserer Umgebung interpretiert, sondern die Umgebung wird als ruhend gesehen),
Größenkonstanz	(trotz dauernd wechselnder Abstände),
Formkonstanz	(trotz wechselnder Aspekte [Projektionen!«]).

Unsere Umgebung, wie wir sie wahrnehmen, ist also viel weniger chaotisch als die Sinneseindrücke, die wir erlangen. Wie diese Konstanzmechanismen physiologisch realisiert sind, wissen wir im allgemeinen noch nicht. In einigen Fällen kennen wir wenigstens das formale oder funktionelle Prinzip, nach dem die beobachtete Konstanz erreicht werden könnte. So lassen sich die Phänomene der Richtungskonstanz erklären durch das Reafferenzprinzip (Erich von Holst und Horst Mittelstaedt, 1950), die der Farbkonstanz durch das Prinzip der Komplementärfarben und durch die Struktur des Farbenkreises. Ein weiteres Beispiel (Gestaltwahrnehmung) werden wir in c diskutieren.

Die Konstanzmechanismen machen das Erkennen von Objekten möglich. Ihre Aufgabe und ihre tatsächliche Leistung liegen in der Rekonstruktion einer objektiven Welt, also in einer *Objektivierung*, die ihrerseits Abstraktion und Begriffsbildung ermöglicht. Jene Eigenschaften der Umgebung, die für das Überleben des Subjekts wesentlich sind, werden im Subjekt nachgebildet und zu einem geschlossenen Weltbild zusammengesetzt.

Eben dies – die Rekonstruktion der realen Welt – ist auch das Ziel der Wissenschaft. (Wissenschaft ist allerdings insofern viel anspruchsvoller als Wahrnehmung, als sie nicht nur Überleben, sondern ein wahres, objektives und universelles Weltbild anstrebt.) Deshalb können wir gerade aus der Wahrnehmungstheorie besonders viel für Erkenntnis- und Wissenschaftstheorie lernen. Denn was uns bei der theoretischen Erkenntnis fehlt – der Vergleich mit einer noch höheren, »objektiveren« Erkenntnisstufe –, das steht uns bei der Wahrnehmungserkenntnis zur Verfügung: Die theoretische Erkenntnis kann die Wahrnehmungserkenntnis kontrollieren und korrigieren und tut dies in vielen Fällen. Einsichten in die Mechanismen, Leistungen und Beschränkungen des Wahrnehmungsvermögens können wir dann wenigstens in einer heuristischen Weise auf den Erkenntnisapparat im allgemeinen übertragen. Deshalb ist es für einen Erkenntnistheoretiker (und sogar für einen Wissenschaftstheoretiker) nötig, die Wahrnehmung zu studieren und zu verstehen.

c) Hier sind einige faszinierende Ergebnisse der neurophysiologischen Forschung relevant. Hubel und Wiesel gelang es, die Analysetätigkeit des Zentralnervensystems wenigstens für einige interessante Fälle *physiologisch* zu erklären. Sie zeichneten die Aktivität von Hirnrindenzellen bei höheren Tieren (vor allem Katzen) auf, denen einfache optische Muster angeboten wurden, zum Beispiel Lichtbalken auf einem dunklen Schirm. Einige Zellen antworten mit einer langen Serie von Impulsen nur dann, wenn der Balken an einer bestimmten Stelle im Gesichtsfeld und darüber hinaus in einem speziellen Winkel projiziert wird. So wurde entdeckt, daß verschiedene Zellen der Hirnrinde auf verschiedene optische Reize ansprechen und daß der erforderliche Reiz von Zelle zu Zelle wechselt.

Einige Zellen werden durch dunkle Balken angeregt, andere durch helle Punkte, durch gerade Kanten zwischen Licht und Dunkel oder durch Balken mit einer speziellen Neigung oder Geschwindigkeit.

Aber es gibt nicht nur solche (»einfachen«) Zellen, die speziellen Orten der Netzhaut zugeordnet sind, sondern auch Zellen, die auf eine gewisse *Art* von Reizen ganz unabhängig von ihrer Position ansprechen. Solche (»komplexe«) Zellen verarbeiten Information, die nicht von Netzhautzellen kommt, sondern von einem größeren Bereich einfacher Zellen, die alle für dieselbe Art von Reiz zuständig sind, aber jeweils für verschiedene Stellen der Netzhaut. Solche Zellen werden beim Betrachten z. B. einer Hell-Dunkel-Kante auch dann aktiviert, wenn diese Grenze während der Betrachtung wächst oder sich bewegt. Darüber hinaus gibt es »hyperkomplexe« Zellen; sie reagieren auf bewegte Reize, die in Länge oder Breite beschränkt sind, oder auf spezielle Winkel oder auf die gleichzeitige Reizung beider Augen, wodurch Tiefenwahrnehmung möglich wird.

Diese Entdeckungen zeigen, daß das Gehirn schon auf der Zell-Ebene Analysatoren enthält, die nur auf ganz bestimmte Objekteigenschaften ansprechen, wodurch sie das Erkennen von Objekten ermöglichen. Sie lassen uns hoffen, daß die Probleme der Mustererkennung und der Gestaltwahrnehmung eines Tages gelöst werden können. Und sie geben uns Hinweise auf die komplizierten physiologischen Prozesse, die der Invariantenbildung in der Wahrnehmung zugrunde liegen.

d) Es ist mehrfach betont worden, daß die Relativitätstheorien der Physik mit gleichem Recht auch Absolutheitstheorien heißen könnten. Sie zeigen zwar, daß *einige* physikalische Größen, die in der klassischen Physik als absolut galten, in Wahrheit relativ sind (d. h. abhängig vom jeweiligen Bezugssystem), zum Beispiel räumliche (Δx) und zeitliche (Δt) Abstände, Gleichzeitigkeit, Masse. Aber sie zeigen auch, welche Größen *tatsächlich* Invarianten sind: In der speziellen Relativitätstheorie z. B. Raumzeit, Lichtgeschwindigkeit c, Lichtkegel, vierdimensionale Intervalle $(\Delta s)^2 = c^2 (\Delta t)^2 - (\Delta x)^2$, Ruhelänge, Eigenzeit, Ruhmasse und die Form der fundamentalen Naturgesetze. Die meßbaren Größen (Abstände in Raum und Zeit, einschließlich Lorentz-Kontraktion und Zeitdilatation, Energien, Impulse ...) lassen sich daraus durch *Projektion* auf die Raum- und Zeitachsen eindeutig gewinnen.

Wir können somit die Relativitätstheorie interpretieren als eine erfolgreiche Rekonstruktion von Invarianten, also von objektiven Größen aus koordinatenabhängigen Messungen, aus *Projektionen* in Raum und Zeit. Analog konnte in den sechziger Jahren für die *Allgemeine* Relativitätstheorie gezeigt werden, daß die erfahrbaren Größen (z. B. Energie, Impuls, Kräfte . . .) durch *Projektion* invarianter Vierergrößen (Energie-Impuls-Tensor, Vierer-Impuls . . .) gewonnen werden können. Dazu werden die Tensoren und Vektoren in räumliche und zeitliche Anteile aufgespalten, die dann mittels Normalmaßstäben und Normaluhren meßbar sind.

Auch der Welle-Teilchen-Dualismus der Quantentheorie kann in diesem projektiven Modell verstanden werden. Ein Elektron (oder ein Photon oder irgendein materielles Objekt) ist *weder* ein Teilchen *noch* eine Welle. Es ist ein Objekt mit einer spezifischen Struktur, die durch die Gleichungen der Quantentheorie beschrieben wird. Diese Struktur kann man sich nicht anschaulich vorstellen (vgl. 4). Sie kann aber auf die makroskopische Ebene *projiziert* werden (z. B. in einer Nebelkammer oder einem Elektronenmikroskop) und zeigt *dann* je nach dem apparativen Aufbau Teilchen- oder Welleneigenschaften. Bestehen wir gleichwohl darauf, einem Elektron mesokosmische Eigenschaften (wie Ort oder Impuls) zuzuschreiben, dann ist das nur innerhalb der Grenzen von Heisenbergs Unschärferelation möglich.

Die Tatsache, daß sich gerade die fundamentalen Theorien der modernen Physik projektiv interpretieren lassen, hat auch philosophisch aufmerksamen Physikern wie Weyl, Born, Gamow, Margenau, Bunge und Kanitscheider zu denken gegeben. Es war wohl Max Born, der die Idee, Invarianz als ein Objektivitätskriterium zu benützen, am deutlichsten formuliert hat:

Ich bin der Ansicht, daß die Idee der Invariante der Schlüssel zu einem vernunftgemäßen Realitätsbegriff ist – und zwar nicht nur in der Physik, sondern bei jedem Aspekt der Welt . . .

Die Hauptinvarianten nennt man Ladung, Masse (oder besser: Ruhmasse), Spin usw.; und in jedem Falle, wo wir in der Lage sind, diese Größen zu bestimmen, entscheiden wir uns dafür, daß wir es mit einer bestimmten Partikel zu tun haben. Ich behaupte, daß wir berechtigt sind, diese Partikel als wirklich anzusehen in einem Sinne, der nicht wesentlich von der gewöhnlichen Bedeutung des Wortes verschieden ist. (Born 1957, S. 153, 155)

So sehen wir, daß sich die objektivierende Rolle der Mathematik in den »abstrakten« Theorien der modernen Physik nicht sehr von der Rekonstruktion von Invarianten in der alltäglichen Wahrnehmung unterscheidet. Diese Entdeckung könnte ein Hinweis dafür sein, warum die Mathematik auf die Welt paßt. Diesem Problem wenden wir uns jetzt zu.

Wieso ist die Mathematik auf die Welt anwendbar? Auf diese Frage wurden mehrere Antworten gegeben. Die meisten von ihnen können von der modernen Wissenschaftstheorie nicht akzeptiert werden. Weder können wir uns der Auffassung einer *prästabilierten Harmonie* anschließen (weil diese die Frage nicht beantwortet, sondern nur verschiebt) noch der Interpretation mathematischer Gesetze als der allgemeinsten *Naturgesetze* (weil sie den entscheidenden Unterschied zwischen mathematischer Wahrheit ⟨z. B. des Satzes »3 + 2 = 5«⟩ und faktischer Wahrheit ⟨etwa des Satzes »Alle Felsen sind schwer«⟩ übersieht), noch sind mathematische Gesetze spezifische *Gesetze menschlichen Denkens*, weder deskriptiv (denn Mathematik ist nicht Teil der Psychologie oder der Linguistik) noch normativ (denn dann sollten einander widersprechende Theorien – wie euklidische und nicht-euklidische Geometrien – unmöglich sein). Kants *transzendentalistische* Antwort ist immerhin anregend, da sie die aktive und konstruktive Rolle des Subjekts betont; aber sie ist unvollständig (da die Anwendbarkeit von Arithmetik, Mengenlehre, Analysis, Topologie und anderen mathematischen Disziplinen *nicht* erklärt wird) und falsch (weil nach der Allgemeinen Relativitätstheorie die unanschauliche nicht-euklidische Geometrie tatsächlich für die Beschreibung der Realität anwendbar ist und sogar angemessener zu sein scheint). Die *konventionalistische* Antwort (»Die Wahl der Theorie steht mir völlig frei«) weist uns zwar darauf hin, daß die korrekte Beschreibung der Welt nicht notwendig eindeutig ist, aber sie ist teilweise falsch (da nicht jeder Kalkül auf jeden Ausschnitt der Realität anwendbar ist – gibt es etwa »π Krokodile« in einem Zoo?) und teilweise ineffektiv (da sofort die neue Frage entsteht: Warum sind *einige* Kalküle anwendbar, andere nicht?). Auch die *logizistische* Position (Mathematik ist ein deduktiver Teil der Logik) ist anziehend, aber falsch (wie axiomatische Mengenlehre, einander widersprechende Geometrien und vor allem auch Gödels Unvollständigkeitssatz zeigen); aber selbst wenn sie wahr wäre, könnte sie uns nicht weiterhelfen (weil wir dann wissen müßten, warum eigentlich die *Logik* auf die Realität anwendbar ist, eine weitere interessante Frage, die hier aber nicht diskutiert werden soll).

Für die moderne Wissenschaftstheorie ist die Mathematik eine *Strukturwissenschaft* wie Logik, Informationstheorie, Systemtheorie, formale Linguistik und viele andere. Und als Strukturwissenschaft ist sie ontologisch neutral, sie sagt nichts über die Welt aus, und für die Lösung eines mathematischen Problems sind Beobachtungen und Experimente weder notwendig noch möglich. Hier tritt nun das Anwendungsproblem in einer noch schärferen Form auf: Wir sehen jetzt, daß es keine *triviale* Lösung haben kann.

Auf der Suche nach einer nicht-trivialen Lösung sollten wir zuerst klären, was unter »Anwendung« zu verstehen ist. Dazu können wir Semantik und Modelltheorie zur Hilfe nehmen. Wenn wir eine mathematische Theorie oder einen mathematischen Kalkül anwenden, so heißt das, daß wir den Begriffen der Theorie (durch Zuordnungsregeln) eine Interpretation geben und verlangen, daß die so entstehenden Aussagen über die Welt *wahr* sind. Wir fordern also, daß mathematische und reale Strukturen übereinstimmen, daß mathematischer Objektbereich und realer Objektbereich strukturgleich, »isomorph« sind. Die »Welt« wird in dieser Darstellung als ein *Modell* der mathematischen Theorie aufgefaßt. Dieser metamathematische Modellbegriff ist dem üblichen Modellbegriff in gewissem Sinne entgegengerichtet. Normalerweise spricht man davon, daß physikalische Theorien Modelle der Realität bilden (sollen); unsere Charakterisierung faßt Realität aber als ein Modell mathematischer Theorien auf. Dieser Unterschied führt jedoch nicht zum Widerspruch, da die Isomorphieforderung Symmetrie garantiert: Wenn A isomorph ist zu B, so ist auch B isomorph zu A.

Erkenntnisfortschritt ist dann folgendermaßen zu verstehen: Wir verändern nicht so lange die Realität (die uns ja nur einmal gegeben ist), bis sie Modell einer fest vorgegebenen Theorie ist, sondern wir wechseln so lange die Theorien und Zuordnungsregeln, bis die fest vorgegebene Realität als Modell einer Theorie erscheint, die wir dann als die richtige ansehen.

Sobald ein Kalkül in diesem Sinne »angewendet« wird, verliert er den Charakter eines rein logischen, rein mathematischen, rein strukturwissenschaftlichen Systems. *Ein realistisch interpretierter mathematischer Kalkül wird also zu einer deskriptiven Theorie*, die richtig oder falsch, empirisch prüfbar oder widerlegbar sein kann. Ein Kalkül ist also *entweder* nicht angewandt (abstrakt) und sicher *oder* angewandt (interpretiert, also deskriptiv) und hypothetisch.

Unsere Versuche, die Welt als Modell mathematischer Kalküle zu sehen, können also scheitern. Aber sie scheitern nicht immer. So können wir das Anwendungsproblem jetzt neu und genauer formulieren: *Warum ist es uns überhaupt jemals und so oft gelungen, die Mathema-*

tik für die Beschreibung der Welt anzuwenden? Und warum gelingt es immer wieder? In dieser Form erst ist die Frage präzise genug für eine erfolgversprechende Behandlung.

Damit A B auf C anwenden kann, müssen A, B, C bestimmte Verträglichkeitseigenschaften haben. Damit der Mensch die Mathematik auf die Welt anwenden kann, müssen Mensch, Mathematik und Welt gewisse Bedingungen erfüllen.

Die *Mathematik* haben wir als Strukturwissenschaft charakterisiert. Auf die ontologischen Bedingungen einer mathematisch beschreibbaren *Realität* haben wir in 6 hingewiesen. Sie sind in den folgenden Postulaten zusammengefaßt.

a) Es muß möglich sein, *Ähnlichkeiten* (und Identitäten) zu finden: gleiche Individuen und Eigenschaften (damit Objekte *erkannt* und verglichen, Klassen und Begriffe gebildet werden können), gleiche Beziehungen (damit Regelmäßigkeiten erkannt werden können), gleiche Beziehungen zwischen Beziehungen (damit allgemeine Gesetze aufgefunden werden können) usw.

b) Die Teile der Welt müssen (wenigstens teilweise) voneinander getrennt und unterschieden werden können. Es muß also näherungsweise abgeschlossene oder *trennbare Systeme* geben. (In unserer Welt ist das durch die verschiedenen Größenordnungen der Naturkonstanten und die verschiedenen Reichweiten der elementaren Wechselwirkungen sichergestellt.)

c) Die Beziehungen zwischen den Teilen der Welt dürfen nicht beliebig *komplex* sein.

d) Unsere »Um«-Welt muß eine gewisse *Stabilität* besitzen. Andernfalls wäre nicht genügend Zeit für die Evolution von Sternen, Planeten, Organismen und von fühlenden und intelligenten Wesen.

Einige Teile der Welt müssen *mit unserer Peripherie wechselwirken*; die Welt muß auf unsere Erfahrungsebene »projizierbar« sein (vgl. 5). Andernfalls gäbe es keine empirische Wissenschaft, sondern nur apriorische Disziplinen und Metaphysik – falls es uns überhaupt gäbe.

Damit kommen wir zu den Bedingungen, die der *Mensch* für den Gebrauch von Mathematik erfüllen muß. Das ist das Gebiet der evolutionären Erkenntnistheorie. In 2 haben wir gesehen, daß das Neugeborene Erwartungen, konstruktive Vorurteile, genetisch bedingte Information über die Welt mitbringt, zum Beispiel über Dreidimensionalität, Zeitrichtung, Regelmäßigkeiten, Kausalität und so weiter. Diese Erwartun-

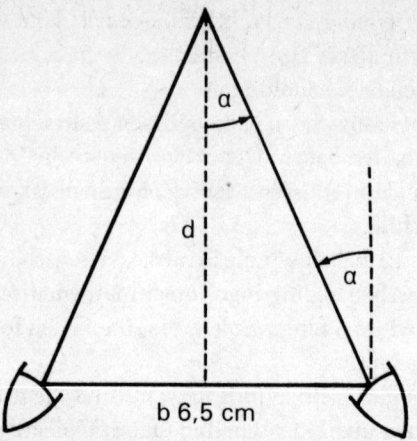

Abb. 3

gen haben sich in der Phylogenese bewährt und wurden deshalb beibehalten und weiter verbessert. In 6 haben wir ferner gesehen, daß sogar unser Wahrnehmungsapparat bei der Rekonstruktion äußerer Objekte elementare mathematische Operationen durchführt. Zum Beispiel beruht die Entfernungsbestimmung eines Objekts aus der Konvergenz der Augenachsen auf der trigonometrischen Formel (vgl. Abb. 3).

$$d = \frac{b}{2} \cdot \cot \alpha.$$

Wie in 6 gezeigt wurde, ist die Rekonstruktion eines ruhenden Objekts aus wechselnden Projektionen äquivalent zur Konstruktion einer Gruppeninvarianten. In diesem Sinne können wir sagen, daß Menschen (und einige Tiere) mit Gruppenstrukturen *praktisch* umgehen und – noch allgemeiner – *rudimentäre Mathematikkenntnisse besitzen*. Das erklärt, wieso der Mensch überhaupt Mathematik auf die Welt anwenden kann und diese Fähigkeit auch *braucht*. Wir sind fähig, Mathematik zu treiben, weil schon unser angeborener Erkenntnisapparat mathematische Strukturen erfolgreich benützt, um reale Strukturen zu rekonstruieren.

Obwohl das den *Anfang* der Mathematik erklären kann, ist es noch keine *vollständige* Antwort. Denn die mathematischen Kalküle, die zum Beispiel in der Relativitätstheorie (pseudo-euklidische und Riemannsche Geometrien) oder in der Quantentheorie (Hilbert-Raum) benützt werden, können unmöglich als biologisch relevant oder genetisch determiniert angesehen werden. Sie sind Ergebnisse einer kulturellen Evolution, die biologische Bedürfnisse bei weitem übersteigt (vgl. 3 f). Aber darin liegt auch kein Widerspruch. Was der Mensch im Laufe der Evolution entwickelte, war nicht ein spezifisches mathematisches Denken, sondern eine allgemeine Fähigkeit zu abstrahieren, zu verallgemeinern und zu schließen, die zweifellos ungeheure selektive Vorteile bot. Daß diese Fähigkeit auch für die Schaffung mathematischer Theorien ausreichte, ist mehr oder weniger zufällig. *Biologisch* ist höhere Mathematik also ein glückliches Nebenprodukt der Evolution, *kulturell* natürlich nicht. Die *kulturellen* Bedingungen, die für den Aufstieg der modernen Mathematik notwendig oder hinreichend waren, sind jedoch nicht unser Thema.

Unsere Lösung des Anwendungsproblems kann also folgendermaßen zusammengefaßt werden: Mathematik ist eine Strukturwissenschaft. Die Realität ist strukturiert und trennbar. Deshalb ist Mathematik auf die Realität in dem angegebenen Sinne anwendbar. Daß *wir Menschen* fähig sind, Mathematik zu benützen, wird zum Teil durch die evolutionäre Erkenntnistheorie erklärt – nämlich soweit fundamentale mathematische Strukturen und Operationen betroffen sind – und zum Teil als ein kulturelles Phänomen, das Biologie *und* Erkenntnistheorie übersteigt.

Ein wichtiger Aspekt der postulierten Struktur der Realität ist die Kausalität, die alle Ereignisse zu einem großen und komplizierten Netzwerk verknüpft. Einige Aspekte der Kausalität beleuchten wir im nächsten Abschnitt.

8 Kausalität und Energieübertrag

Die Scholastik hat den Unterschied zwischen *propter hoc* (weil) und *post hoc* (danach) betont. Wenn wir sagen »Die Sonne scheint, und *deshalb* werden Steine warm«, sagen wir mehr, als wenn wir sagen »Die Sonne scheint, und *dann* werden Steine warm«. Eine *kausale* Beziehung sollte eine spezifische Kategorie, eine gewisse Notwendigkeit, einen ontologischen Unterschied einschließen.

Dann kam David Hume. Er zeigte, daß der angebliche ontologische Unterschied zwischen propter hoc und regelmäßigem post hoc empirisch nicht aufgewiesen werden konnte. Und als guter Empirist erklärte er, es habe keinen Sinn, über kausale Notwendigkeit zu reden; was wir mit »A verursacht B« meinen, ist »wenn A, dann immer B« und mehr nicht.

Humes Kritik stellt in der Diskussion über Kausalität einen Wendepunkt dar. Kant fühlte sich durch sie aus »dogmatischem Schlummer« geweckt (und versuchte, Humes Einwänden durch sein synthetisches Apriori zu entgehen). Physiker räumten ein, daß Begriffe wie »Ursache, Kausalität, kausale Notwendigkeit, Kausal-Prinzip« in physikalischen Theorien überhaupt nicht vorkommen. Positivisten wie Comte oder Mach schlugen vor, diese Begriffe ganz der Metaphysik zu überlassen. Russell empfahl, »Kausalität« durch »Funktion« zu ersetzen. Einige Philosophen behaupteten sogar, Warum-Fragen seien in der Wissenschaft entbehrlich. Andere Empiristen wie Reichenbach oder Carnap versuchten, den Begriff »Ursache« nicht auf der ontologischen, sondern auf der methodologischen Ebene anzusiedeln, also »Ursache« als die Gesamtheit der Prämissen einer adäquaten kausalen Erklärung zu definieren (wobei eine Erklärung dann »kausal« ist, wenn sie wenigstens ein Kausalgesetz enthält, d. h. wenigstens ein deterministisches, quantitatives Ablaufgesetz). So schreibt Reichenbach:

Da Wiederholung alles ist, was das Kausalgesetz von einem Zufall unterscheidet, so besteht die Bedeutung der Kausalbeziehung in der Aussage einer ausnahmslosen Wiederholung – und es ist unnötig, anzunehmen, daß sie etwas darüber hinaus bedeutet. Die Idee, daß eine Ursache durch eine unsichtbare Kette mit ihrer Wirkung verbunden, oder daß die Wirkung sozusagen gezwungen ist, der Ursache zu folgen, ist überflüssig, ist psychologisch als ein Anthropomorphismus anzusehen; die Worte *wenn-dann-immer* erschöpfen die Bedeutung der Kausalbeziehung. (Reichenbach 1953, S. 180)

Andererseits können sich weder Laie noch Wissenschaftler bei dieser »nichts als«-Behauptung wohl fühlen. Sollten wir wirklich, wenn wir »weil« sagen, nicht mehr *meinen* als »wenn-dann-immer«? Folgt nicht die Nacht regelmäßig dem Tag, ohne eine »Wirkung« des Tages zu sein? Von babylonischen Astronomen hatte Thales vom Saros-Zyklus der Sonnenfinsternisse erfahren und deshalb für seine Heimatstadt Milet eine Finsternis korrekt vorhersagen können, ohne irgend etwas über die Bewegungen von Mond und Erde zu wissen. Gibt es wirklich keinen Unterschied zwischen der Voraussage einer Sonnenfinsternis und dem Wissen, *warum* sie stattfindet? Und ist es nicht eindrucksvoll, mit welcher Selbstverständlichkeit wir den post hoc-Folgen normalerweise eine propter hoc-Interpretation geben?

Hume selbst führt diese Überzeugung auf einen *Instinkt* zurück, den wir mit den Tieren gemeinsam hätten. Kant jedoch wollte sich mit dieser

Erklärung nicht zufriedengeben. Instinkte könnten versagen; aber das Kausalgesetz schien nie zu versagen, schien gar nicht versagen zu können. Er versuchte, diese Allgemeinheit und Notwendigkeit des Kausalprinzips zu erklären, indem er es zu einem synthetischen Urteil a priori erhob, ihm also transzendentalen Charakter zuschrieb, so daß es von aller Erfahrung unabhängig, gleichzeitig aber für alle Erfahrung konstitutiv ist.

Daß es Prinzipien gibt, die faktisches Wissen ermöglichen, war eine epochemachende Entdeckung, die wir Kant verdanken. Allerdings gibt die evolutionäre Erkenntnistheorie Kants synthetischem Apriori eine biologische Interpretation. Was Kant beschreibt, ist (bestenfalls) der kognitive Apparat des normalen erwachsenen Kulturmenschen, das genetisch bedingte ratiomorphe Inventar an Voraussetzungen, Hypothesen, Erwartungen, Vorurteilen, die – wie Kant entdeckt hat – Erfahrung ermöglichen, die aber – entgegen Kant – nicht notwendig statisch, vollständig, unveränderlich oder widerspruchsfrei sind. In dieser biologischen Neuinterpretation verlieren Kants Kategorien und Verstandesprinzipien ihren unfehlbaren Charakter: Sie sind lediglich mesokosmisch, angemessen für das Überleben in einer Welt der mittleren Dimension (vgl. 21).

Das gilt auch für das kausale Denken: Es paßt offenbar auf diesen Mesokosmos; es wurde in den Jahrmillionen der Evolution erprobt und hat sich für die Erfassung dieses Mesokosmos bewährt. Vom Standpunkt der evolutionären Erkenntnistheorie muß es einen evolutiven Vorteil bedeutet haben, solch ein kausales Denken zu entwickeln.

Aber wenn Hume mit seiner Kritik recht hätte – und darin sind sich ja Kant und seine Kritiker durchaus einig –, würde es dann nicht genügen, gewisse Ereignis*folgen* zu erfahren? Würde unser ratiomorpher Apparat nicht allen Anforderungen unseres Mesokosmos gerecht, wenn er regelmäßige post hoc-Ereignisse verarbeitete, ohne propter hoc-Beziehungen hineinzulesen? Das könnte zum Beispiel durch konditionierte Reflexe erreicht werden: Sie tragen häufigen Ereignisfolgen Rechnung, ohne irgendeine Einsicht in kausale Zusammenhänge vorauszusetzen oder zu liefern. Warum hat sich »die Natur« nicht mit dem Lernen durch konditionierte Reflexe zufriedengegeben? Warum leistete sie sich den »Luxus« des kausalen Denkens? Warum hat sie solch eine redundante Interpretation rein zeitlicher Abfolgen erlaubt, ja belohnt? Worin liegt der selektive Vorteil, kausale Beziehungen zu erwarten und zu sehen, wo nur invariante zeitliche Abfolgen existieren? Wenn es eine angeborene

Neigung zur kausalen Interpretation gibt, sollte es dann nicht auch eine reale Struktur geben, die dieser Neigung entspricht? Gibt es vielleicht doch – entgegen Hume und entgegen Kant, gegen Hume-Kritiker und gegen Kant-Kritiker – einen ontologischen Unterschied zwischen (regelmäßigem) post hoc und (kausalem) propter hoc, der nicht nur erkenntnistheoretisch, sondern sogar empirisch, nämlich in der Evolution, relevant wäre?

Die evolutionäre Erkenntnistheorie legt eine bejahende Antwort nahe, ohne diesen Unterschied nennen zu können. Wenn es diesen Unterschied gibt, worin besteht er? Wie könnten wir ihn finden? Warum wurde, warum wird er übersehen? Wenn Kausalität eine ontologische Kategorie ist, die gesetzmäßiges Verhalten übersteigt und sogar empirisch relevant ist, warum wird dann in wissenschaftlichen Theorien, vor allem in der Physik, auf diesen objektiven Zug der Natur nicht Bezug genommen?

Alle diese Fragen können beantwortet werden (Vollmer 1981). Indem wir uns auf Hinweise aus der speziellen Relativitätstheorie stützen, formulieren wir die folgende These: *Der ontologische Unterschied zwischen (regelmäßigem) post hoc und (kausalem) propter hoc ist der Energieübertrag.* Das heißt, von der Ursache zur Wirkung wird Energie übertragen, in einigen Fällen auch von der Wirkung zur Ursache. Diese Idee findet sich – wie viele andere gute Ideen – bei Konrad Lorenz. Er hat sie jedoch nicht ausgearbeitet; und von Philosophen wurde er nicht gelesen oder nicht verstanden. Er sagt ganz klar:

Wir können den Begriff von Ursache und Wirkung nicht anders definieren als durch die Feststellung, daß die Wirkung von der Ursache her in irgendeiner Form Energie bezieht. (Lorenz 1941, S. 120; in diesem Band S. 118)

Die Bedeutung unserer These können wir an einigen typischen Beispielen der Kausalitätsdiskussion erläutern: Tag und Nacht, Blitz und Donner, Stein und Fenster.

Obwohl *Tag und Nacht* regelmäßig aufeinander folgen, nennen wir natürlich den Tag nicht die Ursache der Nacht. Warum nicht? Der Hume-Anhänger hat kein überzeugendes Argument gegen den Vorschlag eines wilden (oder allzu zahmen) Denkers, eben dies zu tun. Charakterisiert man jedoch kausale Beziehungen durch einen Energieübertrag, dann ist die Lösung trivial: Kein Energieübertrag vom Tag zur Nacht, also keine (direkte) kausale Beziehung.

Man beachte, daß der Energieübertrag nur eine notwendige Bedingung für Kausalität ist, keine hinreichende. Es gibt energetische Prozesse, die wir nicht »kausal« nennen. So kann die Bedingung des Energieübertrages nicht als *Definition* der Kausalität dienen; sie deutet lediglich auf einen wichtigen, sogar unverzichtbaren Aspekt der Kausalität, nämlich, wie mehrfach betont, auf den *Unterschied* zwischen propter hoc und post hoc.

Lange glaubte man, daß der *Blitz* die Ursache des *Donners* sei. Regelmäßig ist der Blitz zu sehen, bevor der Donner zu hören ist. Aber Benjamin Franklin konnte die (lange vor ihm geäußerte) Vermutung bestätigen, daß Blitz und Donner beide Effekte einer elektrischen Entladung sind, die ihnen vorausgeht. Deshalb ist die optische Erscheinung (der Blitz) *nicht* die Ursache der akustischen (Donner). (Da die Lichtgeschwindigkeit größer ist als die Schallgeschwindigkeit, wird der Blitz als Ursache, der Donner als Wirkung interpretiert. Wäre es umgekehrt, so könnte man den Donner vor dem Blitz wahrnehmen und hätte ihn als Ursache, den Blitz als Wirkung gedeutet.)

Wieder liefert die ontologische Charakterisierung der Kausalität das gewünschte Argument. Tatsächlich erfolgt kein Energieübertrag vom Blitz zum Donner, sondern von der Entladung zum Blitz und von der Entladung zum Donner. Die regelmäßige Abfolge von Blitz und Donner läßt sich also als eine *indirekte* kausale Beziehung erklären (eine gemeinsame Ursache als gemeinsamer Energielieferant).

Wann immer wir sinnvoll von Kausalität, von Ursache und Wirkung, von kausaler Beziehung sprechen, dann müssen wir auch den zugehörigen Energieübertrag nachweisen können. Diese These mag sehr anspruchsvoll klingen. Sie wird aber durch so viele Beispiele belegt, daß man, sobald einmal der Zusammenhang von Kausalität und Energie klargeworden ist, eher umgekehrt argumentieren wird: Man wird nicht mehr und mehr Beispiele für unsere These verlangen, sondern denjenigen, der eine kausale Verknüpfung behauptet, auffordern, den entsprechenden Energieübertrag nachzuweisen.

Ein *Stein* hat eine Fensterscheibe zerstört. Nach Hume und modernen Empiristen dürfte diese Feststellung nicht mehr *meinen*, als daß der Stein der Fensterscheibe sehr nahe gekommen sei und daß in allen derartigen Fällen Fensterscheiben eben zersprungen seien.

Aber tatsächlich wollen wir doch mehr sagen als dieses regelmäßige *post hoc*. Nach unserer energetischen Interpretation der Kausalität behaupten wir, daß der Stein (kinetische) Energie an die Fensterscheibe abgegeben hat, und dies rechtfertigt unser *propter hoc*. Natürlich können wir uns irren; die »wahre« Ursache könnte ein Schuß gewesen sein, der Knall einer Explosion oder eine Überspannung der Scheibe; aber in jedem Falle gilt als »wahre Ursache« jenes Ereignis oder Objekt, von dem die Energie zur Zerstörung der Scheibe tatsächlich ausging.

Die *Häufigkeit* einer solchen Ereignisfolge ist dabei offenbar nicht entscheidend. Sogar ein einmaliges Ereignis kann eine *kausale* Erklärung finden. Wie sonst könnten wir die Expansion des Universums (das ja *per definitionem* einmalig ist) durch einen Urknall erklären, die Bildung unseres (bisher einmaligen) Planetensystems durch gravitative Prozesse, den Ursprung des Lebens auf der Erde durch die Sonnenstrahlung, einmalige evolutionäre Schritte durch Mutationen?

Gemäß der empiristischen Lehre sollten solche Disziplinen wie Kosmologie, Sonnenphysik, Biogenetik oder Evolutionstheorie, die ja auf einmalige Ereignisse oder Systeme Bezug nehmen, unfähig sein, kausale Behauptungen zu machen oder zu prüfen, wenn jede Kausalbehauptung implizit auf ein allgemeines Gesetz gestützt wäre. Glücklicherweise brauchen sich diese Disziplinen um jene empiristische Beschränkung nicht zu kümmern. Das Vorliegen einer Kausalbeziehung wird nicht durch endlose Wiederholungen geprüft, sondern durch die Entdeckung eines einzigen Energieübertrages.

Unsere ontologische Charakterisierung der Kausalität hat viele wichtige Konsequenzen. Wir müssen uns damit begnügen, nur einige zu zitieren, die man unter dem Titel »Energieprobleme« zusammenfassen könnte. Wir wissen aus der Physik, daß die Gesamtenergie eines abgeschlossenen Systems konstant bleibt. Nun haben wir erkannt, daß Energie eine wesentliche Rolle im kausalen Netzwerk unserer Welt spielt. Die Energieerhaltung ist somit für unsere ontologische Interpretation der Kausalität relevant; sie ist wesentlich für die Möglichkeit eines *wirksamen* Energieübertrages. Allerdings könnte es im Prinzip auch kausale Prozesse geben, bei denen nur die Hälfte der abgegebenen Energie übertragen wird, während die andere Hälfte unter Verletzung des Energieerhaltungssatzes verschwindet. Energieerhaltung ist also für Kausalität zwar konstitutiv, aber nicht unbedingt erforderlich. Tatsächlich geht bei jedem makroskopischen Prozeß ein gewisser Anteil an Energie an Sekundäreffekte »verloren« (Reibung, Streuung, Wärmeleitung usw.). Entscheidend ist, daß überhaupt Energie übertragen wird – eine abgeschwächte Form der Energieerhaltung.

Umgekehrt braucht eine »Ursache« nicht notwendig die Gesamtenergie für die Wirkung zu liefern. Sie kann auch einen Energievorrat freisetzen, der um Größenordnungen größer ist als die auslösende Energie. Eine Fliege konnte das Damokles-Schwert zu Fall bringen; ein Schuß kann einen schadhaften Staudamm zum Einsturz bringen; ein Schritt oder Ruf kann eine Lawine auslösen; ein Blick kann einen zur Raserei bringen; ein Photon kann eine Wasserstoffbombe zünden. Kleine Ursachen – große Wirkungen? Ja; aber ohne Energie keine Ursache und auch keine Wirkung!

Die energetische Interpretation der Kausalität ist auch für Parapsychologie und für die interaktionistische »Lösung« des Leib-Seele-Problems relevant. Dort werden Behauptungen der folgenden Art aufgestellt: »Peter veranlaßt Maria durch Telepathie, seine Telefonnummer niederzuschreiben.« »Der Geist regt das Gehirn an, ein Bereitschaftspotential zu erzeugen.« Anhänger dieser Lehren dürfen sich nun aufgefordert fühlen, entweder den einschlägigen Energieübertrag nachzuweisen oder eine Verletzung des Energieerhaltungssatzes zuzugeben, also einen Informationstransfer ohne Energietransfer zu postulieren, und sich damit ausdrücklich in Opposition zur gesamten empirischen Wissenschaft zu stellen.

Die Probleme der Kausalität und der Leib-Seele-Beziehungen sind vielfältig und verzwickt. Die Charakterisierung der Kausalität durch einen Energieübertrag wird auf viele davon neues Licht werfen. Wir können diese Probleme nicht im Detail diskutieren, da sie uns zu weit von der evolutionären Erkenntnistheorie wegführen würden. Aber die evolutionäre Erkenntnistheorie ist auch noch in anderer Weise für das Leib-Seele-Problem relevant. Das ist unser nächstes Thema.

9 Geist und Evolution

Hinsichtlich der Beziehung zwischen Geist und Körper (oder besser zwischen Geist und Gehirn) gibt es zwei verschiedene Klassen von Meinungen, dualistische und monistische. Die einzige heute ernstgenommene dualistische Position ist der *Interaktionismus* (vertreten früher durch Descartes, heute u. a. durch Eccles, Popper, v. Ditfurth). Für den Interaktionismus sind Geist und Gehirn verschiedene Substanzen in aktiver Wechselwirkung, die einander in beiden Richtungen beeinflussen.

Die prominenteste monistische Position ist die *Identitätstheorie* (vertreten u. a. durch Feigl; Armstrong, Smart, Place; Bunge). Nach der Identitätstheorie ist der Geist eine *Funktion* des Zentralnervensystems, die erst auf einem gewissen Evolutionsniveau entsteht. Psychische, mentale, bewußte Zustände und Prozesse *sind* Zustände und Prozesse von Neuronen, Neuronenkomplexen, Gehirnen. Nun kann ein *System* auch Eigenschaften aufweisen, die keiner seiner Bestandteile zeigt. Der Geist ist also eine *emergente* Funktion, zu der keine Vorstadien erforderlich sind. Zu panpsychistischen oder protopsychistischen Fiktionen ist deshalb kein Anlaß.

Die evolutionäre Erkenntnistheorie vertritt in unzweideutiger Weise eine systemtheoretisch orientierte evolutionäre Identitätstheorie. Wie anders könnten wir die Evolution unserer kognitiven Fähigkeiten erklären, von denen wir doch wissen, wie stark sie von unseren Sinnesorganen, unseren zentralnervösen Funktionen und vor allem unserem Gehirn abhängen? Erkenntnis ist ein geistiger Prozeß, also *eine* Gehirnfunktion unter vielen. Diese Funktion verschwindet (wie alle anderen Funktionen) mit ihrem Träger. Es mag ein Gehirn ohne diese spezielle Funktion geben, aber nicht diese Funktion ohne ein funktionierendes Gehirn.

Das Gehirn und seine Funktionen entwickelten sich während Millionen, ja Milliarden von Jahren. Nun kann die Evolutionstheorie die Existenz einer organismischen Struktur oder Funktion nur *erklären*, wenn diese Struktur oder Funktion einen selektiven Vorteil bedeutet. Deshalb muß die Identitätstheorie – wie sie hier vertreten wird – die adaptive Rolle des Bewußtseins, des *Innenaspektes*, des Geistes, der psychischen Phänomene plausibel machen. Das ist nicht schwierig, obwohl nicht alle Autoren übereinstimmen, welches die wichtigste dieser Funktionen ist. Hier wird es genügen, einige davon zu nennen.

a) Eine wesentliche Vorbedingung für menschliche Erkenntnis ist das *Gedächtnis*. Es ist wesentlich, da ohne Gedächtnis nichts wieder-erkannt werden könnte. Es sei daran erinnert, daß wir (in 5) Erkenntnis als ein dreistelliges Prädikat expliziert hatten, »S erkennt O *als* A«, was nur möglich ist, wenn O mit Engrammen (A) im Gedächtnis verglichen werden kann.

b) Wir haben die *darstellende* (oder figurative) *Funktion* unseres Zentralnervensystems. Das ist die Fähigkeit, ein inneres Modell der augenblicklichen Umgebung zu bilden. Wir haben schon die Tatsache betont, daß in der Wahrnehmung die äußere Welt *rekonstruiert* wird. Diese Rekonstruktion ist eine Interpretation von Sinnesdaten. Sie ist eine aktive Leistung unseres Gehirns.

c) Wir haben die *Simulationsfunktion,* wie sie mit Recht von Lorenz, Monod und vielen anderen betont wird: An dem inneren Modell der äußeren Welt können wir (Menschen und höhere Säugetiere) Änderungen vornehmen, hypothetische Manipulationen, Gedankenexperimente usw. Diese fiktive Welt können wir simulieren und manipulieren, ungewollt in Träumen und Halluzinationen, aber auch willentlich bei geschlossenen Augen. Nach Lorenz ist Denken auf elementarem Niveau nichts weiter als Hantieren im Vorstellungsraum. Diese Fähigkeit erspart Zeit, Energie und Risiko. Ihr biologischer Vorteil liegt auf der Hand.

Freilich zeigt ein selektiver Vorteil noch nicht, daß das einschlägige Merkmal für das Überleben unabdingbar wäre. Millionen von Arten haben Milliarden von Jahren ohne diese Fähigkeit überlebt. Wenn also ein Biologe die Funktionen einer organismischen Struktur analysiert, behauptet er dabei nicht, daß andere Lösungen unmöglich wären. Der Nachweis eines evolutiven Vorteils bedeutet noch keinen Existenzzwang; er zeigt nur, warum eine solche Struktur oder Funktion – einmal entstanden – beibehalten und in der Evolution weiterentwickelt wurde. Es gibt keine Zwangskraft, kein Naturgesetz, wonach Bewußtsein entstehen müßte, nur weil es vorteilhaft ist.

Soweit sind Monisten und Dualisten durchaus einig; der selektive Vorteil des Innenaspekts mag an verschiedenen Stellen gesehen werden, wird aber nicht gänzlich verneint. Entscheidend ist jedoch ein anderer Einwand, der erst an dieser Stelle erhoben wird: Die Identitätstheorie sei mit der Evolutionstheorie *trotz* des genannten und anerkannten Vorteils unverträglich. Das Argument hat folgenden Kern.

Für die Identitätstheorie sind mentale Prozesse *identisch* mit speziellen physikalisch-chemisch-neuronalen Prozessen. Der selektive Vorteil mentaler Prozesse, auf den man sich geeinigt hat, muß also gleichzeitig ein Vorteil der zugrundeliegenden physikalischen Prozesse sein. Nur dann kann er biologisch in einer – kausal geschlossenen – materiellen Welt wirksam sein.

Aber wenn schon die physikalischen Strukturen diesen Vorteil aufweisen, dann bestünde dieser Vorteil ja auch dann, wenn die physikalischen Strukturen jenen Innenaspekt nicht hätten, wenn sie also lediglich physikalische Strukturen wären, *ohne* gleichzeitig mentale Zustände und Prozesse zu sein. Ihre biologische Bedeutung für das Überleben wäre auch ohne psychische Nebenprodukte sichergestellt. Insofern ist der Innenaspekt unnötig, überflüssig, also unerklärt. Warum also hat er sich dann überhaupt entwickelt?

Dieses Argument trifft den *Epiphänomenalismus* in voller Schärfe. Wenn mentale Phänomene nur Epiphänomene wären, nur Begleiterscheinungen physikalischer Prozesse, dann wären sie für die Evolution gänzlich entbehrlich. Die Naturgeschichte wäre ohne diese Epiphänomene nicht im geringsten anders verlaufen. Menschen und Tiere würden sich auf der Grundlage physico-chemischer Reaktionen genauso verhalten, wie sie sich verhalten, ohne Schmerz zu fühlen, ohne psychische Prozesse, ohne Bewußtsein.

Dieses Argument trifft jedoch nicht die Identitätstheorie (vgl. Vollmer 1980). Hier sind Bewußtseinsprozesse nicht Epiphänomene physikalischer Porzesse. Physikalische Prozesse *mit* Innenaspekt unterscheiden sich vielmehr auch *physikalisch* von Prozessen *ohne* Innenaspekt. Das obige Argument zeigt nur, daß die Evolution auch anders hätte verlaufen *können*, daß Organismen ohne Bewußtsein in der Natur durchaus *möglich* sind, daß mentale Prozesse für das Überleben nicht unbedingt notwendig sind (zu diesem Ergebnis waren wir übrigens schon vorher gekommen). Aber das Argument zeigt nicht, daß Bewußtsein, *wie wir es kennen*, überflüssig wäre.

Im Gegenteil, es war vorteilhaft, solche neuronalen Strukturen auszubilden, die zugleich mentale Prozesse möglich machten. Der mentale Charakter dieser Strukturen ist nicht ein zufälliges Nebenprodukt oder Epiphänomen, sondern eine typische, eine wesentliche Eigenheit dieser Strukturen. Hätten die physikalisch-neuronalen Strukturen diese Eigenschaft *nicht*, dann wären sie eben *andere* neuronale, also andere physikalische Strukturen, mögliche zwar, aber weniger vorteilhafte.

Wir können die Verhältnisse sogar am *Uhrengleichnis* klarmachen (Abb. 4), das von Geulincx eingeführt und von Leibniz benützt wurde, obwohl es eigentlich zur Illustration ihrer *dualistischen* Antworten auf das cartesische Leib-Seele-Problem entwickelt worden war. Für die Identitätstheorie gibt es – entgegen dem äußeren Anschein – nicht zwei Uhren, deren Gleichlauf erklärungsbedürftig wäre, sondern nur *eine* Uhr mit zwei Zifferblättern. Daß beide Zifferblätter dieselbe Zeit anzeigen, ist nicht verwunderlich, da sie ja durch dasselbe Uhrwerk kontrolliert werden. Eine solche Uhr mit zwei Zifferblättern (Innen- und Außenaspekt) hat tatsächlich nur ein Uhrwerk (Identitätstheorie); im Aufbau unterscheidet sie sich jedoch von einer Uhr mit nur einem Zifferblatt. Daß Uhren mit nur einem Zifferblatt nützlich sind (auch Organismen ohne Bewußtsein überleben), ändert nichts daran, daß Uhren mit zwei Zifferblättern für spezielle Zwecke vorteilhaft sind, also anderen überlegen (Organismen mit Bewußtsein haben zusätzliche Vorteile).

Abb. 4: Das Uhrengleichnis in der Identitätstheorie: ein Uhrwerk – zwei Zifferblätter.

Das genannte Argument, das dem Epiphänomenalismus so zu schaffen macht, bereitet der Identitätstheorie also keine Schwierigkeiten.

All dies ist natürlich noch keine Lösung des Leib-Seele-Problems. Aber dieses Problem ist auch nicht als unlösbar erkannt. Das Gehirn ist das komplizierteste System, das die Evolution bislang hervorgebracht hat. Es sollte uns deshalb nicht überraschen, daß wir Schwierigkeiten haben, es zu durchschauen.

Auf der anderen Seite sollten wir unsere Position in dieser Frage auch nicht unterschätzen. Das Gehirn ist trotz seiner Komplexität das einzige System, zu dem wir – außer dem üblichen objektiven Zugang (von außen) – einen zweiten Zugang besitzen, den subjektiven (von innen). Bei der Komplexität des Gehirns sollten wir uns über diese zusätzliche Möglichkeit freuen. Zwar wäre ohne diesen zweiten Zugang das Leib-Seele-Problem nie entstanden, aber hätten wir dann überhaupt eine Chance, dieses wunderbare System zu verstehen?

10 Ungelöste Probleme

Die vorgetragenen Argumente sollten deutlich machen, daß die evolutionäre Erkenntnistheorie ein fruchtbarer Ansatz für erkenntnistheoretische Probleme ist. Aber sie mögen auch zeigen, daß immer noch viele Probleme offen sind. Einige davon wollen wir hier zusammenstellen, um die interdisziplinäre Vernetzung der evolutionären Erkenntnistheorie aufzuzeigen und um weitere Untersuchungen anzuregen.

a) Die Evolutionstheorie, wie sie heute vor uns steht, ist keine voll ausgearbeitete Theorie, sondern eher ein Forschungsprogramm. Tatsächlich können wir bei *jedem* organismischen Merkmal fragen, wie es entstanden ist, und Darwins Theorie hält auch immer eine Antwort bereit: durch die großen Architekten der Evolution, Mutation und Selektion. Aber Bekenntnisse genügen nicht. Um eine befriedigende Antwort zu geben, muß der Evolutionist

eine vollständige evolutionäre Kette für die fragliche Struktur angeben (denn eben danach war gefragt worden);

zeigen, daß diese Kette durch *Mikromutationen* entstanden sein kann (weil Makromutationen so selten sind, daß sie ausgeschlossen werden müssen);

beweisen, daß nahezu jeder *Schritt* in dieser Kette vorteilhaft war (weil anders die verschiedenen Stufen nicht bewahrt worden wären), und schließlich

muß er diese hypothetische Kette (und ihre Konkurrenten) testen durch empirische Befunde aus der Paläontologie, vergleichenden Biologie, Protein- und DNA-Taxonomie, Embryologie usw.

Diese evolutionären Ketten müssen für möglichst viele organismische Merkmale angegeben werden, vor allem für jene, die von Anti-Evolutionisten als Gegenbeispiele vorgebracht werden, zum Beispiel der erste primitive Organismus (»Ist er nicht viel zu kompliziert für eine spontane Entstehung?«), für die Flügel des Archaeopteryx (»Wofür wären denn halbe Flügel gut gewesen?«), für das menschliche Auge (»Ist es nicht einfach zu wunderbar?«) und schließlich für das menschliche Gehirn (»Welche Art von Konkurrenz hätte denn das Gehirn – oder auch mich – zu solch unvergleichlicher Höhe treiben sollen?«).

b) In ähnlicher Weise ist auch die evolutionäre Erkenntnistheorie noch unvollständig und hat den Charakter eines Forschungsprogramms. Sie beruft sich auf eine Aussage, die hypothetisch ist nicht nur im Charakter (wie das für jede Aussage der empirischen Wissenschaft gilt), sondern auch in ihrer Form: *Wann immer ein kognitives Merkmal genetisch bedingt ist, so ist es ein Produkt der biologischen Evolution.* Diese einfache – und für einen Biologen sogar triviale – Behauptung hat wichtige Konsequenzen für die Erkenntnistheorie, die von der evolutionären Erkenntnistheorie untersucht werden. Aber *welche* kognitiven Strukturen nun tatsächlich angeboren sind, das ist im wesentlichen eine *empirische* Frage, die u. a. durch Biologie, Physiologie, Psychologie, Linguistik beantwortet werden muß.

Damit die evolutionäre Erkenntnistheorie sinnvoll ist, genügt es, daß *einige* kognitive Strukturen als genetisch bedingt erkannt sind. Das ist der Fall für viele *Wahrnehmungs*strukturen, zum Beispiel für die Farbwahrnehmung und die dreidimensionale Raumwahrnehmung. Solche Fähigkeiten können auch bei Neugeborenen leicht geprüft werden. Weniger klar ist, wie weit die kausale Interpretation der Welt, elementare logische Schlüsse, induktives Schließen, die Bildung von Ähnlichkeitsklassen und von Begriffen, mathematische Strukturen (z. B. Gruppeneigenschaften) oder gar noch kompliziertere »Ideen« angeboren sind. Sobald jedoch die erkenntnistheoretische *Relevanz* solcher biologischer Fakten erkannt ist, kann die evolutionäre Erkenntnistheorie auch zu diesen Fragen beitragen.

Was also fehlt, ist ein vollständiges System von Kategorien menschlicher Erfahrung, das durch Biologie und Psychologie gestützt wäre. Es gibt Versuche (z. B. Lorenz 1941, 1943), Kants Kategorien zu übernehmen und sie biologisch umzuinterpretieren. Obwohl sie von beachtlichem heuristischem Wert sein mögen, können sie das Gewünschte nicht leisten: Wir *wissen*, daß sie mangelhaft sind. Ein anderer Vorschlag wurde von Riedl gemacht (vgl. seinen Beitrag in diesem Band), in dem er vier »ratiomorphe Hypothesen« oder »phylogenetische Erwartungen« aufzählt. Da sie noch unvollständig und zu allgemein sind, ist auch dieses System noch keine Lösung. Warum sollte nicht ein Leser versuchen, ein solches System zu formulieren?

c) Die Erwartungen aufzufinden, die in unser internes Weltmodell eingehen, ist nicht nur eine Aufgabe für die Philosophie, sondern auch für die Psychologie, vor allem für Entwicklungs-, Lern- und Wahrnehmungspsychologie. Hier hat es in den letzten zwei Jahrzehnten beachtliche Fortschritte gegeben, die von den Philosophen noch nicht verarbeitet worden sind. Wenn sich Philosophen um solche Entdeckungen nicht kümmern, dann kann es passieren, daß ihre Aufgabe von Wissenschaftlern übernommen wird, die zu Philosophen werden. Und ist die Philosophie durch die Emanzipation so vieler wissenschaftlicher Disziplinen nicht schon genügend verarmt? Und hat nicht dieser Prozeß auch neue Probleme mit sich gebracht, die aufgrund ihres *metawissenschaftlichen* Charakters eigentlich philosophische Probleme sind? Erkenntnistheorie ist eine Metadisziplin, die menschliche Erkenntnis erforscht, sei es Wahrnehmungs-, Erfahrungs- oder wissenschaftliche Erkenntnis. Aber gerade im Hinblick auf diesen metadisziplinären Charakter muß auch ein Erkenntnistheoretiker mit den einschlägigen Befunden der Wissenschaft Schritt halten und darf sie nicht als »bloß-empirisch« oder als gegenüber der Erkenntnistheorie sekundär ignorieren. Nur dann wird er in der Lage sein, neue Probleme zu finden, neue Entdeckungen richtig zu interpretieren, neue Experimente vorzuschlagen.

d) Diese Mahnung ist nur ein Beispiel für unsere Behauptung, daß Erkenntnis und Erkenntnistheorie eng verknüpft sind. Diese Verknüpfung hat nun auch eine historische Dimension. Die Erweiterung unseres Wissens hat unsere Erkenntnistheorien verändert und umgekehrt. Platon, Bacon, Descartes, Hume, Kant, Russell, Wittgenstein, Reichenbach, Popper sind dafür nur Beispiele. Wie in 2 d erwähnt, kann die Beziehung zwischen Wissenschaft und Erkenntnistheorie als eine Art Regelkreis beschrieben werden. Aber eine systematische Untersuchung dieses Wechselspiels – so erhellend sie wäre – fehlt noch.

e) In der projektiven Erkenntnistheorie (vgl. 5) werden Sinneseindrücke als Projektionen objektiver Strukturen (»Objekte«) auf unsere Peripherie interpretiert, Erkenntnis dann als eine erfolgreiche Rekonstruktion der Außenwelt aus diesen Projektionen. Die entscheidende Forderung für alle Erkenntnis ist also die Bedingung der Projizierbarkeit: Was immer Objekt empirischer Wissenschaft sein soll, seien es Radiowellen, Elektronen, Atome, Bakterien, Neutronensterne, schwarze Löcher oder der Urknall, muß in irgendeiner Weise auf unsere Sinnesorgane projiziert werden; was nicht projiziert werden kann, kann nicht Gegenstand empirischer Wissenschaft sein.

Nun sind nach der evolutionären Erkenntnistheorie unsere Peripherie und unsere Sinnesorgane Ergebnisse der Evolution. Wahrnehmung und unmittelbare (natürliche) Erfahrung sind dadurch geprägt. In der Wissenschaft sind wir dagegen recht frei, Hypothesen zu formulieren, Strukturen zu postulieren, Objekte zu erfinden. Entgegen Kants Auffassung müssen unsere Theorien nach der projektiven Erkenntnistheorie *nicht* irgendwelchen angeborenen Kategorien der Erfahrung entsprechen. Aber auch sie müssen der Forderung der Projizierbarkeit genügen. Diese Bedingung *könnte* den Bereich unseres theoretischen Wissens in unbekannter Weise einschränken. Wie stark wird also die Wissenschaft durch das Projizierbarkeitspostulat und durch unsere angeborenen kognitiven Strukturen beschränkt? Dies ist ein offenes Problem. Wenn solche Beschränkungen existieren, wie kann man sie überwinden? Durch Erziehung, durch Teamwork, durch die Benutzung von Computern, durch künstliche Intelligenz, durch zukünftige Evolution?

f) Wie schon in 2 m erwähnt, hat die kopernikanische Tendenz der evolutionären Erkenntnistheorie beachtliche anthropologische Konsequenzen. Die Situation und die Rolle, die sich der Mensch in diesem Universum zuschreibt, ist natürlich von seinen erkenntnistheoretischen Einsichten nicht unabhängig. Die Tatsache, daß unsere kognitiven Fähigkeiten nicht vollkommen sind, daß sie sogar verbessert werden könnten, daß es andere kognitive Systeme auf der Erde und vielleicht auch auf anderen Planeten gibt, daß unser erkennendes Gehirn ein Ergebnis einer jahrmilliardenlangen Evolution ist, daß wir mit phylogenetischen Vorurteilen über die Welt und andere Leute beladen sind, daß solche Überzeugungen ratiomorph, aber nicht rational sind – all dies ist geeignet, uns Bescheidenheit zu lehren. Es wäre sicherlich lohnend, diese wichtige Beziehung auszuloten. Und es ist ein bleibendes Verdienst der evolutionären Erkenntnistheorie, uns solche »Lektionen der Bescheidenheit« vermittelt zu haben.

2. Kapitel
Biologische Wurzeln
der Vernunft

Die Vernunft ist weiblicher Natur: sie kann erst geben,
nachdem sie empfangen hat.

Arthur Schopenhauer

Konrad Lorenz   *Kants Lehre vom Apriorischen im Lichte gegenwärtiger Biologie**

Die aller unserer Anschauung von vornherein anhaftenden Formen des Raumes und der Zeit und ganz ebenso die Kausalität und die anderen Kategorien unseres Denkens sind für Kant Gegebenheiten, die »a priori« festliegend die Form aller unserer Erfahrung bestimmen, ja Erfahrung als solche überhaupt erst möglich machen. Die Gültigkeit der obersten Vernunftprinzipien ist für Kant eine absolute, sie ist von den Gesetzlichkeiten der realen, hinter den Erscheinungen stehenden, an sich existenten Natur grundsätzlich unabhängig und nicht aus ihnen entstanden zu denken. Weder durch Abstraktion noch auf irgendeinem anderen Wege können die apriorischen Anschauungsformen und Kategorien mit Gesetzlichkeiten, die den Dingen an sich anhaften, in Beziehung gebracht werden. Das einzige, was wir nach Kant über das Ding an sich aussagen können, ist die Realität seiner Existenz. Die Beziehung aber, die zwischen ihm und jener Form besteht, in der es unsere Sinnlichkeit affiziert und in unserer Erfahrungswelt in Erscheinung tritt, ist für Kant, um es etwas überspitzt auszudrücken, eine a-logische. Das Ding an sich ist für Kant deshalb grundsätzlich unerkennbar, weil die Form seiner Erscheinung ab extra durch die rein idealen Anschauungsformen und Kategorien bestimmt wird, so daß diese Form mit seinem inneren Wesen gar nichts zu tun hat. Dies ist in gedrängter Wiedergabe die Anschauungsweise des Kantischen »transzendentalen« oder »kritischen« Idealismus.

Sie ist nun von verschiedenen Naturphilosophen in sehr freizügiger Weise umgeformt worden. Besonders die immer dringlicher werdenden Fragestellungen des Entwicklungsgedankens haben zu Auffassungen vom Apriorischen geführt, die Kant selbst vielleicht nicht so fern lagen wie dem an den Wortlaut seiner Begriffsbestimmungen gefesselten Kant-Philologen.

---

* aus: Bl. f. Deutsche Philosophie 15, 1941, S. 94–125, und: Konrad Lorenz, Das Wirkungsgefüge der Natur und das Schicksal des Menschen, hrsg. von Irenäus Eibl-Eibesfeldt, München 1978, S. 82–109.

Die Fragen nun, die der von der Tatsächlichkeit des großen schöpferischen Entwicklungsgeschehens in der Natur überzeugte Biologe an Kant zu stellen hat, sind kurz folgende: Ist die menschliche Vernunft, mit allen ihren Anschauungsformen und Kategorien, nicht ganz ebenso wie das menschliche Gehirn etwas organisch, in dauernder Wechselwirkung mit den Gesetzen der umgebenden Natur Entstandenes? Wären unsere a priori denknotwendigen Verstandesgesetze bei einer ganz anderen historischen Entstehungsweise und einem somit ganz andersartigen zentralnervösen Apparat nicht vielleicht ganz andere? Ist es überhaupt auch nur einigermaßen wahrscheinlich, daß die ganz allgemeinen Gesetzmäßigkeiten unseres Denkapparates nicht mit solchen der realen Außenwelt zusammenhängen sollten? Kann ein Organ, das in dauernder Auseinandersetzung mit den Gesetzen der Natur zu dieser Auseinandersetzung herausdifferenziert wurde, in seinen eigenen Gesetzlichkeiten von jenen so unbeeinflußt geblieben sein, daß die Lehre von den empirischen Erscheinungen unabhängig von der Lehre vom An-sich-Seienden getrieben werden darf, als ob beide gar nichts miteinander zu tun hätten? In der Beantwortung dieser Fragen nimmt die Biologie einen sehr scharf umschriebenen Standpunkt ein. Die Darlegung dieses Standpunktes ist Gegenstand vorliegender Abhandlung, nicht etwa nur Einleitung zu einer besonderen Besprechung von Raum, Zeit und Kausalität. Diese sind für unsere Betrachtung nur Beispiele Kantischer Aprioritätslehre, die bei unserer grundsätzlichen Gegenüberstellung von transzendentalem Idealismus und jenem Standpunkt, den der Biologe in der Aprioritätslehre einnimmt, ganz von selbst mit behandelt werden.

Für den Naturforscher ist es Pflicht, den Versuch der natürlichen Erklärung zu machen, ehe er sich mit der Heranziehung außernatürlicher Faktoren zufriedengibt, und diese Pflicht besteht in vollem Maße für den Psychologen, der sich mit der von Kant entdeckten Tatsache auseinandersetzen muß, daß es so etwas wie apriorische Denkformen gibt. Wenn man nun die angeborenen Reaktionsweisen von untermenschlichen Organismen kennt, so liegt die Hypothese ungemein nahe, daß das »Apriorische« auf stammesgeschichtlich gewordenen, erblichen Differenzierungen des Zentralnervensystems beruht, die eben gattungsmäßig erworben sind und die erblichen Dispositionen, in gewissen Formen zu denken, bestimmen. Man muß sich klar darüber sein, daß diese Auffassung des »Apriorischen« als Organ die Zerstörung seines Begriffes bedeutet: Etwas in stammesgeschichtlicher Anpassung an die Gesetze der natürlichen Außenwelt Entstandenes ist in gewissem Sinne a posteriori entstanden, wenn auch auf einem durchaus anderen Wege als dem der Abstraktion oder der Deduktion aus vorangegangener Erfahrung. Die funktionellen Ähnlichkeiten, die viele Forscher zu lamarckistischen Anschauungen über das Entstehen erblicher Reaktionsweisen aus vorangegangener »Arterfahrung« führten, sind heute als völlig irrig erkannt.

Für die Wesensart heutiger Naturforschung ist das Verlassen des transzendentalen Idealismus so bezeichnend, daß sich eine Kluft zwischen Naturforschern und Kant-Philosophen aufgetan hat. Diese Kluft hat ihre Ursache in der grundsätzlichen Veränderung des Begriffs vom An-sich-Seienden und vom Transzendenten, die aus der Umprägung des Begriffs vom Apriorischen folgt. Wenn der »apriorische« Apparat möglicher Erfahrung mit all seinen Anschauungsformen und Kategorien nichts Unveränderliches, von außernatürlichen Faktoren Bestimmtes ist, sondern vielmehr etwas, das innerhalb der Natur, die er widerspiegelt, in engster Wechselwirkung mit ihren Gesetzlichkeiten entstanden ist, so verliert die Grenze des Transzendenten ihren festen Ort. Viele Seiten des An-sich-Bestehenden, die sich dem Erfahrenwerden durch unseren heutigen Sinnes- und Denkapparat völlig entziehen, mögen in einer erdgeschichtlich nahen Zukunft innerhalb der Grenzen möglicher Erfahrung liegen, viele, die heute durchaus im Bereich des Immanenten liegen, können noch in jüngster Vergangenheit der Menschheit jenseits seiner Grenze gelegen haben. Die Frage, wie weit das absolut Existente durch ein bestimmtes Wesen aus der unendlichen Fülle lebender Organismen erfahrbar sei, kann auf sein grundsätzliches Wesen selbstverständlich nicht den geringsten Einfluß haben. Wohl aber ändert ihre Berücksichtigung einiges an der Definition, die wir von jenem »Ding an sich« zu geben haben, das hinter den Erscheinungen steckt. Für Kant, der bei allen seinen Erwägungen nur den erwachsenen Kulturmenschen als ein unveränderliches, gottgeschaffenes System in Betracht zog, bestand kein Hindernis, das An-sich-Seiende als grundsätzlich unerkennbar zu definieren. Er durfte bei seiner in dieser einen Hinsicht rein statischen Betrachtungsweise die Grenze möglicher Erfahrung in die Definition des Dings an sich einbeziehen und ihren Ort sozusagen für Mensch und Amöbe gleich – nämlich unendlich – weit vom An-Sich der Dinge ansetzen. Wir dürfen dies angesichts der zweifellosen Tatsächlichkeit des Entwicklungsgeschehens nicht mehr! Wenn wir uns auch völlig klar darüber sind, daß das absolut Existente grundsätzlich niemals restlos, sondern immer nur bis an jene Grenze erkennbar sein wird, die durch die Notwendigkeit kategorialer Denk-Geformtheiten auch für die höchsten theoretisch denkbaren Lebewesen gesetzt sein wird, so ist doch ohne allen Zweifel jene Grenze, die das Erfahrbare vom Transzendenten abschließt, für jede einzelne Art von Lebewesen eine andere. Ihr artbezeichnender Ort muß von Fall zu Fall Gegenstand einer besonderen Forschung sein. Den rein zufälligen, heutigen Ort dieser Grenze bei der Spezies Mensch in die Definition des An-sich-Seienden einzubeziehen würde für uns einen nicht zu rechtfertigenden Anthropomorphismus bedeuten. Wollte man nämlich angesichts der zweifellosen evolutiven Veränderlichkeit unseres Erfahrungsapparates dennoch das An-sich-Existente weiterhin als das für eben diesen Apparat Unerkennbare definieren, so würde hierdurch die Definition des Absoluten relativ gefaßt, was offensichtlich ein Unding wäre. Vielmehr bedarf jede Naturforschung schlechtweg aufs notwendigste eines Begriffs vom absolut Wirklichen, der möglichst wenig anthropomorph und vom zufälligen heutigen Ort menschlicher Erfahrbarkeitsgrenzen möglichst unabhängig ist. Das absolut Wirkliche kann in keiner Weise von der Frage betroffen werden, ob und bis zu welchem Grade es sich just im Hirn einer menschlichen oder sonstigen Eintagsfliege widerspiegelt. Andererseits aber ist es Gegenstand eines höchst wichtigen Zweiges vergleichender Naturforschung, die Art dieser Widerspiegelung zu untersuchen und zu erforschen, ob sie in Form kraß vereinfachender und nur oberflächlich analoger Symbole erfolgt oder wie weit sie Einzelheiten wiedergibt, wie weit ihre Genauigkeit geht. Wir hoffen durch diese Untersuchung vormenschlicher Erkenntnisformen Anhaltspunkte über Funktionsweise und historisches Entstehen unserer eigenen Erkenntnis zu gewinnen und ihre Kritik auf diese Weise weiter vortreiben zu können, als es ohne derartige Vergleiche möglich war.

Ich behaupte, daß so ziemlich alle heutigen Naturforscher, zumindest alle Biologen, bewußt oder auch unbewußt, in ihrer Tagesarbeit ein reales, durchaus nicht im Sinne Kants »rein« ideales Verhältnis zwischen dem Ding an sich und den Formungen unserer Sinnlichkeit voraussetzen, ja, ich möchte behaupten, daß Kant selbst dies in allen Belangen seiner eigenen empirischen Forschungen getan hat. Das reale Verhältnis zwischen dem An-Sich der Dinge und der speziellen »apriorischen« Form ihrer Erscheinung ist unserer Meinung nach dadurch gegeben, daß diese Form in der Jahrzehntausende während Entwicklungsgeschichte der Menschheit in der Auseinandersetzung mit den täglich begegnenden Gesetzlichkeiten des An-sich-Seienden als eine Anpassung an diese entstanden ist, die unserem Denken angeborenermaßen eine der Realität der Außenwelt weitgehend entsprechende Strukturierung verliehen hat. »Anpassung« ist ein vorbelastetes und mißverständliches Wort und soll im gegenwärtigen Zusammenhang nicht mehr besagen, als daß unsere Anschauungsformen und Kategorien so auf das real Existierende »passen«, wie unser Fuß auf den Boden paßt oder die Flosse eines Fisches ins Wasser. Das »Apriori«, das die Erscheinungsformen der realen Dinge unserer Welt bestimmt, ist, kurz gesagt, ein Organ, genauer: die Funktion eines Organes, und wir kommen seinem Verständnis nur näher, wenn wir ihm gegenüber die typischen Fragen der Erforschung alles Organischen stellen, die Fragen Wozu, Woher und Warum, mit anderen Worten: erstens die Frage nach dem arterhaltenden Sinn, zweitens die Frage nach der stammesgeschichtlichen Entstehung und drittens die Frage nach den natürlichen Ursachen der Erscheinung. Wir sind überzeugt, daß das »Apriorische« auf zentralnervösen Apparaten beruht, die völlig ebenso real sind wie etwa unsere Hand oder unser Fuß, völlig ebenso real wie die Dinge der an sich existenten Außenwelt, deren Erscheinungsform sie für uns bestimmen. Diese zentralnervöse Apparatur schreibt keineswegs der Natur ihr Gesetz vor, sie tut das genausowenig, wie der Huf des Pferdes dem Erdboden seine Form vorschreibt. Wie dieser stolpert sie über nicht vorgesehene Veränderungen der dem Organ gestellten Aufgabe. Aber so wie der Huf des Pferdes auf den Steppenboden paßt, mit dem er sich auseinandersetzt, so paßt unsere zentralnervöse Weltbild-Apparatur auf die reichhaltige reale Welt, mit der sich der Mensch auseinandersetzen muß, und wie jedes Organ, so hat auch sie ihre arterhaltend zweckmäßige Form in äonenlangem stammesgeschichtlichem Werden durch diese Auseinandersetzung von Realem mit Realem gewonnen.

Diese unsere Anschauung von der in gewissem Sinne »aposteriorischen« Entstehung des »Apriorischen« gibt uns eine sehr treffsichere Antwort auf eine bestimmte Frage Kants, die Frage nämlich, ob nicht die Anschauungsformen von Raum und Zeit, die wir – wie Kant im Gegensatz zu Hume völlig richtig betont – von keiner Erfahrung entlehnen, sondern die in unserer Vorstellung a priori liegen, »nicht bloße selbstgemachte Hirngespinste wären, denen gar kein Gegenstand, wenigstens nicht adäquat korrespondierte« (Prolegomena 1. Anm. 3). Wenn wir unseren Verstand als Organfunktion auffassen, wogegen sich nicht der geringste stichhaltige Grund vorbringen läßt, so ist unsere naheliegende Antwort auf die Frage, wieso seine Funktionsform auf die reale Welt passe, ganz einfach diese: Unsere vor jeder individuellen Erfahrung festliegenden Anschauungsformen und Kategorien passen aus ganz denselben Gründen auf die Außenwelt, aus denen der Huf des Pferdes schon vor seiner Geburt auf den Steppenboden, die Flosse des Fisches, schon ehe er dem Ei entschlüpft, ins Wasser paßt. Bei keinem derartigen Organ glaubt irgendein vernünftiger Mensch, daß seine Form dem Objekt seine Eigenschaften »vorschreibe«, sondern jedermann nimmt als selbstverständlich an, daß das Wasser seine Eigenschaften völlig unabhängig von der Frage besitzt, ob Fischflossen sich mit ihnen biologisch auseinandersetzen oder nicht. Ganz selbstverständlich sind es irgendwelche Eigenschaften, die dem Ding, das hinter der Erscheinung »Wasser« steckt, an sich zukommen, die zu der speziellen Anpassungsform der Flossen geführt haben, die von Fischen, Reptilien, Vögeln, Säugern, Cephalopoden, Schnecken, Krebsen, Pfeilwürmern usw. usw. unabhängig voneinander herausdifferenziert wurden. Offensichtlich sind es Eigenschaften des Wassers, die diesen so verschiedenen Lebewesen die übereinstimmende Form und Funktion ihres Lokomotionsorganes vorgeschrieben haben. Aber ausgerechnet bezüglich der Struktur und Funktionsweise seines eigenen Gehirnes nimmt der Transzendentalphilosoph grundsätzlich anderes an. Kant sagt in § 11 der »Prolegomena«: »Wollte man im mindesten daran zweifeln, daß beide (die Anschauungsformen von Raum und Zeit) keine den Dingen an sich selbst, sondern bloß ihrem Verhältnis zur Sinnlichkeit anhängende Bestimmungen sind, so möchte ich gern wissen, wie man es möglich finden kann, a priori und also vor aller Bekanntschaft mit den Dingen, ehe sie nämlich uns gegeben sind, zu wissen, wie ihre Anschauung beschaffen sein müsse, welches doch hier mit Raum und Zeit der Fall ist.« Diese Frage erhellt zwei sehr wichtige Tatsachen. Sie zeigt erstens, daß Kant, ganz ebensowenig wie Hume, daran gedacht hat, daß es auch andere Entstehungsweisen einer formalen Passung zwischen Denkform und Wirklichkeit geben kann als die durch Abstraktion aus vorangegangener Erfahrung. Zweitens aber zeigt sie, daß er sogar die Unmöglichkeit einer solchen anderen Entstehungsweise als sicher voraussetzte. Drittens aber zeigt sie besonders klar die großartige und grundsätzlich neue Entdeckung Kants, die Entdeckung, daß das Anschauen und das Denken des Menschen vor jeder individuellen Erfahrung bestimmte funktionelle Strukturen besitzt. Denn ganz selbstverständlich hatte Hume unrecht, wenn er alles Apriorische aus dem ableiten wollte, was die Sinne der Erfahrung liefern, ebenso unrecht wie Wundt, der es kurzweg für eine Abstraktion aus vorangegangener Erfahrung erklärt, und Helmholtz, der die gleiche Ansicht verfoct. Das Passen des Apriorischen auf die reale Welt ist ebensowenig aus »Erfahrung« entstanden wie das Passen der Fischflosse auf die Eigenschaften des Wassers. So wie die Form der Flosse »a priori« gegeben ist, vor jeder individuellen Auseinandersetzung des Jungfisches mit dem Wasser, und so, wie sie diese Auseinandersetzung erst möglich macht, so ist dies auch bei unseren Anschauungsformen und Kategorien in ihrem Verhältnis zu unserer Auseinandersetzung mit der realen Außenwelt durch unsere Erfahrung der Fall. Bei Tieren können wir viel speziellere und viel eingeengtere Verformungen der ihnen möglichen Erfahrungen finden, und wir glauben engste funktionelle und wahrscheinlich auch ursächliche Verwandtschaft zwischen diesen tierischen und unseren menschlichen Aprioris aufzeigen zu können. Wir sind mit Kant und gegen Hume durchaus der Ansicht, daß »reine«, das heißt von jeder Erfahrung unabhängige Wissenschaft von den angeborenen Denkformen des Menschen möglich sei. Diese »reine« Wissenschaft wird aber nur ein sehr einseitiges Verständnis für das eigentliche Wesen apriorischer Denkformen vermitteln können, weil sie den Organcharakter dieser Strukturen vernachlässigt und die konstituierende biologische Frage nach ihrem arterhaltenden Sinn gar nicht stellt. Das ist, um es grob auszudrücken, ganz so, als wolle einer eine »reine« Lehre über die Eigenschaften einer modernen Lichtkamera, etwa einer Leica, schreiben, ohne in Betracht zu ziehen, daß diese ein Apparat, ein Organ zum Fotografieren der Außenwelt sei, und ohne die von ihr gelieferten Bilder zum Verständnis ihrer Funktion und des eigentlichen Sinnes ihres Daseins heranzuziehen. Die Leica ist, was die von ihr gelieferten Bilder (gleich Erfahrungen) anlangt, durchaus apriorisch. Sie ist vor und unabhängig von jedem Bild da, bestimmt von vornherein die Form der Bilder, ja macht diese überhaupt erst möglich. Nun behaupte ich: Die Trennung einer »reinen Leicologie« von der Lehre von den von ihr gelieferten Bildern ist um nichts sinnloser als die Trennung der Apriorätslehre von der Lehre der Außenwelt, von Phänomenologie und der Lehre vom Ding an sich. Alle die Gesetzlichkeiten unseres Verstandes, die wir apriorisch vorfinden, sind ja kein *lusus naturae*. Wir leben ja davon! Und ihren eigentlichen Sinn können wir nur bei Inbetrachtziehung ihrer Funktion einsehen. Und sowenig die Leica ohne die schon lange vor ihrer Konstruktion ausgeübte Tätigkeit des Fotografierens entstehen konnte, sowenig die fertige Leica mit allen ihren ganz unglaublich durchdachten und »passenden« Konstruktionseinzelheiten vom Himmel gefallen ist, sowenig ist es unsere noch unendlich viel wunderbarere »reine Vernunft«. Auch diese ist aus ihrer Tätigkeit heraus, aus ihrer Auseinandersetzung mit dem An-Sich der Dinge zu ihrer relativen Vollkommenheit gelangt.

Das für den transzendentalen Idealisten alogische und vor allem außernatürliche Verhältnis zwischen dem Ding an sich und seiner Erscheinung ist für uns durchaus real. Ganz sicher »affiziert« nicht nur das Ding an sich unsere Rezeptoren, sondern ganz ebenso auch umgekehrt unsere Effektoren ihrerseits die absolute Realität. »Wirklichkeit« kommt von wirken! Was in unserer Welt in Erscheinung tritt, ist keineswegs nur die einseitige Beeinflussung unseres Erlebens dadurch, daß durch eine Brille idealer Erfahrungsmöglichkeiten reale Außendinge auf uns einwirken. Was wir als Erfahrung erleben, ist stets eine Auseinandersetzung von Realem in uns mit Realem außer uns. Deshalb ist das Verhältnis zwischen den Vorgängen in und außer uns kein alogisches, das Rückschlüsse von den Gesetzlichkeiten der Innenvorgänge auf die der Außenwelt grundsätzlich verbietet, sondern dieses Verhältnis ist durchaus dasjenige, das auch sonst zwischen Bild und Gegenstand, zwischen vereinfachendem Modellgedanken und wirklichem Sachverhalt besteht: das Verhältnis einer weiter oder weniger weitgehenden Analogie. Der Grad dieser Analogie ist, wenigstens vergleichsmäßig, grundsätzlich erforschbar, das heißt, es sind Aussagen darüber möglich, ob die Entsprechung zwischen Erscheinung und Wirklichkeit von Mensch zu Mensch, von Lebewesen zu Lebewesen genauer oder ungenauer sei. Auf diesen, soeben recht umständlich abgeleiteten Gründen beruht ja auch die jedem halbwegs unverschrobenem Menschen selbstverständliche Tatsache, daß es so etwas wie richtigere und weniger richtige Urteile über die Außenwelt überhaupt gibt! Die Beziehung zwischen der Erscheinungswelt und dem An-Sich der Dinge ist also nicht durch ideale, das heißt außernatürliche Formgesetze in grundsätzlich unerforschbarer Weise ein für allemal festgelegt, noch weniger kommt den aufgrund dieser »Denknotwendigkeiten« gefällten Urteilen eine selbständige und absolute Gültigkeit zu. Vielmehr sind alle unsere Anschauungsformen und Kategorien durchaus natürliche und, wie jedes andere Organ, stammesgeschichtlich »gewordene« Gefäße zur Aufnahme und rückwirkenden Verarbeitung jener gesetzmäßigen Auswirkungen des An-sich-Seienden, mit denen wir uns nun einmal auseinandersetzen müssen, wenn wir leben bleiben und unsere Art erhalten wollen. Die besondere Form dieser organischen Gefäße steht in einer restlos aus realen, natürlichen Zusammenhängen erwachsenen Beziehung zu Eigenschaften, die den Dingen an sich zukommen. Auf diese Eigenschaften passen sie, in einer praktisch-biologisch ausreichenden Weise, keineswegs aber absolut oder auch nur so genau, daß man sagen könnte, ihre Form käme der des Dings an sich gleich. Wenn wir auch als Naturwissenschaftler stets in gewissem Sinne naive Realisten sind und bleiben, halten wir also keineswegs die Erscheinung für das Ding an sich, die empirische Realität für das absolut Existente! So wundern wir uns denn auch keineswegs, wenn die Gesetze der »reinen Vernunft« sich nicht nur untereinander, sondern auch mit den empirischen Tatsachen in die schwersten Widersprüche verwickeln, sowie die Forschung größere Genauigkeit fordert. Dies tritt insbesondere dort ein, wo Physik und Chemie ins Atomare gehen. Da versagt nicht nur die Anschauungsform des Raumes, sondern versagen auch die Kategorien der Kausalität, der Substantialität, ja in gewissem Sinne sogar die Quantität, die doch sonst neben der Anschauungsform der Zeit die unbedingteste Gültigkeit zu haben scheint. »Denknotwendig« bedeutet angesichts dieser in Atomphysik, Quantenmechanik und Wellenlehre höchst wesentlichen Erfahrungstatsachen keineswegs etwa »absolut gültig«.

Durch die zur Bescheidenheit mahnende Erkenntnis, daß alle Gesetze der »reinen Vernunft« auf höchst körperlichen und, wenn man so will, geradezu auf maschinellen Strukturen des menschlichen Zentralnervensystems beruhen, die in äonenlangem Werden wie irgendein anderes Organ entstanden sind, wird unser Vertrauen zu ihnen einerseits erschüttert, andererseits aber wesentlich erhöht. Die Aussage, daß ihnen absolute Gültigkeit zukomme, ja daß jedes überhaupt denkbare vernünftige Wesen, und sei es ein Engel, den gleichen Denkgesetzen gehorchen müsse, erscheint uns als anthropozentrische Vermessenheit. Sicherlich ist die »Tastatur« der Anschauungsformen und Kategorien – Kant selbst nennt sie ja so – etwas, das ausgesprochen auf der körperlich-strukturellen Seite der psychophysischen Einheit des Organismus Mensch gelegen ist. Ganz sicher verhalten sie sich zur »Freiheit« des Geistes, wofern es eine solche wirklich gibt, ganz so, wie sich auch sonst körperliche Strukturen zu möglichen Freiheitsgraden des Seelischen verhalten, nämlich stützend und hemmend zu gleicher Zeit. Aber ganz sicherlich können diese plumpen kategorischen Schachteln, in die wir unsere Außenwelt packen müssen, »um sie als Erfahrungen buchstabieren zu können« (Kant), keinerlei autonome und absolute Gültigkeit beanspruchen. Dies steht für uns in dem Augenblick fest, in dem wir sie als stammesgeschichtlich gewordene Anpassungserscheinung auffassen – und ich möchte wirklich wissen, welches wissenschaftliche Argument gegen diese Auffassung geltend gemacht werden könnte. Gleichzeitig aber ergibt sich aus ihrem Anpassungscharakter, daß sich die kategorialen Anschauungsformen und Kategorien trotz ihrer nur ungefähren und relativen Gültigkeit als Arbeitshypothesen in der Auseinandersetzung unserer Art mit der absoluten Realität ihres Lebensraumes bewährt haben. So erhellt sich auch die für jede andere Auslegung höchst paradoxe Tatsache, daß die Gesetzlichkeiten der »reinen Vernunft« zwar in der modernen theoretischen Wissenschaft auf Schritt und Tritt versagen, sich aber in den biologisch-praktischen Belangen des Arterhaltungskampfes durchaus bewährt haben und noch bewähren.

Ganz so, wie der grobe Pünktchenraster, mittels dessen die Abbildungen in unseren Tageszeitungen hergestellt sind, zwar bei oberflächlicher Betrachtung eine befriedigende und Sachverhalte wiedergebende Darstellung zuläßt, aber keine genauere Betrachtung, etwa mit einer Lupe, verträgt, so versagen auch die Welt-Wiedergaben unserer Anschauungsformen und Kategorien, sobald von ihnen, wie dies in Wellenmechanik und Atomphysik der Fall ist, eine etwas genauere Darstellung ihres Gegenstandes verlangt wird. Ganz ebenso, wie alles vom Einzelmenschen individuell aus der empirischen Realität des »physikalischen Weltbildes« errungene Wissen seinem innersten Wesen nach Arbeitshypothese ist, so sind es, was ihre arterhaltende Funktion anlangt, auch alle jene angeborenen Strukturen des Geistes, die wir als »apriorisch« zu bezeichnen gewohnt sind. Nichts ist absolut, außer dem in und hinter den Erscheinungen Steckenden selbst, nichts, was unser Hirn denken kann, hat absolute, im eigentlichen Wortsinn apriorische Geltung. Auch nicht die Mathematik mit allen ihren Gesetzen. Auch diese sind nicht mehr und nicht weniger als ein Organ zur Quantifizierung von Außendingen, und zwar ein für den Menschen höchst lebenswichtiges Organ, ohne das er seine erdbeherrschende Rolle nie und nimmer spielen könnte, die sich also biologisch so wie alle anderen »notwendigen« Denkstrukturen außerordentlich bewährt hat. »Reine« Mathematik ist selbstverständlich nicht nur möglich, sondern sie ist als Lehre von den Innengesetzlichkeiten dieses wundervollen Quantifizierorganes von kaum zu überschätzender Wichtigkeit. Aber dies berechtigt keineswegs zu ihrer Absolutsetzung und hat mit einer solchen nichts zu tun. Auf die Wirklichkeit angewandt, wirken das Zählen und die mathematische Zahl etwa so wie eine Baggermaschine und ihre Schaufeln. Statistisch in einer großen Zahl von Einzelfällen gesehen, wird jede Schaufel gleich viel Material greifen, obwohl, genau und im Einzelfall betrachtet, niemals auch nur zwei wirklich genau gleichen Inhalt haben. Die reine mathematische Gleichung ist eine Tautologie: Ich sage aus, wenn bei meiner Zähl-Baggermaschine soundsoviele Schaufeln hereinkommen, so kommen soundsoviele Schaufeln herein. Zwei Schaufeln meiner Maschine sind einander deshalb absolut gleich, weil es genaugenommen beide Male dieselbe Schaufel, nämlich die Eins, ist. Diese Gültigkeit besitzt also immer nur der leere Satz. Zwei Schaufeln voll irgend etwas sind einander nie gleich, die Eins, auf einen realen Gegenstand angewandt, findet im ganzen Universum nicht mehr ihresgleichen. Wohl sind zwei und zwei vier, niemals aber sind zwei Äpfel, Hammel oder Atome plus zwei weiteren gleich vier anderen, weil es keine gleichen Äpfel, Hammel oder Atome gibt! In diesem Sinne ergibt sich die paradoxe Tatsache, daß die Gleichung zwei plus zwei ist vier in ihrer Anwendung auf reale Einheiten, wie Äpfel oder Atome, einen weit geringeren Grad der Annäherung an die Wirklichkeit besitzt als die Gleichung zwei Milliarden plus zwei Milliarden sind vier Milliarden, weil die individuellen Ungleichheiten der gezählten Einheiten sich bei einer großen Zahl statistisch ausgleichen. Als Arbeitshypothese oder als Organ rein funktionell betrachtet, ist und bleibt die Denkform des zahlenmäßigen Quantifizierens einer der wundervollsten Apparate, die die Natur je geschaffen hat, und erweckt auch, wenn man ihren Geltungsbereich nicht absolut setzt, doch gerade durch die unglaubliche Breite ihres Anwendungsbereiches die Bewunderung des Biologen. Doch wäre es durchaus denkbar, ein vernünftiges Wesen anzunehmen, daß nicht mittels der mathematischen Zahl quantifiziert, das nicht 1, 2, 3, 4, 5, die Zahl vorhandener, unter sich ungefähr gleicher Individualitäten, wie Hammel, Atome oder Abstände von Meilensteinen, zur Markierung der vorhandenen Quantität benutzt, sondern diese in irgendeiner anderen Weise unmittelbar erfaßt. Statt etwa Wasser nach der Zahl der eingefüllten Literschälchen zu quantifizieren, könnte man zum Beispiel aus der Spannung eines Gummiballons bestimmter Größe entnehmen, wieviel darinnen ist. Daß unser Hirn gerade extensive Größen besser quantifizieren kann als derartige intensive, kann sehr gut reiner »Zufall«, mit anderen Worten rein historisch bedingt sein. Denknotwendig ist es keineswegs, es wäre durchaus denkbar, daß die Fähigkeit, nach Art der Gummiballon-Spannungsmessung intensiv zu quantifizieren, bis zum vollwertigen Ersatz der Zahlenmathematik weiterdifferenziert würde. Tatsächlich beruht die dem Menschen und sehr vielen Tieren zukommende Fähigkeit, Mengen unmittelbar zu schätzen, wahrscheinlich auf einem solchen intensiven Quantifizierungsvorgang. Ein rein intensiv quantifizierender Geist würde manche Operationen viel einfacher und unmittelbarer vollziehen als unsere »Baggerkästchen«-Mathematik. Er könnte zum Beispiel Kurven unmittelbar stufenlos berechnen, wozu unsere extensive Mathematik nur mittels jenes Umweges der Integral- und Differentialrechnung fähig ist, der ihr über die Beschränkungen der Zahlenstufen hinweghilft und doch begrifflich an diesen klebt. Ein solcher rein intensiv quantifizierender Geist würde unter anderem nicht einsehen können, daß zwei mal zwei vier sei. Da er für die Eins, für unser leeres Zahlenkästchen kein Verständnis hätte, würde er auch für unser Postulat der Gleichheit zweier solcher Kästchen keines haben und auf unsere Aufstellung einer Gleichung antworten, sie sei falsch, da es keine gleichen Kästchen, Hammel oder Atome gebe. Und er hätte dabei von seinem System aus so recht mit seiner Aussage wie wir mit der unseren. Sicherlich könnte ein intensiv quantifizierendes Denksystem sehr viele Operationen viel schlechter, das heißt nur auf einem weit verwickelteren Weg vollziehen als die Zahlenmathematik. Schon die Tatsache, daß sich diese so hoch über die Fähigkeit der intensiven Mengenschätzung hinausentwickelt hat, spricht dafür, daß sie die »praktischere« ist. Dennoch aber ist und bleibt sie nur ein Organ, eine stammesgeschichtlich erworbene »angeborene Arbeitshypothese«, die grundsätzlich nur annäherungsweise auf die Gegebenheiten des An-sich- Seienden paßt.

Versucht man als Biologe, alle die ererbten und angeborenen Strukturen, seien es nun geistige oder körperliche, in ihrem allgemeinen funktionellen Verhältnis zur regulativen Plastizität alles Organischen zu erfassen, so ergibt sich eine durchgehende, für körperliche und geistige Strukturen durchaus analoge Gesetzmäßigkeit, die zwischen dem plastischen Protoplasma und den festen Skelettelementen eines Protisten genauso gilt wie zwischen kategorialen Denkformen und der schöpferischen Plastizität des Menschengeistes. Von ihren einfachsten Anfängen im Reich der Einzelligen an ist die feste Struktur ganz ebenso Bedingung jeder Höherentwicklung wie die Plastizität der organischen Regulation. Sie ist in diesem Sinne ganz ebenso Wertträger wie die plastische Freiheit, die vielleicht das Wesen des Lebendigen ausmacht. Jede Struktur aber bringt neben ihrer erwünschten und unerläßlichen Leistung als Stütze des organischen Systems die unerwünschte Nebenwirkung hervor, daß sie in gewissen Richtungen steif macht, dem System gewisse Freiheitsgrade benimmt. Jedes Heranziehen einer maschinellen Struktur bedeutet in irgendeinem Sinne ein Sich-Festlegen. Von Uexküll hat einmal so schön gesagt: »Die Amöbe ist weniger Maschine als das Pferd«, und hat dabei hauptsächlich an körperliche Eigenschaften gedacht. Nietzsche hat das gleiche Verhältnis zwischen Struktur und Plastizität im menschlichen Denken in folgender Weise dichterisch geformt: »Ein Gedanke – jetzt noch heißflüssig, Lava: Aber jede Lava baut um sich selbst eine Burg, jeder Gedanke erdrückt sich zuletzt mit ›Gesetzen‹.« Dieses Gleichnis von der aus flüssigem Aggregatzustand sich herauskristallisierenden Struktur geht vielleicht noch viel tiefer, als Nietzsche selbst es ahnte: Es ist gar nicht völlig unmöglich, daß schlechterdings alles Sich-Verfestigende, im Geistig-Seelischen ganz wie im Körperlichen, ein Übergehen des flüssigen Aggregatzustandes gewisser Plasmateile in den festen ist. Nietzsches Gleichnis übersieht aber die Tatsache, die auch in Uexkülls Ausspruch über Amöbe und Pferd unberücksichtigt bleibt: daß nämlich das Pferd eben doch ein höheres Tier als eine Amöbe ist, und zwar durchaus nicht nur trotz, sondern zu sehr großem Teil gerade wegen seines größeren Reichtums an festgewordenen, höher differenzierten Strukturen. Organismen mit möglichst wenig Strukturen müssen wohl oder übel Amöben bleiben, denn ohne jede feste Struktur ist eben jede höhere Organisation undenkbar. Organismen mit einem Maximum an hochdifferenzierten festgelegten Strukturen könnte man als eine Art Hummer symbolisieren, steifgepanzerte Wesen, die sich nur in bestimmten Gelenken mit genau vorgesehenen Freiheitsgraden bewegen können, oder als Schienenfahrzeuge, die sich nur auf vorgeschriebener Bahn mit ganz wenigen Weichen bewegen können. Die geistige und körperliche Höherdifferenzierung jedes Lebewesens ist stets ein Kompromiß zwischen diesen beiden Extremen, von denen offensichtlich keines die höchste Verwirklichung der Möglichkeiten der organischen Schöpfung darstellt. Immer und überall hat die Höherdifferenzierung der maschinellen Struktur die gefährliche Tendenz, den Geist, dessen Dienerin sie eben noch war, in ihre eigenen Fesseln zu schlagen und seine freie Weiterentwicklung zu verhindern. Ein solches Entwicklungshemmnis ist das harte Außenskelett der Gliederfüßler genauso wie die festgelegte Instinktbewegung vieler geistig höherstehender Wesen oder die mechanische Industrie des Menschen. Ganz ebenso aber wirkt auch jedes Denksystem, das sich irgendwie und irgendwo auf ein unplastisches »Absolutes« festsetzt. Im Augenblick, in dem ein solches System fertig ist, das heißt an seine Vollkommenheit glaubende Jünger hat, ist es auch schon »falsch«. Nur im Werden ist der Philosoph ein Mensch in des Wortes eigentlichster Bedeutung. Ich erinnere an die schöne Menschheitsdefinition, die wir den Pragmatisten verdanken und die wohl in klarster Formulierung in Gehlens Buch »Der Mensch« gegeben ist, die Definition des Menschen als des dauernd unfertigen, dauernd unangepaßten und strukturarmen, aber dauernd weltoffenen, dauernd werdenden Wesens. Wenn der menschliche Denker, und sei es der größte, sein System fertig hat, so hat er damit grundsätzlich etwas von den Eigenschaften des Hummers, des Schienenfahrzeugs angenommen. Mögen seine Jünger noch so scharfsinnig mit den vorgeschriebenen und zugelassenen Freiheitsgraden seiner Hummer-Rüstung manipulieren: Für den Fortschritt des menschlichen Denkens und Wissens wird sein System erst dann Segen bringen, wenn er Nachfolger findet, die es zerbrechen und seine Stücke unter Benutzung neuer, nicht »vorgesehener« Freiheitsgrade zu einem neuen Bau verwenden. Ist aber ein Denksystem so gut gefügt, so daß lange Zeit keiner kommt, der die Kraft und den Mut hat, es zu zersprengen, so kann es als Klotz dem Fortschritt durch Jahrhunderte im Wege liegen: »Da liegt der Stein, man muß ihn liegenlassen, und jeder hinkt an seiner Glaubenskrücke zum Teufelsstein, zur Teufelsbrücke!«

Und ganz so, wie sich ein von einem individuellen Menschen geschaffenes Denksystem zum Sklavenhalter seines Erzeugers aufwirft, so tun dies auch die stammesgeschichtlich entstandenen, überindividuellen Denkformen des Apriorischen: Auch sie werden absolut gesetzt! Die Maschine, deren arterhaltender Sinn ursprünglich im Quantifizieren realer Außendinge lag, die zum »Zählen von Hammeln« geschaffen wurde, maßt sich auf einmal Absolutismus an und surrt in bewundernswürdig stimmigem, aber doch leerem Ablauf, ihre eigenen Schaufeln abzählend. Wenn man eine Baggermaschine, einen Motor, eine Bandsäge, eine Theorie oder eine apriorische Denkfunktion in dieser Weise leer laufen läßt, dann wickelt sich ihre Funktion ipso facto ohne merkbare Reibung, Hitze und Geräusch ab, denn in sich widersprechen sich die Teile eines solchen Systems selbstverständlich nicht und passen wundervoll abgestimmt und intelligibel ineinander. Leer sind sie tatsächlich »absolut«, aber absolut leer. Erst wenn dem System Arbeit zugemutet wird, das heißt jene Leistung an der Außenwelt, in welcher der eigentliche und arterhaltende Sinn seiner ganzen Existenz gelegen ist, dann fängt die Sache an zu ächzen und zu krachen, wenn die Schaufeln der Baggermaschine ins Erdreich greifen, die Zähne der Bandsäge ins Holz – oder die Annahmen der Theorie ins einzuordnende Material empirischer Tatsachen. Dann entstehen grundsätzlich immer jene unerwünschten

Nebengeräusche, die aus der unvermeidlichen Unvollkommenheit jedes natürlich gewordenen Systems – und andere gibt es für den Naturforscher nicht – herstammen. Gerade sie aber stellen die Auseinandersetzung des Systems mit der realen Außenwelt dar und sind in diesem Sinne die Tür, durch die das An-Sich der Dinge in unsere Erscheinungswelt hereinlugt, die Tür, durch die der Weg der Erkenntnis weiterführt: Sie, und nicht das widerstandslose Leersurren des Apparates, sind die »Wirklichkeit«! Sie sind es daher auch, die wir unter die Lupe nehmen müssen, wenn wir die Unvollkommenheiten unseres Erfahrungs- und Denkapparates kennenlernen und über sie hinaus Erkenntnisse gewinnen wollen. Auf die Nebengeräusche muß methodisch geachtet werden, wenn die Maschine verbessert werden soll. Unvollkommen und irdisch sind die Grundlagen der reinen Vernunft genauso wie die Bandsäge, aber auch genauso real. Unsere Arbeitshypothese lautet also: Alles ist Arbeitshypothese. Nicht nur die Naturgesetze, die wir durch individuellmenschliche Abstraktion a posteriori aus den Tatsachen unserer Erfahrung gewinnen, sondern auch die Gesetzlichkeiten der reinen Vernunft. Der Verstand ist nicht zur Erklärung der Erscheinungen zu gebrauchen, aber daß er sie uns in einer praktisch verwendbaren Form an die Projektionsleinwand unseres Erlebens wirft, das beruht auf der stammesgeschichtlich gewordenen, durch Jahrmilliarden erprobten Formulierung seiner Arbeitshypothesen! Santayana sagt: »Der Glaube an den Verstand ist der einzige Glaube, der sich bis jetzt durch seine Früchte gerechtfertigt hat. Wer aber ewig an der alten Form des Glaubens hängt, ist ein Don Quichote, der mit veraltetem Rüstzeug klappert. In der Naturphilosophie bin ich entschiedener Materialist, aber ich behaupte nicht, zu wissen, was Materie ist. Ich warte darauf, daß mir das die Männer der Wissenschaft sagen.«

Unsere Anschauung, daß alles menschliche Denken nur Arbeitshypothese sei, darf nicht als eine Herabsetzung des Wertes gesicherten Menschheitswissens ausgelegt werden. Wohl ist uns dieses Wissen nur Arbeitshypothese, wohl sind wir jeden Augenblick bereit, unsere liebsten Theorien über Bord zu werfen, wenn neue Tatsachen dies fordern. Aber wenn auch nichts »absolut wahr« ist, so ist doch jede Erkenntnis, jede neue Wahrheit ein Schritt in einer ganz bestimmten, definierbaren Richtung nach vorwärts: das absolut Existente wird durch sie von einer neuen, bisher unbekannten Seite her gefaßt, in bezug auf eine neue Eigenschaft bekannt. Wahr ist für uns diejenige Arbeitshypothese, die uns den Weg zum nächsten derartigen Erkenntnisschritt ebnet oder zumindest nicht verstopft. Rein methodisch muß sich die menschliche Wissenschaft wie ein Baugerüst verhalten, dessen Aufgabe in der Erreichung einer möglichst großen Höhe gelegen ist, deren absolutes Ausmaß aber bei Beginn des Baues durchaus nicht abzusehen ist. In dem Augenblick, in dem sich ein solcher Bau auf einen ein für allemal gesetzten Grundpfeiler festlegt, paßt dieser nur für ein Bauwerk von ganz bestimmter Form und Größe. Ist diese einmal erreicht und soll der Bau weitergehen, so muß der Grundpfeiler ab- und umgebaut werden, was für das gesamte Gebilde um so gefährlicher werden kann, je tiefer das Umzubauende in seiner Grundlage steckt. Da es zu den konstituierenden Eigenschaften aller wahren Wissenschaft gehört, daß ihr Bau grundsätzlich ins Unbegrenzte weiterwachsen soll, darf alles Maschinell-Systematische, alles, was festen Strukturen und Baugerüsten entspricht, immer nur den Charakter des Vorläufigen, jederzeit Veränderlichen und Vertauschbaren tragen. Die Tendenz, das eigene Bauwerk durch Absolut-Erklärung für alle Zukunft zu festigen, führt regelmäßig zum Gegenteil des beabsichtigten Erfolges: Gerade jene »Wahrheit«, die dogmatisch geglaubt wird, führt früher oder später zur Revolution, bei der dann nur allzuleicht mit den inzwischen überholten Fortschrittshemmnissen der alten Lehre ihr tatsächlicher Wahrheitsgehalt und Wert mit abgebaut und vergessen werden. Die schweren Kulturverluste, die so leicht die Folge von Revolutionen sind, sind ausschließlich Spezialfälle dieses Phänomens. Gerade, um zu verhindern, daß vor jedem Weiterbau das ganze bisherige Gebäude bis auf seine Grundlagen abgerissen werden muß, gerade, um den erreichten »gesicherten« Ergebnissen oder vielmehr deren Wahrheitsgehalt jenen Ewigkeitswert zu sichern, der ihm potentiell zukommt, muß der arbeitshypothetische Charakter aller Wahrheiten dauernd im Auge behalten werden.

Unsere Auffassung, daß die apriorischen Anschauungs- und Denkformen in ihrer besonderen Form wie jede andere organische Anpassung verstanden werden müssen, bringt es mit sich, daß sie für uns sozusagen »ererbte« Arbeitshypothesen sind, deren Wahrheitsgehalt sich zum absolut Seienden grundsätzlich ebenso verhält wie derjenige individuell geschaffener Arbeitshypothesen auch, wofern sich diese in der Auseinandersetzung mit der Außenwelt praktisch ebenso glänzend bewährt haben. Diese Auffassung vernichtet zwar unseren Glauben an die absolute Wahrheit irgendeines a priori denknotwendigen Satzes, verleiht uns aber andererseits die Überzeugung, daß jeder Erscheinung unserer Welt etwas Wirkliches »adäquat korrespondiert«. Selbst die kleinste Einzelheit der Erscheinungswelt, die uns von den angeborenen Arbeitshypothesen unserer Anschauungs- und Denkformen »vorgespiegelt« wird, ist deshalb tatsächlich ein Spiegelbild einer realen Gegebenheit, weil die apriorischen Vorformungen der Erscheinung zu dem, was sie wiedergeben, in jenem Verhältnis der Entsprechung stehen, die zwischen Organ und Außenwelt auch sonst besteht, ich erinnere an das Gleichnis von Fischflosse und Pferdehuf (S. 99). Wohl ist das Apriorische nur eine Schachtel, deren Form schlecht und recht auf die der abzubildenden Wirklichkeit paßt. Diese Schachtel aber ist unserer Forschung zugänglich, wenn wir auch das An-Sich der Dinge nicht anders als durch diese Schachtel erfassen können. Aber die Erfaßbarkeit der Gesetzlichkeiten der Schachtel, des Instruments, macht durch sie hindurch das An-sich-Seiende relativ erfahrbar. Was wir nun in geduldiger empirischer Forschungsarbeit zu tun vorhaben, ist eine Erforschung des »Apriorischen« – in unserem Sinne –, also der »angeborenen« Arbeitshypothesen bei untermenschlichen Organismen, bei solchen also, deren Entsprechung zu den Einzelheiten der den Dingen an sich zukommenden Eigenschaften geringer ist als die des Menschen. Bei aller unglaublichen Treffsicherheit sind die angeborenen Schematismen der Tiere doch um so viel einfacher, in ihrem Raster – um bei diesem Gleichnis zu bleiben – gröber als die des Menschen, daß die Grenzen ihrer Leistung noch innerhalb des Meßbereichs unserer eigenen Aufnahmeapparatur fallen. Nehmen wir als Gleichnis den Auflösungsbereich eines mikroskopischen Objektivs: Die Feinheit der kleinsten, mit ihm noch sichtbaren Struktur des Objekts ist von dem Verhältnis von Öffnungswinkel und Brennweite, der sogenannten »numerischen Apertur«, abhängig. Es muß nämlich das erste Beugungsspektrum, das vom Strukturgitter entworfen wird, noch in die Frontlinse fallen, damit das Gitter als solches gesehen wird. Ist das nicht mehr der Fall, dann sieht man keine Struktur, sondern das Objekt erscheint glattflächig und merkwürdigerweise braun. Nehmen wir nun an, ich hätte nur ein Mikroskop. Dann würde ich sagen, Strukturen seien nur bis zu dieser oder jener Feinheit »denkmöglich«, feinere gäbe es nicht. Daneben gäbe es allerdings braune Objekte, aber diese Farbe habe doch nicht die geringsten Beziehungen zu den gesehenen Strukturen! Kennt man nun aber die Leistungen schwächer auflösender Objektive, die schon bei solchen Strukturen »braun« vermelden, die für das eigene Instrument noch als Strukturen sichtbar sind, so wird man auch den Braun-Meldungen dieses letzteren sehr skeptisch gegenüberstehen, es sei denn, man wäre größenwahnsinnig geworden und erklärte die eigene

Aufnahmeapparatur nur aus dem einen Grund für absolut, daß sie eben einem selbst gehört. Ist man aber bescheidenerer Sinnesart, so wird man aus dem Vergleich der Leistungsgrenzen und Braun-Meldungen verschiedener Instrumente den richtigen Schluß ziehen, daß auch das stärkste gegenwärtig existierende Objektiv Strukturen, deren Feinheitsgrad gewisse Grenzen überschreitet, ebensowenig auflöst, wie einfachere Apparaturen dazu imstande sind. In methodisch ähnlicher Weise kann man zweifellos aus den Gemeinsamkeiten der funktionellen Beschränkung verschiedener Weltbildapparaturen sehr viel lernen, was für die Beurteilung der Leistungsgrenzen der höchsten auf diesem Planeten heute existierenden wichtige kritische Gesichtspunkte abgibt, die nicht mehr von der Warte einer noch höheren aus untersucht werden können.

Physiologisch betrachtet ist es eine Selbstverständlichkeit, daß unser neutraler Weltbildapparat grundsätzlich den funktionellen Charakter des Rasters trägt, dessen plumpe Wiedergabe des Dings an sich keine feineren Punkte kennt, als seinen in endlicher Zahl vorhandenen Elementen entspricht. Genau wie das durch den Raster des fotografischen Korns entstandene Bild läßt daher auch das von unserem Sinnes- und Verstandesapparat entworfene Weltbild, so selbstverständlich und real es bei oberflächlicher Betrachtung erscheint, keine unbegrenzte »Vergrößerung«, das heißt keine unbeschränkte Betrachtung von Einzelheiten zu. Wo immer das physikalische Weltbild des Menschen bis ins Atomare vorgedrungen ist, ergeben sich Ungenauigkeiten in der Übereinstimmung zwischen dem Apriorisch-»Denknotwendigen« und dem Empirisch-Wirklichen, gleich als ob das »Maß aller Dinge« für diese feineren Meßbereiche ganz einfach zu grob und ungefähr wäre und nur im allgemeinen und wahrscheinlichkeitsmäßig-statistisch mit dem übereinstimmte, was an den Dingen an sich erfaßt werden soll. Dies gilt heute in zunehmendem Maße für die Belange der Atomphysik, deren durchaus unanschauliche Vorstellungen nicht mehr unmittelbar erlebt werden können, denn nur, was in der grob vereinfachenden »Tastatur« unseres Zentralnervensystems geschrieben werden kann, vermögen wir unmittelbar erlebnismäßig »als Erfahrungen zu buchstabieren«, um Kants eigenen Ausdruck auf diesen physiologischen Tatbestand anzuwenden. Diese Tastatur aber kann bei verschiedenen Organismen einfacher und komplexer, primitiver und höher differenziert sein. Im Gleichnis des Rasters dargestellt, entspricht das bestmögliche Bild, das sich in einer Apparatur von gegebenem Feinheitsgrade wiedergeben läßt, etwa jenen Darstellungen, wie sie in den bekannten Kreuzstich-Stickereien entstehen, die auf Gardinen, Tischtüchern und ähnlichem Hirsche, Blumen und andere durchaus rundkonturige Dinge aus den Elementen kleiner Rechtecke aufbauen. Die Eigenschaft des »Zusammengesetztseins aus Quadraten« kommt den dargestellten Dingen an sich also keineswegs zu, sondern beruht auf einer dem Bildapparat anhängenden Eigenheit, die man als technisch unumgängliche Leistungsbeschränkung kennzeichnen kann. Ähnliche Leistungsbeschränkungen dürften wohl jedem Weltbildapparat schon wegen seiner Zusammensetzung aus zelligen Elementen ebenfalls anhängen, was zum Beispiel für den Gesichtssinn durchaus erwiesen ist. Untersucht man nun methodisch, was die Darstellung im Kreuzstich über die Form auszusagen erlaubt, die dem dargestellten Dinge an sich zukommt, so ergibt sich, daß die Genauigkeit der Aussage von dem Größenverhältnis zwischen Bild und Raster abhängig ist. Springt aus einer geradlinigen Kontur der Stickerei ein Quadrat vor, so weiß man, daß hinter ihm eine tatsächliche Ausladung des dargestellten Dinges steckt, nicht aber, ob diese genau das ganze Rasterquadrat oder nur dessen kleinsten Teil ausfüllt. Diese Frage kann nur mit Hilfe des nächstfeineren Rasters entschieden werden. Aber hinter jeder Einzelheit, die auch der gröbste Raster wiedergibt, steckt ganz sicher etwas Wirkliches, ganz einfach deshalb, weil sonst die betreffende Rastereinheit nicht angesprochen hätte. Was nun hinter der Meldung der feinsten existenten Rastereinheit steckt, ob viel oder wenig von der Kontur des Abzubildenden in ihren Bereich hineinragt, das zu beurteilen steht uns kein Mittel zur Verfügung, insofern bleibt die grundsätzliche Unerkennbarkeit der letzten Einzelheit des an sich Existenten für uns voll bestehen. Nur davon sind wir überzeugt, daß alle Einzelheiten, die unsere Apparatur wiedergibt, tatsächlichen Gegebenheiten am An-Sich der Dinge adäquat korrespondieren. Von dieser durchaus realen und gesetzmäßigen Korrelation zwischen dem Realen und der Erscheinung wird man immer fester überzeugt, je mehr man sich mit dem Vergleich möglichst verschiedener Weltbildapparaturen von Tieren und Menschen abgibt. Die Kontinuität des An-sich-Bestehenden, die sich aus solchen Vergleichen in überzeugendster Weise ergibt, ist völlig unvereinbar mit der Annahme eines alogischen, von außen her bestimmten Verhältnisses zwischen An-Sich und Erscheinung der Dinge.

Wir glauben, durch solche vergleichende Forschung der hinter den Erscheinungen steckenden, allen Organismen gleichsinnig zugeordneten einzigen und wirklichen Welt um einen grundsätzlichen Schritt näherkommen zu können, wofern es uns gelingt, zu zeigen, daß verschiedene apriorische Geformtheiten möglichen Reagierens und somit möglicher Erfahrung dieselbe Gesetzlichkeit des real Existenten erfahrbar machen und praktisch-arterhaltend beherrschen. Verschiedene derartige Anpassungen an ein und dieselbe Gesetzmäßigkeit werden unseren Glauben an deren Realität mit der gleichen Berechtigung verstärken, wie der Glaube des Richters an die Tatsächlichkeit eines Vorganges dadurch bestärkt wird, daß verschiedene, voneinander unbeeinflußte Zeugen zwar nicht gleiche, aber einander weitgehend entsprechende Schilderungen von ihm geben. Nun schlagen sich tatsächlich Organismen, die geistig um sehr vieles niedriger stehen als der Mensch, ganz offensichtlich mit denselben Gegebenheiten herum, die in unserer Welt durch die Anschauungsformen von Raum und Zeit und durch die Kategorie der Kausalität erfahrbar gemacht werden, nur tun sie das mittels ganz anderer, viel einfacherer, zum Teil auch schon der kausalen Analyse zugänglicher Leistungen. Wenn auch die genannten apriorischen Denk- und Anschauungsformen des Menschen der Kausalanalyse vorläufig noch durchaus unzugänglich bleiben, so verzichten wir doch als Naturforscher grundsätzlich darauf, die Existenz des Apriori, überhaupt die der reinen Vernunft, von einem außernatürlichen Prinzip her zu erklären. Wir betrachten vielmehr jeden derartigen Erklärungsversuch als eine völlig willkürliche, völlig dogmatische Grenzziehung zwischen dem Noch-Rationalisierbaren und dem Nicht-mehr-Rationalisierbaren, die als Forschungshemmnis in ganz gleicher Weise schweren Schaden gestiftet hat wie ähnliche Forschungsverbote vitalistischer Denker.

Die Methode, deren wir uns bei dieser Forschung bedienen, ist aus den am Gleichnis vom Mikroskop erläuterten Gründen die einer Apparatenkunde. Wir können grundsätzlich nur die Funktion niedrigerer Vorstufen unserer eigenen Anschauungs- und Denkformen einsehen und beurteilen. Nur wo wir an diesen Gesetzmäßigkeiten aufzeigen können, die unserer eigenen Apparatur ebenfalls noch anhaften, können wir vom Einfacheren her Eigenschaften des menschlichen Apriori aufhellen und vor allem Rückschlüsse auf die Kontinuität der hinter den Erscheinungen steckenden Welt ziehen. Verhältnismäßig gut gelingt ein derartiges Unterfangen gegenüber der apriorischen Anschauungsform des Raumes und der Kategorie der Kausalität. Sehr viele Tiere erfassen die ihnen gegenüberstehende »räumliche« Strukturierung ihrer Welt nicht so, wie wir es tun. Wir können uns aber deshalb eine ungefähre Vorstellung davon machen, wie »Räumliches« im Weltbild eines solchen Wesens aussieht, weil wir neben unserer Raumerfassung noch die gleiche Fähigkeit zum Meistern räumlicher Aufgaben besitzen. Die meisten Reptilien, Vögel und niederen Säuger beherrschen die Probleme des Raumes durchaus nicht so, wie wir es tun, durch eine gleichzeitige, anschauliche Übersicht über seine Gegebenheiten, sondern durch Auswendiglernen. Eine Wasserspitzmaus zum Beispiel lernt, wenn man sie in eine neue Umgebung bringt, zunächst durch langsames, dauernd durch Schnüffeln und Tasten mit den Schnurrhaaren gesteuertes Herumkriechen allmählich alle dort möglichen Wege in der Weise auswendig, wie etwa ein Kind Klavierstücke auswendig lernt. In dem mühsamen, stückhaften Hintereinander der Bewegungsglieder entstehen zunächst kurze Stellen, an denen ein glatterer Zusammenschluß der Teile erfolgt, die »gekonnte Bewegung«. Und diese, sich durch kinästhetisches Einschleifen festigenden und glättenden Bewegungsformen breiten sich immer mehr aus und fließen schließlich zu einem untrennbaren Ganzen zusammen, das, glatt und schnell ablaufend, keine Ähnlichkeit mehr mit den ursprünglichen Suchbewegungen hat. Diese so mühsam erworbenen und so ungemein glatt und schnell ablaufenden Bewegungsfolgen gehen nun durchaus nicht den »kürzesten Weg«. Es ist vielmehr weitgehend vom Zufall abhängig, welche Formen eine solche Wegdressur im Raume hat. Es kommen selbst Überschneidungen des geschlängelten Weges mit sich selbst vor, ohne daß das Tier unbedingt bemerken muß, wie nahe das Ziel des Weges durch Abschneiden des überflüssigen Wegstückes gebracht werden kann[1].

Für ein Tier, das, wie die Wasserspitzmaus, seinen Lebensraum so gut wie ausschließlich durch Wegdressuren beherrscht, gilt der Satz, daß die Gerade die kürzeste Verbindung zweier Punkte sei, schlechterdings nicht. Wollte sie die Gerade steuern, was grundsätzlich im Bereich ihrer Fähigkeiten liegt, so müßte sie dauernd schnüffelnd und schnurrhaartastend unter Verwendung des leistungsschwachen Auges auf das Ziel losgehen und würde dabei viel mehr Zeit und Energie verbrauchen als auf dem auswendig gekonnten Weg. Daß vielleicht zwei auf diesem Wege ziemlich weit auseinanderliegende Punkte räumlich nahe aneinanderliegen, weiß das Tier nicht, auch ein Mensch kann sich, zum Beispiel in einer fremden Stadt, ebenso verhalten. Allerdings gelingt uns Menschen unter solchen Umständen früher oder später der räumliche Überblick, der uns die Möglichkeit geradliniger Abkürzung erschließt. Die Wanderratte, die geistig um sehr viel höher steht als die Spitzmaus, findet ebenfalls sehr bald Abkürzungen. Die Wildgans könnte, wie wir gesehen haben, ein Gleiches leisten, tut es aber aus gleichsam religiösen Gründen nicht; sie wird daran durch jene eigenartige innere Hemmung verhindert, die auch primitive Menschen so sehr ans Gewohnte bindet. Der biologische Sinn dieses starren Festhaltens an der »Tradition« ist leicht verständlich: Für einen Organismus, der über einen räumlich- zeitlich- kausalen Überblick über eine bestimmte Situation nicht verfügt, wird es allemal rätlich sein, an dem als ungefährlich und erfolgreich erprobten Verhalten starr festzuhalten. Das sogenannte magische Denken durchaus nicht nur der primitiven Menschen ist mit diesen Phänomenen nah verwandt. Bei gewissen Aberglauben, man denke etwa an das bekannte »Einszweidrei auf Holz«, ist das Motiv »Man kann doch nicht wissen, was geschieht, wenn man's unterläßt«, sehr deutlich.

Für den richtigen Kinästhetiker, wie die Wasserspitzmaus, ist es aber buchstäblich nicht denkmöglich, eine Abkürzung zu finden. Vielleicht lernt sie eine solche, wenn sie durch äußere Umstände dazu gezwungen wird, aber dann nur, indem sie eben wieder auswendig lernt, nur diesmal eben einen neuen Weg. Sonst aber ist für sie zwischen je zwei Schlingen ihres Weges eine undurchdringliche Wand, selbst dann, wenn sich die Schlingen fast oder wirklich berühren. Wie viele prinzipiell ebenso einfache neue Lösungsmöglichkeiten mögen wohl wir Menschen im Kampf mit unseren täglichen Problemen in grundsätzlich gleicher Blindheit übersehen? Dieser Gedanke drängt sich mit zwingender Wucht demjenigen auf, der im unmittelbaren Zusammenhang mit Tieren einerseits ihre vielen menschenähnlichen Züge und zugleich ihre starren Leistungsgrenzen kennengelernt hat. Nichts ist so sehr dazu angetan, den Forscher vor seiner eigenen Gottähnlichkeit bange zu machen und ihm eine sehr heilsame Bescheidenheit beizubringen.

Physiologisch gesehen ist die Raumbeherrschung der Wasserspitzmaus eine Reihe von bedingten Reflexen und von kinästhetisch eingeschliffenen Bewegungen. Sie reagiert auf die bekannten Steuerungsmarken ihres Weges mit bedingten Reflexen, die weniger eine Steuerung als eine Kontrolle dafür sind, daß sie sich noch auf dem richtigen Wege befindet, denn die auswendig gekonnte kinästhetische Bewegung ist ja so präzise und genau, daß die Sache fast ohne optische oder taktile Steuerung abgeht, wie bei einem guten Klavierspieler, der die Noten oder Tasten kaum anzublicken braucht. Diese Reihenbildung von bedingten Reflexen und gekonnten Bewegungen ist nun aber durchaus nicht nur ein räumliches, sondern ein raumzeitliches Gebilde. Es ist nur in einer Richtung produzierbar. Rückläufig führen ganz andere Dressuren, ein Verkehrt-Abspielen der angelernten Wege ist genauso unmöglich wie etwa ein Verkehrt-Aufsagen des Alphabetes. Unterbricht man nun das auf seiner Wegdressur entlanglaufende Tier, etwa in der beschriebenen Weise durch Wegnehmen eines zu überspringenden Hindernisses, so ist es desorientiert und versucht die Kette der eingeschliffenen Glieder an einer früheren Stelle wieder anzuknüpfen; es läuft also zurück, sucht, bis es wieder in seinen Wegmarken orientiert ist, und probiert es noch einmal. Ganz wie ein kleines Mädchen, das beim Gedichtaufsagen unterbrochen wird.

Eine ganz ähnliche Beziehung, wie wir sie eben zwischen der Disposition zum Auswendiglernen von Wegen und der menschlichen Anschauungsform des Raumes fanden, besteht zwischen der Disposition zur Ausbildung bedingter Reflexe, kurz, zur Assoziation und der menschlichen Kategorie der Kausalität. Der Organismus lernt, daß ein bestimmter Reiz, etwa das Erscheinen des Pflegers, einem biologisch relevanten Erlebnis, etwa der Fütterung, immer vorangeht, es »assoziiert« diese beiden Ereignisse und behandelt das erste als Signal für das sichere Eintreten des zweiten, indem es vorbereitendermaßen mit seinen Reaktionen, wie etwa dem von Pawlow untersuchten Speichelreflex, schon auf den ersten Reiz hin einsetzt. Diese Verbindung einer Erfahrung mit dem regelmäßig auf sie folgenden post hoc hat mit kausalem Denken gar nichts zu schaffen. Man bedenke, daß man zum Beispiel die Nierensekretion, also einen völlig unbewußten Vorgang, auf bedingte Reize dressieren kann! Der Grund, daß von den verschiedensten Denkern dennoch post hoc mit propter hoc gleichgesetzt und verwechselt wurde, liegt darin, daß die Disposition zum Assoziieren und das kausale Denken biologisch tatsächlich Gleiches leisten, sozusagen Organe zur Auseinandersetzung mit derselben realen Gegebenheit sind.

Diese Gegebenheit ist ohne allen Zweifel die im ersten Hauptsatz der Physik enthaltene Naturgesetzlichkeit. Der »bedingte Reflex« entsteht, wenn ein bestimmter Außenreiz, der an sich für den Organismus bedeutungslos ist, mehrmals von einem anderen, biologisch bedeutungsvollen, das heißt unbedingt reaktionsauslösenden, gefolgt wird. Das Tier verhält sich von nun ab, »als ob« der erste Reiz ein sicheres Vorzeichen für das zu erwartende, biologisch bedeutsame Ereignis sei. Dieses Verhalten hat offensichtlich nur dann einen arterhaltenden Sinn, wenn auch im Gefüge des Realen ein Zusammenhang zwischen dem ersten, »bedingten«, und dem zweiten, »unbedingten«, Reiz besteht. Ein gesetzmäßiges zeitliches Nacheinander von verschiedenen Geschehnissen kommt in der Natur aber immer nur dort vor, wo ein bestimmtes Energiequantum durch Kraftverwandlung hintereinander in verschiedenen Erscheinungsformen auftritt. Zusammenhang bedeutet also an sich schon »kausaler Zusammenhang«. Der bedingte Reflex »vertritt die Hypothese«, daß zwei mehrmals in bestimmter Reihenfolge auftretende Reize Erscheinungsformen des gleichen Energiequantums seien. War diese Voraussetzung falsch und das die Assoziation bedingende mehrmalige Nacheinander der Reize nur ein rein zufälliges, wahrscheinlich nie wiederkehrendes »post hoc«, so war die Ausbildung der bedingten Reaktion eine dysteleologische Fehlleistung einer im allgemeinen und wahrscheinlichkeitsmäßig arterhaltend sinnvollen Disposition.

Die Kategorie der Kausalität, die wir heute nur erkenntniskritisch untersuchen können, da wir von ihren physiologischen Grundlagen keine Ahnung haben, ist in ihrer biologischen Funktion ein Organ zum Erfassen derselben Naturgesetzlichkeit, auf welche die Disposition zum Erwerben bedingter Reflexe zielt: Wir können den Begriff von Ursache und Wirkung nicht anders definieren als durch die Feststellung, daß die Wirkung von der Ursache her in irgendeiner Form Energie bezieht. Das eigentliche Wesen des »propter hoc«, das allein es von einem »regelmäßigen post hoc« qualitativ unterscheidet, liegt sicherlich darin, daß Ursache und Wirkung aufeinanderfolgende Glieder in der unendlichen Kette von Erscheinungsformen sind, welche die Energie im Laufe ihrer unvergänglichen Existenz annimmt.

Gerade bei der Kategorie der Kausalität ist der Versuch lehrreich, sie im Sinne Wundts als sekundäre Abstraktion aus vorangegangener Erfahrung zu erklären: Versucht man dies, so gelangt man immer nur zu der Definition eines »regelmäßigen post hoc«, nie zu jener hoch spezifischen Qualität, die in jedem, schon vom Kleinkind sinngemäß gebrauchten »Warum« und »Weil« wesenhaft a priori drinsteckt. Es sei denn, man mute schon diesem Kleinkind die Fähigkeit zu, einen Tatbestand abstrakt zu fassen, den erst 1842 J. R. Mayer in eine objektive, das heißt rein physikalische Form bringen konnte, während Joule in einem 1847 gehaltenen Vortrag (»On matter, living force and heat«, London 1884, S. 265) überraschenderweise einfach erklärt, es sei »absurd« anzunehmen, lebendige Kraft könne zerstört werden, ohne in irgendeiner Weise ein Äquivalent zu erstatten. Der große Physiker nimmt also hier völlig naiv einen genaugenommen rein erkenntniskritischen Standpunkt ein, und es wäre eine geistesgeschichtlich hochinteressante Frage, ob er, wie es nach obiger Äußerung fast scheinen will, bei seiner Entdeckung des Wärme-Äquivalents von der apriorischen »Denkunmöglichkeit« der

Zerstörung und Erschaffung der Energie ausgegangen ist. Daß Kausalität tatsächlich a priori etwas anderes ist als die noch so unausbleibliche Aufeinanderfolge zweier Geschehnisse, zeigt sich gut an folgendem: Zwei regelmäßige Nebenerscheinungen einer einzigen Energieverwandlungskette, von denen die zeitlich spätere nicht ihre Energie aus der vorhergehenden bezieht, sondern die beide voneinander unabhängige Seitenketten einer verzweigten Kausalkette sind, passen nicht in unser apriorisches Schema von Ursache und Wirkung. Es kann der Fall eintreten, daß ein Ereignis regelmäßig zwei Wirkungen hat, von denen die eine schneller eintritt als die andere, somit als Erfahrung dieser stets vorangeht. So folgt für uns der Blitz rascher auf die elektrische Entladung als der Donner. Dennoch ist für den Einsichtigen die optische Erscheinung durchaus nicht die Ursache der akustischen! Man wird mir hier vielleicht einwenden, diese Erwägungen seien eine Haarspalterei, und für sehr viele naive Menschen sei eben doch der Blitz die Ursache des Donners. Dem ist zu erwidern, daß unser kausales Denken eben gerade dazu da ist, uns von solchen primitiven Auffassungen freizumachen und dem realen Zusammenhang der Dinge um einen Schritt näherzukommen. Die heutige Menschheit lebt von dieser Funktion der angeborenen Kategorie der Kausalität!

Wir wollen nun methodisch von der höheren Warte der menschlichen Anschauungsform des Raumes und der Kategorie der Kausalität aus die funktionell analogen Leistungen der Tiere kritisieren, zuerst die Disposition zum kinästhetischen Auswendiglernen von Wegen, dann die Disposition zum blinden Assoziieren aufeinanderfolgender Ereignisse. Ist es »wahr«, was die Wasserspitzmaus vom Räumlichen »weiß«? Das Lernen bringt bei ihr eine »ordo et connectio idearum« zustande, die in unserem Weltbild auch zu sehen ist: nämlich das perlschnurartige Aufgefädeltsein der Orte und Bewegungsteile. Ihr räumliches Ordnungsschema hat durchaus recht – soweit es reicht! Auch in unserer Anschauung ist die Perlschnur sichtbar, das Hintereinander der Glieder ist wahr. Nur sind für uns noch eine Unzahl weiterer Gegebenheiten da, sind wahr, die der Maus fehlen, zum Beispiel die Möglichkeit, Wegschlingen abzukürzen. Auch pragmatisch betrachtet ist unsere Anschauung also in höherem Grade wahr als das, was im Weltbild des Tieres zum Ausdruck kommt.

Ganz ähnliches kommt heraus, wenn wir die Disposition zum Assoziieren mit unserem kausalen Denken konfrontieren: Auch hier gibt die niedrigere, primitivere Wiedergabe des Tieres einen Zusammenhang zwischen den Ereignissen, der auch für unsere Denkform vorhanden ist: die zeitliche Relation zwischen Ursache und Wirkung. Die tiefere, für unser kausales Denken wesentliche Tatsache des Energie-Bezuges seitens Wirkung von der Ursache ist dem rein assoziativen Denken gar nicht gegeben. Auch hier entspricht also die niedrigere Denkform apriorisch adäquat der Realität höherer Ordnung, aber wieder nur, soweit sie eben reicht. Auch hier ist die menschliche Denkform vom Standpunkt des Pragmatischen wahrer, denn was leistet sie nicht alles, was der reinen Assoziation nicht möglich ist! Wir leben ja, wie gesagt, alle von der Arbeit dieses wichtigen Organs so gut wie von unserer Hände Arbeit.

Bei aller Betonung dieser Unterschiede im Grade der Entsprechung zwischen Weltbild und Wirklichkeit dürfen wir nicht einen Augenblick vergessen, daß sich eben auch schon in den primitivsten »Rastern« organismischer Weltbildapparaturen Wirkliches spiegelt. Dies ist deshalb zu betonen wichtig, weil wir Menschen sehr verschieden funktionierende derartige Apparate nebeneinander benutzen. Die Fortschritte unserer Naturforschung haben grundsätzlich immer eine gewisse Tendenz zur Ent-Anthropomorphisierung unseres Weltbildes, wie von Bertalanffy sehr richtig gezeigt hat. Aus dem sinnlich-anschaulichen Phänomen des Lichtes werden völlig unanschauliche Vorstellungen von Wellenvorgängen, aus der ebenso anschaulichen Materie desgleichen. Die selbstverständlich erfaßbare Kausalität wird durch die Wahrscheinlichkeitsbetrachtung und arithmetische Berechnungen ersetzt usw. Man kann tatsächlich sagen, daß unter unseren Anschauungsformen und Kategorien »anthropomorphe« und »weniger anthropomorphe«, mit anderen Worten speziellere und allgemeinere sind. Zweifellos könnte auch ein vernünftiges Wesen, dem der Gesichtssinn fehlt, die Wellentheorie des Lichtes begreifen, während ihm die Anschaulichkeit des spezifisch-menschlichen Sinneseindruckes nicht vermittelt werden könnte. Das Absehen von speziell menschlichen Strukturen, wie es im höchsten Maße in allen mathematischen Betrachtungen der theoretischen Naturwissenschaft getrieben wird, darf keineswegs zu der Anschauung verleiten, als ob den weniger anthropomorphen Vorstellungen ein höherer Grad der Wirklichkeit, das ist der Annäherung ans An-Sich der Dinge zukomme als den naiv anschaulichen. Die primitivere Wiedergabe steht nämlich zum absolut Existenten in einer durchaus ebenso realen Beziehung wie die höhere. So bildet der Weltbildapparat des rein assoziativ denkenden Tieres aus dem Tatbestand der Energieverwandlung nur das eine Detail ab, daß ein bestimmtes Ereignis einem anderen zeitlich vorangeht. Man kann nun keineswegs behaupten, die Aussage, daß eine Ursache einer Wirkung vorausgehe, sei weniger wahr als diejenige, daß die Wirkung durch Energieverwandlung aus der vorangehenden Erscheinung hervorgehe. Der Fortschritt vom Einfacheren zum Differenzierteren liegt hier wie überall darin, daß weitere, neue Bestimmungen zu den bereits vorhandenen hinzukommen. Wenn bei einem solchen Fortschreiten von einer primitiveren Weltwiedergabe zu einer höher differenzierten gewisse, in der ersten dargestellte Gegebenheiten in der zweiten vernachlässigt werden, liegt nur ein Standpunktwechsel, nicht aber eine Annäherung an das absolut Existente vor, denn die primitivste Reaktion eines Einzellers spiegelt genauso eine Seite der allen Organismen gleichsinnig zugeordneten Welt wider wie die Berechnungen eines Homo sapiens, der theoretische Physik treibt. Aber wieviel es außer den in unserem Weltbild wiedergegebenen Tatsachen und Beziehungen in der absoluten Wirklichkeit noch gibt, können wir grundsätzlich ebensowenig ahnen, wie die Spitzmaus ahnt, daß sie auf ihren krummen Wegdressuren so manchen Umweg abkürzen könnte.

Bezüglich der absoluten Gültigkeit unserer »Denknotwendigkeiten« sind wir demnach sehr bescheiden: Wir glauben nur, daß sie in einigen Einzelheiten mehr dem wirklich Seienden entsprechen, als die der Wasserspitzmaus. Wir sind uns vor allem voll bewußt, daß wir ganz sicher für ebensoviele weitere Dinge ebenso blind sind wie jenes Tier, daß uns für unendlich vieles Wirkliche das wahrnehmende Organ ebenso fehlt. Die Anschauungsformen und Kategorien sind für uns nicht der Geist, sondern Maschinen, die von ihm benutzt werden, angeborene Strukturen, die wie alles Feste einerseits stützen, andererseits steif machen. Insofern krankt Kants großartige Konzeption des Freiheitsgedankens als der Verantwortlichkeit des denkenden Wesens vor dem Weltganzen daran, daß er sie an die starr-maschinellen Gesetzlichkeiten der reinen Vernunft gefesselt hat. Gerade das Apriorische und die vorgeformten Denkweisen sind als solche durchaus nicht spezifisch menschlich: Spezifisch menschlich ist dagegen der bewußte Drang, sich nicht festzufahren, nicht zum Schienenfahrzeug zu werden, sondern die jugendliche Weltoffenheit als Dauerzustand zu bewahren und in dauernder Wechselwirkung mit dem wirklich Existenten diesem Wirklichen näherzukommen. Als Biologen sind wir bescheidener bezüglich der Stellung des heutigen Menschen im Naturganzen, aber anspruchsvoller in bezug auf das, was die Zukunft uns an Erkenntnissen noch bringen mag. Die Absolutsetzung des Menschen – die Aussage, daß alle überhaupt denkbaren vernünftigen Wesen – und seien es Engel! – an die Denkgesetze von *Homo sapiens* L. gebunden sein müßten, erscheint uns als eine geradezu unbegreifliche Überheblichkeit. Was wir für die verlorene Illusion von der Sondergesetzlichkeit des Menschen eintauschen, ist die Überzeugung, daß er in seiner Weltoffenheit grundsätzlich fähig ist, in seinem Forschen wie in seiner überindividuellen Artentwicklung über sich selbst, ja sogar über die apriorischen Geformtheiten seines Denkens hinauszuwachsen und grundsätzlich Neues, Niedagewesenes zu schaffen und zu erkennen. Wofern er von dem Willen beseelt bleibt, nicht jeden neuen Gedanken nach Art von Nietzsches Lavatropfen von der Hülle der sich um ihn kristallisierenden Gesetze erdrücken zu lassen, wird dieser Entwicklung so bald kein wesentliches Hemmnis in den Weg treten. Darin liegt unser Begriff der Freiheit, darin liegt auch das Großartige und, zumindest auf diesem Planeten, vorläufig Einzigartige des Menschengehirnes, daß es trotz aller gigantischen Differenzierung und Strukturierung ein Organ ist, dessen Funktion die proteushafte Veränderlichkeit, das lavahafte Sich-Aufbäumen gegen die eigenen strukturbedingten Funktionsbeschränkungen in einem Ausmaß besitzt, das sonst nicht einmal dem feste Strukturen entbehrenden Protoplasma zukommt.

Was würde Kant zu alledem sagen? Würde er unsere völlig natürliche Deutung der für ihn außernatürlichen Gegebenheiten der menschlichen Vernunft als jene Profanierung des Heiligsten empfinden, die sie in den Augen der meisten Neukantianer ist? Oder würde er sich angesichts des Entwicklungsgedankens, der ihm manchmal so nahe zu liegen schien, mit unserer Auffassung befreundet haben, daß die organische Natur kein amoralisches, von Gott verlassenes Etwas, sondern in allem ihrem schöpferischen Entwicklungsgeschehen grundsätzlich ebenso »heilig« ist wie in den höchsten Leistungen dieses Geschehens, in Vernunft und Moral des Menschen? Wir sind geneigt, dies zu glauben, denn wir glauben, daß die Naturforschung nie eine Gottheit zerschlagen kann, sondern immer nur die tönernen Füße eines von Menschen gemachten Götzen. Demjenigen gegenüber, der uns vorwirft, es an der nötigen Ehrfurcht vor der Größe unseres Philosophen fehlen zu lassen, berufen wir uns auf Kant selbst: »Wenn man einen gegründeten, obzwar nicht ausgeführten Gedanken anfängt, den uns ein anderer hinterlassen, so kann man wohl hoffen, es bei fortgesetztem Nachdenken weiter zu bringen, als der scharfsinnige Mann kam, dem man den Funken des Lichtes zu verdanken hatte.« Die Entdeckung des Apriorischen ist jener Funke, den wir Kant verdanken, und sicherlich ist es unsererseits keine Überheblichkeit, an Hand neuer Tatsachen eine Kritik an der Auslegung des Entdeckten zu üben, wie wir es bezüglich der Herkunft der Anschauungsformen und Kategorien an Kant taten. Diese Kritik setzt den Wert der Entdeckung ebensowenig herab wie den des Entdeckers. Wer dennoch nach dem verkehrten Grundsatz »Omnia naturalia sunt turpia« in unserem Versuch, die Vernunft des Menschen von natürlicher Seite her zu sehen, eine Entweihung von Heiligem sieht, dem gegenüber berufen wir uns wiederum auf Kant selbst: Die göttliche Anordnung »muß zwar, wenn von der Natur im Ganzen die Rede ist, unvermeidlich unsere Nachfrage beschließen; aber bei jeder Epoche der Natur, da keine derselben in einer Sinnenwelt als die schlechthin erste angegeben werden kann, sind wir darum von der Verbindlichkeit nicht befreit, unter den Welturssachen zu suchen, soweit es uns nur möglich ist, und ihre Kette nach uns bekannten Gesetzen, solange sie aneinanderhängt, zu verfolgen«.

Anmerkung

1 Ratten und andere Säuger, die geistig höher stehen als die Wasserspitzmaus, merken solche Abkürzungsmöglichkeiten sofort. An einer Graugans erlebte ich einen hochinteressanten Fall, in dem die Möglichkeit der Abkürzung einer Wegdressur zweifellos gesehen, aber dennoch nicht benutzt wurde. Dieser Vogel hatte als kleines Küken eine Wegdressur erworben, die zur Tür unseres Hauses herein und über eine Freitreppe zwei Stockwerke hoch in mein Zimmer führte, in dem die Gans nächtigte. Am Morgen verließ sie es fliegend durch das Fenster. Bei Einschleifen der Dressur war nun die junge Wildgans in dem noch fremden Treppenhaus zunächst an der unteren Stufe vorbei auf ein großes Fenster zugelaufen. Sehr viele Vögel streben bei Beunruhigung dem Hellen zu, und so entschloß sich auch diese Gans erst, nachdem sie sich etwas beruhigt hatte, vom Fenster weg und auf den Treppenabsatz zu kommen, auf den ich sie führen wollte. Dieser Umweg zum Fenster blieb nun ein für allemal ein unentbehrlicher Teil der Wegdressur, die die Wildgans zu ihrem Schlafplatz durchlaufen mußte. Der sehr steile Umweg zum Fenster und zurück wirkte, da sein ursprüngliches Motiv, die der Berunruhigung entspringende Dunkelscheu, nunmehr durchaus fehlte, ungemein mechanisch, fast wie eine gewohnheitsmäßig abzuhandelnde Zeremonie. Im Laufe der nahezu vollen zwei Jahre, während deren die Wegdressur an dieser Gans bestand, schliff sich der Umweg ganz allmählich ab, das heißt, die ursprünglich fast bis zum Fenster und zurück gehende Linie hatte sich bis zu einem spitzen Winkel »abgeflacht«, mit dem die Gans aus der Richtung zum Fenster abwich und die unterste Stufe an ihrem fensterseitigen Ende erstieg. Dieses Abschleifen des Unnötigen hätte etwa in weiteren zwei Jahren zum Erreichen des tatsächlich kürzesten Weges geführt und hatte mit Einsicht sicherlich gar nichts zu tun. Wohl aber ist eine Gans an und für sich zum einsichtigen Finden einer so einfachen Lösung grundsätzlich befähigt, nur siegt die Gewohnheit eben über die Einsicht oder verhindert sie. Eines Abends nun ereignete sich folgendes: Ich hatte vergessen, die Wildgans ins Haus zu lassen, und als ich mich schließlich ihrer erinnerte, stand sie sehr ungeduldig auf der Türschwelle und lief sofort eilig an mir vorüber und – zu

meinem großen Erstaunen – zum erstenmal auf dem kürzesten Wege auf die Treppe hinauf. Aber schon auf der dritten Stufe blieb sie stehen, machte einen langen Hals, stieß den Warnlaut aus, kehrte um, stieg die drei Stufen wieder herunter, vollzog eilig und »formal« den Umweg zum Fenster und ging sodann völlig beruhigt auf dem gewöhnlichen Wege treppauf. Hier war also ganz offensichtlich die Möglichkeit der einsichtigen Lösung nur durch das Vorhandensein der dressurmäßigen blockiert!

Robert Kaspar   *Die biologischen Grundlagen der evolutionären Erkenntnistheorie*

1   *Leben als erkenntnisgewinnender Prozeß*

Evolution und Entropie

Wenn auch die evolutionäre Erkenntnistheorie in ihrer Gesamtheit eine interdisziplinäre Forschungsrichtung darstellt, so beruhen doch ihre Grundlagen und ihre Voraussetzungen auf den empirischen Erkenntnissen der Biologie. Die zentrale Fragestellung dieser Disziplin besteht darin, herauszufinden, wie es zu verstehen ist, daß im Verlaufe der Evolution Strukturen und Funktionen mit zunehmend größerem Informationsgehalt gebildet werden. Dabei geht es aber nicht um die Speicherung und Verarbeitung irgendeiner Information, sondern um jene, die insofern *relevant* ist, als sie dem Organismus eine Art von »Wissen« über bestimmte Eigenschaften seiner Umwelt vermittelt. Man kann diesen Sachverhalt auch so ausdrücken: Das Charakteristikum des Evolutionsprozesses liegt in der steten Zunahme der Ordnung; in der Biologie spricht man daher von Anagenese (vgl. R. Riedl 1975; R. Kaspar 1981 b).

Da sich dieser Vorgang aber in einem Kosmos abspielt, von dem noch die klassische Thermodynamik behauptet hat, daß in ihm ohne willentliche Eingriffe nur Unordnung entstehen könnte, herrschte lange Zeit die paradoxe Situation vor, daß gerade das wesentliche Merkmal des Lebendigen in scheinbarem Widerspruch zur Physik stand. Wir müssen uns daher vor Augen halten, was die jüngste Forschung auf diesem Gebiet gezeigt hat: daß im Gegensatz zu den früheren Vorstellungen gerade die *Entstehung* von Ordnung eine physikalische Notwendigkeit ist (I. Prigogine und I. Stengers 1981). Wenn nicht alles falsch ist, was wir über die Bedingungen auf der Erdoberfläche vor etwa 3,5 Milliarden Jahren wissen, dann läßt sich zeigen, daß in einem Milieu fern vom thermodynamischen Gleichgewicht unter definierbaren Voraussetzungen *spontan* geordnete Strukturen entstehen. Das beginnt bei Wasserturbulenzen, setzt sich in die anorganische und organische Chemie fort und reicht schließlich dem Prinzip nach in alle Gebiete der Entwicklung natürlicher Systeme (vgl. H. Haken 1981). Die Ursache dafür, daß die Evolution gegen das Gesetz der Entropiezunahme verläuft, liegt darin, daß sie in *offenen* Systemen stattfindet, die sich nicht im thermodynamischen Gleichgewicht befinden (M. Eigen 1971).

Informationsgewinnung im Genom

Vor etwa 3,5 Milliarden Jahren hat das Leben auf dieser Erde begonnen. Von Anfang an trat bereits jenes Grundprinzip auf, das die Basis allen evolutiven Informationsgewinnes bleiben sollte: die Ausbildung von *Rückkopplungskreisläufen* mit wechselseitiger Informationsübermittlung. Nach der heute wahrscheinlichsten Theorie bestanden anfänglich unabhängig voneinander Kernsäurezyklen (RNA) und verschiedene Proteine. Die RNA hat nun die Eigenschaft, die in der Reihenfolge ihrer Bestandteile gelegene Information in eine analoge Reihenfolge bestimmter Aminosäuren zu übersetzen, so daß aus definierbaren Abschnitten der RNA diesen zugeordnete Proteine gebildet werden. Diese nun sind wiederum in der Lage, RNA-Ketten zu synthetisieren, wodurch es vorerst zu mehreren Wirkungszyklen zwischen Protein und RNA kommt. Nun kann zudem die RNA_1 ein $Protein_1$ erzeugen, dieses eine RNA_2, welche das $Protein_2$ synthetisiert, wodurch wieder die RNA_3 entsteht usw., bis ein $Protein_x$ wieder die ursprüngliche RNA_1 herstellt. Damit ist ein funktioneller Regelkreis entstanden, der alle beteiligten Elemente durch Informationsweitergabe miteinander verbindet. Ein solches Gebilde nennt man einen *Hyperzyklus* (M. Eigen und P. Schuster 1979). Die Information, die durch Zufallsmutation in der RNA entsteht, wird auf die Proteinstrukturen übertragen, welche ihrerseits die RNA reproduzieren, falls sie (die Proteine) in ihrem Milieu bestehen können[1]. Damit werden sich nur jene Kernsäuren durchsetzen, deren Proteine die Bedingungen erfüllen, die sie in ihrem Milieu überleben lassen. Das aber bedeutet, daß von Anfang an in der RNA (und später in der DNA) nicht eine beliebige Information entstehen wird, sondern jene, die bestimmte Eigenschaften der Umwelt *abbildet*[2]. Mit dem Hyperzyklus war somit zum erstenmal ein sich selbst reproduzierender Regelkreis mit positiver Informationsverstärkung aufgetreten, der den Phänomenen der Mutation und der Selektion unterlag. Das ist der Anfang des Lebendigen.

Systemisierung lebendiger Ordnung

Mit diesem Prinzip begann der lange Weg organismischer Evolution, wobei diese Regelkreise in allen Schichten der Komplexität erhalten bleiben. Der Informationsgewinn des nun immer komplizierter werdenden genetischen Systems beruht dabei weiterhin auf Mutation und Selektion. Das entscheidende Kriterium jenes Phänomens jedoch, welches wir *Systemisierung* nennen (R. Riedl 1975; R. Kaspar 1981 b), besteht darin, daß die Selektion nicht nur aus dem Milieu wirkt, sondern in *jedem* Komplexitätsbereich. Was damit gemeint ist, soll folgendes Beispiel erläutern.

Nehmen wir eine beliebige organische Struktur und untersuchen wir jene Bedingungen, die erforderlich sind, um sie hervorzubringen[3]. Ich wähle als Beispiel den Flugmuskel eines Huhnes. Aus welchen Selektionsbedingungen sollen wir uns dessen Entstehung erklären? Zunächst zeigt sich, daß dieser Flugmuskel in ein hierarchisches System von Strukturen und Funktionen eingebettet ist. Wenn wir zuerst in der Richtung zu den komplexeren Bereichen vorgehen, so finden wir als nächste »Rahmenbedingung« den Flügel. Dieser, bzw. dessen Funktion, ist die unmittelbare Selektionsbedingung für den Muskel. Denn woran sollte sich dessen Ausbildung »orientieren«, wenn nicht an der Gesamtfunktion des Flügels? Die Selektion des Flügels selbst aber wird von den Überlebensbedingungen des Huhnes bestimmt, wobei diese Reihe sich fortsetzt über die Population, die Art bis schließlich zur Evolution der Hühnervögel. In der anderen Richtung sind auch alle einfacheren Strukturen, gewissermaßen als Baumaterialien, erforderlich, um den Flugmuskel entstehen zu lassen. So muß es Muskelfasern geben, Fibrillen, Sarcomere und Myosinmoleküle.

Für unseren Gegenstand ist dabei die Tatsache von Bedeutung, daß die Selektion auf *allen* Komplexitätsebenen wirksam ist und daß jede organische Struktur und Funktion nicht direkt vom Milieu »getestet« wird, sondern von dem ihr nächst übergeordneten System. Damit kommt es zu einem hierarchischen Zusammenhang unterschiedlicher Selektionsbedingungen, der ein System von notwendigen und hinreichenden Bedingungen erzeugt (R. Kaspar 1980 a).

Woher aber bekommt nun das genetische System jene Information, die erforderlich ist, um angepaßte Strukturen zu erzeugen? Wer »sagt« in diesem hierarchischen Gefüge einer zufälligen Mutation, ob sie nun vorteilhaft ist oder nicht? Denn das sogenannte zentrale Dogma der Genetik belehrt uns ja, daß Körpermerkmale nicht auf die DNA zurückwirken. Diese Annahme wäre Lamarckismus. Das zweite Problem bei der Systemisierung besteht daher in der Anforderung, zusammengehörige Merkmale auch genetisch miteinander zu verbinden. Mit diesem zunächst sehr einfach erscheinenden Sachverhalt ist eines der zentralen Probleme der gesamten Evolutionstheorie verbunden. Denn die sogenannte Synthetische Theorie (die »Lehrbuchtheorie« der Evolution) enthält keine kausale Erklärung für das Faktum der *Synorganisation*, also der gemeinsamen, gleichgerichteten Entwicklung mehrerer Strukturen; wie beispielsweise die Evolution von Retina, Glaskörper, Iris, Linse und Cornea im Auge der Wirbeltiere. Die Gesamtheit all der offenen Fragen, die damit verbunden sind, sowie die Möglichkeit ihrer Beantwortung kann in diesem Rahmen nicht dargestellt werden, so daß ich den interessierten Leser auf die entsprechende Literatur verweisen muß (R. Riedl 1975; R. Kaspar 1981 b).

Nur soviel soll hier zur Systemisierung als Einblick in den Gesamtzusammenhang gesagt werden: Die Information des Genoms kommt von den Strukturen und Funktionen, die es selbst (zuerst immer zufällig) produziert. Die Voraussetzung für die Synorganisation ist die Fähigkeit von Genen, sich (wiederum zuerst zufällig) in Gruppen zusammenzuschließen. Damit werden Kopplungen von Merkmalen erzeugt. Jede dieser Genverbindungen erhält daher eine bestimmte *Erfolgswahrscheinlichkeit*, die sich aus der Chance des Funktionierens der dadurch bedingten Merkmalsverbindungen ergibt. Das Kriterium dieses Funktionierens bildet dabei, so wie in dem Beispiel des Flugmuskels, das jeweilige Obersystem (hier war es der Hühnerflügel). Welche Genverbindungen also erhalten werden, hängt von der Wahrscheinlichkeit des Erfolges ihrer Produkte ab. Damit zeigt sich, daß auf der komplexen Ebene des Wechselspiels von Genotypus und Phänotypus das gleiche *Prinzip* des Informationsgewinnes erhalten bleibt, welches schon beim Hyperzyklus auftritt. So ist es möglich, daß durch den »Lehrmeister des eigenen Erfolges« das genetische System zunehmend umfangreichere Information über die Eigenschaften seiner Umwelt gewinnt[4]. Aus diesem Grunde *paßt* die Fischflosse in das Wasser, das Auge zu den Eigenschaften des Lichtes und der Huf auf den Steppenboden.

Und es gilt bereits hier die wichtige Einschränkung, daß jede Struktur und Funktion nur an einen *Ausschnitt* des sie umgebenden Milieus angepaßt ist. Denn selbstverständlich ist es nicht das Ziel der Evolution und ihrer Organismen, diese Welt »an sich« abzubilden, sondern in einem pragmatischen Sinne ein »Wissen« um jene Bedingungen zu bekommen, die in dem jeweiligen Lebenskreis der Art relevant sind. So hätte es beispielsweise keinen Sinn, daß wir die Wärmestrahlung von Körpern optisch wahrnehmen, weil die Langsamkeit ihrer Veränderung uns ein ähnliches Bild vermitteln würde wie ein Foto bewegter Lichtquellen, das etwa 3 Sekunden belichtet wurde. Biologisch bedeutungslos ist es auch für uns, den Magnetismus sinnlich wahrzunehmen, die Gravitationswellen, die Relativität von Raum und Zeit oder den Spin der Elektronen. Dasjenige also, was ein Organismus von seiner Umwelt lernt, sind nur jene Eigenschaften seines Milieus, die für ihn unmittelbar biologisch bedeutsam sind. Und selbst dabei handelt es sich in der Regel um grobe Vereinfachungen, wie wir z. B. an den optischen Täuschungen sehen.

Die Nervensysteme und der ratiomorphe Apparat

Der Informationsgewinn bleibt freilich nicht auf der Stufe der genetischen Entwicklung stehen. Hier erfordert ja die Fixierung jedes neuen »Lerninhaltes« eine relativ lange Zeit, weil die Mutationsrate nicht sehr groß ist und die Wahrscheinlichkeit des Erfolges deren Ausmaß noch erheblich verringert. Es kommt daher sehr bald zur Ausbildung neuer informationsverarbeitender Strukturen, nämlich der *Nervensysteme*. Diese besitzen gegenüber dem Genom den epochemachenden Vorteil, zunächst Augenblicksinformationen sehr rasch verwerten zu können und mit zunehmender Komplexität auch zunehmend mehr an individueller Erfahrung zu gewinnen. Schon die Protozoa (Ciliata) besitzen analoge Strukturen im sogenannten Silberliniensystem, das auf Reize aus der Peripherie reagiert. Die Umkehr-Reaktion von Paramaecium ist ein typisches Beispiel für ein solches einfaches Verhaltensprogramm. Nervensysteme im eigentlichen Sinne entstehen dann mit den Metazoa, den vielzelligen Tieren, wobei die einfachsten, die sogenannten diffusen Nervennetze, schon bei den Schwämmen (Porifera) auftreten. Mit der fortschreitenden Komplikation dieser Nervensysteme entwickelt sich nun eine aufsteigende Reihe komplizierter werdender Lernprogramme. Diese beginnen mit dem homöostatischen Regelkreis, wie beispielsweise die Kontrolle des Blutdruckes oder der Körpertemperatur, setzen sich fort in den Reaktionen der Kinesis, der Taxis, des angeborenen Auslösemechanismus, der Prägung, des unbedingten und bedingten Reflexes bis zum »conditioning by reinforcement«. Dieses nun entspricht wieder einem Lernprogramm, bei dem der Erfolg (oder Mißerfolg) jeder Aktion auf das Gesamtprogramm rückverrechnet wird, einem Prinzip also, das wir schon vom Hyperzyklus kennen und das insgesamt den synergetischen Mechanismen der Selbstorganisation entspricht (H. Haken 1982, K. Lorenz 1973, R. Kaspar 1980, 1981). Ich kann in diesem Rahmen alle Mechanismen des Lernens der Arten und Individuen nicht detailliert darstellen, sondern muß darauf vertrauen, daß der Leser diese entwicklungsgeschichtliche Reihe von Erkenntnismechanismen zunächst glaubt, bzw. sich in der einschlägigen Literatur davon überzeugt[5]. Es ist auch hier nicht der Ort, die Geschichte dieser erkenntnisgewinnenden Prozesse zu wiederholen (deren Entwicklung hat K. Lorenz 1973, ausführlich dargestellt), sondern zu zeigen, daß das *Prinzip* des Erkenntnisgewinnes auch in diesem Bereich das gleiche bleibt wie es der synergetischen Entstehung von Ordnung entspricht. Dieses Prinzip beruht darauf, daß sich schon die Nervensysteme nach den Ordnungsmustern der Selbstorganisation entwickeln (G. Stent und D. Weisblat 1982) und daß diese Gesetze auch für die Ausbildung von Verhaltensprogrammen gelten. Daß überdies alle diese Vorgänge auf einem gemeinsamen Naturgesetz beruhen, hat am deutlichsten H. Haken (1982) gezeigt[6].

Nun führen diese vorerst einfachen Erkenntnismechanismen im Laufe der Evolution der Organismen zu so komplizierten Verrechnungsprogrammen, daß wir sie schließlich als die Vorläufer der menschlichen Vernunft erkennen. Besonders höhere Wirbeltiere und unter diesen speziell die Säuger besitzen hochkomplexe Mechanismen ihrer Nervensysteme, die ihnen das Interpretieren aller individuellen Erfahrung und eine adäquate Reaktion auf diese ermöglichen.

So sind diese Organismen imstande, die Wahrscheinlichkeit von Ereigniskoinzidenzen zu verarbeiten, kausale Zusammenhänge zu lernen, von einigen Merkmalen einer Gestalt auf die restlichen Merkmale zu schließen und sogar den Zweck eines Werkzeuges oder einer Handlung zu erfassen. Betrachten wir nun einen höheren Säuger, beispielsweise einen Schimpansen, und fragen wir uns, welche dieser Leistungen er wie vollbringt. Daß er die Verrechnung von Wahrscheinlichkeiten beherrscht, ist insofern leicht einzusehen, als alle anderen Lernvorgänge, deren er fähig ist, diesen Algorithmus zur Voraussetzung haben müssen. Schon zwei oder drei bestätigte Erwartungen, daß sich in der Kiste von gestern wieder Bananen befinden werden, reichen aus, um diese Koinzidenz von Merkmalen zu lernen. J. van Lawick-Goodall, der wir einen Großteil unseres Wissens über diese Tiere verdanken, hat dazu zahlreiche Beispiele beschrieben (1971). Und wenn ein Schimpanse nur die Mähne eines Löwen sieht, wird er gut daran tun, die restlichen Löwen-Merkmale zu assoziieren, anstatt zu glauben, eine vereinzelte

Mähne entdeckt zu haben. (Ich wähle mit Absicht diese trivialen Beispiele, um darauf hinzuweisen, wie grundlegend solche Erkenntnisleistungen sind. Das Gedankenexperiment kann uns leicht die Folgen vor Augen führen für den Fall, daß diese einfachen Mechanismen nicht vorhanden wären.) In der Fähigkeit eines Schimpansen, Werkzeuge zu verwenden, ist die Leistung enthalten, einfache Kausalzusammenhänge zu begreifen. Es muß nämlich »gewußt« werden, daß gleiche Ursachen die gleichen Wirkungen haben werden. Damit verbunden ist schließlich auch die Einsicht, daß gleiche Dinge denselben Zweck erfüllen, wie wir aus den Planhandlungen höherer Tiere erfahren können (B. Rensch 1973).

Die Gesamtheit all dieser angeborenen Erkenntnisleistungen ist in der Literatur zur evolutionären Erkenntnistheorie ausführlich beschrieben worden (vgl. K. Lorenz 1973; R. Riedl 1980 a; R. Kaspar 1980, 1981). Sie sind die Voraussetzung dafür, daß beim Menschen die reflektierende Selbsterkenntnis und die Vernunft entstehen konnten[7]. Dabei ist die Vernunft das allerjüngste Produkt dieser Entwicklung, das, gemessen an den Dimensionen der Evolution, gleichsam erst »gestern« entstanden ist. Wenn wir bedenken, daß schon die Phylogenie der Vertebraten seit 500 Millionen Jahren andauert und der Mensch (Homo habilis) seit etwa 2 Millionen Jahren existiert, dann werden jene Dimensionen sofort deutlich. Tragen wir beispielsweise die Geschichte der Erkenntnisleistungen bei den Wirbeltieren auf einer Skala von einem Meter auf, dann entspricht die oberste Schicht von 4 Millimetern der menschlichen Vernunft. Schon daraus wird klar, daß diese Vernunft von ihrer Geschichte nicht isoliert werden kann, was für jeden mit den Grundlagen der Biologie Vertrauten selbstverständlich ist. Wir bezeichnen diese Vorbedingungen der Vernunft als den *ratiomorphen Apparat*, als jenes informationsverarbeitende System also, das der Vernunft ähnlich funktioniert. E. Brunswik (1955) hatte diesen Begriff in die Psychologie eingeführt, wo er jedoch kaum Beachtung gefunden hat. Erst die *vergleichende* Biologie, insbesondere die Ethologie, ließ die Bedeutung dieses Konzeptes verständlich werden. Heute wissen wir aus empirischer Erfahrung, daß das menschliche Denken und die Vernunft das Ergebnis einer natürlichen Entwicklung sind[8] und daß sie mit den gleichen Methoden erforscht werden können wie jede andere biologische Struktur oder Funktion auch. Was wir über die Biologie dieser ratiomorphen Grundlagen unserer Vernunft wissen, soll die folgende Übersicht kurz veranschaulichen.

2 Die »Hypothesen« des ratiomorphen Apparates

Ohne hier eine vollständige Darstellung dieses inzwischen recht umfangreich gewordenen Gebietes geben zu können, wollen wir doch die wichtigsten Gesichtspunkte des ratiomorphen Erkennens skizzieren. Dabei hat es sich als vorteilhaft erwiesen, das Gesamtphänomen unter dem Gesichtspunkt von vier »Hypothesen« zu betrachten. Der Ausdruck *Hypothese* ist dabei freilich nicht im wissenschaftstheoretischen Sinne zu verstehen, also als bewußt formulierte Erwartung, sondern eher in dem einfacheren Sinne dessen, was im common sense unter Erwartung verstanden wird. Im Bewußtsein dieses Unterschiedes können wir den Begriff beibehalten.

1. Hypothese: Die Wahrscheinlichkeit von Ereignissen steigt mit der Zahl bestätigter Erwartungen.

Das grundlegende Erkenntnisprogramm alles Lebendigen beruht auf der simplen »Erwartung«, daß wahrscheinlich dasjenige wahr sein wird, was sich am häufigsten bestätigt. Denn die einzige Möglichkeit der Organismen, überhaupt irgend etwas zu lernen, muß zunächst die Voraussetzung haben, die einfachsten Gesetzmäßigkeiten der realen Welt verrechnen zu können. Würde diese Welt keinerlei objektive Ordnung enthalten, dann könnte in ihr auch nichts gelernt werden. Eine solche Welt ohne Ordnung wäre in zweierlei Weise vorstellbar. So könnte es sein, daß im Kosmos keine Gesetzmäßigkeit auftritt, sondern nur die Zufallsbewegung aller Elementarteilchen, die sich im Zustand größtmöglicher Entropie befinden (also atomarer Unordnung). Oder, im anderen Falle, daß zwar bestimmte Gesetze ausgebildet sind, jedes von ihnen aber immer nur ein einziges Mal im Universum auftritt. Folgendes Beispiel kann diesen Umstand vielleicht verdeutlichen.

Jeder von uns ist überzeugt, daß die Reihenfolge der Bausteine in der DNA nicht wahllos zusammengewürfelt ist, sondern einer strengen Gesetzmäßigkeit unterliegt, nämlich der, die Information zur Ausbildung eines Organismus bereitzustellen[9]. Wir *erkennen* eine solche Gesetzmäßigkeit aber nur dadurch, daß sie sich millionen- und milliardenfach *wiederholt*. Wäre sie tatsächlich nur einmal vorhanden, würden wir sie als Zufall bezeichnen. Im Augenblick der Wiederholung aber sagt uns ein angeborenes Programm, daß eine solche (sukzedane) Koinzidenz von Merkmalen durch den Zufall nicht erklärt werden könnte. Noch ein anderes Beispiel: Denken wir uns eine Reihe von Ziffern zwischen 1 und 6, die durch Würfeln entstanden ist. Diese Reihe soll beispielsweise aus 100 Ziffern bestehen, also 3-6-2-3-5-1-2-6-4-3-2-2-4-5-1-... bis N_{99}, N_{100}. Selbstverständlich wird jeder eine solche Ziffernfolge als Zufall bezeichnen. Was aber wäre, wenn beim nächsten Versuch die *gleiche* Folge wieder auftritt? Wir können berechnen, wie groß die Wahrscheinlichkeit einer Wiederholung ist. Jeder Wurf hat die Chance von $1/6$, zwei Würfe also $(1/6)^2 = 1/36$, drei Würfe $(1/6)^3 = 1/216$ usw. bis schließlich $(1/6)^{100} \approx 6,5 \cdot 10^{-77}$, was praktisch absolute Unmöglichkeit bedeutet. Denn das Universum existiert seit etwa 10^{17} Sekunden, so daß in jeder Sekunde rund 10^{60} Versuche hätten stattfinden müssen. Niemand aber wird solche Überlegungen anstellen, sondern bereits *a priori* richtig entscheiden, daß die Zufallserklärung hier auszuschließen ist. Dabei bedarf es aber gar nicht einer so überwältigenden Unwahrscheinlichkeit; wenn wir z. B. Münzen werfen und ich mit dem Leser die Wette einginge, daß ich bei »Zahl« gewinne, spielt sich das gleiche ab. Ich werfe das erste Mal: »Zahl«. Der Leser wird sagen, das sei durchaus normal, denn die Wahrscheinlichkeit beim Münzwurf liegt bei $1/2$. Ich werfe das zweite Mal: »Zahl«. Die Reaktion: »Glück gehabt.« Das dritte Mal: »Zahl«. Reaktion: »Großes Glück.« Das vierte Mal: »Zahl«. Reaktion: »Außerordentliches Glück.« Das fünfte, das sechste Mal: »Zahl«. Reaktion: »Hier geht es nicht mit rechten Dingen zu.« In diesem Stadium werden mich, wie wir untersucht haben, schon 92 % der Leser für einen Schwindler halten. Dabei ist die Unwahrscheinlichkeit der sechsmaligen Wiederholung von »Zahl« nur $(1/2)^6 = 1/128$. Dies aber liegt noch keineswegs im Bereich der objektiven Unmöglichkeit.

Was unser ratiomorpher Apparat in diesen Fällen verrechnet, ist das Verhältnis zwischen den Wahrscheinlichkeiten der Zufallserklärung und der Erklärung durch ein Gesetz. Er orientiert sich dabei an der Anzahl bestätigter Prognosen, wobei es gleichgültig ist, von welcher Erwartung er primär ausgeht. Wenn irgendein Phänomen zum erstenmal beobachtet wird, kann man naheliegenderweise noch keinerlei Voraussicht besitzen, ob es sich um Zufall oder Notwendigkeit handelt. Und für den Fall, daß sich die erste (willkürliche) Hypothese als falsch erweist, wechselt diese Hypothese aufgrund einer bestimmten Zahl *enttäuschter* Prognosen. Nehmen wir wieder das Beispiel vom Münzwurf. Beim ersten Wurf wird man wohl mit der Zufallshypothese beginnen. Fällt nun aber ständig »Zahl«, so wird unsere Erwartung der Gleichverteilung mehrmals enttäuscht, bis wir unsere Hypothese wechseln und an Absicht, Schwindel etc., also an Notwendigkeit glauben. Von nun an wird jede einzelne

Erwartung bestätigt, und wir gewinnen Gewißheit darüber, daß der Zufall als Erklärung nicht in Frage kommen kann. Das einzige Kriterium, zwischen zufälligen und notwendigen Ereignissen zu entscheiden, ist die Wahrnehmung der Koinzidenz bestätigter oder enttäuschter Erwartungen. Und dasjenige, was bereits a priori erwartet wird, ist ein Anpassungsprodukt an die Tatsache, daß notwendige Ereignisse (bzw. Ereigniskomplexe) in der Natur koinzidieren. Armenische Bergziegen beispielsweise flüchten bei Donner in ihre Höhlen, um dem zu erwartenden Regen zu entgehen. Sie haben nämlich stammesgeschichtlich die »Erfahrung« gemacht, daß in der Regel auf Donner Regen folgt. Daher besitzen sie die angeborene Hypothese, daß das Geräusch des Donners wahrscheinlich die *Ursache* des Regens ist. Wie immer handelt es sich auch hier nur um eine Wahrscheinlichkeit und keine objektive Gewißheit. Das sehen wir daran, daß sie auch beim »Donner« einer nahe stattfindenden Sprengung in ihre Höhlen flüchten, obwohl auf diese kein Regen folgt (Beispiel aus K. Lorenz 1973).

Die *Voraussetzung* für solche Lernprogramme ist sehr einfach. Sie beruht nämlich auf dem simplen Umstand des Vorhandenseins kausal bedingter Koinzidenzen von Ereignissen. Dabei wird die Koinzidenz zwischen Bedingungen und Wirkungen um so häufiger und mit um so größerer Regelmäßigkeit auftreten, je weniger hinreichende Bedingungen für ein Ereignis erforderlich sind und je weniger Wahlmöglichkeiten bestehen (R. Kaspar 1980). Und die Anpassung des kognitiven Apparates an diese unterschiedlichen Häufigkeiten des Koinzidierens von Ereignissen erfolgt durch das *Konservieren* der Erfahrung bestätigter bzw. enttäuschter Erwartungen. Daraus ist schon ersichtlich, daß sich angeborene Reaktionsprogramme nur durch solche Ereignisse entwickeln werden, bei denen die Wahrscheinlichkeit der Bestätigung dieser Erwartungen so groß ist, daß es von biologischem Vorteil ist, mit einer solchen Erwartung bereits a priori zu operieren.

Nochmals möchte ich betonen, daß wir den Begriff der Erwartung hier großenteils in einem anthropomorphen Sinne verwenden, um diesen Sachverhalt besser verdeutlichen zu können. Die Berechtigung dazu ergibt sich daraus, daß es sich bei allen Organismen um einen prinzipiell gleichen Lernprozeß handelt, den ich weiter unten kurz beschreiben werde. Wir finden auch nichts dabei, wenn man behauptet, ein Hund würde sich freuen, hätte Hunger, ein schlechtes Gewissen etc., obwohl auch das eine anthropomorphe Beschreibung ist. Und der Einwand der Behavioristen, wir dürften gerade das nicht tun, weil uns die Psyche eines Tieres objektiv nicht zugänglich ist, beruht erstens auf einigen sachlichen Mißverständnissen, die besonders K. Lorenz aufgeklärt hat[10], geht aber auch insgesamt an der Sache vorbei. Denn auch die Psyche jedes Mitmenschen ist mir nicht objektiv zugänglich, obwohl kein normaler Mensch daran zweifeln würde, daß sein Nachbar in den Grundkategorien so ähnlich denkt und fühlt wie er selbst. Das müssen auch die Behavioristen annehmen, weil es sonst unverständlich wäre, wie sie zu der Annahme kommen, daß der Leser ihrer Bücher deren Inhalt etwa in gleicher Weise auffassen werde wie sie selbst.

Bei den nun folgenden drei Hypothesen des ratiomorphen Apparates dürfen wir uns kürzer fassen, weil sie sich nämlich als Konsequenz und Anwendungsfälle der eben beschriebenen erweisen. Wir sind bei einer früheren Darstellung (R. Riedl 1980 a) noch von dem Modell ausgegangen, daß es sich um insgesamt vier unterschiedliche Erkenntnisprinzipien handelt. Ich habe schon betont, daß dies aus Gründen der didaktischen Übersicht von Vorteil ist, wenngleich es die Gefahr heraufbeschwört, das Modell mit der Wirklichkeit zu verwechseln. Es ist auch erlaubt, jemandem das Atom zum ersten Mal so zu erklären, als sei es ein winziges Planetensystem; das tun auch noch unsere Schulbücher. Falsch jedoch wäre es, nur dieses simplifizierte Modell weiterzuentwickeln und so zu tun, als beschriebe es die Realität. Es könnte dann nämlich dazu kommen, daß man eine graphisch und didaktisch anschauliche Vorstellung fortgesetzt weiter illustriert und diese Illustration für die Bestätigung der Richtigkeit des Modells hält. Um nicht in diese naive Zirkularität zu schlittern, müssen wir uns vor Augen halten, daß der ratiomorphe Apparat eben *nicht* »viergeteilt« ist, sondern daß hier nur ein symbolisches Bild dieses Gegenstandes dargestellt wird.

2. Hypothese: Bei ähnlichen Dingen oder Ereignissen darf von ihren Unterschieden abgesehen und schon von einigen ihrer Merkmale auf die anderen geschlossen werden.

Wenn ein Organismus von dieser Welt nur dadurch etwas lernen kann, daß er die Koinzidenz von Ereignissen verrechnet, dann setzt diese Fähigkeit voraus, daß er gleiche oder ähnliche Ereignisse *wiedererkennt*. Das mag zunächst als eine triviale Vorbedingung erscheinen, aber die Möglichkeit, vergleichen zu können, ist ohne Zweifel für den (besonders höheren) Organismus von lebenserhaltendem Nutzen. Wenn wir dabei nun nach dem Ausdruck »vergleichen« fragen, so wollen wir ihn zunächst wieder aus seinen biologischen Grundlagen ableiten.

Auch das Prinzip dieser zweiten Hypothese beruht auf einem Lernen von Koinzidenzen. Der Unterschied besteht nur darin, daß jetzt *simultane* Korrelationen von Merkmalen verrechnet werden, also dasjenige, was man eine *Gestalt* nennt. Wir bezeichnen diese Leistung daher als Gestaltwahrnehmung. Sie ist mindestens so alt wie die Wirbeltiere, also etwa 500 Millionen Jahre. Denn schon für einen Hai ist es erforderlich, beispielsweise den Artgenossen von der Beute unterscheiden zu können, d. h. vereinfacht gesprochen, daß er eines angeborenen *Bildes* davon bedarf, »wie ein Mitglied meiner Art aussieht«. Ebenso gilt etwa für einen

Jungvogel aus der Gruppe der Nesthocker, daß er seine Eltern erkennen muß, damit er bei ihrem Herankommen den Schnabel öffnet, um gefüttert zu werden. Das Elterntier wiederum erkennt ein kompliziertes Muster an der Innenseite des geöffneten Schnabels und wird die Nahrung nur dort hineinstopfen. In all diesen Fällen kommt es darauf an, daß optische Muster von Merkmalen wiedererkannt werden. Und gelernt werden diese Muster wieder nur dadurch, daß sich Erwartungen bestätigen. Denn würde sich beispielsweise die Erwartung, daß eine bestimmte Figur die Eltern bedeutet, nur jedes siebente Mal bestätigen, so hätte es keinen (biologischen) Sinn, daran die Reaktion des Sperrens auszubilden.

Grundsätzlich werden Gestalten sowohl stammesgeschichtlich als auch individuell dadurch gelernt, daß jene Merkmale im Gedächtnis konserviert werden, die am häufigsten koinzidieren. Wieso, kann man aber nun fragen, koinzidieren Merkmale überhaupt? An welches Prinzip in der Natur ist die Gestaltwahrnehmung also angepaßt? Diese Frage betrifft einen ziemlich komplizierten Gegenstand, den ich in dem hier vorgesehenen Rahmen nicht darstellen kann. In Kürze gesagt, geht es um folgendes: Das Wiedererkennen einer Gestalt (das ist in der Natur fast immer ein Organismus) beruht auf der *Abstraktion* der stetigsten Koinzidenzen. Wir können unsere Frage daher so präzisieren: Woher kommt es, daß die Koinzidenzen der Merkmale unterschiedliche Stetigkeiten aufweisen? Warum z. B. koinzidieren Netzhaut und Linse viel häufiger als Netzhaut und blaue Irisfärbung?

Einen ersten Schritt zur biologisch-kausalen Lösung dieses Problems enthält die Systemtheorie der Evolution (R. Riedl 1975; R. Kaspar 1981). Diese zeigt nämlich, daß durch die zunehmende Abhängigkeit der Merkmale voneinander diejenigen von ihnen, die die größte funktionelle »Bürde« bekommen, am wenigsten variabel werden. Evolutive Experimente am zentralen Arteriensystem werden beispielsweise weniger toleriert als an der Struktur der Nase. Und da es sich ja stets um mehr oder weniger große *Komplexe* von Merkmalen handelt, wird es gemäß dieser Bürde zu einer abgestuften Häufigkeit von deren Koinzidenz kommen. Die Gesamtheit der stetigsten Koinzidenzen einer ganzen Organismengruppe nennen wir den morphologischen *Typus* (R. Kaspar 1977). Im Bereich des Erkennens bilden wir diesen Typus als *Begriff* ab, wie etwa »Säugetier«, »Fisch«, »Hund« etc.

Ob nun ein Stichling ein dickbäuchiges Weibchen anbalzt, ein Küken vor der Silhouette eines Raubvogels flüchtet, das Zebra schon von der

Mähne auf den ganzen Löwen »schließt« oder wir auch morgen unseren Freund wiedererkennen – all diese Leistungen (wie Tausende ähnliche) beruhen auf der Gestaltwahrnehmung[11]. Sie ist das Produkt jenes Lernprozesses, der die Häufigkeit von Koinzidenzen verrechnet und zu der Hypothese geführt hat, daß jene Merkmale, die bisher zusammen aufgetreten sind, dies auch in Zukunft tun werden. Sie rechnet also mit der Stetigkeit der Welt, und ich sagte schon, daß in einer Welt ohne Stetigkeit (d. h. ohne *Redundanz*) nichts gelernt werden könnte.

3. Hypothese: Mit zunehmender Bestätigung der sukzedanen Koinzidenz von Ereignissen steigt die Wahrscheinlichkeit dafür, daß das vorangehende Ereignis die Ursache des folgenden ist.

Nun wird der Leser schon voraussehen, daß auch dieses dritte ratiomorphe Erkenntnisprogramm auf dem gleichen Prinzip beruht wie jene beiden, die wir schon kennengelernt haben. Dabei erinnern wir uns an dieser Stelle wieder daran, daß dies ja so sein muß, da die von uns vorgenommene Zerlegung des ratiomorphen Apparates eine künstliche ist.

Wenn wir vom Denken über Ursachen sprechen, so behandeln wir im Grunde den gleichen Gegenstand wie bei der zweiten Hypothese. Wir wechseln nur den Standort der Betrachtung, um eine neue Eigenschaft dieses Mechanismus zu entdecken. So wie ein Zylinder uns von vorne als Rechteck, von oben aber als Kreis erscheint.

Die Fähigkeit nun, eine bestimmte *Reihenfolge* von Ereignissen zu lernen, ist die Basis der Erkenntnis von Ursache und Wirkung. Zum erstenmal in der Evolution tritt diese Fähigkeit mit dem bedingten Reflex auf, der selbst wiederum aus dem unbedingten Reflex entstanden ist. Damit ist insofern ein entscheidender Schritt geschehen, als hier der Beginn des individuellen Lernens liegt. Ich erwähnte schon das Beispiel der armenischen Bergziegen, welche das Donnergeräusch für die *Ursache* des Regens halten. Zahlreiche andere Beispiele dieser Art sind gut bekannt, das berühmteste ist wohl die von I. Pawlow durchgeführte Konditionierung bei Hunden[12]. Wenn man diese einige Male vor der Fütterung einen Glockenton hören läßt, so werden sie in kurzer Zeit schon beim Glockenton so reagieren, als ob sie Futter bekämen. Das zeigt, daß die Hunde eine neue *Erwartung* gebildet haben, indem sie den Ton der Glocke für die Ursache des Futters halten. Diese artifizielle Situation zeigt sehr schön, daß es gar nicht auf eine »wirkliche« Kausalität ankommt, sondern lediglich auf einige wiederkehrende sukzedane Koinzidenzen. Was anderes sollte ein Tier auch lernen? Es kann sich nur an die Regelmäßigkeit der Phänomene selbst halten, damit gleichsam an der Oberfläche bleibend; mit dem Vorteil, hier schnell lernen zu können, aber auch mit dem Nachteil, einer Täuschung hilflos ausgeliefert zu sein.

Mir scheint dieser Umstand allgemein der Grund dafür zu sein, daß der Mensch, der sich vom ratiomorphen Denken zu lösen imstande ist, als einziges Wesen *theoretisch* denken kann und nicht am Phänomen selbst verhaftet bleiben muß. Er kann damit eine Stufe der Abstraktion erreichen und Zusammenhänge kausaler Art erfassen, die aus der unmittelbaren Anschauung nicht ableitbar sind. Und daß wir diese mühsame Entwicklung zur Theorie (die man nicht mit »Anschauung«, sondern eher mit »innerer Schau« – ohne Mystik! – übersetzen sollte) noch immer durchmachen, erlebt jeder Theoretiker täglich. »Grau ist alle Theorie«, hat der deutsche Dichterfürst gesagt, und man pflegt sich damit zu trösten, sobald man eine Abstraktion nicht mitvollziehen kann oder will. Man hatte sogar A. Einstein ausgelacht wegen seiner »unverständlichen Rechnerei«. Seit Hiroshima lacht niemand mehr [13].

Wir Menschen sind freilich von diesem ratiomorphen Prinzip der Erwartung von Ursachen und Wirkungen nicht *völlig* befreit. Das kann ein einfaches Gedankenexperiment sofort zeigen. Nehmen wir an, jemand öffnet eine Tür, und im gleichen Augenblick beginnen im Zimmer alle Lampen zu leuchten. Er wird diese merkwürdige Koinzidenz zunächst für einen Zufall halten. Er wiederholt das Experiment: Das gleiche Ergebnis, bei geschlossener Türe ist es finster, bei geöffneter wird es hell. Schon bei der dritten oder vierten Wiederholung wird niemand mehr glauben, daß es sich hier um Zufall handelt, obwohl die Annahme, daß beim Öffnen einer Türe Lampen aufleuchten, offenbar absurd ist. Ein Tier würde diese Koinzidenz lernen, ein Mensch aber wird versteckte Kabel, Kontaktstellen usw. suchen, bis er die »wirkliche« Ursache gefunden zu haben glaubt.

Was aber ist eine wirkliche Ursache im Gegensatz zu einer nur eingebildeten? Was ist die wirkliche Ursache des freien Falles, des Gefrierens von Wasser, des Wachsens einer Pflanze? Und was ist die wirkliche Ursache der Entstehung des Menschen, seines Geistes, der Renaissance oder des Zweiten Weltkrieges? Beim freien Fall halten wir noch das übergeordnete Gesetz (das Gravitationsgesetz) für dessen Ursache, beim Gefrieren des Wassers ist man schon nicht mehr ganz sicher, und beim Wachsen der Pflanze tappen wir in tiefer Finsternis. Was schließlich in der Komplexität darüber hinausgeht, bleibt unserer Vermutung und historischen Rekonstruktionen überlassen. Kausale *Gesetze* sind hier nicht zu finden, weil sich historische Ereignisse nicht wiederholen oder wiederholen lassen. Daher ist die historische Erklärung etwas prinzipiell anderes als die kausal-analytische. Erstere erklärt das Zustandekommen von Ereignissen, letztere aber das allgemeine Gesetz, dem ein Ereignis unterliegt. So kann man zwar in der Anthropologie den Weg zum Menschen beschreiben, aber kein Gesetz, nach dem unter bestimmten Bedingungen *immer* Menschen entstehen. Diese Problematik führt uns aber zu weit in die Wissenschaftstheorie und hat mit der Biologie des ratiomorphen Apparates nur entfernt zu tun (vgl. R. Kaspar 1980 a). Ratiomorph beruht die Erkenntnis von Ursache und Wirkung auf der Wahrnehmung sich wiederholender Koinzidenzen von Ereignisfolgen.

4. Hypothese: Die Wahrscheinlichkeit, daß zwei oder mehrere Dinge demselben Zweck genügen werden, steigt mit der Zahl ihrer gemeinsamen Merkmale.

Relativ spät in der Evolution, nämlich erst bei den höheren Säugern, tritt eine zusätzliche Spezialisierung der Ursachenerkenntnis auf, die im wesentlichen aus einer Um-Projektion derselben hervorgeht. Sobald nämlich die Fähigkeit auftritt, Werkzeuge zu gebrauchen und später auch herzustellen, wird das Ursachenverständnis auch zur Einsicht in *Zwecke*. Die Folge einer bestimmten Tätigkeit mit einem bestimmten Gegenstand wird nach den gleichen Prinzipien gelernt (nämlich denen der Verrechnung sich wiederholender Koinzidenzen), wie wir sie schon von den anderen Hypothesen kennen. Während also zuerst die Ursache im Vordergrund steht, von der auf die Wirkung geschlossen wird, ist beim Werkzeuggebrauch diese Wirkung das Primäre, nach der das geeignete Mittel (als Ursache) gewählt wird. In diesem Sinne ist die Zweckvorstellung zunächst eine Umkehrung der Ursachenvorstellung.

Der Ansatzpunkt zur Erwartung gleicher oder ähnlicher Zwecke ist die Ähnlichkeit der gerade zweckvollen Gegenstände. Diese wird durch die Gestaltwahrnehmung erkennbar, wobei die Zahl und Korrelation der gemeinsamen Merkmale verrechnet wird. Von diesen einfachen Grundlagen entwickelte sich die Hypothese über die Zwecke rasch in komplexere Bereiche. Es könnte sein, daß das Spezifische der menschlichen *Kultur* auf diese Leistung zurückgeht; denn Kultur beruht zumindest primär auf der rationalen Reflexion der Kausalzusammenhänge dieser Welt. Und mit dem Entstehen des Bewußtseins muß schon dem Frühmenschen klar geworden sein, daß Ursachen nicht nur von ihm weg verlaufen (wenn er einen Stein wirft, ein Tier oder einen Rivalen erschlägt usw.), sondern auch umgekehrt auf ihn zulaufen (wenn ein Blitz seine Hütte in Brand steckt, der Nachbar den Stein nun auf ihn wirft, oder was sonst immer geschehen mag). Hier mußte es bald angebracht sein, hinter allem Geschehen Ursachen zu erwarten, unbekannte Kräfte hinter den Jahreszeiten, dem Wetter, hinter Geburt und Tod, schließlich eine letzte Ursache hinter der Welt als ganzer. Von hier ist es nicht mehr weit bis zur Vorstellung einer jenseitigen Welt, in der die Fäden jenes Schicksales geknüpft werden, mit dem der Mensch im Diesseits zu leben hat. Auch der Tod des Mitmenschen mußte bald zu einem unverständlichen Ereignis werden, denn ob der Anblick des verlöschenden Lebens nun Angst, Grauen oder einfach namenlose Trauer erzeugt, wirklich *begreifbar* ist dies alles nicht.

Und wir, die wir angeblich auf- und abgeklärt sind, verbannen den Tod immer noch aus unserem Blickfeld in die Sterbekliniken und zerren ihn in die Geschmacklosigkeit der kommerziellen Selbstbetäubung.

Schon der Neandertaler hatte, wie Fundstellen im Irak zeigen, den Toten Blumen mit ins Grab gegeben, aus dem Glauben offenbar, daß der letzte Zweck dieses Lebens mit dem physischen Tod nicht zu Ende sein könne (R. Solecki 1971). Dies ist der Ursprung der Religion und der Metaphysik.

Aber so wie alle ratiomorphen Erkenntnisprinzipien ist auch die Hypothese der Erwartung von Zwecken nicht an die »Welt an sich« angepaßt, sondern an jenen Mesokosmos[14], der für das Leben von biologischer Relevanz ist. Das wird sofort klar, wenn wir unsere eigenen Zweckvorstellungen untersuchen. Dabei sehen wir, daß am Ende jeder Reihe von Zwecken der Begriff seine Bedeutung verliert. Fragen wir beispielsweise nach dem Zweck der Wirbelsäule. Dieser besteht offenkundig primär in der Funktion als zentrales Stützorgan. Was nun ist dessen Zweck? Sicherlich letztlich der, den Organismus am Leben zu erhalten. Und der Zweck des Organismus? Dieser könnte in seinen Funktionen innerhalb der Art liegen. Deren Zweck wiederum kann nur (mit allen anderen Arten) in der Erhaltung der Biosphäre liegen. Aber welchen Zweck soll nun die Biosphäre haben? Welchen Zweck hat die Erde, das Sonnensystem, das Universum? Wir wissen es nicht. Woher kommt aber dann schließlich der Zweck der Wirbelsäule? Aus dem Nichts[15]?

Es scheint also so zu sein, daß es »letzte Zwecke« nicht gibt, sondern daß dieses Phänomen immer nur in bezug auf bestimmte komplexere Systeme auftritt. Das Element erhält seinen Zweck nur in Hinblick auf das Ganze, in welchem es eine Funktion erfüllt. *Darüber hinaus* existiert kein Zweck und kein »verborgener Sinn«, wenn auch unsere ratiomorphe Erwartung nicht fähig ist, eine solche Grenze zu ziehen. Sie wehrt sich sogar mit emotioneller Heftigkeit gegen diese Grenze, sie entwickelt komplizierte Mythologien und verwandelt manchmal sogar die Wissenschaft in eine solche, um den vorgegebenen Sinn aller Dinge »nachzuweisen«. Die *Erwartung* einer Sache kann aber niemals ein Argument für deren Existenz sein.

Als der französische Molekularbiologe J. Monod (1971) die Konsequenzen aus der gegenwärtigen Naturwissenschaft gezogen und festgestellt hatte, der Mensch habe keinen a priori vorgegebenen Sinn in diesem Universum, sondern müsse sich diesen selbst geben, entstand besonders unter den philosophierenden Biologen ein Sturm der Entrüstung über eine solche Unverfrorenheit. Inzwischen entwickelte sich eine neue Literaturgruppe biophilosophischer Schriften, in der Monod Irrtümer vorgeworfen werden, mangelndes Verständnis der Evolutionstheorie, des Zufallsbegriffes und vieles andere mehr. Man hatte seinem Buch zwei plakative Sätze entnommen und ihm unterstellt, er erkläre alles nur aus dem Zufall; so schrieb man Dutzende Bücher, in denen jeweils der Faktor der Notwendigkeit »erfunden« wurde. Man hätte sich aber diese Mühe sparen können, wenn man Monod genau gelesen hätte.

Ich verteidige ihn hier deshalb, weil er es leider selbst nicht mehr tun kann und es sonst niemand tut. Er war einer der gescheitesten Biologen unseres Jahrhunderts und hat wesentliche Einsichten in den Evolutionsprozeß vorweggenommen (etwa die innere Selektion im Organismus selbst). Ich nenne es daher mit Absicht eine Schande, daß er heute in einer so entstellten Form der Öffentlichkeit präsentiert wird, weil jeder Abschreiber von anderen Abschreibern abschreibt und keiner sich die Mühe macht, das, was er kritisiert, wenigstens zu lesen. Für uns hier ist dies ein deutliches Beispiel dafür, wie darauf reagiert wird, wenn jemand die Grenzen unserer angeborenen Vorstellung des Zweck- und Sinnvollen aufzeigt.

3 Zusammenfassung

Diese kurze Skizze der wesentlichen Prinzipien des ratiomorphen Apparates soll und kann nicht mehr sein als ein erster Hinweis auf die Grundkategorien des angeborenen Erkennens und Denkens. Eine detailliertere Darstellung findet man in R. Riedl (1980 a). Faßt man nun diese Prinzipien zusammen und verbindet sie mit dem, was wir schon im Teil 1 dieses Essays gesagt haben, so erkennen wir den Grundmechanismus des evolutiven Informationsgewinnes. Er besteht aus einem suchenden (heuristischen) Anteil, der sich in der Mutation und später allgemein in der schöpferischen Variabilität äußert, auf der alles Lernen des Neuen beruht, und aus einem konservierenden Prinzip, welches jede neue Information, die sich an der Umwelt bewährt, in das schon bestehende System integriert und zu einem unverlierbaren Besitz der Art macht. Diese beiden Anteile stehen einander antagonistisch gegenüber als Invarianz fördernde und Invarianz verhindernde Mechanismen (vgl. K. Lorenz 1973). Die Synergetik beschreibt die Gesetze des harmonischen Zusammenwirkens der beiden Prinzipien (H. Haken 1982).

Es ist somit die Aufgabe der evolutionären Erkenntnistheorie, das historische Zustandekommen der biologischen *Grundlagen* des menschlichen Erkennens zu erforschen und herauszufinden, welchen *Einfluß* diese Grundprinzipien auf die Vernunft haben. Selbstverständlich können wir damit keineswegs die Vernunft als Ganzes erklären, so wie auch der beste Anatom nicht behaupten wird, er wüßte *alles* über den Menschen. Ich möchte hier deutlich zum Ausdruck bringen, daß unsere Disziplin nur jenen Teil des Denkens und Erkennens zum Gegenstand haben kann, der evolutionär rekonstruierbar ist. Das muß deshalb gesagt werden, weil uns gelegentlich der Vorwurf gemacht wird, wir wollten eine neue Philosophie entwickeln. Selbstverständlich wird immer wieder der Versuch unternommen werden, Konsequenzen aus dieser Forschung zu ziehen, aber diese müssen mit der evolutionären Erkenntnistheorie als biologischer Disziplin nicht immer identisch sein. Auch P. Jordan hat behauptet, aus der Quantentheorie ließe sich der freie Wille »begründen« (durch den sogenannten absoluten Zufall), aber das ist eine, übrigens falsche, private Interpretation, die mit der Physik nichts zu tun hat.

In diesem Sinne möchte ich auch nicht in jenen Chor einstimmen, der jetzt schon unsere Disziplin eine kopernikanische Wende nennt. Vorläufig haben wir ein Konzept entwickelt, von dem wir zwar glauben, daß es nicht völlig falsch ist, aber auf das noch so viel empirische Prüfung wartet, daß ich für meine Person nicht bereit bin, die historische Beurteilung der Sache selbst vorwegzunehmen. Man schreibt auch einem neugeborenen Mädchen nicht ins Stammbuch: »Sie war die schönste Frau von Wien.«

Die evolutionäre Erkenntnistheorie vollzieht gewiß einen *Paradigmenwechsel* gegenüber den traditionellen Positionen, weil der Strukturkern der philosophischen Erkenntnistheorien aufgegeben wird, indem die für das Individuum apriorische Erkenntnis als Lernprodukt seiner

Geschichte aufgefaßt wird. Ob die Einsicht in die Grundkategorien menschlichen Erkennens ein bloß akademisches Interesse bleiben wird oder ob sie uns auch helfen kann, die Fallgruben unserer Vernunft zu umgehen, das mag die Zukunft erweisen. Auf jeden Fall aber wird es sich lohnen, die Biologie des menschlichen Denkens kennenzulernen.

Anmerkungen

1 Um Mißverständnisse zu vermeiden, ist es wichtig, sich vor Augen zu halten, daß mit dem Hyperzyklus *keine* konkrete Vorstufe des Lebens beschrieben wird. Es handelt sich dabei vielmehr um ein theoretisches, mathematisches Modell, welches die Grundbedingungen beschreibt, die für Leben und Evolution allgemein erforderlich sind. (Auch die Thermodynamik beschreibt keine konkrete Dampflokomotive.)

2 Der Ausdruck »abbilden« ist hier, wie immer in diesem Zusammenhang, in einem metaphorischen Sinne zu verstehen. Überall, wo Information über eine Umwelteigenschaft gewonnen wird, entsteht in jenem Sinne ein Abbild derselben, wie Sender- und Empfängersystem in einem Nachrichtenfluß einander abbilden. Das kann in der Natur freilich so weit gehen, daß ein Organismus zu einem tatsächlichen morphologischen Abbild eines anderen wird, wie wir es beispielsweise in den Fällen der Mimikry sehen (W. Wickler 1967).

3 In dem folgenden Beispiel können natürlich nicht alle Bedingungen des Flugmuskels genannt werden, sondern nur jene wenigen, die die Hierarchie des Gesamtsystems zeigen. Eine *umfassende* Analyse solcher Bedingungskonstellationen ist in der Biologie ein außerordentlich mühsames Unterfangen, wie jeder weiß, der jemals versucht hat, ein biologisches Phänomen hinreichend zu erklären. Nach welchen Prinzipien man hier vorzugehen hat, habe ich in einer methodologischen Studie zu diesem Thema beschrieben (R. Kaspar 1980 a).

4 Dieses Lernen am eigenen Erfolg gehört zu den wichtigsten Prinzipien des evolutiven Informationsgewinnes. Besonders klare Beispiele finden wir beim »conditioning by reinforcement« oder etwa in der Wechselwirkung der Entwicklung von menschlicher Kultur und Sprache.

5 Siehe z. B. K. Lorenz (1973), R. Kaspar (1980 b, c).

6 Das hier angesprochene Gebiet der Synergetik, von H. Haken begründet, beschreibt für alle Bereiche der Natur jene Gesetzmäßigkeit, nach der spontan Ordnung und Information entsteht. Wenn der Gesamtzustand eines Systems in ein labiles Gleichgewicht gerät, dann genügt meist schon eine minimale Zufallsschwankung, um das System in einen neuen Ordnungszustand »umkippen« zu lassen, der sich selbst wieder stabilisiert. Man denke etwa an die möglichen Strukturmuster bei Schneekristallen. Aber auch in den komplexen Bereichen unserer Kultur tritt dieser Vorgang des Umkippens von Ordnungsstrukturen auf, beispielsweise in jenen Prozessen, die Th. Kuhn (1967) wissenschaftliche Revolutionen genannt hat. Was K. Lorenz als Fulguration bezeichnet, in der Evolutionstheorie die »großen Sprünge« (z. B. vom Reptil zum Säuger) genannt wird oder die Historiker als Wenden der Geschichte kennen – in all diesen Fällen handelt es sich um einen »Paradigmenwechsel«, also um die relativ plötzliche Entstehung prinzipiell neuer Ordnungszustände (vgl. H. Haken 1982).

7 Man beachte bitte hier besonders, daß wir damit nur die historischen *Bedingungen* der Vernunft beschreiben. Damit ist keine kausale Erklärung der *Entstehung* dieser Vernunft verbunden, weil diese Mechanismen genausowenig die auslösende Ursache der

Vernunft darstellen, wie beispielsweise die Reptilien die »Ursache« der Säugetiere sind.

8 Zahlreiche empirische Beispiele aus der Wahrnehmungspsychologie findet man dazu bei M. D. Vernon (1970).

9 Nicht alle Bausteine der DNA (Nukleotide) sind in diesem Sinne determiniert; es gibt Bereiche, deren morphogenetischen Informationswert wir nicht kennen, andere sind vertauschbar usw. Immer noch aber ist es der größte Teil, dessen Reihenfolge der Nukleotide dem Zufall entzogen ist.

10 Der grundlegende Fehler der behavioristischen Psychologie besteht in ihrem Pseudo-Objektivitätspostulat, welches auf der irrigen Annahme beruht, nur die *meßbaren* Komponenten des Verhaltens seien real. Daraus entstand die Vorstellung der unbegrenzten Machbarkeit aller Verhaltensweisen, weil aus Meßbarkeit Manipulierbarkeit wird und die kindliche Freude am handwerklichen Eingriff in die Natur meist den Umstand übersehen läßt, daß auch dasjenige, von dem man Quantitäten abstrahiert, mindestens ebenso real sein muß wie diese Quantitäten selbst.

11 Es ist eine wesentliche Eigenschaft dieser Gestaltwahrnehmung, daß sie meist nur auf stark vereinfachte Schemata anspricht und nicht auf Details einer Figur. Dies läßt sich dadurch nachweisen, daß man solche Schemata als Attrappen verwendet und ihre Komplexität bis zur Grenze der Reaktion reduziert.

12 Man muß hier der Genauigkeit halber hinzufügen, daß es sich beim Pawlowschen Hundeversuch um eine sogenannte bedingte Aktion handelt, die den bedingten Reflex nur als ein Element enthält. Denn hätte Pawlow seine Hunde von ihren grausamen Fesseln befreit, wäre das gesamte Futterbettelverhalten zutagegetreten und nicht nur die reflektorische Speichel- und Magensaftsekretion. Es geschieht aber oft, daß man am falschen Beispiel das Richtige erkennt.

13 Diese in unserem Rahmen vielleicht unnötig erscheinende Bemerkung über die Beziehung zwischen Theorie und Praxis ist in Wahrheit von grundlegender Bedeutung für unser Verständnis von Wissenschaft überhaupt. Wer sich so oft wie ich anhören muß, daß das, was er tut, »nur Theorie« sei, wird das Ausmaß des Unverständnisses abschätzen können, das bei jenen vorherrscht, die unter Wissenschaft ausschließlich handwerkliche Fähigkeiten verstehen. Zu den besonders tiefschürfenden Begriffsbildungen gehört dann oft der Ausdruck »Arm-chair-philosopher«, so als ob es verpönt sei, in der Wissenschaft auch zu denken. Wer hätte noch nicht unter erhobenem Zeigefinger den alten Spruch gehört: »You have to keep your boots wet!«? Ich möchte aber bezweifeln, daß es in der Wissenschaft genügt, immer nur kalte Füße zu haben. Die unter den sogenannten Praktikern vorherrschende Abneigung gegen die Theorie ist deswegen nichts weiter als naiv, weil keine Praxis ohne *vorherige* Theorie entwickelt werden kann, wenn sie kein Selbstzweck sein soll, der von nichts anderem lebt als von den Steuermitteln einer gutgläubigen Öffentlichkeit. Ich brauche hier keine Lanze für die Theoretiker zu brechen, aber man besuche einmal jene Institute, in denen die sogenannten Wissenschaftler nicht einmal mehr in der Lage sind anzugeben, welchen Zweck ihre von der Gewerkschaft reglementierte Tätigkeit haben soll.

14 Man vergleiche dazu den Beitrag von G. Vollmer, in diesem Band.

15 Solche Grenzen unserer angeborenen Anschauungsformen finden wir in allen anderen Bereichen auch. Glaubt nicht der Roulette-Spieler, daß nach fünf- oder sechsmal Schwarz nun Rot kommen *müßte*, glaubt nicht fast jeder von uns, daß hinter einigen Sternen am nächtlichen Himmel beispielsweise das »Bild« der Jungfrau verborgen wäre, obwohl die Eigenschaften beider doch wohl kaum vergleichbar sind, und glaubt nicht der Astrologe sogar daran, daß solche Sternbilder auch die »Ursache« unseres Charakters sind? Jenseits der Grenze des am Erfolg sich bewähren Müssenden ist unser Erkennen hilflos und blind. Hier öffnet sich das Feld des harmlosen und des gefährlichen Humbugs, und von dieser unserer Schwäche leben nicht nur die Spielban-

144

ken und Astrologen; die ideologische Roßtäuscherei, die man in manchen »wissenschaftlichen« Werken ebenso finden kann wie in manchem, was die jeweils mächtigste Lobby uns als Kunst einreden möchte, in der Propaganda ganzer Völker, in der internationalen Diplomatie ebenso wie bei den »Großen« der Weltgeschichte, also von Alexander über Nero, Hitler, Stalin, den Ayatollahs der Gegenwart bis zur Erbärmlichkeit jener »gerechten Kriege«, die so häufig sind: Dies alles beruht auf der präzise eingesetzten kollektiven Verdummung der Menschen, die so lange erfolgreich sein wird, als wir unsere eigene Vernunft nicht verstehen, sondern uns von den Scharlatanen dieser Welt wie Marionetten bewegen lassen. Wir müssen vom Pantoffeltier über die Graugans bis zum Schimpansen lernen, wie Erkennen funktioniert. Und wir müssen es *genau* lernen, wenn nicht später über uns gesagt werden soll: Sie waren genauso dumm wie diese.

Rupert Riedl *Evolution und evolutionäre Erkenntnis – Zur Übereinstimmung der Ordnung des Denkens und der Natur*

Überraschend schnell hat unsere evolutionäre Erkenntnistheorie Anklang gefunden. Ihr Kernstück ist es, die Ordnungsmuster unseres Denkens als ein Selektionsprodukt an den Ordnungsmustern der Natur zu betrachten [1]. Wenn man dies anerkennt, so ist wohl die Frage legitim, was denn diese sehr bestimmten Ordnungsmuster in der Natur verursacht hätte. Das aber wußte ich, Jahre bevor ich der Übereinstimmung dieser beiden Muster begegnete [2]: also bevor ich auf das Problem der stammesgeschichtlichen Grundlagen unserer Vernunft aufmerksam wurde.

Getrennte Zugänge

Zum Unterschied von Konrad Lorenz und noch mehr von Karl Popper war mein Zugang zur Evolution der Erkenntnisprozesse nicht die Evolution des Verhaltens oder der Forschung. Mein Zugang wurde durch das Studium der Evolution der anatomischen Strukturen, der somatischen Evolution der Organismen eröffnet. Die Unstimmigkeiten zwischen unserem Lehrbuchwissen und den Phänomenen der Morphologie sowie der Makro-Evolution oder Cladogenese hatten mich beschäftigt und denselben Komplex von Fragen von ganz anderer Seite aufrollen lassen.

Diesen Vorgang will ich im folgenden schildern. Seine historische Bedeutung mag bescheiden sein. Der Umstand jedoch, daß die ersten Schritte ins unerforschte Land der Stammesgeschichte unserer Vernunft unabhängig und von ganz verschiedenen Richtungen aus erfolgten, ist für das System der wechselseitigen Bestätigung in der Entwicklung der Wissenschaften von Interesse.

Ich werde, um diesen Hergang darlegen zu können, auch Nichtpubliziertes und Persönliches zu entwickeln haben, wo der Leser fachlicher

Schriften gewohnt sein mag, den Autor im Hintergrund seiner Fakten ganz verschwinden zu sehen. Kurz, ich muß den Stil des Fachartikels dort verlassen, wo wir uns so verhalten, als gebe es den Autor nicht; selbst so, als gebe es nur Druckwerke, und zwischen diesen keine Freiräume menschlicher Ratlosigkeit, Sackgassen und Fallgruben der Forschung. Und daß es nicht mein Selbstwertgefühl sein kann, das mich veranlaßt, hier von meiner persönlichen Denkwelt zu reden, wird man daran erkennen, daß die Schilderung meiner Unkenntnisse und Irrungen mehr Erklärungswert wird bieten können als die geglätteten und von Widersprüchen schon gesäuberten Ergebnisse, wie sie ja als Publikationen alle zur Verfügung stehen.

Thomas Kuhn hat die Vorgänge, die mit dem Wechsel eines Paradigmas, einer Theorie oder eines Weltbildes einhergehen, überzeugend dargestellt. Und ich kann seine Sicht, wenn auch aus einem anderen Forschungsbereich, an dessen Wandel ich beteiligt war[3], ganz bestätigen. Die Übergänge haben etwas Sprunghaftes, Revolutionäres. Zu den für mich aber noch immer ganz undurchsichtigen Phänomenen zählt der Umstand, daß sich manche Einsichten wie ein Lauffeuer verbreiten, während andere zunächst totgeschwiegen werden, dann bis aufs Messer bekämpft, um erst nach solch quälender Prozedur als selbstverständlich genommen zu werden[4]. Man vergleiche den Lebensgang Ludwig Boltzmanns mit dem von Charles Darwin. Oder man frage sich nach dem Hergang der Evolutionstheorie, hätte es nicht Darwin, sondern nur Alfred Russell Wallace gegeben[5].

Urteile und Vorurteile

Der Leser verdient es, ein unbestechliches Bild zu erhalten und dennoch mit meiner Person nicht belastet zu werden. Ich muß darum Einblick in meine Vorurteile geben, ohne ausführlich zu werden.

Zoologen haben, wie ich glaube, zwei alternative Zugänge zu ihrem Fach. Die einen kommen vom Wahrnehmen des Problems Leben, die anderen von der Wundersicht der Mannigfaltigkeit. Ich zähle zu den letzteren. Das Problem, das mir als erstes begegnete, entsprach der Sicht Ludwig Plates[6]. Manche betrachten ihn als verkappten Lamarckisten. Und da ich von den Konsequenzen der Auseinandersetzung um die Evolutionsmechanismen nichts wissen konnte, war ich das wahrscheinlich selbst auch. Daß die Selektion wahlloser Zufallsprodukte das natürliche

System der Organismen nicht erklären konnte, blieb eine Grundfeste meiner Opposition während meines Studiums[7].

Von den prägenden Erlebnissen, die mich zu dem Irrtum führten, die Lehrbuchweisheit ganz beiseite lassen und den Weg allein gehen zu können, darf hier nur eines berichtet werden. Früh in meinem Studium wurde als Attraktion die erste Gen-Karte der *Drosophila* angekündigt. Von ihr erwartete ich, oder ich deutete mir die Genetik-Vorlesung jedenfalls so, als ob diese Anordnung der Gene auf den Chromosomen den Schlüssel oder den tiefsten Grund des Wunders organischer Ordnung enthalten müßte. Heute noch steht mir das Entsetzen vor Augen, das mich faßte, als sich diese Aufreihung der Erbmerkmale als völlig chaotisch erwies: Augenfarben, Krüppelbeine, Flügeladern in närrischer Mischung. Dies, so entwickelte ich mein nächstes Vorurteil, konnte der Weg zur Erkenntnis organischer Gestaltung am wenigsten sein[8].

Die Gründe organischer Gestalt mußten also aus der vergleichenden Anatomie, der Morphologie hervorgehen; ferner aus ihren Funktionen. So wandte ich mich den Lebensbedingungen der Ökologie zu. Es zeigte sich jedoch, daß die Mehrzahl der Strukturen aus ihrer Funktion nicht zu verstehen waren[9]. Ihre Geschichte mußte betrachtet werden. Damit jedoch war ich nach zwanzig Jahren wieder an der Ausgangsfrage: Um das Gesetzliche einer Geschichte prüfen zu können, bedarf es einer konsistenten Theorie. Diese aber, so war ich überzeugt, besitzen wir nicht. Sie mußte also als nächstes entwickelt werden.

Die Evolutionstheorie

Mein Ansatz war das Selektionsphänomen; ich sah ein Selektionsprinzip voraus, welches sich von der darwinistischen Selektion am Milieu so unterscheiden mußte wie die Betriebsorganisation von der Marktselektion. Ein Essay von mir aus dem Jahre 1966 hatte den Titel »Korrelative Selektion«. Meinen Kollegen, wie damals noch einigen meiner Lehrer, bescherte ich damit nur peinliche Ratlosigkeit. Der Essay wurde nie veröffentlicht. Das war ebenso glücklich wie der Umstand, daß ich nicht bemerkte, wie ich hier gegen meine akademischen Blutsverwandten vorging, die, wie ich, ohne molekulare Genetik ihr Evolutionskonzept vertraten.

Mein zweiter Ansatz gehört in meine Lehrjahre in den USA. Und hier erst begann ich zu ahnen, wie weit das, was man für einen solchen Vorgang wissen mußte, von dem entfernt war, was man in modernen Ländern unter moderner Biologie verstand. Die Konfrontation mit der zeitgenössischen Genetik war nun unvermeidlich. Aber sie koinzidierte mit James Watsons »Double helix«, dessen Weise fortzuschreiten ich abstoßend fand[10]. Ich blieb beim morphologischen Ansatz, ich versuchte die Synthese von Adolf Remanes Kriterien der Homologie[11]. Sie löste sich als Wahrscheinlichkeitstheorem. Das ließ zweierlei zu. Zum einen wurden die Gründe einiger der Grundmuster der organischen Ordnung klarer, zum anderen begriff ich die präzise Faßbarkeit der Wahrscheinlichkeiten der Homologien nach der Anzahl der bestätigten Prognosen. Der Fachmann wird darin die ›Wiederentdeckung‹ des Bayesschen Theorems[12] erkennen. Ich erkannte das nicht (sowenig wie meine Kollegen oder die Rezensenten meiner nun folgenden Bücher).

Meine Versuche koinzidierten ferner mit der ersten, starken Ausbreitung der ›Numerischen Taxonomie‹, deren irreleitenden Ansatz ich, wenn auch nur instinktiv, doch, wie ich heute weiß, zu recht vorausgeahnt hatte. Man mißtraute dem Homologietheorem und versuchte es zu umgehen[13]. Die numerische Taxonomie lag in ihrer ersten Auseinandersetzung mit den schon Konservativen der Moderne, den Vertretern der ›synthetischen Theorie‹ der Evolution, prominent repräsentiert durch Theodosius Dobzhansky, George Gaylord Simpson und Ernst Mayr. Mayr klagte ich, daß das Homologiekonzept, überhaupt die Morphologie in den USA unbekannt seien, und führte dies darauf zurück, daß Adolf Remanes Hauptwerk nie ins Englische übertragen worden war. Eine Art missionarischen Eifers trieb mich wohl. Aber Mayr tat Remane mitsamt der ganzen Morphologie seit Goethe als Philosophie des Deutschen Idealismus ab[14]. Ich wußte aber schon genug, um zu erkennen, daß das nicht richtig sein konnte.

Mein zweiter Essay, nun englisch, »The Cause of Living Order« teilte das Schicksal des ersten. Tiefgehende Freundschaft bewahrte mich vor dem Bruch mit manchen kopfschüttelnden Kollegen. Im Prinzip aber wußte ich Bescheid. Die Wahrscheinlichkeit der Adaptierungschancen oder die Ökonomie des evolutiven Umgehens mit kostbarer genetischer Information ließ das Entstehen von vier Grundmustern organischer Ordnung erklären: Norm, Interdependenz, Hierarchie und Tradierung. Und diese erklären die Homologien, die Bahnen der Cladogenese und die Natur des natürlichen Systems nebst einer Fülle von Phänomenen, welche nach der ›synthetischen Theorie‹ der Erklärung entbehren[15] – unter diesen oft zitierte und so offensichtliche Zusammenhänge wie die des Haeckelschen Gesetzes.

Die Erkenntnisfragen

Aber erst nach meiner Rückkehr nach Wien, als ich den Gegenstand als Buch »Die Ordnung des Lebendigen« verfaßte, trafen drei Erfahrungen zusammen, die mir meine ›Systemtheorie der Evolution‹ abzuschließen verhalfen und mich gleichzeitig mit dem Problem der Stammesgeschichte unserer Vernunft konfrontierten.

Zunächst ergab das Studium, daß die Wahrscheinlichkeit der Homologien und damit der Ordnung der Baupläne, wie des Systems der Organismen, aus den Erfolgswahrscheinlichkeiten der Gen-Wechselwirkungen verstanden werden konnten. Gene, die für Bauteile codierten, welche in funktionelle Wechselabhängigkeiten traten, mußten dann beträchtliche Vorteile in der Anpassungsgeschwindigkeit gewinnen, wenn sie selbst, durch den Zufall der Mutationen eine Wechselabhängigkeit gewannen. Und wird die Verflechtung dieser Gen-Wechselwirkungen, wie zu erwarten, sehr umfangreich, dann wird auch die Aussicht auf Entflechtung nur mit Hilfe des Zufalls verschwindend gering. Die Beständigkeit der Ordnung der Homologien und der Baupläne, der Entwicklungsbahnen wurde kausal verstehbar[16].

Zu diesen Ordnungsmustern zählt auch ein besonders auffallendes. Dies ist, wie erinnerlich, das der Hierarchie. Es ist ein Ordnung-in-Ordnung-Prinzip, wobei jedes System Subsysteme enthält und selbst wieder mit anderen, gleichrangigen Systemen in eine Serie von Supersystemen eingebettet ist. Zu den weiteren Eigenschaften einer solchen hierarchischen Ordnung zählt, daß jedes System durch seine Untersysteme seinen Inhalt und nur innerhalb der Hierarchie seiner Obersysteme seinen Sinn, Zweck oder seine Bedeutung erhält. So hat der Atlaswirbel nur im System der Halswirbelsäule, der Wirbelsäule, des Skeletts, des Bewegungsapparates eines Wirbeltieres seinen Zweck. So sind die speziellen Baumerkmale des Menschen nur im Rahmen der Hominiden, der Primaten, Säuger, Vierfüßer und Wirbeltiere sinnvoll.

An dieser Stelle war es mein Freund Bernhard Hassenstein[17], der mich auf eine wesentliche Übereinstimmung kritisch aufmerksam machte: Die Ordnung, die ich in der Natur zu sehen meinte, entspricht unserer Denkordnung. Und die Möglichkeit war nicht von der Hand zu weisen, daß ich meine Denkordnung in die Natur projizierte, weil ich, in Ermangelung einer anderen, die Welt auch nicht anders denken konnte. Diese alternative und durchaus einleuchtende Hypothese hätte meine Theorie auslöschen müssen. Aber ich besaß nun schon ein so großes Material an Problemen aus Morphologie, Cladogenese und Systematik, das sich jedem anderen Erklärungsversuch entzog. Und ich hatte das Modell einer kausalen Erklärung. Hassensteins Alternative konnte zwar dieses ganze Arsenal überdecken, aber woraus hätte man nun eine hierarchische Denkordnung erklären sollen?

Bald zeigte es sich, wie recht Hassenstein mit seinem Vergleich hatte. Das riesige Arsenal unserer Kategorienbegriffe kann lediglich hierarchisch gedacht werden. Der Begriff ›Apfel‹ beispielsweise erhält seinen Inhalt tatsächlich nur aus der Serie seiner Unterbegriffe, und er verliert seinen Sinn, nimmt man ihn nur aus einem seiner Oberbegriffe heraus: den Baumfrüchten, Früchten, Pflanzen, Organismen. Die Übereinstimmung zwischen Denk- und Naturordnung erwies sich als so groß, daß der Zufall als Erklärung nicht in Betracht kommen konnte. Eine mußte die Ursache der anderen sein.

Nun aber war die Naturordnung selbst begründbar; die Denkordnung war das nicht. Man konnte, wie es schon Ernst Mach getan hatte[18], ein Prinzip der Denkökonomie ins Treffen führen. Jedoch warum sich derart spezielle Eigenschaften aus jener hätten herausbilden sollen, das blieb unsichtbar. Wenn die beiden Muster aber Ursache füreinander sein konnten, warum sollte dann nicht das ältere Muster die Ursache des jüngeren sein? Die Denkordnung konnte ein Selektionsprodukt an der Naturordnung sein. Dann galt sogar das Ökonomieprinzip in einer höheren Form. Das ökonomischste Verfahren, einer Welt von Erscheinungen möglichst viel zu entnehmen, mußte dem Verfahren folgen, welches diese Welt von Erscheinungen selbst gegliedert hat. Die Denkordnung war als ein Selektionsprodukt an der Naturordnung zu verstehen!

Mit diesem Zustand der Theorie koinzidierte das Erscheinen von Konrad Lorenz' »Die Rückseite des Spiegels«. Und damit wurde meine Selektionshypothese selbst begründet in einer umfassenden Theorie, die nun aus der Lehre vom Verhalten abgeleitet war. Heute weiß der Kenner der Literatur, daß Lorenz das Grundkonzept in »Kants Lehre vom Apriorischen im Lichte gegenwärtiger Biologie« schon vor einer Generation (1941) veröffentlicht hat. Und schon dort hätte ich lesen können, daß unsere angeborenen Anschauungsformen wohl aus demselben Grund in diese Welt passen wie die Flosse des Fisches ins Wasser, noch bevor er aus dem Ei geschlüpft. Aber ich kannte die Arbeit nicht. Diese Denkrichtung hatte auch keine Fortsetzung gefunden. Weit schien mir die Verhaltenslehre von meinem morphologischen Problem. Und noch ferner »Die Blätter für Deutsche Philosophie«, in welchen die Arbeit erschienen war[19].

Die Kenntnis dieser Arbeit hätte mir einen beträchtlichen Umweg erspart. Doch für die Festigung der evolutionären Lehre von der Erkenntnis betrachten wir es heute als einen Gewinn, die Wege getrennt gegangen zu sein[20]. Denn, wie schon erwähnt, nicht nur ich, Konrad Lorenz ist seinerseits den Weg seiner Erkenntnis auch wiederum unabhängig von jenem Sir Karl Poppers gegangen[21]. Eine Einsicht auf drei voneinander unabhängigen Wegen gewonnen zu haben, so meinen wir, muß beträchtlich zur Wahrscheinlichkeit einer Übereinstimmung zwischen Theorie und hypothetischer Realität beitragen.

Natur und Denken

Nun sahen die Dinge anders aus. Alle vier Grundmuster der Organisation wie der Verwandtschaft der Organismen hatte ich in der »Ordnung des Lebendigen« als Denkmuster wiedergefunden. Und ich hatte gezeigt, daß wir weder ohne die Ordnungsform der Norm noch die der Interdependenz, der Hierarchie oder der Tradierung zu denken vermögen. Meine Lösung, die Übereinstimmung könne sich nur als Selektionsprodukt erklären, fand nun von ganz anderen Seiten ihre Bestätigung.

Denn durch Lorenz' »Rückspiegel«, wie die »Rückseite des Spiegels« im Laborjargon bald hieß, wurde ich auch auf Popper und Donald Campbell und von diesen wieder auf Bernhard Renschs und Hans Mohrs Beiträge zum evolutionären Konzept der Erkenntnis aufmerksam[22]. Ich konnte auf diese Literatur zwar nur mehr in (einem Dutzend) Fußnoten verweisen. Aber was noch mit Zurückhaltung in meinem Text gesagt werden mußte, weil die verglichenen Muster zu weit auseinanderlagen, nämlich in den Gebieten der Morphologie hier und denen der Denkpsychologie und der Sozialwissenschaften dort – durch die Verhaltens- und Erkenntnislehre wurden diese Muster verbunden.

»Denn wiewohl ich weiß«, sagte ich zum Phänomen der Normen, »wie vorsichtig mit der Verschiffung von ›Weisheit‹ zu Kontinenten völlig anderer Komplexität zu verfahren ist, die alte Frage ist ja wieder mit uns: Wie sollen wir uns nun die Koinzidenz der organischen und zivilisatorischen Normen erklären? Ein Zufall? Wir wissen bereits, daß vom Zufall als Ordnungsbaumeister dann das meiste zu halten ist, wenn er die geringste Freiheit hat. Und wenn das normative Denken als eine Konsequenz des normativen Evolutionsergebnisses zu erklären ist, sollten wir dann nicht erwarten, daß das Normative der Zivilisation auch eine Konsequenz unseres normativen Denkens ist; jenes Denkens, das sie ja geschaffen hat?« In der Fußnote kann unter Berufung auf Lorenz' »Rückspiegel« bestätigt werden, »wie ich es meinem eigenen Text unterlegte, daß wir hier mit echten Zusammenhängen rechnen müssen«[23].

Ferner: »Die Realität der Hierarchiemuster in der Natur schließt aus, daß es sich um eine Projektion des Denkens handelt, und der Umfang der Koinzidenz, daß diese auf den Zufall zurückgeführt werden könnte. Wenn nun nur mehr ein ursächlicher Zusammenhang angenommen werden kann, das Denkmuster aber nicht Ursache des Naturmusters sein kann, so muß das Hierarchiemuster der organischen Strukturen die kausale Ursache des hierarchischen Denkmusters sein.«[24]

Zum Interdependenzmuster in der Natur, das sind die Wechselabhängigkeiten, die nicht beliebige Kombinierbarkeit der Merkmale, heißt es: Da es »ganz unwahrscheinlich ist, daß es sich um die Projektion unseres in Interdependenzen funktionierenden Denkens handelt, ... wird auch dieses wieder ein Produkt der Evolution sein«[25].

»Und die Koinzidenz von Natur- und Denkmustern« schließlich der Tradierung, der Weitergabe durch Vererbung oder durch Tradition, kann »wieder nur aus jenen Lektionen erklärt werden, welche die tradierende Ordnung der selektiven Evolution unseres Gehirnes erteilt hat«. Schließlich in der Fußnote (32): »Erinnern wir uns auch nochmals daran, daß diese Konsequenz, die wir aus den Fakten der vergleichenden Anatomie ein viertes Mal zu ziehen haben, ganz unabhängig auch von Lorenz (1973) gezogen wurde; aus den Fakten verglichenen Verhaltens.«[26]

Kurz, die Entstehung der Denkmuster als Selektionsprodukt an den Naturmustern schien mir bereits eine ausgemachte Sache. Und das Problem der ›Isomorphie‹, von dessen Existenz ich, wie ich zugeben muß, damals gar nichts wußte, war bereits gelöst[27]. Dies ist das philosophische Problem einer Begründung der Übereinstimmung der Denkmuster mit der Natur. – Was mich beschäftigte, war vielmehr die Frage, warum es gerade vier Grundmuster wären und in welchem Zusammenhang sie stünden. Bei dieser Untersuchung zeigten sich Symmetrien zeitgleicher (simultaner) und zeitfolgender (sukzedaner) Abhängigkeiten identischer wie nicht-identischer Strukturen.

Ein System von Hypothesen

Man erinnerte sich, daß meine Fragestellung die Evolutionstheorie betraf und daß ich eine konsistentere Theorie mit größerem Erklärungswert aus den »Systembedingungen der Evolution« gewann oder doch zu gewinnen beabsichtigte. Denn die selbstverständliche Art meiner Ausdrucksweise ruhte bislang nur auf den sogenannten Fakten, auf meiner Überzeugung und der meiner Schüler. Die Biologen schwiegen noch[28]. Wir gingen davon aus, daß man der Theorie, die Denkmuster als Selektionsprodukt an den Naturmustern auszulegen, rasch folgte, nicht aber jener Theorie, welche den Ursprung der Naturmuster erklärt.

Wenn nun auch die Theorie der Naturordnung noch nicht in den Rang einer ›sozialen Wahrheit‹ aufgestiegen war, die Fortsetzung meines Fragestellens konnte das nicht betreffen. Und die nächste Frage lag auch schon auf der Hand: Wenn unsere Denkmuster ein Produkt unserer Stammesgeschichte waren, so mußte man zeigen können, wann und in welcher Reihenfolge sie unseren Vorfahren eingebaut wurden.

Nun wird man angesichts einer solchen Absicht den Einwand erheben, daß uns das Verhalten unserer stammesgeschichtlichen Vorläufer nicht mehr zugänglich ist. Das ist zwar im Prinzip richtig. Die vergleichende Methode, allen voran die Methode der vergleichenden Anatomie und der Phylogenetik, hat aber längst einen Ausweg der Praxis entwickelt. Sie arbeitet mit dem Aktualitätsprinzip und mit rezenten Arten. Das bedeutet anzunehmen, daß das, was einer Stammes- oder Verwandtschaftsgruppe gemeinsam ist, auch deren gemeinsamen Vorfahren gemeinsam gewesen sein muß. Diese Methode hat sich widerspruchslos bewährt. Wir stellen mit ihr beispielsweise fest, daß ein bestimmter Augenreflex, zeigt er vom Hai bis zum Menschen stetig dieselbe Leistung und Bahnung, allen unseren gemeinsamen Vorfahren eigen gewesen sein muß. Schließen seine Gleichheit bei Tausenden von Arten und seine Komplexität den Zufall mehrfach unabhängiger Entstehung aus, so ist die Bildung homolog und muß mindestens so alt sein wie unser letzter gemeinsamer Vorfahr. Das war an der Abzweigung der Knorpelfische (vor über 400 Jahrmillionen) von der Serie Knochenfische – Vierfüßer – Säuger – Primaten – Mensch.

Verfolgt man diese Geschichte der Organismen weit zurück, so findet man, im Hinblick auf ihre Weise, sich anzupassen – wir können auch sagen: lebenserhaltende Information aus dem für sie relevanten Milieu zu gewinnen – ein grundsätzliches Prinzip. Man kann es eine Re-Etablierung des Etablierten nennen. Übersetzt in unsere Vorstellungswelt entspricht ihm die Erwartung, mit dem einmal Erfolgreichen wahrscheinlich am ehesten wieder Erfolg haben zu können. In der Sprache der Biologie ist dies die ›identische Replikation‹, die Vermehrung durch eine den Eltern möglichst gleiche Nachkommenschaft. Aber schon diese Erwartung ›rechnet‹ (wie wir uns ausdrücken) nur mit Wahrscheinlichkeiten, mit Erfolgen im Durchschnitt, nicht mit irgendwelchen Gewißheiten.

Hierin bildet das Lebendige bereits zwei sehr grundsätzliche Eigenschaften seiner Welt ab. Zum einen das Gleichbleiben der Naturgesetze, zum anderen aber die relative Ungewißheit von deren Auftreten. Es »rechnet« beispielsweise damit, daß ein Zuckermolekül auch noch morgen jene Eigenschaften haben wird, auf welche es sich bislang mit Erfolg eingestellt hatte. Aber das Lebendige ist nicht minder auch darauf eingestellt, daß nicht gewußt werden kann, wann das nächste Zuckermolekül, in den Gefällen durch Diffusion und die Stöße molekularer Wärmebewegung, daherkommen werde. Es weiß zwar: Das bewährte Milieu oder Futter, der bewährte Unterschlupf oder Fluchtweg werde sich finden lassen; nur wann und wo, bleibt ungewiß.

Das Lebendige kompensiert diese Unsicherheit mit einer Repetier- oder Schrotschußmethode. Läßt sich's nicht sagen, ob der Lebensweg des identischen Nachkommen Erfolg haben werde, so werden doch einige Lebenswege vieler Nachkommen Erfolg haben. Läßt sich das Futter oder der Unterschlupf an der angezielten Stelle nicht finden, so sorgt ein erblicher Appetenz-, ein Begehr-Erfüllungs-Mechanismus dafür, die Suche nur um so intensiver fortzusetzen. Wie fest diese triebhafte Erwartung in den Organismen verankert ist, kann man an manchen Zootieren beobachten, die noch immer, den Ausweg suchend, an den Gitterstäben entlangpendeln, obwohl die Jahre der Gefangenschaft, sollte man meinen, von der Ausweglosigkeit der Suche hätten überzeugen können. Aber auch wir hegen selbst in aussichtslosen Situationen eine rational nicht gerechtfertigte, jedoch lebenswichtige Hoffnung – wie wir es ausdrücken: Wir warten auf ein Wunder.

Die Erwartung, mit Wahrscheinlichkeiten rechnen zu können, ist uns vererbt worden; sie ist eine der fundamentalsten der angeborenen Formen unserer Anschauung. Sie ist Teil unseres ratiomorphen Apparates[29], unserer nichtbewußten Entscheidungshilfen, wir können auch sagen: unseres gesunden, unreflektierten ›Hausverstandes‹, und damit eine der stammesgeschichtlichen Grundlagen unserer rationalen, bewußten oder reflektierenden Vernunft. Diese ratiomorphe Wahrscheinlichkeitserwartung enthält zuletzt zwei entscheidende Eigenschaften. Erstens steuert sie die Entscheidung, zwischen Zufall und Notwendigkeit zu unterscheiden, und damit das Interesse aller höheren Organismen, wie aller Menschen, nämlich sich einer möglichen Gesetzlichkeit mit Aufmerksamkeit, Neugierde, Forschung zuzuwenden oder aber von der Sache abzusehen. Zweitens erweist sie sich, und zwar meist zu unserem Vorteil, als rational unbelehrbar.

Ein Beispiel möge das illustrieren. Welche Zahlenfolge hat beim Würfeln die größere Wahrscheinlichkeit: 2-5-2-6 oder 6-6-6-6? Die rationale Kontrolle sagt uns: Sie haben dieselbe, alle Zahlenfolgen haben dieselbe Wahrscheinlichkeit. Sie beträgt stets $\frac{1}{6}$, potenziert mit der Zahl der Fälle[30], hier also $(\frac{1}{6})^4 = \frac{1}{1296}$. Wäre dies ausschließlich so, so könnten wir Schwindel von ehrlichem Würfelspiel nicht unterscheiden, Absicht oder Gesetzlichkeit nicht vom Zufall trennen. Würde unser Gegenspieler in einer Wettsituation stets die gewinnende Sechs werfen, wir wären bald davon überzeugt, daß es hier mit ›rechten Dingen‹, also mit dem Zufall nicht zugeht. Regelmäßige Bestätigung unserer Prognose (Re-Etablierung des Etablierten; hier das Fallen der Sechs) läßt uns ratiomorph das Herrschen von Gesetzlichkeit erwarten; je öfter um so gewisser.

Man kann dies eine ›Hypothese vom anscheinend Wahren‹ nennen. Sie enthält die Erwartung, daß sich gemachte Erfahrung unter gleichen Bedingungen wahrscheinlich prognostizieren und durch Wiedereintreten bestätigen lassen werde.

Das Vergleichen

In derselben Weise entwickelte ich aus den Bedingungen der Evolution drei weitere Vorgänge des Informations- oder Erkenntnisgewinns der Organismen. Drei weitere Hypothesen des Lebendigen ließen sich als die ratiomorphen Vorbedingungen vernünftigen Handelns darlegen.

Und zwar im Rahmen eines interdisziplinären Seminars zur »Theorie der Naturwissenschaften«[31]. Ich werde darauf zurückkommen.

Ein zweites solches ›Erkenntnisprinzip‹ des Lebendigen ist nicht minder grundsätzlich und von vergleichbarem Alter. Es beruht darauf, das Ungleiche im Ähnlichen wegzulassen. In ihm spiegeln sich zwei weitere Struktureigenschaften dieser Welt, daß sich nämlich ihre Zustände und Ereignisse, zwar oft, häufig beliebig oft und ähnlich, aber nie völlig identisch wiederholen; seien es Sandkörner, Wogen, Tannen, Singstrophen der Meise, Violinen oder Menschen.

Dieses Weglassen des Ungleichen, dieses Gleichmachen, entspricht jenem Vorgang, welchen wir als Abstraktion erleben. Wir kennen sein Ergebnis jedoch schon von den angeborenen Verhaltensprogrammen der Einzeller. Das Prinzip wird daher ein bis zwei Jahrmilliarden alt sein. Der Ausweichreflex des Pantoffeltieres ist ein oft zitiertes Beispiel. Trifft das Vorderende auf einen Widerstand, so wird der Wimpernschlag umgekehrt, das Tier fährt kurz zurück, um nach einer Wendung seine Bahn fortzusetzen. Alles, was Hindernisse unterscheiden mag, wird fortgelassen. Alles, was ihnen gemeinsam ist: Undurchdringbarkeit, fixe Lage und begrenzte Ausdehnung, ist in diesem abstrakten Programm berücksichtigt.

Aller genetische Lernerfolg folgt diesem Prinzip, hinauf bis zu den komplizierten Hierarchien der Instinkte höherer Organismen und den sogenannten AAM, den angeborenen Auslöse-Mechanismen. So wird beispielsweise das Weibchen von einem Vogelmännchen ausschließlich an dem für die Art kennzeichnendsten und stetigsten Farbfleck erkannt. Alles Variierende wird zur Sicherheit und Vereinfachung weggelassen.

In ganz entsprechender Weise operiert unser individuelles, unreflektiertes Lernen. Man halte sich vor Augen, was, etwa nach einer Waldwanderung, von den Tausenden von Fichten und Buchen, welche die Netzhaut mit allen Einzelheiten abgebildet hat, im Gedächtnis verblieben ist; neben einigen ungewöhnlichen Eigentümlichkeiten findet sich nur mehr der Typus: ›die Tanne‹ und ›die Buche‹.

Man kann dies eine ›Hypothese vom Ver-Gleichbaren‹ nennen. Sie enthält die Erwartung, daß das Ungleiche im Ähnlichen weggelassen werden dürfte; und daß Ähnliches auch in seinen noch nicht wahrgenommenen Eigenschaften ähnlich sein werde.

Dies erklärt nun, mit welcher Selbstverständlichkeit wir die Gegenstände unserer Wahrnehmung normieren, normierte Vorstellungen und

Begriffe bilden und Normen in unserer Zivilisation etablieren. Es läßt erkennen, warum wir mit Koinzidenzen, selbst noch nicht wahrgenommener Merkmale, rechnen; daß die Systeme unserer Begriffe, wie die Systeme in der Natur, eine hierarchische Anordnung zeigen; und daß wir ohne diese Anleitung gar nicht denken können. – Dem Denkprinzip der Tradierung werden wir noch begegnen.

Die Ursachen

Ein drittes Prinzip spiegelt die Zeitfolge, die zumeist nicht beliebige Abfolge von Zuständen oder Ereignissen in der Natur. Daß alle physiologischen Prozesse jener Zeitfolge entsprechen, wird selbstverständlich erscheinen. Beim angeborenen Abwehrreflex des Säuglings ist eine solche Leistung schon auffallender. Führt man einem Säugling einen Film vor, einen Ball zeigend, welcher in scheinbarem Kollisionskurs auf ihn zukommt, so wird er sofort die Arme in Abwehrstellung bringen.

Auch das individuelle Lernen folgt diesem Prinzip; beginnend mit der bedingten Reaktion. Dem Hund muß nur regelmäßig genug die Futterglocke geläutet werden, damit er bald, wie wir uns ausdrücken, die Glocke für die Ursache des Futters halten wird. Jedenfalls vollführt er vor ihr sein ganzes Repertoire sozialen Futterbettelns[32].

Bei uns Menschen kann schon eine einzige Koinzidenz genügen, um uns sogleich und unreflektiert einen notwendigen Zusammenhang zu suggerieren. Man braucht nur einen zerbrechlichen Gegenstand rasch anzufassen und gleichzeitig ein Knacken zu hören, und man wird sofort befürchten, etwas zerbrochen zu haben.

Aber noch weitergehend: Wir setzen beispielsweise angesichts einer Packung mit gleichen Schrauben oder mit Streichhölzern unbedenklich voraus, daß die Schrauben bzw. die Streichhölzer jeweils einem einheitlichen Herstellungsverfahren entstammen, wonach z. B. in einer Packung mit Schrauben kein Streichholz vorkommen darf, und umgekehrt. Und dies tun wir, auch wenn wir noch keine der Produktionsmaschinen gesehen haben; wiewohl wir uns irren, sogar betrogen finden können. Doch braucht man diese Denkanleitung nur umzukehren – von gleichen Dingen sofort auf ungleichen Ursprung zu schließen –, und man wird die Unwahrscheinlichkeit, ja die Absurdität einer solchen Gegenannahme erkennen.

Kurz, man kann eine ›Hypothese von den Ur-Sachen‹ erkennen. Sie enthält die Erwartung, daß Koinzidenzen meist in einem Zusammenhang stehen, daß ihre Wiederholung dies bekräftigt; und daß gleiche Zustände oder Ereignisse dieselbe Ursache und Folge haben werden.

Das Zweckvolle

Das letzte dieser vier Prinzipien unserer Denkanleitung sortiert gewissermaßen die Richtung, aus welcher eine Ursache ihre Wirkung ausübt. Es ist stammesgeschichtlich das jüngste; vielleicht nicht älter als die ersten Formen der Reflexion, der Frühformen des Bewußtseins, der Repräsentation des Raumes im zentralen Nervensystem. Mit der Darlegung dieses Prinzips schloß ich damals meinen Beitrag im interdisziplinären Seminar.

Diese letzte unserer ratiomorphen Denkanleitungen, in vorliegender Darstellung, spiegelt eine bereits komplexere Eigenschaft dieser Welt. Dies ist der Umstand, daß im hierarchischen Schichtenbau der Welt eine Polarität der Ursache-Wirkungs-Richtungen auftritt; je nachdem die Wirkung von den Ober- auf die Untersysteme erfolgt, oder aber umgekehrt. Und daß uns diese Ursache-Wirkungs-Verhältnisse jeweils nach ihrer Wirkrichtung in ihren Grundeigenschaften verschieden erscheinen. Oder, genauer: daß wir für die Wahrnehmung von Ursachen, je nach ihrer Herkunft erblich verschiedene Anschauungsformen, unterschiedliche ›Organe‹ der Wahrnehmung besitzen[33].

Fragen wir uns beispielsweise nach den Ursachen, welche unseren *Biceps* gestaltet haben, so sehen diese verschieden aus; und zwar je nachdem, ob wir nach seiner Zusammensetzung oder nach seiner Anordnung im Körper fragen. Wir können auch sagen: je nachdem, ob wir meinen, seine Funktion aus seinen Teilen oder aber aus seinem Anteil am Ganzen erklären zu können. Im ersteren Falle erklären wir uns den *Biceps* aus seinen Muskelfasern, diese aus ihren Fibrillen, deren Sarcomeren[34] und weiter deren Myosin-Molekülen. Wir erklären uns damit seine Struktur und die Herkunft seiner Kräfte. Im anderen Fall erklären wir ihn aus seiner Überbrückung des Ellbogen- und Schultergelenks, seinen Ansätzen am Schulterblatt und an der Speiche (*Radius*), seinen Funktionen an der Bewegung des Unterarms, des Armes, des ganzen Schultergürtels und des kompletten Lokomotionsapparates, sagen wir: der Primaten.

Wir erklären uns damit seine Lage und Funktionen und die Herkunft seiner Zwecke.

Auf diese Weise erscheinen uns Kräfte und Zwecke als zweierlei: unvermischbare Qualitäten. Daß Zwecke, also die Frage, wozu etwas dient, oder ›gut ist‹, schon im Tierreich erfaßt werden, ist unbestritten[35]. Jedenfalls handeln zum mindesten Primaten danach. Und die Vorstellung davon, was das Ziel, wir sagen: der Zweck, solcher Handlung ist, muß sich auch auf diesem Wege entwickelt haben.

Das können wir hier nicht ausführlicher erörtern. Worauf es mir ankommt, ist zu zeigen, daß organische Systeme ihre Funktion stets im nächsten Obersystem erfüllen, das Myosin-Molekül im Sarcomer, der *Biceps* im Arm, der Mensch in seiner Gruppe. Und erfolgreiche Funktionsentsprechung erleben wir als zweckvoll. Diese Anschauungsform von den Zwecken in der Natur ist nun auch unserer ratiomorphen Denkanleitung unverlierbar eingebaut. – Als meine Kinder erstmals eines Nashorns ansichtig wurden, noch dazu eines staubigen Stopfpräparats hinter Glas, waren sie einen Augenblick perplex und stellten fest: »Das böse Tier stößt mit der Nase.« Und nicht minder unbezwinglich nimmt irgendein abgestelltes, wunderliches Gerät sogleich unsere Suche nach seinen Zwecken in Anspruch.

Man kann den Inhalt dieser erblichen Anschauungsform als eine ›Hypothese vom Zweckvollen‹ beschreiben. Sie enthält die Erwartung, daß ähnliche Systeme als Unterfunktion desselben Obersystems zu verstehen seien; daß gleiche Strukturen demselben Zweck entsprechen.

Das erklärt nun auch das Denkmuster der Tradierung. Die beiden erblichen Anschauungsformen von den Ursachen und den Zwecken lassen uns begreifen, daß wir nichts ohne seine Herkunft verstehen, daß wir in alles Kräfte und Absichten hineinlegen, selbst dort, wo keine sein können; in den die Erde tragenden Atlas, in das die Sterne tragende Himmelsgewölbe.

Natur- und Denkordnung

Man wird sich erinnern, daß es mir bei dieser Entwicklung um die Lösung der Erkenntnisgrundlagen meines Faches, der Biologie, ging. Es sollte begründet werden, wieso die Biologen nicht nur die Zusammenhänge der organischen Organisation, sondern auch des natürlichen Systems der Organismen richtig erkennen konnten, ohne ihre Methode rational begründet zu haben. Woher kam die schlafwandlerische Sicherheit, Typus und Homologien zu begreifen, Arten und Verwandtschaftsgruppen? Worin lag die Anlage, alle Strukturen nach Normen, Interdependenzen, Hierarchien und tradierter Gesetzlichkeit zu erkennen, zu Begriffen zu machen, welche nun ihrerseits die Strukturen unseres Denkens und unserer Zivilisation dominieren?

Nun, ich meinte die Anlage aus den grundlegendsten, gewissermaßen den voraussetzungsvollsten unserer erblichen Anschauungsformen ableiten zu können. Ich verstand sie als Anpassungsformen, Selektionsprodukte aus unserer Stammesentwicklung. Als eine Extraktion der für das Überleben unter Konkurrenzbedingungen wichtigsten Zustände dieser Natur: die Wiederholung ähnlicher Zustände und Ereignisse, deren Zeitfolge und deren Polarität im hierarchischen Schichtenbau all ihrer komplexen Systeme. Dies war mein Vorhaben in jenem Seminar, mit der Aussage: Vertrauen wir unseren ratiomorphen Anlagen, denn in ihnen spiegeln sich die Grundstrukturen dieser Welt.

Die Kantischen Apriori

Einen weiteren Gedanken aber brachte Erhard Oeser[36] in die Diskussion. »Was du hier beschreibst«, stellte er fest, »entspricht nun der ganzen Reihe der Kantschen *Apriori*.« Dies sind die grundsätzlichsten Voraussetzungen unserer Ratio oder bewußten Vernunft; und als deren letzte Vorbedingungen sind sie durch unsere Vernunft allein auch nicht zu begründen. Ihre Erörterung als der sogenannten Kategorien hat unsere ganze Kulturgeschichte durchzogen und den Rationalismus-Empirismus-Streit nicht zur Ruhe kommen lassen.

Denn wenn die Rationalisten recht hatten, daß jeder Erkenntnisgewinn lediglich aufgrund von Erkenntnis-im-voraus möglich ist, so haben auch die Empiristen recht, wenn sie behaupten, daß Erfahrung nur durch Erfahrung zu gewinnen ist. Unser Ergebnis war zunächst ein zweifaches. Einmal lag hier eine Bestätigung der Kantschen *Apriori* von ganz anderer Seite vor. Sie erweisen sich auch biologisch, stammesgeschichtlich, als *Apriori*-Bedingungen für jeden Erkenntnisgewinn eines jeden Individuums. Für den Stamm selbst sind es jedoch *a posteriori* Lernprodukte, Anpassungsprodukte, das Ergebnis phylogenetischen Erfahrungsgewinns. Und unterscheidet man stammesgeschichtlichen und individuellen Kenntnisgewinn, dann folgt auch eine rationalistisch-empiristische Synthese.

Aber noch einige Parallelen kamen zutage. Und sie haben wieder mit meinen mangelnden Kenntnissen zu tun; wir sind ja davon ausgegangen, daß gerade diese Mängel aufschlußreich sein würden. Es stellte sich nämlich heraus, daß auch die Reihenfolge meiner Entwicklung jener in Kants kritischen Werken entspricht. Auch Kant diskutiert das *Apriori* der Wahrscheinlichkeit an fundamentaler Stelle in der »Kritik der reinen Vernunft«, während er das *Apriori* der Zwecke, mit einigem Abstand, nach jenen der Vergleichbarkeit und der Ursachen, in der »Kritik der Urteilskraft« behandelt [37].

Für viele scheinen Kants kritische Werke eine schwierige Lektüre zu sein. Ich nehme dies als Anlaß, um um Nachsicht einzukommen; denn für mich als Biologen sind sie nur sätzeweise analysierbar. Kurz, ich hatte den ganzen Kant beiseite gelassen, wohl weil ich ihn gar nicht verstand; und Lorenz' deutlichen Hinweis [38] als eine Art Metapher auf sich beruhen lassen. Auch tragen die Kategorien ganz andere Namen als die Hypothesen in meinem System der erblichen Entscheidungshilfen des Lebendigen.

Was bei mir die ›Hypothese vom anscheinend Wahren‹ genannt wurde, das findet sich unter den Kategorien als ›Modalität‹ (auch Möglichkeit, Dasein und Nichtsein); der ›Hypothese vom Ver-Gleichen‹ entsprechen die Kategorien ›Quantität‹ und ›Qualität‹ (mit Einheit, Vielheit usf.); die ›Hypothese von den Ur-Sachen‹ und die ›Hypothese vom Zweckvollen‹ stehen in der Kategorie der ›Relationen‹ (mit Dependenz, Gemeinschaft, Wechselwirkung) [39]. Dabei ist eine genaue Übereinstimmung weder gegeben noch zu erwarten. Es ist der Übereinstimmung genug, um die Theorien der Evolution und der Vernunft wechselseitig zu stützen.

Auch müssen die angeborenen Anschauungsformen nicht mit den Kategorien zur Deckung kommen. Denn weder war hier von den Anschauungsformen von Raum und Zeit die Rede, wie sie sich bei Kant in der »transzendentalen Ästhetik« finden [40]. Noch wären bei Kant jene komplexeren Entscheidungshilfen zu erwarten, welche vom Demutsverhalten bis zu den angeborenen Tötungshemmungen reichend den Biologen interessieren.

Mit der gefundenen Parallele zwischen den Kategorien und den Entscheidungshilfen des Lebendigen war jedenfalls der Entwurf der »Stammesgeschichtlichen Grundlagen der Vernunft« möglich, den ich darauf als eine »Biologie der Erkenntnis« publizierte[41]. Und da schließt mein Bericht, da es nur seine Aufgabe sein sollte, den Weg oder Umweg zu zeigen, der mich vom Problem der Evolutionstheorie zu dem der Erkenntnistheorie geführt hat.

Wir sind, wie erinnerlich, von dem Umstand ausgegangen, daß unsere Theorie, die Denkordnung sei ein Selektionsprodukt an der Naturordnung, rasch Verbreitung gefunden hat. Und wir stellen fest, daß in einem solchen Falle die Frage übrigbleibt, wie denn jene so spezielle Ordnung der Natur zu erklären sei, namentlich der organischen, an welcher die Organismen maßnehmen mußten. Diese Frage ist, wie ich zu zeigen versuchte, lösbar gewesen.

Und zwar ist diese Lösung aus einem sehr einfachen Grund erschwert zu verfolgen. Wir besitzen, wie wir jetzt wissen, komplementäre Anschauungsformen von den komplexen Ursachenzusammenhängen. Sie erscheinen einmal wie Kräfte, ein andermal wie Zwecke; und wir besitzen kein Organ, sie zusammenzusehen. Das aber wäre schon zum Verständnis der Dynamik der Evolution erforderlich.

Als ich jedoch meine ›Systemtheorie der Evolution‹ entwickelte, konnte ich den Leser auf diese Falle unserer unangepaßten Anschauungsformen nicht aufmerksam machen. Denn erst aus den Konsequenzen meiner Evolutionstheorie schälten sich mir jene angeborenen Formen unserer Anschauung heraus.

Aber wie in jedem Erkenntnisprozeß ist es auch hier von zweitrangiger Bedeutung, wo der Zufall den Anfang, die erste Hypothese, bilden läßt. Legen wir die aus der Theorie möglichen Prognosen immer wieder der Natur an, so wird die stete Korrektur uns das Problem schließlich doch als Ganzes aufdecken lassen. In Wahrheit bilden auch Evolution und Erkenntnis solch ein Ganzes. Und wenn es allmählich zur Lebenserfahrung meiner Forschungspraxis gehört, das Pferd immer wieder vom Schwanze her aufgezäumt zu haben, so kommt das wohl daher, daß unser Pferd in Wahrheit weder einen Anfang noch ein Ende hat.

Anmerkungen

1 Dies nimmt Bezug auf die beiden Bücher von K. Lorenz: *Die Rückseite des Spiegels* (1973) und auf R. Riedl: *Biologie der Erkenntnis* (1980 a), die in kurzer Zeit mehrere Auflagen und Übersetzungen erlebten. Tatsächlich ist aber auch die hier grundlegende Einsicht eine Generation alt; sie wurde von K. Lorenz schon 1941 formuliert. Aber erst heute scheint der »Zeitgeist« dem Thema aufgeschlossen.

2 R. Riedl: *Die Ordnung des Lebendigen* (1975). Der Satz des Bandes war 1973 abgeschlossen. Das zögernde Erscheinen muß das Zögern vorweggenommen haben, mit welchem die Fachwelt den Band aufgenommen hat.

3 Man vergleiche Th. Kuhn (1967). Meine Erfahrung hat mit der Durchsetzung der Unterwasserforschung, der meeresbiologischen Forschung mit Hilfe des Tauchgeräts, seit ihrer Pionierzeit Ende der vierziger Jahre, zu tun (Übersicht in R. Riedl 1980 a).

4 Diesen dreistufigen Vorgang hat Konrad Lorenz oft im Gespräch betont. Ähnlich sagte Max Planck, der wissenschaftliche Fortschritt beruhe darauf, daß die Alten allmählich abtreten und die Jungen das Neue für selbstverständlich nehmen.

5 A. Brackman: *The delicate arrangement*. The Times Press, New York 1980.

6 Ludwig Plate war Schüler und Nachfolger Ernst Haeckels am Phyletischen Museum an der Universität Jena. Meine Plate-Ausgabe ist die von 1925.

7 Eine Opposition, die sich mehr gegen meine Lehrbücher als meine Lehrer richtete. Adolf Remane, den ich kurz in Kiel, Ludwig von Bertalanffy, den ich kurz in Wien hörte, ließen die Diskussion offen. Und mein Lehrer Wilhelm von Marinelli stand Goethes Morphologie nahe (vgl. W. Marinelli u. A. Strenger, 1953, ›Einführung‹).

8 Professor für Genetik in Wien war Felix Mainx. Heute muß ich ihm zugute halten, daß man damals, Ende der vierziger Jahre, vom System der Gen-Wechselwirkungen wenig wußte und es folglich leicht unterschätzen konnte. Freilich war meine Haltung nur vorurteilsvoll. Aber sie erweist sich heute als berechtigt. Wir haben inzwischen erkannt, daß mit zunehmender Organisation der Organismen die einheitsstiftenden Regulatorgene die (damals erst bekannten) Strukturgene um Größenordnungen an Zahl übertreffen.

9 In dieser Zeit hatte ich Gelegenheit, mich im Zusammenhang mit der Erforschung der ›Biologie der Meereshöhlen‹ und der ›Fauna und Flora der Adria‹ mit jeweils 1500 Arten auseinanderzusetzen; einem Reichtum an Formen und Funktionsbeziehungen, der mir Eindruck machte.

10 J. Watson (1968). Bald stellt es sich heraus, daß ich meine Abneigung mit Persönlichkeiten teilte, die dem Gegenstand des Buches sehr nahe stehen.

11 A. Remane (²1971). Die erste Auflage erschien 1952 (bei Geest und Portig, in Leipzig).

12 Thomas Bayes, Pastor, Mathematiker, Statistiker, 1702 (?) bis 1761 in England. 1763 erscheint posthum »An essay towards solving a problem in the doctrine of chances«, dessen erkenntnistheoretische Bedeutung erst in jüngster Zeit erkannt wurde.

13 Der Band von Sokal und Sneath (1963) betrachtete das Homologisieren als einen Zirkelschluß (niemand ahnte die Verwandtschaft mit der Methode der Hermeneutik und dem sogenannten ›hermeneutischen Zirkel‹, einen Bezug zur Methodologie der Geisteswissenschaften, worüber ich gerade eine Veröffentlichung vorbereite). Die umfangreiche Diskussion, die das auslöste, ist zitiert in R. Riedl (1975) und in P. Sneath und R. Sokal (²1973), einer zweiten Auflage, in welcher die Autoren ihr Argument (S. 79 und 518) bereits abschwächen. – Das Homologietheorem formuliert die Bedingungen des Vergleichens, die es erlauben, ursprungsverwandte Organe trotz ihrer Abwandlung nach Form, Lage und Funktion zu identifizieren. Es bildet die Grundlage der vergleichenden Anatomie, damit der Erkenntnis von Verwandtschaft, der Stammesgeschichte und des natürlichen Systems der Organismen.

14 Unbegründet war Ernst Mayrs Urteil nicht. Denn Goethes Auffassung (z. B. von 1795)

wurde tatsächlich von dem sich anschließenden Deutschen Idealismus fehlgedeutet. So versteht Goethe den Typus aus einem ›esoterischen‹ Prinzip (in seinem Sinne im Unterschied zu einem ›exoterischen‹), was irrtümlich als ›geheimnisvoll‹ gedeutet wurde, wo es ›systemimmanent‹ hätte heißen sollen. Mayrs Irrtum bestand darin, Remane für einen idealistischen, d. h. der Methode nach nicht naturwissenschaftlichen Morphologen zu halten. Und der Umstand, daß Remanes Hauptwerk (deshalb?) nie ins Englische übertragen wurde, hat die Verständigung zwischen der europäischen und amerikanischen Biologie wesentlich behindert.

15 Über die ›Selbstimmunisierung‹ gegen mögliche Widerlegung siehe Th. Kuhn (1967) und H. Albert (1968). Entsprechend wurden auch in den Darstellungen der Evolutionstheorie von der gängigen Schulmeinung die widersprüchlichen Phänomene so lange in ihrer Bedeutung verkleinert, bis sie weggelassen werden konnten.

16 R. Riedl (1975), eine Zusammenfassung der Theorie in R. Riedl (1977).

17 Bernhard Hassenstein, Schüler von Erich von Holst, auch von Konrad Lorenz, war aufgrund seiner Forschung tierischer und menschlicher Verhaltens- und Wahrnehmungsmuster für diesen Einwand besonders ausgewiesen.

18 Man vergleiche E. Machs Studien von 1905 und 1910.

19 K. Lorenz (1941) wie in Anmerkung 1.

20 Meine Unkenntnis von Lorenz' Vorgangsweise ist um so unwahrscheinlicher, als wir uns als Lehrer und Schüler aus dem Ende der vierziger Jahre kannten. Ich war auch so beeindruckt von der damals neuen Verhaltenslehre, daß ich mich gerne angeschlossen hätte. Aber Lorenz hatte bei einem solchen Gespräch und in weiser Einsicht in meine unruhige und theorienbeladene Art gesagt: »Weißt Du, für einen Verhaltensforscher bist Du nicht faul genug.«

21 Als Konrad Lorenz die Nähe seiner Sicht zu jener von Karl Popper entwickelten erkannte, schrieb er diesem, wie er erzählt, einen achtungsvollen Brief; worauf Popper antwortete: »Lieber Konrad, erinnerst Du Dich nicht, daß Du mich in Altenberg an den Marterpfahl gebunden hast?« Auch sie hatten sich gekannt, als Kinder, vom Indianerspiel in Lorenz' väterlichem Park. Und nur die Lebenswege hatten sie getrennt.

22 Dies sind die Beiträge von D. Campbell (1966), H. Mohr (1965), von K. Popper (1935, 1962) und jene von B. Rensch (1961 und 1968).

23 Beide Zitate aus R. Riedl (1975), S. 150.

24 R. Riedl (1975, S. 219). Freilich war das optimistisch gesagt. Die »Realität ... in der Natur« ist ja selbst Theorie. Nur im Prinzip ist die Feststellung richtig; denn die Theorien der Systembedingungen der Evolution und die der Selektion der Denkmuster sind schlüssiger als Machs Theorie der Denkökonomie (siehe Anm. 18) und die Theorie der Projektion. Denn letzteres Theoriensystem läßt die Frage der ›Isomorphie‹ offen: die Begründung einer Übereinstimmung von Natur und Denken.

25 R. Riedl (1975, S. 246).

26 Beide Zitate aus R. Riedl (1975, S. 282). Die unabhängig entstandene Übereinstimmung der Ereignisse aus vergleichender Anatomie und Verhaltensforschung gehen so weit, daß dieselben Quellen und selbst dieselben Abbildungen wiederkehren. Vgl. K. Lorenz (1973) Abb. 3 und 4, mit R. Riedl (1975) Fig. VII 52–64 (zudem Fußnote 36, S. 285).

27 Was nämlich bei mir ›Isologie‹ hieß (R. Riedl 1975, S. 362), bezieht sich auf analoge Ähnlichkeit chemischer Strukturen.

28 Vgl. Anm. 4.

29 Der Begriff des ratiomorphen (vernunftähnlichen) Apparates geht auf E. Brunswik zurück (z. B. 1955), jener der angeborenen Anschauungsformen auf K. Lorenz (1941).

30 Die Wahrscheinlichkeit eines Zufallsereignisses, bei gleicher Chance (›ehrlichem‹

Würfel) entspricht dem Kehrwert des Repertoires des Zufalls. Bei 6 Seiten des Würfels also ⅙. Bei zwei Würfeln = ⅙·⅙ usf.

31 Dieses Seminar an der Universität Wien hatte schon Tradition, als ich Anfang der siebziger Jahre nach meiner Rückkehr aus den USA von meinen Freunden Erhard Oeser (Wissenschaftstheorie) und Roman Sexl (Theoretische Physik) zur Teilnahme eingeladen wurde.

32 Dieses Beispiel und viele andere findet man bei I. Eibl-Eibesfeldt (1978), B. Hassenstein (1973) und K. Lorenz (1973 und 1978).

33 Dies ist hier komprimierter dargestellt, als ich das seinerzeit vermocht hätte. Denn bis heute ist der Zusammenhang (vgl. R. Riedl 1978–79 und 1980) schon wiederholt durchgeprüft worden.

34 Dies sind die sich wiederholenden Ultrastrukturen oder Großmolekülsysteme, welche die Bänderung aller quergestreiften Muskeln ausmachen.

35 Eine vorzügliche Übersicht in B. Rensch (1973).

36 Dies gehört in den ersten Anfang unserer fachlichen Berührung. Sie wurde für uns in einem späteren Arbeitsvorgang noch wichtiger, als es sich herausstellte, daß wir den Schraubenprozeß, welcher allem Erkenntnisgewinn zugrunde liegt, wieder parallel zueinander entwickelt hatten. Man vgl. R. Riedl (1975) und E. Oeser (1976) mit E. Oeser (1979) und R. Riedl (1980).

37 I. Kant, 1781 und 1790.

38 Man erinnere sich der frühen Studie von K. Lorenz (1941) sowie 1973.

39 Die Kategorientafel in I. Kant (1781, S. 93).

40 I. Kant (1781, S. 49).

41 R. Riedl (1980).

Franz Seitelberger   *Neurobiologische Aspekte der Intelligenz*

Unter Intelligenz versteht man gewöhnlich die Fähigkeit, psychische Leistungen zur Bewältigung neuer Aufgaben und Situationen anzuwenden. In der Beschreibung der Intelligenz unterscheidet man Vorbedingungen, z. B. Lernfähigkeit und Gedächtnis, ferner den Kenntnisstand, mittels dem verschiedene Probleme jeweils zu lösen sind, sowie die eigentliche Intelligenz mit mehreren Teilleistungen wie Verständnis, Denken und Lösungsproduktion. Es ist daher augenfällig, daß Intelligenz nicht eine einzelne spezifizierte Funktion ist, sondern eine vielfältige und flexible Eigenschaft des menschlichen Verhaltens bezeichnet, die in die funktionelle Sphäre der sog. *höheren menschlichen Hirnleistungen* eingebettet ist. Diese umfassen die bewußten Aktivitäten der gegenständlichen Wahrnehmung, des Lernens, des Gedächtnisses, des Denkens, der Vorstellungskraft, der Sprache, des Planens, zielvollen Wollens und Handelns. In diesen Funktionen manifestieren sich die zwei fundamentalen Tatsachen des bewußten Lebens, nämlich die Gewißheit der eigenen Existenz und ihre Selbstverfügbarkeit, sowie auch die Realität einer äußeren Welt. Bewußtsein, Intelligenz und Emotionalität erscheinen als verschiedene Aspekte jener besonderen Funktionsschicht, welche die menschliche Seinsbedingung und das menschliche Verhalten charakterisiert. Durch diese Funktionen wird auch eine eigene Klasse von Produkten in der Form symbolischer Abstraktionen der inneren und äußeren Welt hervorgebracht. Diese Produkte liegen vor allem dem Denken und Sprechen und dadurch dem intelligenten Verhalten zugrunde. In ihrer Gesamtheit formen sie die Strukturen, die man unter der Bezeichnung Kultur zusammenfaßt oder entsprechend der deutschen philosophischen Terminologie als »Geist« bezeichnet.

In diesem Aufsatz soll die Beziehung zwischen dem Gehirn, seiner organischen Struktur und seinem einzigartigen Leistungsbild, das die Intelligenz umfaßt, dargelegt werden. Am Beginn dieses Unternehmens stellt sich uns zunächst das sehr alte und immer wieder erneuerte Problem des Bewußtseins als des Mediums oder Schirms, auf dem sich alle höheren Hirnfunktionen manifestieren und Intelligenz ausgeübt wird. In seiner Schrift »Geist und Materie« legte es Erwin Schrödinger außerordentlich klar dar: »Die Welt ist ein Konstrukt aus unseren Empfindungen, Wahrnehmungen, Erinnerungen. Zwar ist es bequem, sie uns an und für sich einfach schlechthin vorhanden zu denken. Aber sie ist anscheinend nicht schon durch ihr bloßes Vorhandensein auch wirklich manifest. Das Manifestwerden der Welt ist an sehr spezielle Vorgänge in sehr speziellen Teilen eben dieser Welt gebunden, nämlich an gewisse Vorgänge im Gehirn. Das ist ein außerordentlich merkwürdiges Bedingungsverhältnis, und man kann nicht umhin, sich zu fragen: durch welche besondere Eigenschaften sind diese Gehirnvorgänge ausgezeichnet, daß gerade sie die Manifestation herbeiführen? Läßt sich vermuten, welchen materiellen Fähigkeiten diese Fähigkeit zukommt, welchen nicht? Einfacher ausgedrückt: welche materiellen Vorgänge sind direkt mit Bewußtsein verknüpft?«

Die Antworten auf diese Fragen müssen im Gehirn selbst gesucht werden und können, wenn überhaupt, nur von der wissenschaftlichen Hirnforschung erwartet werden. Im folgenden soll eine Skizze der Struktur der Hirnfunktionen gegeben werden, auf denen die menschliche Seinsweise beruht und deren Erforschung daher ein wichtiges, wenn nicht das wichtigste Ziel des menschlichen Selbstverständnisses darstellt. Als ein Objekt der wissenschaftlichen Erforschung ist das Gehirn unvergleichbar hinsichtlich seiner Differenzierung und Komplexität. Das ist ein Grund für die Tatsache, daß die organischen Grundlagen der geistigen Leistungen noch weithin unbekannt und oft ein Spielplatz von Mythologien sind. Heute stehen wir erst am Beginn der wissenschaftlichen Erkenntnis des Gehirns, und die davon abhängigen Veränderungen in mitbetroffenen Gebieten der Wissenschaft und des kulturellen Verhaltens haben eben erst begonnen. Schon vor mehr als 2000 Jahren erkannte Alkmaion von Kroton, daß das Gehirn im Menschen das führende Organ ist. Gegenwärtig nähern wir uns gerade erst dem Verständnis der Führungsfähigkeit dieses Ausnahmeorgans des Körpers.

Wie alle biologischen Gebilde ist auch das menschliche Gehirn ein Produkt der Evolution, und seine Geschichte kann nicht von der Entwicklung des angepaßten Verhaltens der Lebewesen im Sinn des Überlebens und der Fortpflanzung getrennt werden. Nervöse Organisationen scheinen eine entscheidende Rolle in der Geschichte des Lebens auf der Erde gespielt zu haben. Es sollte hier betont werden, daß bis vor wenigen

Millionen Jahren nichts der menschlichen Existenzform Gleiches auf der Erde vorhanden war. Der Verlauf der Hirnentwicklung, besonders ihrer jüngsten Phase, muß daher zusammen mit dem Verhalten und der Anpassungsweise der betreffenden Lebewesen untersucht werden. Wenn wir uns im folgenden auf die Vorgänge im Gehirn selbst beschränken, sollte man im Auge behalten, daß dies eine künstliche Trennung bedeutet, die der Ergänzung durch Ausblicke auf die allgemeine Situation der Art und ihres Schicksals in der Geschichte bedarf. Auf der anderen Seite kann die Beschreibung der Struktur und funktionellen Anatomie des Gehirns gewisses Licht auf die Leistungen und Fähigkeiten des betreffenden Lebewesens in seiner natürlichen Entwicklung werfen.

Die nervöse Organisation ist eine sehr alte Erwerbung der Lebewesen. Schon in primitiven vielzelligen Organismen (Metazoa) erscheint sie in Form von nervösen Netzwerken, die aus einzelnen Nervenzellen und ihren verbindenden Fortsätzen bestehen. Diese Zellen sind empfindlich gegenüber Einflüssen aus der Umgebung und bewirken entsprechende Reaktionen des Organismus oder seiner Teile, z. B. Bewegungen des ganzen Körpers bzw. Zurückziehen oder Ausstrecken eines Körperfortsatzes. Das funktionale Prinzip ist die Vermittlung von Zuständen und Veränderungen der Umgebung an den Organismus und deren Übersetzung in sein angepaßtes Verhalten in Beziehung zu den Umweltgegebenheiten. Das kann in einfachster Form durch nur zwei Nervenzellen geleistet werden, eine afferente für die Input-Information, die direkt auf die zweite efferente Nervenzelle für die Output-Instruktion übertragen wird. Bei nervösen Netzwerken sind zwischen dem Input und dem Output andere Nervenzellen zwischengeschaltet, die in gewisser Hinsicht auf den Input und den Output einwirken. Bei höheren Tieren treten an Stelle dieser losen nervösen Netzwerke nervöse Systeme auf. Sie sind charakterisiert durch Nervenzellanhäufungen (Ganglien, Kerne), die durch leitende Nervenzellfortsätze verbunden und in parallelen Strängen entlang der Längsachse des Körpers angeordnet sind. Nahe dem oralen Pol mit seinen Einrichtungen zum Auffinden, Ergreifen und zur Einnahme der Nahrung, dem sog. »oralen Relationsfeld«, sind die größten Nervenzellgruppen für eine effiziente Koordination dieser lebenswichtigen Funktionen vorhanden.

Entsprechend den biologischen Eigenschaften der Nervenzellen und der Tatsache, daß alle Nervenzellen eines Organismus direkt miteinander verbunden sind, formen sie ein *System* in dem Sinn, daß die Aktivität eines jeden einzelnen Elementes vom Einfluß anderer Elemente abhängt und seinerseits Einfluß auf andere Elemente ausübt. Ein solches System hat eine Totalfunktion, die aus dem Produkt der zusammenhängenden Tätigkeiten aller einzelnen Elemente besteht. Das bedeutet, daß eine Gruppe von Nervenzellen imstande ist, Input von mehreren verschiedenen Quellen zu erhalten, diesen gemäß dem Schaltplan der Gruppe zu verarbeiten, d. h. in entsprechende Instruktionen umzuwandeln, die an die effektorische Einrichtung des Individuums, vor allem an die Muskulatur gerichtet werden. Daher benötigt das Nervensystem z. B. einer Biene, die eine bemerkenswerte Vielfalt von Verhaltensmustern durchführen kann, nur eine relativ kleine Anzahl von Nervenzellen, die in wenigen Gruppen angeordnet sind. Die allgemeine Funktion der Nervensysteme ist somit die Bearbeitung und Integration von Information für die Formierung von Instruktionen, die die Bedürfnisse des Organismus und der Umweltsituation im Sinn des angepaßten Verhaltens und des Überlebens im Lebensraum erfüllen. Es sollte erwähnt werden, daß bei den höheren Tieren nicht nur Input aus der Umgebung durch die Sinnesorgane erhalten wird, sondern auch aus dem eigenen Körper, und daß vice versa der Output an die Umwelt wie auch an den eigenen Körper gerichtet wird.

Im Verlauf der Evolution treten diese Merkmale immer klarer hervor: Die Information aus der Umgebung wird durch eine Anzahl von Sinnesorganen vielfältiger und differenzierter, die Körperorgane werden enger mit dem Nervensystem verbunden. Das erfordert eine komplexere Organisation der integrativen Bearbeitung mit einer erhöhten Zahl von Elementen, nämlich Nervenzellen in verschiedenen Anordnungen entsprechend den Teilfunktionen, die dem Typ des Inputs oder Outputs entgegenkommen. Auf diese Weise wird ein *zentrales Nervensystem* (ZNS) gebildet, das alle wichtigen Verhaltensleistungen der Umweltbeziehung des Individuums koordiniert und steuert. Dieser Schritt der Evolution wurde vor etwa 400 Millionen Jahren erreicht, als die Wirbeltiere in Umwelten von zunehmend komplizierten Bedingungen eintraten und das NS mit einer großen Zahl von neuen relevanten Faktoren zurande kommen mußte. In der nächsten Phase führte dieser selektive Druck zur Ausbildung einer mächtigen Konzentration von Steuerungsinstanzen in den vorderen Anteilen des ZNS. Jeder Evolutionsschritt am ZNS ist durch die Bereitstellung einer neuen Integrationseinrichtung gekennzeichnet, die am vorderen oder rostralen Pol des ZNS als eine

Superstruktur eingerichtet wird und alle tieferen Ebenen mittels dichter nervöser Verbindungen zusammenfaßt und kontrolliert. Wir sprechen von einem *Gehirn*, wenn alle Anteile des ZNS einschließlich der phylogenetisch jüngsten Integrationsebene der Großhirnrinde in voller Ausprägung vorhanden sind. Dieser Prozeß der Evolution von der Kontrolle einiger lebenswichtiger Funktionen des Organismus bis zur Sammlung und Bewertung aller verfügbaren Daten aus dem Körper und der Umwelt spiegelt sich in der sog. hierarchischen Struktur des Gehirns wider und wiederholt sich prinzipiell in der Individualentwicklung des Gehirns (der sogenannten Gehirnontogenese).

Der allgemeine Trend der biologischen Evolution führt zur höchst vollkommenen Adaptation an die gegebene Umwelt durch *Spezialisierung* der organischen Ausstattung für das Ergreifen, Vorbereiten und Fressen der Nahrung. In diesem kontinuierlichen Prozeß der Spezialisierung spielte das ZNS und später das Gehirn bei der Ausführung dieser komplizierten Verrichtungen eine wichtige Rolle. Vom Beginn der Evolution an kann man auch einen anderen Trend identifizieren, nämlich den des *Lernens*, d. h. des Gewinns von Modifikationen und Erweiterungen des individuellen Verhaltens durch die Einprägung von Instruktionen aus einzelnen temporär erlebten Ereignissen und Situationen in die Verhaltensmuster. Lernen ist in diesem Sinn eine Eigenschaft aller Lebewesen. Durch die Evolution von Nervensystemen und besonders von Gehirnen wurde aber eine organische Struktur mit höchster Lernfähigkeit, ja geradezu ein Lernorgan, hervorgebracht. Lernen aus den wechselnden Situationen des individuellen Lebens bedeutet Offenheit, Flexibilität und vermehrte Anpassungsfähigkeit an die dauernden Veränderungen der Umwelt. In dieser besonderen Hinsicht repräsentiert Lernen einen evolutionären Trend zur *Entspezialisierung*. Die Spezialisierung in der Evolution bedeutet abgesehen von ihrer Wirksamkeit in einer definierten und stabilen Umgebung oft gleichzeitig eine Sackgasse, aus der keine weitere Entwicklung erfolgen kann. Auf der anderen Seite stellt schon eine geringfügige oder relative Entspezialisierung Möglichkeiten für progressive evolutionäre Veränderungen bereit. Daraus entstand in den späten Phasen der Evolution ein gewisser Selektionsdruck auf die physische Entspezialisierung zusammen mit verstärkter Lernfähigkeit. Es muß betont werden, daß Lernen in dem Sinn, wie es in diesem Zusammenhang verwendet wird, nicht mit dem Erwerb von Wissen gleichgesetzt oder als Erkenntnis mißverstanden werden sollte. Lernen, d. h.

171

die Einverleibung von Wirklichkeitsmustern in die nervösen Strukturen bedarf prinzipiell keiner geistigen Funktionen und ist daher primär kein kognitiver Prozeß*.

Nachdem wir einige Züge der biologischen Evolution im allgemeinen und der Gehirnevolution im besonderen erwähnt haben, wenden wir uns einer kurzen Darstellung der Phylogenese des Säugergehirns zu. Dieser Prozeß begann vor ungefähr 200–250 Millionen Jahren, als die reptilischen *Vorfahren* der frühesten Säugetiere gezwungen waren, die neue Umweltnische des Lebens auf dem Land zu betreten, und sich als Nachttiere anpassen mußten, weil ihre übermächtigen Feinde in diesem Lebensraum, die Saurier, ausgesprochene Tagtiere waren. In der Folge hatte die Art vor allem neue Einrichtungen für die Distanzmessung zu entwickeln. Die Sinnesorgane des Hörens und des Geruchs wurden für diesen Zweck ausgestattet. Die dazu gehörige nervöse Einrichtung wurde im ZNS lokalisiert. Das bedeutete zugleich den wichtigen neuen Schritt der *Enzephalisation* von Funktionen, d. h. die Verlagerung der Informationsverarbeitung aus der Peripherie in das ZNS mit dem Resultat einer Vergrößerung desselben. Mittels dem durch den Erwerb des Stäbchensystems der Netzhaut an das Nachtsehen angepaßten Auge war es in Zusammenarbeit mit dem Gehör und Geruch möglich, von ein- und derselben Stelle im Raum verschiedene Arten von Information zu erhalten und auf einen gemeinsamen Eigenschaftsträger, ein Objekt, zu beziehen. Zusätzlich zur Feststellung von Objekten im Raum konnte Gleiches dank der sukzedan orientierten Organisation des Gehörsystems auch in der Zeit bewerkstelligt werden. Ein weiterer Schritt der Enzephalisation fand vor etwa 65 Millionen Jahren statt, als die *Säugetiere* wieder in Tagesnischen eindrangen und eine neue Evolution ihres Sehsystems benötigten, indem dessen Zusammenarbeit mit dem Hör- und Riechsystem in neugebildeten Regionen der Großhirnrinde im Sinn einer sog. *Kortikalisation* von Funktionen bereitgestellt wurde.

Die Geschichte der *Primaten* begann vor ungefähr 50 Millionen Jahren und nahm einen ungewöhnlichen Verlauf insofern, als ihr Verhalten mehr als das aller anderen Ordnungen enzephalisiert wurde. Dementsprechend entwickelten sie für das Leben im Wald und auf den Bäumen

---

* Anmerkung der Herausgeber: Wird der Erkenntnisbegriff aber in einem allgemeineren Sinn verwendet (siehe Anm. 20 im Beitrag von Wuketits, S. 28), dann kann die Evolution schlechthin als erkenntnisgewinnender Prozeß (»Lernprozeß«) beschrieben werden (siehe auch Kaspar, in diesem Band, S. 125 ff).

ein ausgeprägtes visuelles Verhalten mit binokularem stereoskopischem Sehen, genauer Hand-Auge-Koordination und Farbsehen. Weiter blieb ihr peripheres Riechsystem gering entwickelt, während das große zentrale Riechhirn andere Funktionen übernahm, die mit der Emotion, Motivation und dem Gedächtnis in Beziehung stehen. Von der Superfamilie der *Hominoiden* (menschenähnliche Affen) zweigte sich die Familie der *Hominiden* als der unmittelbaren Ahnen des Menschen vor ungefähr 20–25 Millionen Jahren ab, verließ die Wälder, ließ sich in der neuen Umgebung einer offenen Landschaft nieder und paßte sich dem Leben sozialer Jäger an. In dieser Zone stießen die Primaten auf die Aufgabe, die Orientierung in dem weiten Gelände ihrer Tätigkeit sicherzustellen. Nachdem sie die Riecheinrichtung für die Duftmarkierung verloren hatten, adaptierte sich ihr Gehör und ihr Lautgebesystem für die gleichen Funktionen. Sie hatten zur Verständigung mit den Gruppenmitgliedern über ihre räumliche Position Laute von sich zu geben. Diese anpassungsmäßige Produktion einer Elementarsprache tauchte vermutlich bei den *Australopithecinen*, kleinen Vormenschen, vor etwa 4 Millionen Jahren auf und könnte der Ursprung der Sprache gewesen sein. Schon an dieser Stelle erscheint es offensichtlich, daß die sprachliche Kommunikation eher auf die Repräsentation und die Mitteilung von Realität hinweist als auf die direkte Auslösung sozialer Aktionen. Vor allem ist Sprache der Kognition gewidmet, die beim Menschen durch weite neokortikale nervöse Netzwerke gewährleistet wird. Mit der Bildung der betreffenden nervösen Strukturen war das Hirngewicht der *Hominiden* schon auf ein größeres Gewicht angewachsen als das der heute lebenden menschenähnlichen Affen, der *Pongiden*.

Es gibt einige andere Umstände, die für die Gehirnevolution vom biologischen Standpunkt wichtig erscheinen. Mit dem Eintritt der älteren Hominiden in das offene Land erfolgte die volle Aufrichtung des Körpers lange vor der Vergrößerung des Gehirns, das nicht mehr als 300 g wog. Die Fortbewegung wurde den Beinen überlassen, die Arme wurden von dieser Aufgabe entlastet, für das Ergreifen und die Zubereitung der Nahrung freigemacht sowie für andere Formen des Handelns, besonders für den Gebrauch und die Erzeugung von Werkzeugen. In Verbindung damit wurden Mund und Gesicht von der Freßfunktion entlastet und für Ausdrucksbewegungen und schließlich für die kommunikative Funktion der Sprache verfügbar gemacht. Von dieser Erschließung neuer Aktionsgebiete für die Hand und den Mund wurde offenbar ein enormer selektiver Druck auf die Lebewesen ausgeübt, die riesige Anzahl von Möglichkeiten der Selbsterhaltung und der Vermehrung der Art zu nutzen, die in der Betätigung dieser Körperteile virtuell vorhanden waren. So erhöhte sich in der im Vergleich mit anderen evolutionären Veränderungen relativ kurzen Zeit der letzten 4 Millionen Jahre das Gehirngewicht der Hominiden auf das vierfache. Der erste Repräsentant der Gattung Mensch, nämlich *Homo habilis*, erschien vor ca. 2 Millionen Jahren mit einem Gehirngewicht von etwa 600 g. Vor ca. 1 Million Jahren erreichte der *Homo erectus* ein Hirngewicht von etwa 1000 g. Die Neandertaler, die vor 100 000 Jahren lebten, hatten mit mehr als 1500 g ein sehr schweres Gehirn. *Homo sapiens*, die gegenwärtige Spezies des Menschen, erschien vor etwa 40 000 Jahren mit einem mittleren Gehirngewicht von etwa 1400 g und wurde das erste kosmopolitische Lebewesen.

Wenn man auf die Genese des Menschen sieht, erkennt man das einzigartige Phänomen, daß der Trend der Entspezialisierung für diesen Zweig der Evolution sozusagen obligatorisch wurde. Die Entlastung der Hand und des Gesichts sind Ereignisse nicht der Spezialisierung, sondern der Entspezialisierung. Andere Beispiele sind der Verlust des Haarkleides und die dauernde sexuelle Bereitschaft. Gleichzeitig gingen die spezialisierten, genetisch gewährleisteten Programme des Verhaltens progressiv verloren, so daß das menschliche Verhalten nahezu vollkommen durch individuell erworbene, d. h. gelernte und sozial weitergegebene Programme, d. h. durch Tradition von erlernten Mustern beherrscht wird. Das ist der Grund, warum man den Menschen oft als ein »Mängelwesen« charakterisiert hat. Entspezialisierung jedoch erwies sich in dieser Evolution nicht als ein negatives Moment, sondern vielmehr als eine höchst fruchtbare Quelle neuer Fähigkeiten, die durch ein Gehirn gewährleistet wurden, das fähig war, angemessenes Verhalten in selbstregulierten Instruktionen zu erlernen.

So wurde in einem einzigartigen Weg in der Evolution der Hominiden der Fortschritt zu optimaler Anpassung nicht durch Spezialisierung, sondern durch Entspezialisierung im Sinn einer universellen adaptiven Spezialisierungsfähigkeit erstellt, wie sie bei der vorwiegenden Benutzung der Lernfähigkeit der nervösen Systeme, besonders des Gehirns erforderlich ist. Die Spezialisierung beschränkte sich auf die organische Struktur des Gehirns, deren jüngste Entwicklung als das spektakulärste Ereignis seit der Entstehung des Lebens auf der Erde angesehen werden kann.

In diesem Zusammenhang muß man betonen, daß die Entwicklung der Sprache von dem ersten Austausch von Information über ein Objekt in Raum und Zeit bis zu dem mächtigen symbolischen Kommunikationsinstrument der gegenwärtigen Sprachen die Aktivität der Lernprozesse enorm verstärkte und die Voraussetzung der menschlichen kulturellen Errungenschaften wurde. – Vor einer breiteren Diskussion der spezifisch menschlichen Hirnfunktionen jedoch kehren wir zum Organ selbst zurück und versuchen, einen Begriff davon zu gewinnen, wie das Gehirn für die Durchführung intelligenten Verhaltens organisiert ist.

Zum *Gehirn als Organ* ist zu sagen, daß es wesentliche Eigenschaften mit allen anderen Organen des Körpers gemeinsam hat: Es ist aus Zellen aufgebaut, von Blutgefäßen durchzogen und besitzt einen Erhaltungs- und Leistungsstoffwechsel. Es verfügt über eine Summe geweblicher Reaktionsweisen wie Regeneration und Reparation; und es besitzt schließlich ein breites Spektrum von pathologischen Veränderungsformen; es ermangelt jedoch der Reproduktion seiner wesentlichen Bauelemente, der Nervenzellen.

Die unterscheidende spezifische Eigenart des Gehirns liegt aber in seiner funktionellen Struktur als eines Systems im technischen Sinn. Seine organischen Elemente, die Nervenzellen, sind nämlich durch leitende Fortsätze, die Nervenfasern, mit Kontakten, den Synapsen, untereinander zu einer Leistungseinheit verbunden, die im Sprachgebrauch der Kybernetik als *dynamisches System* mit aktiven funktionalen Elementen, eben den Nervenzellen, zu charakterisieren ist. Zwischen den Systemelementen bestehen vielfache Beziehungen in Form von stofflicher, energetischer und informationeller Koppelung. Das Gehirn ist nach kybernetischer Terminologie ein »großes System« von unglaublicher Komplexität: Es gibt nach vorsichtiger Berechnung ca. 15 Milliarden Nervenzellen, von denen jede einzelne bis zu 10 000 Kontakte mit anderen haben kann. Vorsichtig geschätzt gibt es insgesamt ca. 50 000 Milliarden Synapsen. Etwa die Hälfte der Nervenzellen ist allein in der Großhirnrinde vorhanden, die ausgebreitet eine Fläche von 2000 cm^2 und eine Dicke von 2–3 mm besitzt. In 1 mm^3 Rindensubstanz befinden sich ca. 100 000 Nervenzellen: Mit den Synapsen sind das 1 Milliarde signifikante Elemente mit ca. 100 km leitenden Faserverbindungen. Um einen Begriff von der Komplexität des Systems Gehirn zu geben: Wenn man sich 1 mm^3 Rindensubstanz auf die Größe eines bestimmten Raumes vergrößert denkt, würde man 600 000 solcher Räume benötigen, um darin die Hirnrinde unterzubringen. Es ist klar, daß es keine vollständige Beschreibung dieses Systemgiganten geben kann, d. h. keinen vollständigen Schaltplan der Einzelelemente, kein vollständiges Diagramm der

Erregungsabläufe, daher auch keine exakten Vorhersagen und keine detaillierte Manipulationsmöglichkeit. Dazu kommt, daß jede einzelne Nervenzelle kein starres Schaltverhalten aufweist, sondern vielmehr selbst einem Analog-Computer entspricht.

Auf die molekularen Prozesse der Erregungsentstehung in den Nervenzellen, der Erregungsleitung in den Nervenzellfortsätzen, Dendriten und Axonen, sowie auf die Vorgänge der Erregungsübertragung an den Synapsen, für die der eigene Stoffwechselbereich der Transmittersubstanzen eingerichtet ist, kann nicht eingegangen werden; ebenso nicht auf die elektrischen Begleitphänomene dieser Vorgänge, d. h. der Signalübertragung und Verarbeitung, die der Neurophysiologe von der Gehirnoberfläche und an den Nervenzellverläufen sowie mittels Mikroelektroden auch aus einzelnen Nervenzellen registriert. Es muß aber betont werden, daß das skizzierte biologische Gehirnsystem mit seinen Nervenzellen, den Transmittern und dem elektrischen Signalverkehr nur das tragende Gerät der spezifischen Gehirnleistungen ist, die sich dieses komplizierten Apparats zwar bedienen, die aber im apparativen Geschehen selbst nicht zum Vorschein kommen und sich nicht darin erschöpfen; zum Unterschied gegenüber allen anderen Organen, etwa der Funktion der Leber, die durch bestimmte physikalische und chemische Vorgänge und Produkte definierbar ist. Das Gehirn unter dem Aspekt des Systems entspricht also einem Objekt der »hard ware« und besitzt grundsätzliche Ähnlichkeit mit Apparaturen der elektronischen Datenverarbeitung, also mit Computern. Die spezifische Gehirnfunktion besteht nämlich im Umgang mit *Information*. Information bedeutet in diesem Zusammenhang einerseits ein Merkmal der Umwelt, wobei für das Gehirn auch der eigene Leib zur Umwelt gehört, ein Merkmal, das verschlüsselt in Signale als Nachricht im Gehirn eintrifft, oder andererseits ein Merkmal der Eigenwelt des Lebewesens, das als Antwort in gleicher Weise in die Umwelt ausgegeben wird. Die *Funktion des Gehirnsystems* ist die der *biologischen Informationsverarbeitung zur Verhaltenssteuerung*. Dem Gehirn werden dazu alle Informationen aus dem eigenen Körper und vermittels der Sinnesorgane aus der Umwelt, verschlüsselt in elektrischen Signalfolgen, nämlich frequenzmodulierten Mustern des sog. Aktionspotentials, zugeleitet, dort nach vielerlei Kriterien verarbeitet, geordnet und vergleichend bewertet, um transformiert in passende Instruktionen als Verhaltensreaktionen wieder an den Körper und durch diesen an die Umwelt ausgegeben zu werden. Funktionen des Gehirns können daher nach den Grundsätzen und Gesetzen der

Informationstheorie betrachtet und analysiert werden. Die Informationstheorie sieht bekanntlich von der speziellen Art der Informationsträger ab. Es ist ihr irrelevant, von welchem materiellen Substrat Information produziert und transportiert wird. Sie sieht aber auch vom semantischen Inhalt, von der Bedeutung einer Nachricht ab und geht davon aus, Information nicht als Sinn oder Gehalt, sondern als Quantität zu sehen. Das hat zum Verständnis mancher Gehirnvorgänge wesentlich beigetragen, die damit als mathematisch beschreibbare Vorgänge demonstriert werden konnten. Auch die neurobiologische Information besitzt kein organisch-materielles Substrat, sondern besteht in den *dynamischen Mustern der im Trägerorgan Gehirn ablaufenden* kodierten Erregungsprozesse, also in Signalkonfigurationen oder Symbolstrukturen, die man im technischen Sprachgebrauch als *Programme* bezeichnet. Grundsätzlich sind Programme hinsichtlich ihrer Form und ihres Inhalts vom benutzten Gerät unabhängig, da diese allein durch die Verknüpfungsregeln der Signale, ihre Anordnung und ihre Abfolge bestimmt werden. Je mehr Verknüpfungsmöglichkeiten aber das Verarbeitungsgerät, sei es ein mechanisches oder elektronisches, erlaubt, desto schwierigere Programme kann es durchführen. Auf das Gehirn bezogen bedeutet dies, daß wir von diesem biologischen Gerät angesichts seiner Komplexität eine unfaßbare Vielgestaltigkeit und Vielfalt der ihm möglichen Programme und damit eine enorme Leistungskapazität voraussetzen müssen, gerade auch jener Leistungen, die dem spezifischen menschlichen Verhalten zugrunde liegen, dessen exakte rationale Beschreibung daher nur in höchst begrenztem Umfang möglich ist. Weiter folgt daraus, daß die menschlichen Verhaltensprogramme durch Untersuchungen vom Hirnträgerorgan her, etwa durch Zerlegung des Gehirns und Erstellung eines Schaltplans der Nervenzellen oder durch komplette Registrierung der neurophysiologischen Impulse oder auch durch neurochemische Analyse der Transmittervorgänge, nicht voll erklärt werden können, weil alle diese Methoden nur den Hirnapparat und seine Mechanik beschreiben, nicht aber Einblick in seine eigentliche Leistungsweise gewähren, die in der dem Organischen enthobenen transmateriellen Ebene der Programmstruktur der Informationsverarbeitung gelegen ist.

Diese besondere Struktur-Funktionsbeziehung hat insbesondere Geltung für die sog. *höheren menschlichen Hirnleistungen*. Sie haben gemeinsam, daß sie mit dem Bewußtsein verbunden sind, und sie umfassen: Gegenstandswahrnehmung, Lernfähigkeit, Gedächtnis, Vorstellungskraft, Denken, Wollen und planvolles Handeln sowie die symbolische Metafunktion der Sprache. Wir können aufgrund des bisher Gesagten feststellen, daß alle diese bewußten Funktionen nicht als solche vom Gehirn getätigt werden, sondern daß sie in ihm stattfinden, indem sie dort lediglich ihre, Computer-Vorgängen entsprechenden, Korrelate in den physiologischen Gehirnvorgängen haben. Die der naturwissenschaftlichen Untersuchung zugänglichen objektiven Gehirnvorgänge entsprechen nicht den subjektiven Bewußtseinserlebnissen. Das Bewußtsein läßt aus dem Informationsverarbeitungsgeschehen des Gehirns allein die Symbolstruktur der Verarbeitungsresultate, die Programme und deren Bewegung, subjektiv gewahr werden, nicht aber das physiologische physikalisch-chemische Hirngeschehen. Physiologisches Hirngeschehen und hirngetragenes psychisches Erleben sind zwar zweifellos interdependent, haben aber als selbständige Phänomenebenen keine konkrete funktionale Beziehung und interferieren nicht miteinander: Sie stehen zueinander im Verhältnis einer interdependenten Komplementarität.

Die Computer-ähnliche Leistungsweise des Gehirns, also die Datenverrechnung, ist nicht Selbstzweck, sondern Werkzeug im Dienst des Verhaltens des Organismus zur Umwelt in einer Regelkreisbeziehung, deren Prinzip die für das Überleben des Individuums optimale Reaktion auf Veränderungen in der Umwelt ist. In diesen Vorgängen handelt es sich nicht um lineare Kausalketten, sondern um Wirkungsnetze mit vielfachen Rückwirkungen und zyklischen Verknüpfungen, also um Kausalsysteme, die mittels der wissenschaftlichen Methodik der *Kybernetik* beschrieben oder quantitativ analysiert und am Modell simuliert werden können. In der Kybernetik wird ebenso wie in der Informationstheorie von der materiellen Natur der Elemente sowie von der Art der energieliefernden Vorgänge abgesehen und nur die Funktion des Systems betrachtet. Tatsächlich kann man Regelkreisfunktionen von der einfachsten Art, etwa dem Eigenreflexbogen des Rückenmarks, bis zu komplizierten kybernetischen Systemen, etwa der Kleinhirnrinde, einer ingeniösen Apparatur für die raumzeitliche Koordinierung von Bewegungen, im Gehirn nachweisen. Eine gewisse Vergleichsmöglichkeit des Gehirns mit technischen kybernetischen Systemen bieten die sogenannten *sensitiven Automaten*. Solche Geräte sind heute mit Computern ausgestattet und haben bereits sehr hohe Leistungsstufen bis zur Selbstprogrammierung, zur Fehlerkorrektur, zur Voraussagenprüfung usw. erreicht, was sie mit gewissem Recht als *intelligente Maschinen* bezeichnen läßt. Man darf diese Leistungen als Denkleistungen bezeichnen, muß sich aber bewußt sein, daß nicht die »*hard ware*«, die Maschine es ist, die denkt, sondern daß sie lediglich analog den Denkoperationen arbeitet. Dasselbe ist es mit dem Gehirn und seiner Denkfunktion: Nicht das Gehirn, das Organ, ist es, das denkt, sondern die Person. Nun kann nach Turing jede Denkaufgabe, also jede logische Aufgabe, die genau spezifiziert werden kann, grundsätzlich durch einen Automaten gelöst werden. Daß die heutigen hochentwickelten kybernetischen Maschinen nur verhältnismäßig wenige menschliche Verhaltensweisen simulieren können, liegt allein daran, daß die meisten menschlichen Verrichtungen nicht spezifizierbar sind, weil sie einen unerreichbaren Komplexitätsgrad aufweisen. Man denke etwa an das Erkennen eines Gemäldes als Werk eines bestimmten Meisters oder an das Erkennen bzw. Wiedererkennen menschlicher Gesichter. Daß aber Denkvorgänge jedweder Schwierigkeit als Apparateleistung verstanden werden können, hat nichts Unrichtiges an sich, da die mechanischen Regeln des physikalischen Umgangs mit Symbolen in einem Automaten den logischen Regeln der Denkvorgänge analog sind. Entscheidend ist die Richtigkeit des Ergebnisses, nicht die Mechanik seiner Gewinnung. Die Prozesse im System Gehirn sind physischen Randbedingungen unterworfen, analog wie unser Denken den Randbedingungen der logischen Gesetze. Wir haben festzuhalten, daß die Ergebnisse der maschinellen Informationsverarbeitung, nämlich die Demonstration der mechanischen Ausführung von Denkprozessen, also einer höheren bewußten Tätigkeit des Menschen, unsere Vorstellung von Intelligenz in einem neuen Licht erscheinen lassen.

Nach diesen mehr allgemeinen Feststellungen möchte ich mich der *Großhirnrinde* zuwenden, an deren Tätigkeit die höheren Hirnleistungen sämtlich gebunden sind. Nach dem Gesagten kann das mögliche Anliegen der medizinischen naturwissenschaftlichen Hirnforschung auf dieser Funktionsebene zunächst nur auf ihre physischen Bedingungen, d. h. auf die Funktionsstruktur der Großhirnrinde gerichtet sein. Gerade auf diesem Feld aber konnten in den letzten Jahren bedeutende Fortschritte erzielt werden, deren Ergebnisse ich nun kurz darlegen und interpretieren möchte.

Vor allem ist der Hirnforschung die Identifizierung der Grundstruktur der Großhirnrinde, nämlich des *Moduls* gelungen, den man mit einem integrierten Schaltelement einer Datenverarbeitungsanlage oder einem Mikroprozessor vergleichen kann. Der Modul ist ein zylindrisches Gebilde, das senkrecht zur Rindenoberfläche angeordnet ist und bei bis zu 3 mm Höhe einen Durchmesser von 0,5 mm hat. Der Modul enthält bis zu mehreren tausend Nervenzellen in einer bestimmten Netzwerkschaltung, in der der Input regelhaft verteilt und der Signaldurchsatz zu einem Output hin ebenso in bestimmter Form geordnet wird. Die menschliche Großhirnrinde, bestehend aus ca. 4 Millionen solcher Module, stellt somit eine riesige Population von netzwerkartig verbundenen Mikroprozessoren dar. Von Rindenfeld zu Rindenfeld variieren Feingestalt und Fortsatzarchitektur der beteiligten Nervenzellen. Der Grundplan des Moduls bleibt aber unverändert. Daraus ist zu schließen, daß die Arbeitsweise der Großhirnrinde an jeder Stelle prinzipiell die gleiche ist, daß jedoch die örtlich differenzierten Gruppen von Modulen für bestimmte modifizierte Muster von Bearbeitungsprogrammen eingerichtet sind. Der für die lokalen Funktionen der Großhirnrinde wesentliche Umstand besteht aber in der Verschiedenheit des Inputs, den die Module aus den tieferen Hirnanteilen sowie aus anderen Rindengebieten erhalten. Jeder Modul ist mit denen in seiner Umgebung sowie mit zahlreichen ferneren Modulen der gleichen Hemisphäre und durch den Hirnbalken der kontralateralen Großhirnhemisphäre verbunden. Für die Leistungshöhe der menschlichen Großhirnrinde sind die Zahl ihrer Module, somit ihre Größenausdehnung, die hohe Feindifferenzierung ihrer arealen, also gruppenweisen Gliederung und das Maß ihrer Interkonnektivität, d. h. die Dichte und Vollständigkeit ihrer Verbindungen, von entscheidender Bedeutung.

Aus diesen Merkmalen der modularen Struktur der Großhirnrinde ist bereits zu entnehmen, daß in ihr nicht spezialisierte Funktionen wie in einem Mosaik angesiedelt sind, sondern daß es sich um eine Struktur handelt, die eine unglaublich *breite und dichte Verteilungsfunktion und eine Vielfalt von differenzierten Verarbeitungsweisen von Information* ermöglicht, und dies dadurch, daß der primäre Erregungszustand *eines* Moduls, also einer lokalen Nervenzellgruppe, in vielfacher Verzweigung an andere Gruppen weitergegeben wird, von denen er nach erfolgtem Arbeitsgang entsprechend modifiziert wieder vielfach weitergegeben und u. a. auch an die Primärgruppe selbst wieder zurückgespielt wird, um dort als Sekundärerregung neuerlich bearbeitet zu werden, usw. Jede Information an die Großhirnrinde wird somit in gleichartiger, aber differenzierender Weise vielfältig, umfassend und repetitiv, aber nicht redundant, bearbeitet, wobei auch die im System selbst bereits vorhandene Information in die Bearbeitung eingebracht wird. Dadurch, daß in die menschliche Großhirnrinde alle Informationen, auch die aus der Gefühls- und Triebsphäre einfließen, sind die umfassende Auswertung jeden Inputs und die weitestgehende Ausschöpfung seines Informationsgehalts gewährleistet. Die *Funktion der Großhirnrinde* ist demnach als eine *Eigenschaft der dynamischen Tätigkeit innerhalb des Systems* gemäß den Verarbeitungsmustern, d. h. den Programmen der ablaufenden Informationen zu betrachten. Es gibt also kein konkretes Produkt der Großhirnrindenfunktion, die ihren Ausdruck vielmehr in einer optimalen Verhaltensbereitschaft, bzw. im Verhalten des Individuums selbst findet. In der gesamten Informationsmasse ist – wie schon angedeutet – die *kontinuierliche Input-Information* aus Körper und Umwelt von der *strukturierten*, im Gehirn selbst fixierten *Information* zu unterscheiden. Diese fixierte Information besteht einmal aus der *genetisch bedingten Information*, die im Organbau, etwa auch in der Individualstruktur des Großhirnmoduls, repräsentiert ist und die in ihrer Gesamtheit als unsere evolutiv erworbene Theorie der Natur bezeichnet werden kann; und ferner aus den *individuell erworbenen Informationen* in Form der molekularen Erinnerungsspuren, auf denen auch das bewußte *Gedächtnis* beruht.

Aus der modularen Organisation der Großhirnrinde wird auch die *Plastizität der Gehirnfunktionen*, d. h. die Fähigkeit, gestörte Funktionen funktionell zu kompensieren, leichter verständlich: Manche Programme oder Programmteile sind nämlich nicht an bestimmte Strukturen gebunden, sondern können auf andere Modulgruppen übertragen werden.

Die Tatsache, daß in der Großhirnrinde gewisse Funktionen, wie man sagt, *lokalisiert* werden können, was für die Neurologie von größter Bedeutung ist, hat seine Ursache nicht in der funktionellen Spezifität der betreffenden Hirnanteile, sondern in der lokal konzentrierten Organisation eines bestimmten Inputs oder Outputs. Wir bezeichnen Rindenregionen, in denen bestimmte Teile des Informationsflusses ein- oder austreten, als *modale Rindenfelder*, z. B. die Sehregion, die Hörregion oder die motorische Region.

In der menschlichen Großhirnrinde nehmen die *modalen* Felder einen recht geringen Raum ein, die *intermodalen Rindenfelder*, die sich zwischen den modalen ausspannen und die mit dem Aufbau der Wahrnehmungswelt und mit der Bewegungssteuerung verbunden sind, aber beanspruchen große Gebiete, denen man keine spezifische Funktion zuschreiben kann, wobei Funktion wohlgemeint nicht als definiertes chemisch-physikalisches Geschehen, sondern als Verhaltensleistung gemeint ist. Diese Gebiete, die man früher deswegen als »stumme« Rindenregionen bezeichnete, nehmen vor allem die Stirn- und Schläfenlappen des menschlichen Gehirns ein, deren Massenentwicklung, wie gesagt, ein Spezifikum der Menschwerdung darstellt. Man kann umschreibend sagen, daß in diesen Regionen die *Integration* aller dem Gehirn zugehenden Informationen in Beziehung auf die Gesamtsituation und Existenz des Individuums vorgenommen wird. Hier wären also die Korrelate der eigentlich menschlichen höheren Hirnleistungen des Lernens, Denkens, Handelns und Planens zu suchen, die sich in symbolischen Formen, also gebunden an die Sprache, vollziehen. Als definierbare Funktionen des Gehirnapparats sind sie uns noch durchaus unbekannt. Neuroanatomisch zeichnen sich diese Gebiete durch dichteste Verbindungen mit allen übrigen Hirnregionen aus, wobei als menschliche Neuerwerbung die Verbindungen mit den Triebzentren und der Gefühlssphäre des Hypothalamus zu betonen sind. Allgemein gesagt, handelt es sich bei der Leistung dieser Rindenanteile wieder um die geschilderte modulare, also vielfältig differenzierende und repetitive Bearbeitung eines Inputs, wobei nicht mehr die Analyse bestimmter sensorischer Information in Rede steht, sondern die aus diesen Informationen gewonnene Information, wobei u. a. unspezifische Koinzidenzen und Korrelationen ausgefiltert werden. Der Input ist also das gesamte Ergebnis der Informationsbearbeitung durch das übrige Gehirn. Man spricht auch von einer assoziativen oder einer *supramodalen Funktion*. Der entscheidende mit diesen Rindenfeldern gewonnene Leistungszuwachs liegt in der Perfektionierung des Umgangs mit den symbolischen Produkten der Hirntätigkeit, also der Behandlung von Wirklichkeitsabstraktionen. Abstraktion ist zwar ein Grundzug der kodierten Datenverarbeitung überhaupt und gehört z. B. in Form der »*feature extraction*« zur Voraussetzung auch der einfachsten Wahrnehmung. Wir haben es immer nur mit Wirklichkeitsauszügen zu tun. Die Erkenntnis eines Gegenstands, also eines bestimmten Tisches als Tisch bedeutet bereits eine sehr hohe nichtbewußte Abstraktions- und Klassifikationsleistung, wie sie in dieser Form auch nur dem Menschen möglich ist. Die höchste Form begrifflicher Kristallisation von innerer und äußerer Erfahrung aber, wie sie der Sprache als Kommunikation über Wirklichkeit und dem Denken als Manipulation von Wirklichkeitsmodellen zugrunde liegt, wurde jedenfalls durch die gewaltige Vergrößerung der Stirn- und Schläfenlappenrinde ermöglicht. Bei begrenzten Störungen dieser Regionen gibt es keine markanten Ausfälle, sondern oft testmäßig nur sehr schwer faßbare Auswirkungen auf das Gesamtverhalten, die Leistungskapazität und den qualitativen Aspekt der Person. In vergleichbarer Weise wird die Leistung einer menschlichen Gemeinschaft durch einen Verlust von Individuen etwa durch Epidemien oder Kriege bis zu einer gewissen Grenze nicht eingreifend betroffen. Man erkennt, daß es sich bei der Gesamtfunktion des Gehirns als verhaltenssteuerndes Organ nicht darum handelt, ein wissenschaftlich exaktes Abbild der Umwelt als Aktionsbasis zu liefern, sondern eine umfassend informierte und abgestimmte Verhaltensbereitschaft, von der aus die Handlungsplanung in allen relevanten Umständen bestimmt oder begrenzt werden kann (vgl. hierfür Vollmers Konzept des Mesokosmos, in diesem Band S. 51 ff). Die zugrundeliegenden Gehirnprozesse im modularen System kann man als konditionale Programmstrukturen auffassen, die in gleitender Anpassung an die eintretenden Signale optimal passende Antworten des organisierenden Gesamtsystems formieren. Es ist diese Einheit des organisierenden Hirnsystems, das der Einheit der bewußt erlebten Welt entspricht und den durch die Sinnesmannigfaltigkeit gestalteten Erfolgsraum der individuellen Aktionen darstellt.

Von hier aus können wir noch einen kurzen Blick auf die *metamodale Ebene der Hirntätigkeit* richten, auf der ihre Leistungsprodukte sich selbst zum Objekt werden, also einer Reflexionsebene, um uns einen Begriff davon zu machen, was *Bewußtsein* ist oder sein kann. Jedenfalls keine eigene Funktion bestimmter Hirnapparate. Es gibt, wie aus den bisherigen Darlegungen folgt, weder einen neuroanatomischen Ort, noch eigene neurophysiologische Substrate des Bewußtseins. Es gibt allerdings Hirnapparate, die Einfluß auf die Bewußtheit, also auf den Grad der Bewußtseinshelligkeit und des Bewußtseinsumfangs haben. Das Bewußtsein ist die durch die strukturelle Organisation der Informationsverarbeitung bedingte, subjektive Erscheinungsweise unserer Verhaltenssteuerung. Sobald durch die vervollkommnete Ansicht der Gesamtsituation dem Individuum im raumzeitlichen Weltgeschehen eine Mehrzahl von Alternativen des Verhaltens mit Zukunftsaspekten zur Verfügung stehen, erfolgen bestimmte optimierende Entscheidungen bei Lebewesen im Medium des Bewußtseins. *Bewußtsein* ist also eine mit der Höhe und Komplexität der Informationsverarbeitung von Lebewesen immanent verbundene *Qualität*. Im Bewußtsein erlebt das Individuum unmittelbar seine relevante Weltbeziehung im Hinblick auf die ihm möglichen und daher anheimgestellten Entscheidungen. Das elementare Verhalten der Lebewesen zur Umwelt in Form von Reiz und

Reaktion erhebt sich damit beim Gehirnträger auf die Ebene von Bewußtsein und Wahl, beim Menschen schließlich zur Ebene von Wissen und Wollen. Die Tatsachen des Bewußtseins sind somit eigengesetzliche Äußerungen des *einen* ganzen Individuums, in denen die Totalität seiner Organismus-Umweltbeziehung subjektiv repräsentiert wird. Beim Menschen erreicht dieses bewußte Inbild der Wirklichkeit die äußeren Dimensionen der Welt und der Zukunft sowie die innere Dimension des Selbst, der autonomen Person.

Wie wir gesehen haben, sind Leistungen des optimierenden Verhaltens grundsätzlich technisch durchführbar und daher auch ohne Bewußtsein denkbar. Daher ist auch die Frage, *warum* die Lebewesen mit Bewußtsein ausgestattet sind, also mit einer subjektiven inneren Erfahrungsweise, an deren Existenz schlechterdings nicht zu zweifeln ist, letztlich vom naturwissenschaftlichen Standpunkt nicht zu beantworten. Wir können lediglich gewisse Aussagen über Eigenschaften und vielleicht *Aufgaben des Bewußtseins* machen. Man kann vermutlich im *Schmerz* einen Vorläufer des Bewußtseins sehen, im Schmerz, der eine Warnung vor individueller Gefahr darstellt und ein bestimmtes Sinnesdetail mit dem Zweck einer gerichteten Verhaltensreaktion verstärkt. Solche auswählenden Verstärkungen von kritischen Details erstrecken sich im Verlauf der Evolution dann auch auf andere, nicht unbedingt vitale Relevanzsphären, um schließlich im Bewußtsein eine Auswahl von Ausschnitten der physikalisch-energetischen Wirklichkeit und des eigenen körperlichen Zustands zu einem objektiven Weltbild auszugestalten. Es kommt also niemals das Ganze unserer Welt und Situation zu Bewußtsein. Das Bewußtsein gewährt auch keinen Einblick in die Art unserer Hirntätigkeit und gibt nur beschränkten Zugang zu seinen Programmen. Die im Bewußtsein erlebnismäßig zugänglichen Ausschnitte der Welt haben als Evolutionsprodukt sicher Überlebensrelevanz. Im Blickpunkt der evolutionären Anpassung ermöglichen die Bewußtseinsfunktionen ihren Trägern eine höchst erfolgreiche Rolle in der Geschichte des Lebens.

Aus unserer Darlegung ergibt sich somit, daß *Bewußtsein* keine eigene Wesenheit, kein Gespenst in der Maschine ist, sondern eine mit der Höhe der Hirnleistungen erscheinende *Qualität*, ein Muster von dispositionellen Eigenschaften.

Ich bemühte mich, deutlich zu machen, daß der individuelle Mensch als ein eines und unteilbares Lebewesen infolge seiner gehirnbedingten Verfassung die Gesamtwirklichkeit in zweifacher, in dualer Weise erfährt: einmal als Information über alles außerhalb des Gehirns, wozu die Umwelt mit unserem Leib gehört, sowie zweitens als Interpretation dieser Information aus der Sicht seiner Individualexistenz in Form eines exklusiven Eigenberichts. Wir erhalten also im Bewußtsein einen objektiven und einen subjektiven Bericht über die Welt und über uns in der Welt. Diese beiden verschiedenen Wirklichkeitsauszüge integrieren wir in der Reflexionsebene des Selbstbewußtseins zu einer neuen Einheit: Wir überwinden die erlebnismäßig begründete Subjekt-Objekt-Spaltung, indem wir uns als Person, d. h. als die sich der Welt gegenüber als Selbst identifizierende Individualexistenz konstituieren. Man kann daher sagen: Der Mensch ist jenes Lebewesen, das seine *Einheit* nur in der *Dualität* des Erlebens der Welt und des eigenen Bewußtseins erfahren kann.

Der Qualität der subjektiven, bewußten Zugänglichkeit unseres Verhaltens gab man aber und gibt leider noch immer, verleitet durch die sprachliche Substantivierung als *das* Bewußtsein oder *der* Geist, eine falsche Substantialisierung, eine nicht vorhandene Gegenständlichkeit. Man muß feststellen, daß dieses sprachbedingte Mißverständnis allen dualistischen Konzepten und philosophischen Systemen zugrunde liegt, die Leib und Seele oder Gehirn und Geist als zwei Wesenheiten einander gegenüberstellen. Der substantielle Dualismus von Leib und Seele ist ein Scheinbild, bedingt durch die in den bewußten Vorgängen gegebene duale Weise des subjektiven Erlebens von etwas. Die duale Komplementarität, also die besondere Weise der Einheit unserer Seinsweise, wird im dualistischen Denken verkannt und geleugnet. Die Konsequenzen dieses Denkfehlers bestimmen weite Strecken und Bereiche der abendländischen Kultur und Realgeschichte.

Ich möchte nur noch auf zwei Umstände hinweisen, die für die Gesamtheit der menschlichen Existenzform Bedeutung haben. Da ist zunächst die Erweiterung der für die Individualentwicklung relevanten Lebensspanne zu nennen, die bei den Tieren mit der Generationsperiode zusammenfällt, nämlich die Erweiterung um die Randzonen der *Frühkindheit* einerseits, und des *Alters* andererseits. Durch diese Erweiterungen wird nicht nur der individuelle Erfahrungs- und Aktionsraum der Individualexistenz zur Gänze erschlossen, sondern darüber hinaus werden in der Frühkindheit die organische Reifung des Gehirns zur höchsten erreichbaren Perfektionsstufe ermöglicht und im sozialen Lernen die Grundlage für die Intersubjektivität des gesamten Verhaltens gelegt. Im Alter wiederum kann die individuell erworbene Erfahrung im

Generationenvergleich auf ihren Anpassungswert überprüft und die so bewährte als Verhaltensinstruktion an die nachfolgenden Generationen weitergegeben, tradiert, werden. Hier liegt ein Fundament des kollektiven Wissens der Menschengemeinschaft vor, das im Lauf der Geschichte, aber insbesondere seit der Erfindung der Schrift, in Gestalt von Recht, Sitte, Religion, Technik, Wissenschaft und Kunst systematisiert wurde und sich als objektives Produkt der Gehirntätigkeit eigengesetzlich und eigendynamisch gestaltete. Wir bezeichnen diese sekundäre Welt als Kultur und sprechen von soziokultureller Evolution. Wir haben hier jene vom Organ entkoppelte Meta-Ebene der Gehirnleistungen, nämlich die der sich autonom organisierenden Gehirnleistungsprodukte vor uns. Diese Überwelt ist aber im Gehirn erzeugt. Sie wird in symbolischer Form durch Wort, Schrift und Artefakte vermittelt und vom einzelnen Menschen durch Lernprozesse zum Eigengebrauch aufgenommen und somit wieder in materieller Form im Gehirn verfügbar fixiert. Durch dieses komplexe Beziehungssystem wird jener gigantische Lernprozeß instrumentiert, der sich als Geschichte der historischen Menschheit vollzieht.

Um weitere *Substrate der Intelligenz* zu identifizieren, müssen wir uns auf die *neuropsychologische Ebene* begeben, auf der die im Verhalten erscheinenden Großhirnleistungen im Hinblick auf ihre Organbeziehung erforscht werden. Wir fragen zunächst nach der *Selbstwahrnehmung des eigenen Leibes*. Er findet sich erwartungsgemäß in der Rindenregion der sogenannten Körperfühlsphäre repräsentiert und zwar in der Form einer gekreuzten somatotopischen Lokalisation, in der die Körpergegenden entsprechend ihrer funktionellen Bedeutung gegenüber ihrer realen Ausdehnung verzerrt erscheinen. Gesicht und Hand nehmen daher im kortikalen Homunculus den größten Raum ein. Bemerkenswert ist die eng nachbarliche Beziehung zur motorischen Rinde, in der der Bewegungsapparat des Körpers in weitgehend gleicher Topik und Größenbeziehung repräsentiert ist. Man bezeichnet diese Rindenregionen daher als den Ort des motorischen und sensorischen *Körperschemas*. Es liegt mit der Primärfunktion der Identifikation und Lokalisation von Reizen symmetrisch in beiden Hirnhälften vor. Wenn wir aber nach der *Erkennung der Körperregion* und nach der Orientierung am eigenen Körper fragen, die man z. B. beim Hantieren vor dem Spiegel benötigt, stoßen wir erstmals auf den Befund der *Hemisphärenspezialisierung*. Es zeigt sich nämlich, daß zu dieser Leistung die rechte Großhirnhemisphäre des Rechtshänders erforderlich ist. Patienten mit

Erweichungen oder Geschwülsten in dieser Hemisphäre können sich nicht selbst ankleiden, können Rechts und Links nicht unterscheiden (*Autotopagnosie*) und nehmen z. B. die Lähmung ihrer linken Körperhälfte nicht wahr (*Anosognosie*) und illusionieren eventuell an dieser Seite einen anderen fremden Menschen (*Doppelgängererlebnis*).

Die Arbeitsteilung zwischen den beiden Großhirnhemisphären ist ein Kennzeichen des menschlichen Gehirns. Sie ist seit langem als *Dominanz* für die Sprache und die Händigkeit bekannt, wurde aber in letzter Zeit durch die Befunde an sogenannten »*split brains*«, d. h. an Gehirnen, bei denen die Großhirnkommisur des Hirnbalkens entweder nicht vorhanden war oder zerstört wurde, sehr genau bestimmt und analysiert. Da es in diesem Rahmen nicht angeht, darüber ausführlich zu werden, möchte ich mich auf einige Feststellungen beschränken: In den Großhirnhemisphären sind nicht verschiedene Leistungen lokalisiert, sondern finden – entsprechend den früheren Aussagen über das Modulsystem – verschiedene Verarbeitungsweisen gemäß bestimmten Erregungsverteilungs- und Rekollektionsmustern statt. In sehr abstrakter und vereinfacht generalisierender Weise könnte man sagen, daß die linke Hemisphäre des Rechtshänders über der Zeitachse analysiert und die rechte Hemisphäre über den Raumdimensionen synthetisiert. Daraus erklärt sich das Auftreten von Autotopagnosie und Anosognosie als Störung des Verhaltens im Raum bei rechtshirnigen Läsionen. Die spezifisch menschliche *Sprachfunktion* als komplexeste Hirnleistung überhaupt beansprucht in ihrer Logizität und Konstruktivität in der Rezeption ebenso wie in der Expression enorme Analysekapazitäten, in die alle Sinnesquellen und motorischen Funktionen einbezogen werden, womit die ganze linke Hemisphäre ausgelastet wird. Sofern Sprache sich aber, wie meistens, auf Objekte bezieht und durch Lesen und Schreiben vermittelt wird, ist auch der Beitrag der rechten Hemisphäre unentbehrlich, deren Verarbeitungsweise die Auffassung optisch räumlicher Gestalten und die Orientierung im Raum gewährleistet. So kommt z. B. die *Alexie*, die Unfähigkeit, Schrift zu lesen und sprachlich zu verstehen, durch die Läsionen eines der Sehregion nahen Rindengebietes der linken Hemisphäre zusammen mit der dazugehörenden Balkenfaserung zustande. Im Sprachbereich kann man die Funktion der linken Hemisphäre dadurch noch besser kennzeichnen, daß sie für die abstrahierende Begriffsbildung als Grundlage der sprachlichen Symbolisierung, für die Objektklassifikation und Benennung verantwortlich ist. Dagegen wird die Auffassung und Erkennung komplexer Gestalten nicht nur räumlicher, sondern auch zeitlicher Natur, z. B. musikalischer Melodien, von der rechten Hemisphäre vorgenommen. Schon daraus ergibt sich die Einheit über der Spezialisierung, die in der normalen Hirntätigkeit unmittelbar realisiert wird. Aus diesen Gegebenheiten folgt auch, daß beide Hemisphären für die Bewußtseinsvorgänge die gleiche Beziehung und Bedeutung besitzen. Der Slogan von der »Bewußtlosigkeit der rechten Hemisphäre« gehört also in den Bereich der Hirnmythologie. Es zeigt sich nämlich, daß auch bei durchtrennten Balken die Einheit des Selbstbewußtseins voll erhalten bleibt, daß aber in solchen Fällen durch ausgeklügelte experimentelle Bedingungen die qualitativen Eigenleistungen der Hemisphäre demonstriert werden können. Die Aussage, »die rechte Hemisphäre ist stumm, die linke Hemisphäre ist blind«, muß daher als verstümmelnde Abstraktion verstanden und darf nicht wörtlich genommen werden. Die Lokalisation einer »Seele« in die linke Hemisphäre vorzunehmen, entbehrt ebenso jeder sachlichen Begründung, wie etwa die früher beliebte Entgegensetzung einer rationalen »Rindenperson« gegen eine triebhaft emotionale »Tiefenperson« des Hirnstamms. Das Gehirn ist in seiner Funktion eines, und ebenso ist es die Person jenseits aller Geschichtetheit und Leistungspluralität.

Als Eigenheit der menschlichen Hirnrinde müssen noch mindestens zwei Verhältnisse erwähnt werden: erstens die ungemeine relative Größe der *Gesicht- und Handrepräsentation.* Sie erklärt sich in evolutionistischer Sicht aus der Befreiung der Hand von der Fortbewegungsaufgabe und aus ihrer Verfügbarkeit eben zum Handeln, d. h. letztlich zur schöpferischen Erzeugung von Werkzeug, Kunst und Schrift, sowie aus der damit verbundenen Befreiung des Gesichts zur Sprechmotorik und zum kommunikativen Ausdruck auf Kosten der Freßfunktion. In der Menschwerdung dürften die in dieser Befreiung liegenden Anpassungsmöglichkeiten den stärksten Druck auf die Entfaltung des Endhirns zu seiner heutigen Größe und Gestalt ausgeübt haben. Die zweite Eigenheit betrifft die letzte der Kortikalisationen: Sie besteht in der morphologischen Erwerbung von dichten Verbindungen zwischen der frontalen Großhirnrinde und dem alten Riechhirn sowie dem Zwischenhirn-Hypophysensystem, in dem die Regulationsstätten des vegetativen Lebens mit den Vitalgefühlen und den Trieben gelegen sind. Ihre Einschaltung in das modulare Verteilungssystem bedeutet einerseits die Durchdringung der höchsten Hirnleistungen mit Informationen aus der elementarsten Lebensschicht und andererseits die Kontrolle der Triebsphäre durch den kortikalen optimierenden Entscheidungsprozeß, der

durchaus auch auf realitätsenthobenen Vorstellungen als Handlungs-
modellen beruhen kann.

Schließlich muß hier auch betont werden, daß die den nervösen Strukturen im allgemeinen zukommende *Lernfähigkeit*, d. h. die Fähigkeit
zum Einbau von Erfahrungen des individuellen Lebens zur modifizie-
renden Anpassung des Verhaltens, gegenüber allen anderen Lebewesen
beim Menschen enorm gesteigert ist. Seine schier unbegrenzte Lernfähigkeit in Verbindung mit *Gedächtnis*, also kodierter Fixierung von individuellen Erlebnisspuren in gehöriger raum-zeitlicher Ordnung mit der
Eigenschaft der Erinnerung, d. h. der gestaltgetreuen Reproduzierbar-
keit in bewußter Vorstellung, ist unentbehrlich für alle eigentlich
menschlichen Leistungen von der Objekterkenntnis bis zur Sprache und
Vorstellungskraft. Durch Lernen werden vom Beginn des Individualle-
bens an die strukturgegebenen Funktionsmöglichkeiten (Begabungen)
verwirklicht. Die menschlichen Hirntätigkeitsprogramme sind nämlich
auch offen in dem Sinn, daß sie erst durch den individuellen Input aktua-
lisiert und gemäß seiner Konstellation strukturiert werden. Das Gedächtnis ist auch das Skelett des Zeitsinns mit seiner invarianten Richtung und ist offenbar unentbehrlich für die Kontinuität des bewußten
Erlebens, das wieder wesentlich mit dem Phänomen der personalen
Identität, der individuellen Geschichtlichkeit des Menschen, verknüpft
erscheint. Über die materiellen Substrate von Gedächtnis und Lernen
kann ich mich nicht verbreiten, möchte aber erwähnen, daß der lebens-
langen Identität der nicht teilbaren und nicht reproduzierbaren Nervenzellen für diese Funktionen eine entscheidende Rolle zukommen dürfte.

Ich will an dieser Stelle nochmals einige Trends der *Evolution des
Menschengehirns* herausstellen. Was die *Wahrnehmungsseite* anlangt,
ist zwischen den Hominiden und dem Menschen keinesfalls eine Verbesserung der elementaren Sinnesleistungen zu konstatieren, der Farben-
sinn vielleicht ausgenommen, wohl aber eine weitere Kortikalisation,
d. h. verstärkte Übernahme der Verarbeitung der Sinnessignale in ver-
größerten Rindengebieten. Die Gesamtzahl der Nervenzellen im Gehirn
erfuhr zwischen dem Status des Affen und des Menschen eine zweifache
Verdoppelung, vor allem zugunsten der Großhirnrinde, was mit dem
parallelen Ausbau der intrazerebralen Verbindungen eine unglaubliche
Erhöhung der Strukturkomplexität bedeutet. Insbesondere durch die gewaltig verbesserte intermodale Verarbeitung wurde die einheitliche Gegenstandswahrnehmung in zeitlicher Orientierung ermöglicht. Mit der
Externalisation der Objekte aus dem subjektiven Eigenraum in die Um-

welt wurde auch die eigene Leiblichkeit als Sonderobjekt verdeutlicht. Darauf beruht die Subjekt-Objekt-Spaltung und das Individualbewußtsein. In diesem Prozeß der Gegenstands- und Selbstobjektivierung spielen die Bewegungsfunktionen von Hand und Sprache eine entscheidende Rolle. Alle setzen Abstraktionsleistungen voraus: Einen Gegenstand wahrnehmen bedeutet, über seine Konstruktion aus multimodalen sinnlichen Elementen hinaus ihn auch in seiner Ganzheit als Vertreter einer Objektgruppe aufzufassen, also zu klassifizieren. Sprache ist von vornherein Symbolisches in sinnlicher Gestalt. Handeln heißt Vorstellungen, d. h. abstrakte Modelle von Ereignisketten realisieren. Daher nennt Kant sehr sinnreich die Hand das »äußere Denken«. Die weitestgehende dynamische Integration aller Sinnesbereiche auf der Abstraktrionsebene läßt insgesamt einen einheitlichen Sinnesraum, ein *sensorium commune*, erwachsen, in dem nun auf einer erhöhten Funktionsebene, in der sozusagen Information über Information verarbeitet wird, objektartige Konstrukte als Vorstellungen möglich sind, die in imaginären Handlungen bewegt werden, um wieder ähnlich konkreten Sinnesgebilden modular verteilt und umgewälzt zu werden. Damit ist gleichsam ein *nichtspezialisierter Sinn* gewonnen, der seine Objekte selbst hervorbringt – das ist die »Vorstellungskraft« –, und mit Hilfe des Lernens und des Gedächtnisses ist es nun möglich, nicht nur die ankommenden Informationen über aktuelle Lebenssituationen optimal auszuschöpfen, sondern auch die mittels der Vorstellungskraft in Eigentätigkeit erstellten Modelle von möglichen Situationen und Ereignisfolgen auszuwerten. Die Erregungsmuster der Gehirntätigkeitsprodukte bilden wieder einen Input des Modulapparats und werden daher genauso durchanalysiert, wiederholt eingespielt und miteinander verglichen, um schließlich im Output ein der individuellen Gesamtsituation unter Berücksichtigung der absehbaren Zukunft angemessenes Verhalten zu installieren. Man kann den durch die supramodale Rindenfunktion gewonnenen Entscheidungshorizont, der die durch die Sinne vermittelten Zustände des aktuellen Lebensraumes, zugleich aber auch die situationsrelevanten, mittels des Gedächtnisses und der Vorstellungskraft gebildeten Wirklichkeitsmodelle mit Prospektion in die Zukunft umfaßt, also ein für die individuelle Existenz relevantes Weltbild vermittelt, auch als *Intelligenz* und ihre Betätigung als *Denken* bezeichnen. Die körperliche Nichtspezialisierung des Menschen, die fälschlich manchmal als Fetalisierung, als Entwicklungshemmung gesehen wurde, hat so in der *Intelligenz* ihr zerebrales Gegenstück. Sie ermöglicht dem Menschen die unbegrenzte

Anpassungsfähigkeit und mit Hilfe der vom Denken geleiteten Hand die eigene Erzeugung aller in der Evolution verwirklichten Spezialisierungen. Dies erscheint auch als der Ausgang, durch welchen der Mensch die Sphäre des zufallsdeterminierten Evolutionsgeschehens verläßt und als »Freigelassener der Natur« seinen eigenen Weg zu finden sucht.

Es besteht weitgehende Übereinstimmung darüber, daß das *Bewußtsein*, d. h. die innere Repräsentation der aktuellen Situation des Individuums, bei den Tieren mit wachsender Klarheit entsprechend dem Grad ihrer Zerebralisation und in den höheren Formen der Kortikalisation ihrer sensomotorischen Funktionen vorhanden ist. *Selbstbewußtsein* jedoch ist bei den Tieren nicht nachweisbar. Wie früher erwähnt, beruht Bewußtsein auf einer perfektionierten und differenzierten Repräsentation von Umwelt und eigenem Leib im subjektiven Erleben als Realitäten in Raum und Zeit. Das ermöglicht es, die eigene Existenz, d. h. das Selbst als ein reales Objekt zu identifizieren, in dessen Individualbewußtsein das Selbst und die Welt als subjektive Erfahrungen gegeben sind. Selbstbewußtsein ist daher sowohl objektbezogen: *intentional*, als auch selbstbezogen: *reflexiv*. Die Dualität von Subjekt und Objekt, die in der selbstbewußten Erfahrung gegeben ist, wird im persönlichen Bewußtsein durch eine doppelte Reflexion aufgehoben, in welcher das derart gegebene Subjekt in seiner Beziehung zur Welt und zu den anderen Individuen vom Selbst angenommen wird und die Dualität der Erfahrung sich zu einer neuen Einheit höheren Ranges transformiert: der menschlichen Person.

Was die neurophysiologische Bedingung des Bewußtseins betrifft, so kann man wieder auf die modulare Organisation der Großhirnrinde verweisen. Die umfassende und repetitive Verteilung von Erregung könnte die Erkennung des laufenden sensorischen Inputs parallel mit der Formation des motorischen Outputs ermöglichen. Das innere Ablesen der gespeicherten Information gegenüber der Kontinutität der Input-Information könnte *eine* objektive Bedingung des Bewußtseins bereitstellen. Selbstbewußtsein kann vom neurophysiologischen Standpunkt im Rahmen derselben modularen Funktionsordnung prinzipiell als erklärbar angesehen werden. Es ist jedoch vorauszusetzen, daß der Prozeß der repetitiven Verteilung des äußeren Inputs zusammen mit dem Input hirngebundener strukturierter Information in einer gegenüber den Tiergehirnen stark erweiterten Weise stattfindet. Das wurde vor allem durch die Erwerbung der großen Rindengebiete des Stirnlappens ermöglicht, die für neue höhere Ebenen der Integration bereitgestellt wurden. Das ist auch gemeint mit der Annahme von »reflexiven Schleifen« als Substraten des Selbstbewußtseins, die nicht als zusätzliche nervöse Fasersysteme von spezifischer Funktion zu verstehen sind, sondern als eine Verstärkung der intrakortikalen modularen Organisation entsprechend einem höheren Verarbeitungsprogramm.

So besteht im Gehirn nicht nur eine praktisch totale Zentralisation und Kontrolle aller Vorgänge im Körper und allen Inputs aus der äußeren Welt, sondern damit verbunden auch die Bearbeitung der ungemein großen eigenen Informationsproduktion entsprechend denselben Regeln, wie sie für die Nachrichten aus der realen Welt gelten, sowie der Durchführung von ranghöchsten Programmen vergleichender und reflexiver Bewertung relevanter Erlebnisinhalte. Dieses enorme Ausmaß von laufender Information, das etwa 10^9 *bits*/Sek. erreicht, wird in einer unbeschreibbar komplizierten Weise bearbeitet; nur 10^2 *bits*/Sek., d. i. der 10millionste Teil, werden für die bewußte Erfahrung ausgewählt.

Wir versuchten, einige der wichtigsten Leistungen des Gehirns, besonders jene, die sich im Bewußtsein manifestieren, zu charakterisieren. Im vorhergehenden wurde gezeigt, daß der entscheidende Fortschritt, der die menschliche Verhaltensebene möglich machte, auf der Fähigkeit der Produktion symbolischer Strukturen beruht. Objektive Wahrnehmungen und Vorstellungskraft, d. h. die Modellierung von möglicher Realität in Verbindung mit Lernen und Gedächtnis, sind die wichtigsten bewußten Leistungen. Vorstellungskraft ist die Voraussetzung des Denkens, d. h. der Konstruktion, Manipulation und Überprüfung von Realitätsmodellen mit Entwurf möglicher zeitlicher Ereignisfolgen im Sinn einer Voraussicht zukünftiger Entwicklungen und des Vergleichs mehrerer möglicher Serien von Vorgängen miteinander. Auf diese Weise wird z. B. der optimale Vorgang zur Erreichung eines bestimmten Zieles konzipiert und als Handlungsanweisung instruiert. Dadurch nämlich, durch das flexible, universell anwendbare, unbegrenzt reagible und reflexive intelligente Handeln, wird der langsame Anpassungsprozeß der biologischen genetischen Entwicklung ersetzt durch einen unmittelbar verfügbaren transmateriellen Prozeß von kürzestem Zeitaufwand.

Eine wichtige Rolle für das Erscheinen der Intelligenz spielte die Entwicklung des *Zeitsinnes*, der eines der spätesten Ereignisse in der Evolution war und einer der spätesten in der Ontogenese ist. Er betrifft nicht nur die zeitliche Reifung und Koordination von Bewegungen, was freilich eine sehr alte Fähigkeit ist, die auch im individuellen Leben früh erscheint, sondern vor allem schließt er die Orientierung zeitlicher Ereignisse als vorherige oder nachherige in korrekter Folge ein und die Fähigkeit, die Zeitdauer von Ereignissen zu messen und zu schätzen. Im inneren Zeitsinn sind wir uns der unumkehrbaren Richtung der Zeit aus der Vergangenheit durch die subjektive Gegenwart hindurch in die Zukunft bewußt, wobei auch der Gegenwart eine gewisse Ausdehnung, bis zu 4 Sek., zugewiesen wird. In der Erfahrung der Zeit als Dauer werden wir auch der begrenzten Ausdehnung unserer eigenen individuellen Existenz gewahr und erfassen die Gewißheit unseres Todes. Das Auftreten dieser Erkenntnis scheint mit der Erwerbung des Selbstbewußtseins und damit der menschlichen Seinsweise im engeren Sinn verbunden zu sein. Ähnlich wie das Erlebnis des Schmerzes dem Individuum den eigenen Leib bewußt macht, verweist die erkannte Gewißheit des Todes auf den psychischen Eigenbereich des Ichs.

Für die volle Wirksamkeit der in dieser neuen Organisation von Lebensbedingungen schlummernden Kräfte jedoch waren einige zusätzliche Anpassungen notwendig, die in rechtzeitigen Lernvorgängen der menschlichen Art selbst erworben werden mußten. Die Entspezialisierung und die Reduktion der genetischen Verhaltensinstruktion verlangte nicht nur individuelles Lernen, sondern vor allem auch *soziales Lernen*. Dieses wurde gefördert durch die besondere menschliche Sexualität, die sehr früh zu fixierter Partnerschaft und zu dauerhaften beständigen Kind-Eltern-Beziehungen führte. Auf der anderen Seite spielte die Gruppe, z. B. bei der Großtierjagd, eine sehr bedeutende Rolle. Aus dieser Spannung entsprang ein starker Druck auf die Bildung sozialer Konstrukte mit Sicherung der wechselseitigen Interessen des Individuums, der Familie und der Gemeinschaft. Es erscheint erwähnenswert, daß das Quasi-Prinzip der Entspezialisierung in der sozialen Entwicklung des Individuums teilweise verletzt wird: Im ersten extrauterinen (nachgeburtlichen) Lebensjahr wird in das noch nicht ausgereifte Gehirn der soziale Input des engeren Familienlebens ähnlich dem Prägungsvorgang bei Tieren unverlierbar eingeprägt. Das bedeutet eine gewisse Spezialisierung des Neugeborenen für die besondere kulturelle und soziale Umwelt, in die es hineingeboren ist.

Das symbolische Gehirnvermögen ermöglicht nicht nur eine prompte optimale passive Anpassung an gegebene Situationen; die Vorstellung von nichtexistierenden möglichen Realitäten bringt auch die Möglichkeit, mittels der gelehrigen und für beliebige neue Arten von Bewegungen entspezialisierten Hand auch eine aktive Anpassung in Form von Umordnung, Veränderung und von Konstruktion gewünschter Situationen und Bedingungen der Umgebung vorzunehmen; d. h. die Schöpfung einer neuen menschengerechten künstlichen Umwelt. Die menschliche Hand kann gewissermaßen auch alle Spezialisierungen, welche die Evolution hervorbrachte oder hervorbringen kann, ad hoc vollziehen.

Die Intelligenz, welche alle betroffenen Hirnfunktionen umfaßt, repräsentiert sozusagen ein unspezifisches Sinnesorgan, das auf einer Meta-Ebene aus den Verarbeitungsergebnissen des äußeren Inputs und aus dem inneren Input der eigenen Produktion von Quasi-Realitäten seine Erfahrungsobjekte und aktiven Verhaltensmuster für sich selbst schafft. Weiter bedeutet das, daß reale und realisierte Objekte und Bedingungen in symbolischer Form unmittelbar getestet werden können, was ihre Qualität und ihre Brauchbarkeit im Kontext der aktuellen und zukünftigen Situation anlangt. Mit anderen Worten: Durch die Beziehung zwischen den Modellen der wahrgenommenen und/oder vorgestellten Realität mit der erfahrenen Realität der natürlichen und/oder künstlichen Objekte ist eine progressive Annäherung an eine Erkenntnis der »wahren Natur« der Realität, in der wir leben und die wir selbst sind, ermöglicht. Auf diese Weise erschien im Verlauf der biologischen Evolution ein neuer Typus von Organisation, der die Tendenz der Evolution eines optimalen Verhaltens in der Weise verfolgt, daß er sich unmittelbar an beliebige verschiedene Umwelten durch die Erschaffung einer Umwelt mittels der eigenen Produktion anpassen kann, was wir als *kulturelle Evolution* bezeichnen. Gleichzeitig wird mit Hilfe der höchst vollständigen und exakten Repräsentation der Umwelt und des Individuums in der bewußten Wahrnehmung die Möglichkeit für eine objektive Erkenntnis der Realität selbst ermöglicht: Wir sprechen von *theoretischem Verhalten*, das in einem von den Realsituationen getrennten Bereich erfolgt.

Dieser Prozeß bedarf außer den diskutierten Funktionen und Fähigkeiten auch der Bewahrung und sozialen Mitteilung von individuellen Erfahrungen und von Resultaten der intellektuellen Prüfung von Modellen und Konzepten. Dies wurde in der Geschichte der Menschheit durch die Schöpfung der *Sprache* realisiert, d. h. des Gebrauchs von Lautgebilden, welche die symbolischen Denkprodukte repräsentieren, die Abstraktionen der realen und der vorgestellten Welt. Es wurde erwähnt, daß von diesen Abstraktionen die Formen des sozialen und kulturellen Lebens mit den Systemen des Rechts, der Politik, der Wirtschaft, der Religion, der Kunst und der Wissenschaft aufgebaut sind: die Objekte der *Welt 3* Poppers. Die sprachliche Überlieferung individueller Denkresultate wurde wesentlich gefördert durch die Erfindung der Schrift, d. h. durch die

Benutzung visueller Zeichen der lautlichen Abstraktionsformen. Dadurch wurde die autonome Entwicklung in den Partialsystemen der Welt 3 äußerst beschleunigt; besonders wurde die Art und Weise der Erforschung der wirklichen Natur in der Wissenschaft Schritt für Schritt systematischer und organisierte sich schließlich als ein selbsterhaltender Prozeß durch die Konstitution der wissenschaftlichen Forschung, in der sich logisch-mathematische Methoden und experimentelle Prozeduren miteinander verbinden. (Siehe dazu in diesem Band den Beitrag von Oeser.) So repräsentiert die Welt der Symbole eine autonome Produktion des menschlichen Gehirns. Sie ist nicht ein direktes Produkt der biologischen Evolution, sondern erweist sich als ein überbauendes System eigener Art. Die Tendenz, Intelligenz in der Erkennung der wirklichen Natur von allem zu nutzen, also nach Wahrheit zu suchen, was wir Erkenntnisstreben nennen, erscheint als die letztentstandene Tendenz der biologischen Evolution, die klar ihren primären Mechanismus überschreitet. Erkenntnis, die sich in bewußten Hirnfunktionen manifestiert, ist, obwohl sie materiell auf dem verbindlichen Evolutionsprozeß beruht, faktisch jenseits seines Bereiches in einer exzentrischen Position lokalisiert, von welcher aus jedoch der Lauf der biologischen Entwicklung gestützt, beeinflußt und modifiziert werden kann. In letzter Konsequenz weist das darauf hin, daß die biologische Evolution für den Menschen die Bedeutung eines Schicksals verloren und die Bedeutung einer Aufgabe von äußerster Verantwortung gewonnen hat.

Angesichts der weiten und vielfältigen Domäne der menschlichen Intelligenz gegenüber der Ebene des verständigen Verhaltens, die in den Gehirnen unserer nächsten Verwandten im Tierreich gewonnen wurde, muß man feststellen, daß die enormen Unterschiede gegenüber den Menschen nicht überwertet, aber auch nicht verkleinert werden dürfen. Es ist jedoch nicht nur ein quantitativer Sprung vom Tier zum Menschen, der im Gehirn demonstriert werden kann, und in seiner gewaltig verstärkten funktionalen Verfügbarkeit, welche ihrerseits in den betreffenden Verhaltensmustern erscheint. Vor allem ist es die prinzipiell neue Qualität der Lebensweise, die wesentlich auf dem Selbstbewußtsein beruht. Nur in Verbindung mit diesem kann man von *Erkenntnis* sprechen. Alle vorhergehenden Stufen der Evolution kann man als aufsteigende Ebenen der Anpassung bezeichnen, die zweifellos, wenn man sie aus der menschlichen Position betrachtet, als erkenntnisähnliche Errungenschaften erscheinen. Sie sind jedoch das Produkt der Mechanismen von Mutation und Selektion und werden in einer unreflektierten und unwillkürlichen Seinsweise durchgeführt. Es ist kein Übergang möglich zwischen der in die Umwelt eingebetteten und der exzentrischen Weltanschauung. Es gibt nur eine widerstreitende Entweder/Oder-Relation, wie in einigen optischen Täuschungen. Mit der Bedingung der Erkenntnis, d. h. der reflektiven bzw. dualistischen Erfahrung eines objektiven Selbst und einer subjektiv abgebildeten Welt erscheinen die Polaritäten der menschlichen Existenz im tiefsten Grunde verbunden: Furcht und Hoffnung, Wahrheit und Lüge, Gut und Böse, Liebe und Aggression. Erkenntnis verursachte die Austreibung aus dem Paradies. Intelligenz bzw. Erkenntnis als eine Funktion ist eine dem Menschen eigene Errungenschaft, ein Emergenz- oder Fulgurationsphänomen, das in gewisser Weise den Lauf der Evolution umkehrt. Sie muß für sich selbst mit ihren eigenen Methoden studiert werden. Evolutionistische Studien können helfen zu verstehen und zu rekonstruieren, wie das Gehirn für Erkenntnis tauglich wurde. Sie können aber niemals irgendwelche Einsicht in das gewähren, was Erkenntnis ist und was seine wirkliche Natur ist, d. h. die eigenen Gesetze seiner Organisation und seiner Geschehensdynamik. So gibt es also zwei Annäherungen an das wissenschaftliche Verstehen der Intelligenz: Die erste ist die Prüfung ihrer strukturellen Korrelate einschließlich des Vorgangs der phylogenetischen Hirnentwicklung in der Hirnforschung. Das ist eine enorm schwierige Aufgabe, weil, wie erwähnt, die Bildung des Gehirns wohl die komplizierteste Errungenschaft der Evolution überhaupt darstellt, und eine Aufgabe, die bisher noch relativ wenig vorangetrieben wurde. Der andere Zugang ist der über das Studium der intelligenten Leistungen selbst auf den Meta-Ebenen der wissenschaftlichen Analyse. Offensichtlich konvergieren die Trends und Befunde beider Methodologien. Dafür scheint auch die Etablierung einer »evolutionären Erkenntnistheorie« zu sprechen. Die Resultate beider Forschungslinien darf man jedoch nicht vermischen, sondern muß sie für eine schließliche präzise Synthese exakt auseinanderhalten. Nur auf diese Weise kann man sich dem fernen Ziel eines Verständnisses unseres Selbst durch das Verstehen der Leistungen und Erzeugnisse unseres Gehirns annähern.

3. Kapitel
Logik, Theorie der Spiele und evolutionäre Erkenntnistheorie

*Das Spiel war nicht bloß Übung und nicht bloß Erholung,
es war konzentriertes Selbstgefühl einer Geisteszucht ...*

Hermann Hesse

Günter P. Wagner *Über die logischen Grundlagen der evolutionären Erkenntnistheorie*

Mit der evolutionären Erkenntnistheorie ist, verglichen mit der philosophischen Tradition des Abendlandes, ein bemerkenswerter Anspruch verbunden. Es wird behauptet, daß die Evolutionstheorie es erlaube, die Erkenntnisgrenzen der traditionellen Philosophie zu überschreiten, die Rätsel der Vernunft zu lösen und die Voraussetzungen des Denkens selbst zu relativieren (Lorenz 1941, 1973; Popper 1974; Vollmer 1975; Riedl 1980a; Kaspar 1980b). Dem steht die beeindruckende Monumentalität der modernen Logik gegenüber, die ein für allemal die Grenzen dessen markiert zu haben scheint, was überhaupt sinnvoll gefragt und ausgesprochen werden kann. Dieser vermeintliche Widerspruch ist aber nicht auf die evolutionäre Erkenntnislehre beschränkt. In ganz anderer Form und aus ganz anderem Anlaß ist ein ähnlicher Konfliktstoff zwischen der Wissenschaftssoziologie Thomas S. Kuhns und der analytischen Wissenschaftsphilosophie entstanden. Anlaß zu der sogenannten Kuhn-Popper-Kontroverse war die These Kuhns, daß es in der Wissenschaftsgeschichte keinen Hinweis dafür gibt, daß Theorien als Folge einer kritischen empirischen Nachprüfung fallengelassen werden, sobald die Vorhersagen der Theorie nicht mehr mit den Beobachtungen in Einklang zu bringen sind. Hatte Popper nachgewiesen, daß eine induktive Begründung erfahrungswissenschaftlicher Theorien nicht möglich ist, sondern höchstens ihre Widerlegung logisch gerechtfertigt werden kann, so weist Kuhn darauf hin, daß naturwissenschaftliche Theorien auch nicht effektiv widerlegt werden können (Kuhn 1967). Damit schien der Anspruch auf wissenschaftliche Rationalität gefährdet. Es ist nicht das Thema dieses Aufsatzes, die Popper-Kuhn-Kontroverse im Detail zu beschreiben. Trotzdem ist ein Aspekt dieser Kontroverse für uns hier von Bedeutung. In den letzten Jahren mehren sich die Anzeichen dafür, daß man daran geht, diesen Konflikt produktiv zu nutzen. So versuchen Wolfgang Stegmüller und seine Schüler durch die logische Analyse des faktischen, historischen Theorienwandels die formale Struktur erfahrungswissenschaftlicher Systeme und ihres Wandels aufzudecken (Steg-

Müller 1979a) – eine Aufgabe, die durch bloße Reflexion über logische Strukturen nicht erfüllt werden konnte. Das Ergebnis dieser Arbeiten ist nicht eine Entscheidung für oder gegen eine der Positionen in der Popper-Kuhn-Kontroverse, sondern eine wesentliche Präzisierung der Wissenschaftsgeschichtsschreibung einerseits und eine Erweiterung der formalen Möglichkeiten der Wissenschaftslogik andererseits. (Das Programm einer strukturalistischen Wissenschaftstheorie hat W. Stegmüller in dem Buch »A structuralist view of theories« 1979 entwickelt.) Genau in diesem Sinn möchte die vorliegende Arbeit eine Anregung liefern, das Verhältnis von Logik und evolutionärer Erkenntnislehre produktiv aufzuarbeiten. Produktiv in beide Richtungen, sowohl zur deduktiven Stabilisierung der evolutionären Erkenntnistheorie* als auch zur Weiterentwicklung der Wissenschaftslogik. Dementsprechend ist die Arbeit in zwei Teile gegliedert. Im ersten Teil wird die Frage aufgeworfen, ob die evolutionäre Argumentationsweise in der Erkenntnislehre überhaupt logisch zulässig ist. Im zweiten Teil wird kurz skizziert, in welchem Sinn die Evolutionstheorie dazu beitragen könnte, daß gewisse Probleme der Wissenschaftslogik etwas genauer verstanden werden können.

Es muß an dieser Stelle betont werden, daß die vorliegende Arbeit angesichts der Neuheit der Problematik nur eine Skizze sein kann, eine Anregung, das Verhältnis von Logik und evolutionärer Erkenntnislehre einer ernsthaften Prüfung zu unterziehen.

1   Die Struktur des evolutionären Arguments

Um zu verstehen, in welchem Sinn die evolutionäre Erkenntnislehre eine Neuorientierung der erkenntnistheoretischen Grundlagendiskussion darstellt, muß man sich klar werden, wo die Grenzen der bisherigen philosophischen Bemühungen liegen. Es soll nicht übersehen werden, daß die evolutionäre Erkenntnislehre weit zurückreichende Wurzeln in der Geschichte der Philosophie hat (Vollmer 1975, Wuketits 1981b). Trotzdem ist die evolutionäre Argumentation noch nie so konsequent vertreten worden wie in den letzten Jahren. Insofern ist es also berechtigt, von einer (beginnenden) Umorientierung der erkenntnistheoretischen Grundlagendiskussion zu sprechen.

---

* Ein Beispiel findet man in Wagner 1983a, Abschnitt 3.

Was ist nun das Problem und wie unterscheidet sich die Antwort der evolutionären Erkenntnislehre von jenen aus der Philosophiegeschichte?

Wenn man es zumindest für vernünftig hält, von einer unabhängig vom Bewußtsein eines Subjekts real existierenden Außenwelt zu sprechen, kommt man unweigerlich zu einem vieldiskutierten Problem der Philosophie: »Was kann man über diese Außenwelt erfahren und (vorausgesetzt die Antwort auf diese Frage lautet nicht ›Nichts‹) worauf gründet sich unser Sprechen und Denken über die Außenwelt?« – Die Antworten auf diese Fragen sind so vielfältig und differenziert wie die Persönlichkeiten, die in der Philosophiegeschichte eine Rolle spielten. Im gegebenen Rahmen ist es daher völlig ausgeschlossen, dieser Vielfalt gerecht zu werden. Deswegen möchte ich mich auf die Frage beschränken, welche Möglichkeiten es gibt, eine Behauptung mit rein theoretischen Mitteln zu rechtfertigen, um den Unterschied zu der Argumentationsstruktur der evolutionären Erkenntnislehre deutlich zu machen und gleichzeitig zu problematisieren.

Angenommen, wir verfügen über eine Aussage, symbolisiert durch das Zeichen IP, die angibt, wie das Verhältnis von *Realität* und *Wissen über Realität* beschaffen ist. Dabei ist es zunächst gleichgültig, ob es sich um ein »Induktionsprinzip« oder eine andere Form einer Erkenntnistheorie handelt. Wesentlich ist nur die Frage, wie man begründen kann, daß »IP« adäquat ist.

Es gibt zwei Möglichkeiten zur theoretischen Begründung einer Behauptung. Der erste Weg setzt voraus, daß eine Theorie gegeben ist, die keiner weiteren Begründung bedarf und in der die Behauptung, z. B. »IP«, ableitbar ist. Gelingt es, eine Ableitung für die Behauptung anzugeben, so kann man sie als gültig für alle adäquaten Anwendungen der Theorie betrachten. In diese Richtung sind viele Bemühungen in der neueren Philosophie gegangen. Eine verlockende Möglichkeit wäre die Begründung eines solchen »Erkenntnisprinzips« aus der Logik heraus. Die Logik ihrerseits braucht als formale Wissenschaft keine weitere Begründung, und damit wäre das Problem gelöst. Bereits der englische Philosoph David Hume (1711–1776) hat aber gezeigt, daß genau das unmöglich ist. Es lassen sich Schlüsse von Beobachtungen auf Ereignisse in der Zukunft logisch nicht rechtfertigen.

Eines der letzten großangelegten Projekte dieser Art der theoretischen Begründung einer Erkenntnistheorie war der Versuch, eine induktive Logik auf der Wahrscheinlichkeitstheorie aufzubauen. Das Verdienst, nahezu alle denkbaren Mittel in dieser Richtung ausgeschöpft zu haben, kommt dabei Carnap zu (Carnap 1952). Es ist nicht ganz zutreffend zu sagen, das Unternehmen sei gescheitert. Trotzdem hat der beschrittene Weg nicht zu dem Ziel geführt, das der Anlaß gewesen ist, ihn zu beschreiten (Stegmüller 1971). Das hat vor allem zwei Gründe. Erstens hat es sich erwiesen, daß der Wahrscheinlichkeitsbegriff nicht auf Naturgesetze anwendbar und somit auch nicht geeignet ist, zwischen Einzelbeobachtungen und den daraus erschlossenen Naturgesetzen zu vermitteln. Zweitens kann jedes deduktive System nur Regeln zum sinnvollen Gebrauch von vorher definierten Begriffen bieten, kann aber nie eine ausgezeichnete Wahrscheinlichkeitsbewertung aus sich selbst heraus gebären. Beide Einsichten sind historisch nur auf der Grundlage einer sehr eingehenden Beschäftigung mit Wahrscheinlichkeitslogiken möglich. Insofern ist das Werk Carnaps von bleibender Bedeutung.

Prinzipiell gleiche Argumente wie gegen die induktive Logik lassen sich praktisch gegen alle Versuche geltend machen, die die Erkenntnistheorie aus einer rein formalen Theorie heraus entwickeln wollen. Auch wenn man nicht endgültig beweisen kann, daß dieser Weg zur Lösung des Problems nicht gangbar ist, so spricht zumindest die historische Erfahrung gegen eine solche Möglichkeit.

Der zweite Weg besteht darin, daß man nicht »IP« selbst zu beweisen versucht, sondern den Satz, »IP ist adäquat«. Es soll also nicht die Behauptung selbst begründet werden, sondern eine Behauptung über die Aussage »IP«, nämlich die Behauptung, »IP ist adäquat«. Das setzt voraus, daß man einen anderen Typ von Theorie besitzt als beim ersten Weg. Man braucht eine Theorie, die es erlaubt, über die Sprache, in der »IP« formuliert ist, Aussagen zu machen, eine sogenannte Metatheorie. Gesetzt den Fall, es gibt eine solche Theorie, dann braucht man in dieser Theorie eine Definition dessen, was in bezug auf »IP« als adäquat zu gelten hat. Wenn auch diese Voraussetzung erfüllt ist, so müßte man versuchen, die Behauptung, »IP ist adäquat«, in der Metatheorie zu beweisen. Aber selbst wenn das gelingen sollte, ist das Problem noch nicht gelöst, denn damit wird das ursprüngliche Problem, »IP« zu begründen, nur verlagert, da selbstverständlich die Definition der Adäquatheit problematisch bleiben muß. Es sieht also so aus, als ob das Problem der Begründung einer Erkenntnistheorie nur von Instanz zu Instanz verschoben wird, ohne daß eine Entscheidung gefunden werden kann.

Wenn also theoretische Begründungsverfahren scheitern, so bleibt nur noch die Möglichkeit, eine empirische Basis zu suchen. Genau das gibt die evolutionäre Erkenntnislehre vor zu tun; denn sie bezieht sich auf empirisches Wissen, die Evolutionsbiologie, die Verhaltensforschung und die Neurophysiologie, um Aussagen über erkenntnistheoretische Probleme zu stützen. Damit sind wir aber an einem entscheidenden Punkt angelangt: Ist es überhaupt zulässig, Aussagen über die Voraussetzungen der Erfahrungswissenschaften, die Erkenntnistheorie, mit den Ergebnissen der empirischen Wissenschaften zu begründen? – Führt dieses Unternehmen nicht in eine logische Katastrophe, zu einem Zirkelschluß? Um diese Fragen beantworten zu können, muß man sich die logische Struktur der evolutionären Erkenntnislehre sehr sorgfältig vor Augen führen und sie auf logische Irregularitäten hin untersuchen.

Es gibt im wesentlichen zwei logische Irregularitäten, auf die man wird achten müssen: einerseits die Möglichkeit der *Selbstreferentialität* und andererseits die eines *Zirkelschlusses* im Sinne der traditionellen Logik.

Eine Vielzahl berühmter Antinomien haben ihre Ursache in der Selbstreferentialität, d. h. darin, daß sich der Inhalt einer Aussage auf diese Aussage selbst bezieht. Der einfachste Fall ist die sogenannte »Lügner-Antinomie«. Wenn jemand von sich behauptet, er sei ein Lügner, so ist seine Aussage nicht eigentlich interpretierbar. Denn ist er ein Lügner, wie er sagt, so muß das, was er sagt, falsch sein, woraus folgt, daß er kein Lügner ist. Die Unsinnigkeit dieser Konstruktion zeigt die Unmöglichkeit, in einem Satz gleichzeitig etwas über den Satz auszusagen, ohne Gefahr zu laufen, sich in Widersprüche zu verstricken. Das ist nur auf einer anderen Sprachstufe möglich, in einer Metasprache. Man könnte nun vergleichbare Schwierigkeiten erwarten, wenn man erfahrungswissenschaftliche Theorien dazu benützt, etwas über die Entstehung von Erfahrungswissen auszusagen. Ist das der Fall?

Die semantischen Antinomien, zu denen man die Lügner-Antinomie zählen muß, beruhen darauf, daß in einem Satz ein semantisches Urteil über diesen Satz gefällt wird, z. B. eine Feststellung über die »Wahrheit« oder »Falschheit« des Satzes. Das Verhältnis zwischen der evolutionären Erkenntnistheorie und den Erfahrungswissenschaften ist aber nicht von dieser Art. Es werden keine Urteile über die Interpretation erfahrungswissenschaftlicher Sätze gefällt. Das gilt auch für andere Strömungen in der neueren Wissenschaftstheorie. Vielmehr wird der Prozeß der wissenschaftlichen Erkenntnisgewinnung rekonstruiert und rational verständlich gemacht (zum Begriff der Rekonstruktion in der Wissenschaftstheorie siehe E. Oeser 1976, S. 15–64). Die Wissenschaften sind also das Objekt der Analyse für die Wissenschafts- und Erkenntnistheorie und nicht Erziehungsobjekt. Die Wissenschaftstheorie ist keine Instanz; diese findet die Erfahrungswissenschaft in ihren empirischen Grundlagen. Trotzdem ist jede Erkenntnistheorie, also auch die evolutionäre Erkenntnistheorie, eine Metatheorie, in der über Wissenschaft gesprochen wird. Wie kann da die Evolutionstheorie einen Beitrag leisten, ohne die logisch notwendige Trennung zwischen der »Objektsprache« der Wissenschaften und der »Metasprache« der Erkenntnistheorie zu mißachten?

Die Voraussetzung dazu ist das Lorenzsche Postulat von der Äquivalenz zwischen organischer Evolution und den wissenschaftlichen Erkenntnisprozessen. Lorenz sagt sinngemäß: »Die Evolution der Organismen und der wissenschaftliche Erkenntnisprozeß sind in der Hinsicht äquivalent, daß beide zu der Abbildung gewisser Naturgesetze aus einem begrenzten Bereich der Realität führen.« Damit fällt die organismische Evolution auch in den Anwendungsbereich der Erkenntnislehre. Aussagen über organismische Evolution kommen dann aber in zwei Formen in der evolutionären Erkenntnislehre vor. Einmal als Aussagen über eine bestimmte Art erkenntnisgewinnender Prozesse, zum anderen als Teil der Aussagen, die die Biologie enthält. Die Biologie ihrerseits ist aber auch Gegenstand der Erkenntnislehre, und zwar als ein Produkt sozialen Erkenntnisgewinns in den Wissenschaften. Wenn diese beiden Formen des Sprechens über organismische Evolution in der evolutionären Erkenntnislehre streng unterschieden werden, besteht kein Anlaß, semantisch bedingte Widersprüche in der evolutionären Erkenntnislehre zu erwarten.

Treten nun dieselben Aussagen in der evolutionären Erkenntnislehre an unterschiedlicher Stelle und mit unterschiedlicher Funktion auf, so liegt der Verdacht eines logischen Zirkelschlusses nahe. Wird hier nicht indirekt die Evolutionstheorie mit der Evolutionstheorie begründet?

Verdeutlichen wir uns zunächst, worin im allgemeinen ein Zirkelschluß (*circulus in probando*) besteht. Ein Zirkelschluß liegt vor, wenn unter den Aussagen, die zum Beweis einer Behauptung »A« dienen, eine Aussage vorkommt, zu deren Rechtfertigung diese Behauptung »A« selbst wieder gebraucht wird. Das Schema eines Zirkelschlusses kann man sich an folgendem Syllogismus* vergegenwärtigen:

---

* Syllogismus = »Zusammenrechnung«, bes. aber der Schluß vom Allgemeinen auf das Besondere.

$$a \text{ ist } b$$
$$b \text{ ist } c$$
___
$$a \text{ ist } c$$

Wenn aber eine der Prämissen, sagen wir »b ist c«, dadurch gerechtfertigt wird, daß sie selbst das Resultat eines Syllogismus folgender Gestalt ist:

$$b \text{ ist } a$$
$$a \text{ ist } c$$
___
$$b \text{ ist } c,$$

so liegt ein Zirkelschluß vor, denn im zweiten Schluß wird das Ergebnis des ersten (a ist c) dazu benutzt, um »b ist c« abzuleiten. Es wird das Ergebnis vorausgesetzt, um es abzuleiten. Es handelt sich um eine zirkuläre Anordnung theoretischer Begründungen. Untersuchen wir daher die Argumentationsstruktur der evolutionären Erkenntnislehre auf die Existenz solcher zirkulären Argumente. Man kann mindestens vier Stufen in der evolutionären Argumentation innerhalb der Erkenntnislehre unterscheiden:

(1) Innerhalb der Biologie wird die Evolutionstheorie auf der Grundlage empirischer Befunde aufgebaut.

(2) Auf der zweiten Stufe wird die Äquivalenz zwischen organischen Evolutionsprozessen und wissenschaftlichem Erkenntnisgewinn postuliert (das Äquivalenzpostulat von Lorenz).

(3) Auf der Grundlage des Äquivalenzpostulats wird dann versucht, die Voraussetzungen wissenschaftlicher Erkenntnis als Evolutionsprodukt zu verstehen (die Wurzeln des begrifflichen Denkens, dargestellt in Lorenz 1973, S. 155–215, die vier Hypothesen nach Riedl 1980a, S. 38–174). Das Resultat ist die evolutionäre Erkenntnislehre im engeren Sinn.

(4) Die Vertreter der evolutionären Erkenntnislehre erheben dann den Anspruch, die Methodologie der empirischen Wissenschaften, einschließlich der Biologie, rationalisieren zu können.

Damit ist der vermeintliche Zirkel geschlossen. Trotzdem kann man sehen, daß es sich *nicht* um einen Zirkelschluß im Sinne der Logik handeln kann.

Offensichtlich bezieht sich die vierte Argumentationsstufe nicht direkt auf die erste. In (4) wird die Methode der empirischen Wissenschaften rationalisiert, wohingegen auf der ersten Stufe ein empirischer

Rechtfertigungszusammenhang beschrieben ist. Obwohl sich Punkt (4) auch auf die Evolutionsbiologie bezieht, wird der Inhalt der Evolutionsbiologie wesentlich von den empirischen Gegebenheiten bestimmt und nicht von einer Methodenlehre. Keine Erkenntnislehre braucht die Wissenschaft zu »begründen«. Sie ist ein historisches Faktum. Trotzdem kann die Erkenntnistheorie dazu beitragen, durch Begriffserklärungen bestimmte Theorien zu konsolidieren. Es behalten also sowohl die Erkenntnislehre als auch die Evolutionsbiologie ihre Eigenständigkeit trotz ihres Zusammenhangs über die Argumentationskette (1–4). Darüber hinaus enthält die Argumentationskette nur einen einzigen theoretischen Rechtfertigungsschritt, nämlich auf Stufe (3). Alle anderen Argumentationsstufen sind nicht mit logischen Schlüssen vergleichbar. Auf der ersten Stufe wird eine empirische Begründung gegeben, auf der zweiten ein Postulat, und auf der vierten wird kein direkter Bezug zur ersten hergestellt. Damit ist auch die Gefahr eines Zirkelschlusses nicht gegeben.

Obwohl es so aussieht, als ob keine wesentlichen logischen Irregularitäten in der evolutionären Erkenntnislehre enthalten seien, ist die skizzierte Struktur der evolutionären Erkenntnislehre durchaus nicht konventionell. Es wird in ihr, unter Wahrung der logischen Gesetze, die hierarchische Struktur des traditionellen Theorienkonzepts durchbrochen. Es zeigt sich eine Beziehung zu neueren Ansätzen einer »Kohärenzepistemologie« (Rescher 1973; eine Übersicht findet man in Puntel 1978). In der Kohärenzepistemologie versucht man dem Umstand gerecht zu werden, daß selbst in den empirischen Wissenschaften kein Rückzug auf einfach gegebene Fakten, frei von dem Einfluß jeder Theorie, möglich ist. Es werden keine Fakten mit Aussagen verglichen, sondern nur Aussagen über die Realität mit anderen Aussagen. Was überhaupt feststellbar ist, ist somit die Übereinstimmung zwischen Aussagen, wobei die Aussagen über die Realität auch partiell durch die vorgegebenen Aussagensysteme (Theorien) bestimmt sind. In ähnlicher Weise wird in der evolutionären Erkenntnistheorie kein direkter Bezug zur Realität hergestellt, auch wenn das von manchen Vertretern der evolutionären Erkenntnistheorie so impliziert zu werden scheint. Vielmehr läßt sich die logische Grundstruktur der evolutionären Erkenntnislehre in einem Kohärenzpostulat zusammenfassen:

> Aussagen über die Methodologie der empirischen Wissenschaften dürfen den Resultaten der empirischen Wissenschaften nicht widersprechen.

Man kann dieses Postulat als empirio-logisches Kohärenzpostulat bezeichnen. Selbstverständlich hat dieses das Lorenzsche Äquivalenzpostulat zur Voraussetzung. Wenn nicht einige Gegenstände der empirischen Wissenschaften (die Evolutionsprozesse) mit den Objekten der Erkenntnislehre verglichen werden können, so könnte die Erkenntnislehre nie in Widerspruch mit den Resultaten der empirischen Wissenschaften geraten.

Damit ist auch erklärt, in welcher Weise in der evolutionären Erkenntnislehre Bezug auf empirisches Wissen genommen wird, ohne daß die Erkenntnistheorie selbst zu einer empirischen Wissenschaft werden muß. Es geht im wesentlichen um die Feststellung einer Kohärenz und nicht um eine neue empirische Theorie im engeren Sinn.

2   Logik der Evolution oder »evolutionäre Logik«?

Wenn die organismische Evolution einem Erkenntnisprozeß vergleichbar ist, wie Lorenz sagt, so muß die mathematische Evolutionstheorie in gewissem Maß auch eine mathematische Theorie der Erkenntnisprozesse sein; sie ist also auch eine Logik im weitesten Sinn. Als Frage formuliert lautet der Ausgangspunkt der Betrachtungen in diesem Abschnitt: Beschreibt die mathematische Evolutionstheorie die Logik der Evolution oder sogar so etwas wie eine »evolutionäre Logik«?

Der Ausdruck »evolutionäre Logik« in diesem Abschnitt ist bewußt provokatorisch gewählt. Trotzdem möchte ich gleich zu Beginn der Provokation die Spitze nehmen. In diesem Abschnitt will ich darlegen, wie die Evolutionstheorie dazu beitragen kann, eine intuitive Vorstellung davon zu entwickeln, wie gewisse Probleme der Wissenschaftslogik vielleicht einer Lösung nahegebracht werden können. Selbstverständlich ist keine »Reduktion« der Logik auf die Evolutionstheorie beabsichtigt. Bei einem solchen Unternehmen würde man die Lage des Problems verkennen. Noch ist beabsichtigt, die Formalismen der mathematischen Evolutionstheorie direkt auf die Wissenschaftslogik zu übertragen. Es besteht vielmehr die Absicht, auf gewisse strukturelle Ähnlichkeiten zwischen den Problemen der Evolutionstheorie und jenen der Wissenschaftslogik hinzuweisen. In analoger Weise hat es sich in den letzten Jahren als außerordentlich fruchtbar erwiesen, die strukturellen Ähnlichkeiten zwischen gewissen physikalischen Prozessen, wie der spontanen Magnetisierung von Ferromagneten, und Prozessen, die die Biologie oder Soziologie beschreiben, genauer zu analysieren. Aus diesem Ansatz ist die Synergetik hervorgegangen, eine mathematische Theorie der Selbstorganisationsvorgänge (Haken 1978). In der Synergetik wird ebenfalls versucht, die strukturellen Gemeinsamkeiten materiell durchaus unvergleichbarer Prozesse herauszufinden und nicht eine ontologische Reduktion. In diesem Sinn ist die Skizze in diesem Abschnitt eine Anregung, über eine mögliche Ausweitung des Anwendungsbereichs der synergetischen Betrachtungsweise auf die Wissenschaftstheorie nachzudenken.

Nun das Problem: Bei der logischen Analyse naturwissenschaftlicher Theorien fällt auf, daß alle Theorien Begriffe enthalten, die nicht ohne Bezug auf die Theorie interpretierbar sind. Für die quantitativen Begriffe der Physik kann man mit J. D. Sneed (1971) noch genauer sagen: Für theoretische Größen, wie Kraft oder Masse, gibt es kein Meßverfahren, bei dem nicht die Gültigkeit der Theorie, z. B. der Newtonschen Mechanik, vorausgesetzt wird. Charakteristisch für theoretische Begriffe ist, daß sie meist in Begriffspaaren in eine Theorie eingeführt werden. Dabei werden die beiden theoretischen Begriffe über eine formale Struktur mit Begriffen der Beobachtungssprache verbunden, wie z. B. im zweiten Axiom der Mechanik

$$F = m.a$$

F symbolisiert dabei den physikalischen Kraftbegriff, m die Masse und a die Beschleunigung. F und m werden an Hand dieser Formel als theoretische Begriffe eingeführt und mit der beobachtbaren Größe a verbunden.

Analoge Verhältnisse findet man auch in der Psychologie. Die Häufigkeit, mit der eine Person Testfragen eines bestimmten Schwierigkeitsgrades löst, hängt von zwei nicht direkt beobachtbaren und damit theoretischen Größen ab: erstens dem »Fähigkeitsgrad« der Person (a) und zweitens vom »Schwierigkeitsgrad« der Frage (b). Der Zusammenhang zwischen den beiden theoretischen Größen und der Häufigkeit der richtigen Antwort p lautet

$$p = \frac{\exp(a-b)}{1 + \exp(a-b)}$$

(Fischer 1978). Die Liste ließe sich beliebig fortsetzen.

Die Ausdrücke »theoretisch« und »beobachtungssprachlich« sind nur relativ zu einer bestimmten Theorie sinnvoll anwendbar. So ist z. B.

der Kraftbegriff theoretisch relativ zur Mechanik und beobachtungssprachlich relativ zur Thermodynamik, wohingegen die Entropie eine theoretische Größe der Thermodynamik ist.

Wesentlich ist, daß die theoretischen Begriffe, jeder für sich, nicht sinnvoll interpretiert werden können, sondern nur im Rahmen einer Theorie und in bezug auf eine Theorie sinnvoll sind. – Wieso führt das zu einem Problem in der Wissenschaftslogik? Um zu sehen, warum es prinzipielle Probleme macht, theoretische Begriffe im Rahmen der formalen Logik heutiger Prägung zu analysieren, müssen wir kurz auf den Aufbau der formalen Logik eingehen.

Die mathematische Logik besteht aus zwei Grunddisziplinen, der Kalkültheorie und der Modelltheorie. Die Kalkültheorie beschäftigt sich mit der Syntax der Logik, d. h. den Eigenschaften logischer Zeichenketten. Die Modelltheorie beschäftigt sich mit der Frage, wie die Zeichenketten adäquat interpretiert werden können. Der im Zusammenhang mit dem Problem der theoretischen Begriffe wichtige Teil der Logik ist die Modelltheorie, denn ihre Struktur ist die Ursache für die Schwierigkeiten mit den theoretischen Begriffen.

Eine Interpretation der Modelltheorie ist die Zuordnung einer logischen Zeichenkette zu einem Element einer Menge. Diese Menge braucht oft nur zwei Elemente zu enthalten, z. B. die »Wahrheitswerte« »wahr« (w) und »falsch« (f). Die Zuordnung zwischen den Zeichenketten und den Wahrheitswerten wird mit Hilfe sogenannter »Wahrheitswertfunktionen« bestimmt. Das geschieht folgendermaßen: Gegeben z. B. die Zeichenkette $(A \rightarrow B)$, wobei A und B zunächst nicht weiter bestimmte Variablen für Aussagen sind, und das Zeichen »$\rightarrow$« die logische Verknüpfung »aus ... folgt ...«. Für die Interpretation der Zeichenkette, Int$(A \rightarrow B)$, wird das logische Verknüpfungszeichen »$\rightarrow$« durch eine entsprechende Funktion »$F_{\rightarrow}(\;)$« ersetzt, in die die Interpretationen von A und B als Argumente eingesetzt werden.

$$\text{Int}\,(A \rightarrow B) = F_{\rightarrow}\left(\text{Int}\,(A),\,\text{Int}\,(B)\right)$$

Welche Werte die Funktion $F_{\rightarrow}(\;)$ in Abhängigkeit von den Werten von Int(A) und Int(B) annimmt, ist in der Tabelle 7 zusammengefaßt. Wenn nun A oder B selbst eine zusammengesetzte Formel ist, z. B. wenn A der Stellvertreter für »$D \rightarrow C$« ist, so wird auch die Interpretation von A sich aus denen von C und D und der Funktion $F_{\rightarrow}(\;)$ ergeben. Dieses Verfahren der Zerlegung komplexer Ausdrücke wird so lange

Tabelle 7: Wahrheitswerte der Funktion $F_\rightarrow$ ( ), die zur Interpretation des logischen Zeichens »→« dient.

Int (A)	Int (B)	$F_\rightarrow$ [Int (A), Int (B)]
w	w	w
w	f	f
f	w	w
f	f	w

fortgesetzt, bis man auf elementare logische Ausdrücke stößt. Die Interpretation der Gesamtformel ist dann errechenbar aus den Interpretationen der Elementarausdrücke in der Formel, die unmittelbar gegeben sein müssen. In jedem Schritt der Zerlegung eines Glieds der Zeichenkette müssen die Interpretationen der beteiligten Elemente gegeben sein.

Mit dem Gesagten ist auch sofort einsichtig, warum die logische Struktur der theoretischen Begriffe nicht mit den Mitteln der mathematischen Modelltheorie darstellbar ist. Es gehört zum Wesen theoretischer Begriffe, nicht für sich genommen interpretierbar zu sein. Genau das setzt aber das Verfahren der mathematischen Modelltheorie voraus. Es können in der Modelltheorie die Interpretationen zweier Prädikate nicht wechselseitig voneinander abhängig sein. Es gibt aber ein Verfahren, mit dem man im Rahmen der mathematischen Modelltheorie mit den theoretischen Begriffen »fertig« wird: es ist die Ramsey-Lösung.

Die Ramsey-Lösung besteht in der Umformung einer logischen Formel in einen sogenannten »Ramsey-Satz«. In einem Ramsey-Satz wird jeder theoretische Begriff durch eine Variable ersetzt und mit einem Existenzquantor gebunden, d. h., weniger technisch, es wird die Aussage mit den theoretischen Begriffen ersetzt durch die Aussage »es gibt etwas, was in dieser Aussage sich so verhält wie der theoretische Begriff, der eliminiert wurde«. Die Ramsey-Lösung vermeidet also die Probleme der Interpretation theoretischer Begriffe, indem sie diese eliminiert.

Die Ramsey-Lösung weist auf eine interessante Eigenschaft der theoretischen Begriffe hin. Da es möglich ist, sie ungestraft aus einer Formel zu entfernen, so sind sie auch nicht notwendig, um die Natur zu beschreiben. Theoretische Begriffe bezeichnen nicht die »eigentlichen Dinge« hinter den Phänomenen, sondern sie wurden von den Menschen zur Realität hinzugefügt, um diese leichter beschreibbar zu machen (eine Übersicht findet man in Kutschera 1972).

Wenn man nun das über die theoretischen Begriffe Gesagte mit dem verbindet, was über die Struktur der Modelltheorie gesagt wurde, so ergibt sich eine ganz klare Konsequenz: Die logische Struktur von Aussagen, die theoretische Begriffe enthalten, kann nur dann rekonstruiert werden, wenn in der Modelltheorie auch Systeme von gekoppelten nichtlinearen Gleichungen als Interpretationsfunktionen zugelassen werden. Dann wäre es möglich, die Bedeutung der theoretischen Begriffe in ihrer wechselseitigen Abhängigkeit darzustellen und nicht die Bedeutung jedes Begriffs als gegeben vorauszusetzen, denn das ist bei theoretischen Begriffen nicht möglich.

Dieser Vorschlag geht über das hinaus, was Logik bisher gewesen ist. Logik war und ist ein System, mit dem es möglich ist, aus zutreffenden Sätzen andere, wahre Sätze abzuleiten. Logik ist somit vor allem ein System zur Wahrheitsübertragung. Diese Eigenschaft verdankt sie wesentlich der skizzierten Struktur der Modelltheorie. Es gibt in ihr keine Rückwirkung des Ergebnisses einer Interpretationsstufe auf eine andere in einem Formelsystem. Genau das aber kann ein gekoppeltes nichtlineares Gleichungssystem bewirken. Diese Systeme sind nicht konservativ, sondern gewissermaßen »produktiv«, sie »erzeugen« Eigenschaften vermittels der Interaktion der Elemente, die den Elementen als solche nicht zugesprochen werden können. Deshalb ruht auch die Theorie der Selbstorganisationsprozesse auf der Theorie der nichtlinearen Gleichungssysteme. Man wird also mit äußerster Behutsamkeit bei der Einführung solcher Funktionen in die Logik vorgehen müssen, um nicht etwa erwünschte Eigenschaften der Logik zu zerstören. Das Resultat einer solchen Einführung nichtlinearer Funktionen in die Logik wäre dann eine Erweiterung der Logik, die man technisch als »nichtlineare Logik« bezeichnen könnte.

Einen intuitiven Eindruck davon, wie solche Funktionen aussehen müßten, bieten die mathematische Evolutionstheorie und die theoretische Entwicklungsbiologie. Der Grund dafür liegt in der strukturellen Ähnlichkeit der zu lösenden Probleme. So ist z. B. das logische Problem, das gelöst werden muß, um die Lebensentstehung erklären zu können, in dieser Richtung sehr instruktiv. Es gibt eine Reihe ausgezeichneter

Darstellungen dieses Problems und der neueren Theorien darüber, so daß ich mich hier auf einige Andeutungen beschränken kann (Eigen und Winkler 1975, Eigen und Schuster 1977).

Es kann gezeigt werden, daß Vorstufen des Lebens sowohl auf die chemischen Eigenschaften von Eiweißen als auch auf die der Nukleinsäuren angewiesen sind. Man kann also nicht zwischen einem Nukleinsäurestadium und einem Proteinstadium im Übergangsfeld zwischen chemischer und organischer Evolution unterscheiden. Jedes selbstreplizierende System braucht beide Molekülarten zur Reproduktion, denn die Information für die Struktur der Eiweiße kann nur eine Nukleinsäure tragen, und eine Nukleinsäure braucht Enzyme (katalytisch wirksame Eiweiße), um seine Struktur an einen komplementären Tochterstrang weiterzugeben. Darüber hinaus zeigt sich, daß die Bedingungen in der präbiotischen »Ursuppe« eine Kodierung der Aminosäuresequenzen für die minimal notwendigen Enzyme auf einem zusammenhängenden Nukleinsäurestrang nicht erlaubten, da die Fehlerrate bei der Replikation eines so großen Moleküls zu hoch gewesen wäre. Es ist das Verdienst von Manfred Eigen, den entscheidenden Trick gefunden zu haben, mit dem die Evolution dieses Dilemma gelöst haben könnte. Wenn die Fehlerrate bei der Replikation eines großen Moleküls zu hoch ist, so muß man die Information auf kleinere Pakete verteilen, von denen jedes für sich klein genug ist, um mit kleiner Fehlerrate repliziert werden zu können. Das ist aber nicht hinreichend, denn die einzelnen »Informationspakete« würden sich infolge der Konkurrenz um die gemeinsamen Ressourcen gegenseitig »umbringen«. Das kann dann, und nur dann, verhindert werden, wenn die einzelnen Nukleinsäureeinheiten zyklisch miteinander in Wechselwirkung stehen. Wenn diese Wechselwirkungen kooperativer Natur sind, so führt das zur gegenseitigen Stabilisierung der einzelnen Informationseinheiten.

Auch in diesem Zusammenhang war also ein Problem zu lösen, das dem der theoretischen Begriffe sehr ähnlich ist. Die Information jeder der einzelnen Nukleinsäureeinheiten ist für sich nicht sinnvoll als genetische Information interpretierbar, denn aus ihr läßt sich nicht ein selbstreplizierendes System aufbauen. Die Information jeder Informationseinheit ist nur in bezug auf alle anderen Informationseinheiten sinnvoll. Trotzdem kann man die Teilinformationen nicht einfach in ein großes Molekül stecken. Also muß eine Interaktionsstruktur gefunden werden, die die wechselseitige Abhängigkeit der Informationseinheiten reflektiert und zur Stabilisierung einer funktionellen Einheit führt. – Was kann man daraus für das Problem der theoretischen Begriffe lernen?

Sicher ist es nicht klug, einfach die Gleichungen der Hyperzyklustheorie zu übernehmen und in einer bloßen Metapher von der »Evolution der Begriffe« zu sprechen. Das Problem der theoretischen Begriffe berührt in der hier behandelten Weise auch nicht das Problem der historischen Entstehung theoretischer Begriffe. Wohl aber kann man ablesen, wie das Verhältnis von empirischen Gegebenheiten und theoretischen Konstruktionen von einer nichtlinearen Logik erklärt werden könnte.

Zuvor muß aber noch eine Quelle möglicher Mißverständnisse ausgeschlossen werden, nämlich die Frage, was die Variablen der Funktionen in einer nichtlinearen Logik bedeuten sollen. Es gibt eine Reihe von Ansätzen mit mathematischen Modellen, die soziologische Komponente des Wissenschaftsprozesses zu beschreiben (siehe Oeser 1976, S. 115–126). Dabei verwendet man Modelle, mit deren Hilfe die Häufigkeit von Zitierungen und die Publikationsrate verschiedener Schulen beschrieben werden können. Die Funktionen einer nichtlinearen Logik haben mit solchen soziologischen Modellen nichts gemeinsam. Die Variablen dieser Funktionen sind nicht Publikationsraten oder Zitierungsraten oder sonstige soziologische Größen, sondern kontinuierliche Wahrheitswerte bzw. Zugehörigkeitsfunktionen, wie sie in der Theorie der unscharfen Begriffe Verwendung finden (Zadeh 1965). Das Projekt einer nichtlinearen Logik beabsichtigt nicht, das Begriffsinventar der Logik zu erweitern, sondern nur den formalen Apparat.

Wenn also die Wahrheitswertfunktionen theoretischer Begriffe oder Prädikate sich in ihren Funktionswerten gegenseitig beeinflussen, so ist das Resultat wesentlich von der Interaktionsstruktur der Wahrheitswerte der theoretischen Begriffe bestimmt. Die Funktion der empirischen Gegebenheiten ist es dann, die Interaktionsstruktur zwischen diesen Begriffen zu bestimmen (Beispiele für solche Funktionen können spezielleren Arbeiten entnommen werden: Wagner 1983 b, c). Da diese Interaktionen nichtlinear sind, ist das Resultat zwar von den Fakten bestimmt, aber trotzdem nicht ein simples Abbild der Fakten infolge der Eigendynamik nichtlinearer Systeme. Die Eigendynamik der nichtlinearen Wahrheitswertfunktionen ist so zu lenken, daß das Resultat eine gewisse Einfachstruktur aufweist. Das ist notwendig für die Explikation von nichtquantitativen theoretischen Begriffen wie Homologie*. Für quantitative theoretische Begriffe der Physik ist das Problem mit dem Konzept der »constraints« in der strukturalistischen Wissenschaftstheorie gelöst worden (Sneed 1971, Stegmüller 1979 a). Für qualitative theoretische Begriffe liegt die Sache etwas anders. Diese stellen Entscheidungen für oder gegen eine bestimmte Interpretation eines Sachverhalts dar und können nicht als »Meßwert« von irgend etwas verstanden werden.

Damit ist es aber mit solchen Funktionen möglich, das merkwürdige Zwitterdasein all unserer Begriffe etwas besser zu verstehen. Unsere Begriffe helfen uns, uns in der Realität zurechtzufinden, besitzen also Abbildcharakter für die Realität. Gleichzeitig setzen sie immer auch einen theoretischen Hintergrund voraus, auf dem allein sie verständlich sind. Also sind sie auch theoretisch, sie sind auch Erfindungen des Geistes und nicht echtes Bild. Genau dem wird der vorgeschlagene Aufbau einer nichtlinearen Logik gerecht, indem empirisch feststellbare Sachverhalte die Interaktion zwischen den Begriffen bestimmen und dadurch ihre »Stabilität« (= Anwendbarkeit auf eine bestimmte Situation). Andererseits erlaubt die Eigendynamik der nichtlinearen Funktionen, theoretische Ordnungskriterien durchzusetzen, die zu einer einfachen Beschreibung der Realität führen. Die Eigendynamik der Wahrheitswertfunktionen entspricht sozusagen der Abstraktion, die mit der Anwendung theoretischer Begriffe eingeführt wird. Die Abstraktion ist zwar nicht mehr so genau wie eine bloße Beschreibung, sie reflektiert aber das für uns Wesentliche.

---

* *Homologie* bezeichnet in der vergleichenden Biologie die Ähnlichkeit von Strukturen auf gemeinsamer stammesgeschichtlicher Grundlage (z. B. Ähnlichkeit der Wirbeltierextremitäten).

Werner Leinfellner   *Das Konzept der Kausalität und der Spiele in der Evolutionstheorie*

1   Ein Modell der evolutionären Kausalität

Die Evolutionstheoretiker und auch die Anhänger der evolutionären Erkenntnistheorie haben den Begriff einer alles bestimmenden deterministischen Kausalität immer abgelehnt. Besonders deutlich hat Wuketits in seinem Buch »Biologie und Kausalität«[1] für biologische und evolutionäre Systeme ein neues Modell der Kausalität bzw. der Verursachung gefordert, das die funktionale und gegenseitige Verursachung in biologischen Systemen und auch deren zirkuläre und kybernetische Verursachungsschlingen erklären soll. Ein solches Modell der evolutionären Verursachung soll im ersten Kapitel Schritt für Schritt aufgebaut werden; es basiert auf dem Artikel »Kausalität in den Sozialwissenschaften« (1981), in dem der Autor eine eingehende Analyse der statistischen Verursachung oder *Kausalität*[1] gibt. Zuerst soll die klassische Kausalität, hier *Kausalität*[2] genannt, die den Stein des Anstoßes für alle Evolutionisten darstellt, in einem Minimodell definiert werden. Dieses wiederum erlaubt in einfacher Weise einen Vergleich mit dem Modell der statistischen Verursachung (Kausalität[1]). Unter Benützung von systemtheoretischen Bedingungen wird gezeigt, daß sich dieses Modell besonders gut zur Erklärung von evolutionären Verursachungsketten und von gegenseitiger Verursachung eignet. Der entscheidende Unterschied zwischen Kausalität[1] und Kausalität[2] zeigt sich klar, wenn man die klassische Kausalität (Kausalität[2]), wie sie der Newtonschen Theorie zugrunde liegt, einfach ohne Zufallsereignisse zu berücksichtigen, auf biologische oder soziale Theorien überträgt. Es würde zwar deterministisch, aber völlig fiktiv sein, wenn man z. B. voraussagen würde, daß das Individuum i morgens um 7.15 Uhr geboren wird und daß es 77 Jahre später, im selben Monat, am selben Tag und am selben Ort, um 22.15 Uhr sterben wird.

Voraussagen in Theorien, denen Kausalität[1] zugrunde liegt, können nur verschwommene Intervalle für diese zwei Ereignisse angeben, bedingt durch einen gewissen Spielraum des Verhaltens und bedingt durch allenfalls einwirkende Zufallsereignisse. Immer dann, wenn wir den Zufall (Zufallsereignisse) in ein streng deterministisches System einführen, wird es, gemäß den alten Vorstellungen von Epikur und Karneades, indeterministisch. »Indeterministisch« heißt einfach, daß wir das zukünftige Verhalten eines bestimmten Individuums nicht mit einer definitiven Ja- oder Nein-Voraussage ausdrücken können, sondern nur mit einer Wahrscheinlichkeit $p(e_i)$, wobei $0 < p(e_i) < 1$. Das stimmt mit der Tatsache überein, daß das Verhalten von komplexen Systemen, die aus Subsystemen und Individuen bestehen, nur als Gruppen-, Ensemble- oder Durchschnittsverhalten der Subsysteme oder der Individuen vorausgesagt werden kann. Damit gibt man das deterministische, mechanische System zugunsten eines indeterministischen auf; dies hat außerdem noch den Vorteil, daß z. B. in menschlichen Gesellschaften den Individuen dadurch ein gewisser Freiheitsspielraum des Handelns zur Verfügung steht. In typisch biologischen Systemen ist dieser Unbestimmtheitsspielraum der Einzelindividuen durch gegenseitige Beeinflussung, durch Zufall oder durch den Einfluß von übergeordneten Systemen ihrer Umgebung verursacht. Diese Ursachen werden meistens als interne oder externe angesehen. Die Zerstreuung und Aufsplitterung der Gesamtenergie eines Systems infolge der gegenseitigen und zirkulären, multiplen Verursachungen erklärt auch, gemäß Prigogine, die höhere Komplexität und Kohärenz z. B. von lebendigen Makromolekülen gegenüber leblosen. Oder Kooperation (Symbiose) ist z. B. ein Zustand höherer Stufe, wo oftmals die einfachen physikalischen Gesetze, die für die Individuen noch gelten, nicht mehr auf das Gesamtsystem zutreffen. Die Kausalität[1] erklärt so, wenn sie zu zeitinvarianten, d. h. über Raum und Zeit ihren Zustand oder ihre Form erhaltenden Systemen führt, wie Naturgesetze als »Invarianzen« verstanden werden können, wie noch eingehend in den nächsten Abschnitten gezeigt wird.

Die Annahme einer Kausalität[1] führt, wenn sie global gilt, zu einem einzigen kausal[1] zusammenhängenden holistischen System (Bio- und Ökosysteme eingeschlossen), dessen Subsysteme, Systeme und Supersysteme ein einziges offenes, nicht notwendigerweise linear hierarchisches, mit dazwischenliegenden Kausalschlingen, kybernetischen Zyklen etc. zusammengesetztes, kausales Wirkungssystem bilden. Diese Annahme wurde systemtheoretisch zum Aufbau einer Ontologie verwendet (Leinfellner-Leinfellner 1978, Leinfellner 1980a). Die Annahme, daß das Universum ein kausal[1]-zusammenhängendes Wirkungssystem ist, kann als Konsequenz des berühmten Bell-Theorems angesehen werden, das hier in einer einfachen, analogen Formulierung benützt wird. Das Bell-Theorem drückt eine Inseparabilität aller Systeme unserer Welt aus, d. h. die Systeme gehören zu einem in sich kausal[1] reagierenden, weltweiten Wirkungssystem und stehen untereinander in statistisch-kausaler Wechselwirkung.

Die globale Kausalität[1] führt weiter zur Annahme eines alle Systeme verbindenden, ihnen zugrundeliegenden fluktuierenden kausalen Feldes von statistischem Charakter, das alle Systeme in ein entropisches, weltweites Umgebungssystem einbettet.

Eine eingehendere Darstellung dieser Ideen muß mit einer einfachen Darstellung (einem Minimodell $M^K = L_E \rightleftarrows L_T$) der klassischen Kausalität (Kausalität[2]) beginnen[2]. Eine kausale Struktur setzt sich aus der Menge der Ereignisse E, E_i, ε_j, E_k ε E, der Menge der Zeitpunkte t_i, $t_j t_k$ ε T, der Kausalbeziehung $\mapsto$ und der Zeitfolge $>$ zusammen.

1.1 (E; T, $\mapsto$, $>$) sei eine klassische Kausal[2]-Struktur in L^T unseres Modells, wenn und nur wenn folgende invariante strukturelle Eigenschaften der $\mapsto$ -Relation gelten:

1.1.1 $\neg E_i \mapsto E_i$ Irreflexivität der klassischen Kausalität;

1.1.2 $E_i \mapsto E_j \Rightarrow \neg (E_j \mapsto E_i)$ Asymmetrie der klassischen Kausalität;

1.1.3 $E_i \mapsto E_j$ & $E_j \mapsto E_k \Rightarrow E_i \mapsto E_k$ Transitivität der klassischen Kausalität;

1.1.4 E_i (zum Zeitpunkt t_1) $\mapsto E_j$ (zum Zeitpunkt t_j) $\Rightarrow t_i < t_j$, Zeitordnung, bzw. Zeitrichtung der klassischen Kausalität;

1.1.5 $\mapsto$ kann quantitativ als mathematische Funktion f in L^T repräsentiert werden, so daß $E_j = f(E_i)$; z. B.: $y = f(x)$, wobei die Funktion f immer eindeutig, kontinuierlich und zweimal differenzierbar sein soll. E_j steht für die Wirkung und E_i für die Ursache, d. h. W= f(U), schematisch gesehen.

1.1.6 t_i, t_j, t_k ε T sei eine klassische kontinuierliche Zeitordnung, wie an anderer Stelle vom Autor definiert.

Die Bedingungen der Anwendung (Interpretation) in L_E seien hier weggelassen. Nähere Details findet man in Leinfellner (1981). 1.1–1.5 definieren »invariante« Eigenschaften der klassischen Kausalität[2]. Sie ist eine reihenbildende Beziehung, die der Zeitordnung 1.14 folgt. Kausallinien müssen unverzweigt sein, wie es z. B. die Carnapsche Axiomatisierung festlegte. Die statistische Kausalität[1] dagegen bildet Kausalnetze und Kausalfelder, und die Wahrscheinlichkeiten ähneln mehr Feldstärken an bestimmten Punkten des Feldes.

Man kann daher die klassische Kausalität[2] folgendermaßen charakterisieren:

1.2 Eine klassische Kausalstruktur[2] von Newtonschem oder Minkowskischem Typ ist ein deterministisches Automaton, das nur unverzweigte Kausallinien gestattet und das keinerlei kausale Gabeln (Verzweigungen), Partialursachen, Partialwirkungen oder wahrscheinliche Ereignisse zuläßt. Sie ist eine nicht-evolutionäre Kausalstruktur. Die immer häufiger werdenden Verletzungen der klassischen Kausalität[2] in Kosmologie, Quantentheorie, Elementarteilchentheorie können alle auf einen Grund zurückgeführt werden, nämlich auf stetig störende Zufallsereignisse. Trotz Einsteins Einwand, daß »Gott nicht würfle«, d. h., daß die Natur und die Mikropartikeln nicht vom Zufall abhängig seien, setzte sich die gegenteilige Ansicht durch. Aber die Frage, was Zufall eigentlich sei, blieb offen. Die vielfach vertretene Auffassung, daß Zufallsereignisse »ex nihilo« durch einen »Zufallsgenerator« erzeugt werden, führt zu unüberwindlichen Schwierigkeiten. Wenn man einfach ein Ereignis als die Veränderung des Zustandes eines Systems definiert (Leinfellner-Leinfellner 1978), dann kann man ein Zufallsereignis neu definieren.

1.3 Ein Zufallsereignis ist eine Änderung eines Systemzustandes, verursacht von vielen multiplen Partialursachen in und außerhalb des Systems, die so komplex sind, daß sie einfach nicht mehr erfaßbar sind. Sie bleiben uns zum größten Teil verborgen. Die ein Zufallsereignis bewirkenden Partialursachen gehören dann dem zugrundeliegenden fluktuierenden, kausalen Feld an. Da sie so zahlreich und außerdem noch von zu komplexer Natur sind, müssen wir einfach verzichten, sie aufzuzählen. Deshalb kann man Zufallsereignisse als unvorhersagbar ansehen. Wellen- und Wirbelbildungen auf der Oberfläche eines Ozeans, das Wetter selbst, sind von unzählig vielen partialen Ursachen bewirkt, wie im Falle der Wirbelbildungen von Unterwasserströmungen, die uns einfach unbekannt bleiben. Es ist aber nicht die subjektive Unvollständigkeit unserer Informationen, die uns zur statistischen Beschreibung zwingt, sondern vielmehr die Tatsache, daß sich unter den Teilursachen von Zufallsereignissen wiederum Zufallsereignisse befinden, deren Änderungen sich unkontrollierbar weiter fortpflanzen und so zu den Fluktuierungen führen, die die zugrundeliegende Dynamik des Kausalfeldes ausmachen.

Dieses Paradigma soll in einfacher Weise das Grundkonzept des zugrundeliegenden kausalen Feldes klären. Es ist nicht das Zufallsereignis, das fluktuiert, sondern so wie die Intensität eines Feldes an einem bestimmten Punkt von Änderungen des ganzen Feldes abhängt, so hängt die Fluktuation von Zufallsereignissen von den Änderungen des Kausalfeldes ab. Die klassischen durchgängigen Kausallinien werden also durch einen statistischen Kausalzusammenhang alles Geschehens, entweder direkter oder indirekter Natur, ersetzt. Ähnliche Feldkonzepte wurden in Einsteins Gravitationstheorie, in der Elementarteilchenphysik und in der Elektrodynamik benutzt. Das zugrundeliegende fluktuierende Kausalfeld ist daher eine Abstraktion aller dieser Felder, deren vier grundverschiedene Typen (starke, schwache, elektrodynamische, Gravitationsfelder) man heute ja auf ein zugrundeliegendes Feld zu vereinfachen sucht. Eine Mutation, verursacht durch ein Photon aus einer fernen Galaxis, soll daher nicht als kausale[1] Interaktion eines biologischen Systems mit isolierten Zufallsereignissen angesehen werden, sondern als Interaktion mit den Fluktuationen des zugrundeliegenden Kausalfeldes. Die Mutation stellt eine typisch partielle Kausalursache dar, die für ein bestimmtes Individuum nicht mit einer Ja- oder Nein-Voraussage entschieden werden kann, sondern nur mit einer Durchschnitts- bzw. Gruppenaussage, daß z. B. solch eine Mutation in 1 000 000 000 Fällen, d. h. in einem Ensemble, sich ereignen wird. Zufallsereignisse sind daher wirkliche partiale Ursachen, die sich in einem bestimmten Teil des Feldes aufbauen und die darinnen befindlichen biologischen Systeme zur Evolution zwingen. Umgebungs-, klimatische Störungen, Umweltverschmutzungen, Änderungen im Gleichgewichtssystem und das, was man »freien Willen« nennt, sind Beispiele für solche komplexen, nur statistisch erfaßbaren Zufallsereignisse.

In einem weiteren Schritt muß man nun jede Art von Kausalität systemtheoretisch definieren, wie es in Leinfellner-Leinfellner (1978) eingeführt worden ist. Systemtheoretisch gesehen, baut jede kausale Interaktion – ob kausal[1] oder kausal[2], spielt hier keine Rolle – ein meist nur kurzzeitig existierendes Supersystem auf, dem beide angehören. Dieses kann man leicht als ätial-systemtheoretische Voraussetzung definieren:

1.4 Zumindest für die Zeitdauer der kausalen Interaktion von Systemen gehören je zwei Systeme, das Ursachesystem und das Wirkungssystem, einem kausal verbundenen Supersystem – vorübergehend – an.

In jedem genetisch-evolutionären Prozeß ist daher die Wahrscheinlichkeit sehr groß, daß die Systeme einmal in ihrer evolutionären Phase ein gemeinsames Supersystem gebildet haben müssen, trotz der Tatsache, daß sie dann später wieder separiert existieren. Diese Überlegungen betrachten daher die Biosphäre oder das Leben auf dem Planeten Erde als ein ganzheitliches System, und man kann daraus folgern, daß es abgeschlossene Systeme, also Systeme, die völlig separiert werden könnten, gar nicht geben kann. Man hat auf diese Weise ein Resultat erreicht, das inhaltlich dem Bell-Theorem sehr nahekommt. Dieses sagt, wie schon erwähnt, einfach aus, daß es fast unmöglich ist, Systeme total zu isolieren (Inseparabilität). Das Bell-Theorem, bzw. die Annahme eines das Geschehen im Fluß haltenden kausalen Feldes, kann als Konsequenz der Ersetzung der klassischen Kausalität[2] durch die statistische Kausalität[1] angesehen werden. Demnach ist es unmöglich, Teile eines ganzheitlichen (holistischen) Systems zu isolieren oder es völlig von jeder gegenseitigen Beeinflussung der Teilsysteme zu befreien. Deshalb muß man die gesamte Welt mit ihren anorganischen, den organischen, lebendigen und den sozial-kulturellen Subsystemen, obwohl sie vielleicht nur quasihierarchisch aufgebaut ist, als ein gigantisches System mit Wechselwirkung der Subsysteme ansehen, in dem Separierung sinnlos wird. Diese Überlegungen haben weitreichende Konsequenzen für die Ontologie evolutionärer Systeme, ebenso wie für die Atomismus-Holismus-Kontroverse, die beiden Grundprobleme der evolutionären Biologie. Wenn wir z. B. die »atomaren« Teile der Zelle, die Mitochondrien (i) und den Zellkern (j), betrachten, so können wir niemals die »Fitness« der ganzen Zelle $f(k)$ mit einer »atomaren« Additivität, $f(i) + f(j) = f(k)$, erklären, sondern nur mit einer spieltheoretisch fundierten Superadditivität, $f(i) + f(j) < f(k)$, eine Formulierung, die implizit Aristoteles verwendete, nämlich, daß das Ganze mehr sei als die Summe seiner Teile. In einem antiatomistischen und auch antivitalistischen Sinne kann der Holismus so definiert werden, daß er aus den Annahmen über das zugrundeliegende dynamische Kausalfeld und aus dem Bellschen Theorem herleitbar ist. Holismus ist daher nichts Mystisches.

1.5 Holismus als Prinzip ist eine Doktrin, die darauf fußt, daß es unmöglich ist, die letzten zugrundeliegenden atomaren Teile zu separieren, aus denen man dann die holistischen Systeme aufbauen könnte. Wäre es so, dann wäre die Evolution ein überflüssiger Begriff. Der Holismus beinhaltet, daß »Atome« immer wieder aus Teilsystemen bestehen, d. h. Struktur besitzen oder in kausaler Wechselbeziehung zu anderen Teilen stehen. Supersysteme, Systeme, Teilsysteme (Subsysteme), »Subsubsysteme« formen eine Quasihierarchie, in der kausale Rückkoppelungen, Kausalschlingen und kybernetische Kausalkreise nicht ausgeschlossen werden können.

Was das holistische System kennzeichnet, ist die Tatsache, daß es unmöglich ist, holistische Systeme aus den Eigenschaften der Teilsysteme allein aufzubauen. Es sind vielmehr die bei der Funktion des ganzen Systems hervortretenden und dadurch aktivierten kausalen Interaktionen der Teile, die vorher nicht vorhanden oder nicht aktiviert waren, die die Superadditivität besonders der kooperativen Evolution ausmachen.

1.6 Invarianz als die neue spezifische Form biologischer Gesetze
Ein weiteres Hindernis beim Verstehen der evolutionären Verursachung ist der Glaube, daß biologische Gesetze analog zu klassisch kausalen Naturgesetzen gebaut sind. Wenn man die klassische Kausalität [2] als eine ein-eindeutige Beziehung beschreibt, in der eine Wirkung einer Ursache folgt, dann sind natürlich Naturgesetze nichts anderes als universal gültige, logische »Allaussagen« über ein gut geöltes deterministisches Automaton. Wahrscheinlichkeiten, Abweichungen oder Erwartungen, kurz eine statistische Erweichung der Gesetze, sind dann immer subjektive Fehler, Fehlinformationen, unvollständiges subjektives Wissen über den Ablauf einer an sich unfehlbaren Weltmaschine, die keinerlei Evolution oder Selbstverbesserung benötigt. Solche anti-evolutionäre klassische Automaten – sollten sie auch nur kurzzeitig existieren – müßten früher oder später einmal irregulär und »statistisch« werden, schon allein durch kausalen Kontakt mit den störenden Zufallsereignissen des ihnen zugrundeliegenden fluktuierenden Kausalfeldes. Velikovsky – wenn seine Hypothese wahr ist – zeigte, daß unser Planetensystem, im Gegensatz zu Kants und Newtons Auffassung, zumindest einmal alle drei Jahrtausende empfindlich gestört wurde. Sollten wir daher nicht besser annehmen, daß alle Naturgesetze einfach statistischer Natur sind, d. h. bloß invariantes Durchschnittsverhalten mit akzeptierbar geringen Abweichungen von einem Mittel, einer Gleichgewichtslage anzeigen? Genau das drückt die Formulierung »invariant« aus; wir akzeptieren einen zulässigen Grad der Abweichungen als invariantes Verhalten. Gesetze sind daher, ceteris paribus, statistisch signifikante Regelmäßigkeiten; so wird z. B. im einfachsten Falle, wenn eine Ursache gegeben

ist, der Effekt, ceteris paribus, mit 99 % Wahrscheinlichkeit folgen. Das heißt, daß wir Wahrscheinlichkeiten, wie $p(e) = 1$ oder $p(e) = 0$, als absolute Ja- oder wahre Voraussage oder absolute Nein- oder falsche Voraussage bei der Beschreibung der statistischen Verursachung (Kausalität[1]) nicht mehr benutzen, da sie idealisierte, fiktive Werte darstellen. An ihrer Stelle gilt $0 < p(e_i) < 1$ bei der statistischen Beschreibung der statistischen Kausalität (Kausalität[1]). Oder wenn ein Ereignis e_1 partial ein Ereignis e_3 mit 99 % Wahrscheinlichkeit verursacht, dann muß es zumindest eine zweite partielle Ursache e_2 geben, die 1%ig e_3 mitverursacht.

Auf diese Weise können wir einfach drei kausale Gabeln einführen. Viele Ursachen verursachen eine Wirkung (mehr-eindeutige Kausalität[1]), oder eine Ursache verursacht viele Wirkungen (ein-mehrdeutige Kausalität[1]), oder viele Ursachen verursachen viele Wirkungen (mehr-mehrdeutige Kausalität[1]). Wir ermöglichen damit das Verständnis von kybernetischen Kausalkreisen etc., wie in Leinfellner (1981) eingehend dargestellt. Auch können wir den Begriff des kausalen Netzes, der überaus wichtig für Verursachungen innerhalb von Organismen ist, jetzt definieren. Dazu wird eine statistische Version des geordneten Ursache-Wirkung-Paares $<U,W>$ eingeführt, indem man Wahrscheinlichkeiten (relative Häufigkeiten und Frequenzen) für das Vorkommen von Einzelereignissen und kausalen Beziehungen einführt. Weiter verlangen wir, daß die Wahrscheinlichkeit (Häufigkeit) von invariant immer wieder und wieder vorkommenden, ceteris paribus, Folgen $e_1 \rightarrow e_j$ im Paar $<e_i, e_j>$, die Wahrscheinlichkeit des Ereignisses e_1 als nicht null genommen, immer: $p(e_j / e_i) > 1\text{-}c$ sein soll, wobei e_i die Ursache und e_j die Wirkung ist. $1\text{-}c$ ist dann der Grad der Akzeptierbarkeit, den wir zu tolerieren willens sind. Wenn z. B. $c = 0{,}01$, dann heißt dies, daß das Ereignis oder die Handlung e_j dem Ereignis oder der Handlung e_i in 99 Fällen – auf lange Sicht – folgt. Man muß hierzu noch annehmen, daß e_i immer früher als e_j geschieht, eine Tatsache, die Kausalität und Wahrscheinlichkeit scheidet. Reichenbachs Versuch, die Kausalität auf Wahrscheinlichkeiten allein zurückzuführen, scheiterte, weil er die zeitliche Bedingung der Kausalität vergaß oder ignorierte. Leinfellner und Domitor haben gezeigt, daß gewisse Bedingungen nicht erlauben, die materiale oder formale Implikation oder auch den Modaloperator »Notwendig« zur Darstellung der Kausalität[1] oder Kausalität[2] zu verwenden. Obige Bedingungen kommen Humes Definition der Kausalität sehr nahe. Nun kann man das Konzept einer primitiven Invarianzstruktur definieren, welche ein ontologisch-empirisches Fundament der statistischen Kausalität ist und eine *sine qua non*-Bedingung aller Kausalfolgen darstellt.

1.7 (E,p,t) sei eine primitive Invarianzstruktur, wenn und nur wenn die folgenden Bedingungen erfüllt sind:

$$(1)\ p(e_j/e_i) > p(e_j)\,;\ (2)\ p(e_i) > 0\,;\ (3)\ t_j > t_i\,;\ cp.$$

Kausalität[1] und auch Kausalität[2] beginnen damit, daß man eine statistisch hohe Korrelation oder Invarianz beobachten kann. Diese aber besagt noch nicht, daß eine tatsächliche kausale Beziehung vorliegt; sie kann zweifelhafter Natur sein, d. h. eine bloß zeitliche Aufeinanderfolge von Ereignissen ohne kausalen aufweisbaren Zusammenhang. Man kann aber zweifelhafte Ursachen mit Hilfe der ätialen Bedingung 1.8 leicht ausscheiden.

Wenn jemand z. B. jedesmal, wenn er hier auf den Tisch klopft, dies mit den unzähligen Sprüngen des Känguruhs in Australien korrelierte, dann würde er eine positive signifikante Korrelation erhalten, aber keinerlei Supersystembildung, d. h. direkte kausale Verbindung zwischen seinem Klopfen und den Sprüngen herstellen können. Interessanterweise fehlt die Supersystembildung in den Systemen von Suppes und auch Ottes.

Man kann nun, wie dies in Leinfellner (1981) und in Leinfellner (1983) im Detail und formal gezeigt worden ist, Schritt für Schritt ein Modell der statistischen oder evolutionären Kausalität aufbauen, wobei man prinzipiell Ursache durch Wahrscheinlichkeit einer Ursache p(U) oder eines verursachenden Ereignisses und Wirkung durch Wahrscheinlichkeit einer Wirkung p(W) oder eines verursachten Ereignisses $p(e_j)$ ersetzt, und die Kausalbeziehung durch ihre Wahrscheinlichkeit $p(e_i{\to}e_j)$ oder $p(e_j/e_i)$ ersetzen, wie dies in den obigen Veröffentlichungen des Autors durchgeführt worden ist. Dies erlaubt kausale Gabeln (siehe Figur b und c), direkte und negative Ursachen etc. zu definieren und axiomatisieren.

Die klassische Kausalität (Kausalität[2]) kann dann als eine Art fiktiver Verursachung oder als platonistischer Grenzfall der statistischen Kausalität (Kausalität[1]) angesehen werden.

1.8 Ein Ereignis ist eine klassische Ursache im Sinne der Kausalität[2], wenn es eine invariante Ursache des Ereignisses e_j ist, wenn und nur wenn $p(e_j/e_i)$ gleich 1, und nur wenn die Bedingungen: 1.1–1.6 erfüllt sind (siehe Figur a). Die klassische Kausalität ist daher eine platonistische Idealisierung der Kausalität[1] zur Kausalität[2]. Die Kausalbeziehung[2] ist somit eine idealisierte ein-eindeutige, strikt determinierende Verursachung. Ein allwissendes Wesen, im Besitz vollständiger Information, könnte die klassische Kausalität[2] zur Erklärung des Weltgeschehens benützen, wenn es erstens keinerlei Fehler macht, zweitens mit unbegrenzten Berechnungsmöglichkeiten ausgestattet ist, und drittens tatsächlich keinerlei Zufallsereignisse existieren würden. Nur für ein solches Wesen, in einer idealisierten, zufallsfreien Welt, würden kausale Gesetze hinreichende und notwendige Allaussagen darstellen. Aber in solch einer Welt wäre keinerlei Platz für Evolution.

1.9 Ein Ereignis e_i ist eine statistische Ursache für ein Ereignis e_j, wenn und nur wenn es eine invariante Ursache gemäß 1.7 ist und wenn $p(e_j/e_i) > 0$ und niemals 1 oder 0 ist, und wenn die Bedingungen 1.5 plus den Zusatzbedingungen in Leinfellner (1981) erfüllt sind. Man kann aus diesen Annahmen, wenn man sie als Axiome auffaßt, das Theorem ableiten, daß die statistische Kausalität nicht immer transitiv ist. Auch ist es nicht möglich, statistische Kausalbeziehungen auf Statistik (Korrelationen) oder auf kausale Gabeln zu reduzieren. Weiter: Ohne die systemtheoretischen und die zeitlichen Bedingungen und ohne die kontextuale Einbettung in eine Theorie kann man Kausalität[1] und Kausalität[2] nicht klar unterscheiden. Wenn man annimmt, daß die klassische Kausalität einfach eine idealisierte, fiktive, statistische Kausalität ist, dann kann man, wie bei Leinfellner (1981) gezeigt, aufgrund der hier gemachten Annahmen ein mathematisches Modell der multiplen Verursachungen für Evolutionstheorien entwickeln. Im folgenden seien einige Formen der Kausalität in einer Übersichtstabelle zusammengefaßt[3].

1.10 Diagramme für klassische Kausalität[2], kausale Gabeln und multiple Verursachungen (siehe Abb. 5).

Wie bereits erwähnt, wird die klassische Kausalität (Kausalität[2]) in der klassischen Mechanik, in der Newtonschen Himmelsmechanik und in relativistischen Minkowski-Kegeln zur Darstellung von ununterbrochenen geodätischen Kausallinien verwendet. Die statistische Kausalität (Kausalität[1]) dagegen wird in statistischen Disziplinen, wie Quantentheorie, Biologie, in Sozialwissenschaften, Ökonomie, insbesondere in der Entscheidungstheorie und in den politischen Wissenschaften, mit Erfolg verwendet. Statistische Verursachung allein vermag nicht nur die multiplen gegenseitigen Verursachungen innerhalb lebendiger und so-

a) Fiktive Kausalität[2]　　b) Kausale Gabel Typ 1　　c) Kausale Gabel Typ 2
(klassische Kausalität)

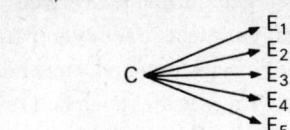

$e_i \longmapsto e_j$

$C \longmapsto E$

Klassische ein-ein=　　Statistische ein-mehr=　　Statistische mehr-ein=
deutige Beziehung　　　deutige Beziehung　　　deutige Beziehung

d) Fall einer reduzierbaren　　e) Fall einer multiplen und gegenseitigen
statistischen Beziehung　　　Verursachung

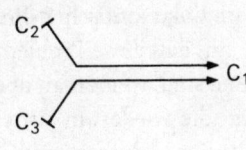
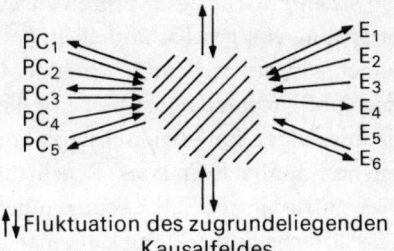

z. B. Kräfteparallelogramm　　$\uparrow\downarrow$Fluktuation des zugrundeliegenden
in der klassischen Mechanik　　　　　Kausalfeldes

Abb. 5

zialer Systeme zu erklären, sondern auch die Abhängigkeit dieser Systeme von den Zufalls- und Umweltfaktoren, die nun alle als partiale Ursachen angesehen werden können. In all diesen Fällen, wie z. B. gegenseitiger Verursachung vieler Teilursachen in Gleichgewichts- und Pseudogleichgewichtssystemen, in verwirklichenden (arbeitenden) Systemen, zielsuchenden Systemen, Systemen mit Absicht, intelligenten Systemen mit evolutionärer Entwicklung, können mathematische Gleichungssysteme in L^T aufgestellt werden, die die kausalen Interaktionen aufgrund von Korrelationsanalysen unter Beobachtung der hier aufgestellten Bedingungen repräsentieren.

2　Die Äquivalenz der Theorie der Evolution mit der Theorie der dynamischen differentiellen Spiele

In diesem Kapitel soll u. a. die traditionelle Darwinsche Theorie der Evolution durch eine Theorie dynamischer differentieller Spiele ersetzt wer-

225

den, die sich auf der statistischen Kausalität einerseits und andererseits auf der Optimierung von Intelligenz aufbaut. Es erweist sich hier, daß die Entwicklung der Wissenschaft gar nicht so sehr von Paradigmen gesteuert, sondern vielmehr von der Entwicklung und Anwendbarkeit von neuartigen Methoden beeinflußt wird, wie dies auch G. Frey behauptet hat.

Die neue Methodologie, bzw. die Theorie der Spiele, wurde ursprünglich als Interdisziplin der Sozialwissenschaften (Soziologie, politische Wissenschaften, Ökonomie) von Neumann und Morgenstern schon 1947 geschaffen. Ihr liegt die einfache Idee zugrunde, daß Spiele den Rahmen für die Lösung von Problemen darstellen. Wenn man die menschliche Gesellschaft und unser gesamtes Sozialleben als einen gigantischen Entscheidungsprozeß ansieht, in dem man fortwährend mit der Lösung von gesellschaftlichen, politischen und ökonomischen Problemen zu tun hat, dann leuchtet der Gedanke ein, daß diese Probleme oder Konflikte nur dann zufriedenstellend zu lösen sind, wenn man über leistungsfähige Entscheidungsverfahren verfügt, die wiederum auf einem bestimmten Korpus von Regeln (der Konstitution) basieren, mittels derer zufriedenstellende Lösungen gefunden werden können. Die gesellschaftliche Entwicklung kann man als kontinuierlich ansehen, wenn im Laufe dieser Entwicklung die Regeln nur wenig geändert werden. Die gesellschaftliche Entwicklung ist revolutionär, wenn die Einführung gänzlich neuer, noch nie dagewesener Regeln auch gänzlich neue Methoden zur Problem- und Konfliktlösung hervorbringt[4]. In diesem Sinne ähneln evolutionäre Veränderungen mehr gesellschaftlichen Revolutionen. Entscheidungen, die zur Lösung von Problemen und Konflikten führen, sind nun primär durch die sich entscheidenden Individuen verursacht, sekundär aber durch die den Individuen und der Gesellschaft innewohnende Tendenz, ihren Nutzen oder ihre Wohlfahrt zu vergrößern. Man kann die Nutzenmaximierung auch als das Hauptmotiv ansehen, Probleme zu lösen oder, um in der Sprache der Spiele zu sprechen, zu gewinnen. Der Spielrahmen liefert die Methoden zur Entscheidungsfindung, und man kann ruhig sagen, daß ohne den Spielrahmen, der mittels der Regeln die zulässigen Züge oder Sequenzen von Zügen, die Strategien festlegt, es keine rationale Entscheidungsfindung geben kann. Der Spielrahmen rationalisiert auch die Entscheidungsfindung, ermöglicht interpersonalen Nutzenvergleich etc. In der heutigen Spiel- und Entscheidungstheorie beeinflussen aber neben den Hauptmotiven unzählige partielle Gründe oder Teilursachen die Entscheidungen bzw. die Lösung. Neben Zufallsereignissen, Unsicherheit und Risiko sind es die Entscheidungen der Partner, von denen wir abhängen. Daneben aber gibt es moralische, legale, ethische Prinzipien, die mit als Teilursachen die Lösungen beeinflussen. Die heutige Spiel- und Entscheidungstheorie besteht nun aus einer Menge von Subtheorien oder Hypothesen, die alle zur Rationalisierung und Berechnung bzw. für die mathematische Lösung von Problemen oder Konflikten geschaffen sind. Sie beginnen mit Theorien über den Nutzen (Wert), den die Strategien besitzen, mit den »Auszahlungen«, bzw. ihren Erwartungswerten, wenn man bestimmte, durch die Regeln zulässige Züge oder Strategien von Handlungen benützt. Darauf bauen sich Theorien, die die Lösungen für ein, zwei oder mehrere am Entscheidungsprozeß beteiligte Mitspieler berechnen, gleichgültig, ob sie sich kompetitiv oder kooperativ verhalten – wesentlich ist, daß sie ihren Nutzen oder ihre Nutzenerwartung maximieren. Spiel- und Entscheidungstheorien betrachten daher Entscheidungsprozesse als rationalisierbar oder theoretisierbar, und wenn einmal eine Theorie aufgestellt ist, dann kann diese erfolgreich zur Berechnung optimaler Lösungen herangezogen werden. Lösungen sind damit Beendigungen von Konflikten. Die Lösung hängt immer von allen Teilnehmern, wie auch von Zufallsfaktoren etc. ab. Im Konflikt mit gegnerischen oder feindlichen Mitspielern können Lösungen durch bloße Einsicht in die Regeln des Entscheidungsverfahrens (Spieles) gefunden werden, da sie für beide Spieler optimal sind. Sie sichern in einem kompetitiven Nullsummenspiel den einen vor zu hohen Verlusten und hindern den anderen, den größtmöglichen Gewinn einzustecken, da sie auf dem Prinzip eines Gleichgewichtes zwischen den beiden Beteiligten aufgebaut sind. Dasselbe gilt, wenn eine »Minimax-Strategie« gegen die Natur oder den Zufall gespielt wird. Lösungen können auch dadurch erzielt werden, daß man Gewinne mit Partnern in Koalitionen, Gruppen, Klassen teilt. Die kooperative Version des Spielens oder der Entscheidungsfindung ist äußerst wichtig für die Theorie der Evolution, weil Evolution prinzipiell zweiphasig verläuft: Eine kompetitive (Darwinsche) Phase wird von einer kooperativen Phase der Integration zu höheren Einheiten abgelöst; diese treten wiederum zusammen mit anderen Einheiten in eine kompetitive Phase ein, auf die wiederum eine kooperative folgt etc. Evolution ist daher eine Abfolge von wechselnden, kompetitiv-kooperativen Spielen oder Lösungen von Problemen, wie noch im Detail ausgeführt werden wird.

Die soziale gesellschaftliche Natur der Spiele als individueller, pluraler oder kollektiver Entscheidungsrahmen basiert im Grunde auf einem gesellschaftlichen Vertrag. Denn Teilnahme am Spiel heißt, die Regeln, die die zulässigen Züge bestimmen, für die Dauer des Spieles anzuerkennen. Die Maximierung der möglichen Spielgewinne, die in der Spielmatrix aufgezählt sind, und die Möglichkeit der Berechenbarkeit der Lösung gehören zur Rationalisierbarkeit oder Einsicht, wie eine Lösung gefunden wird. Unsere Demokratie, aber auch ihre Spielarten, kann als kollektiver Entscheidungsprozeß angesehen werden, in dem Wahlen, Komitee-Entscheidungen, parlamentarisches Verhandeln etc. soziale, spieltheoretische Entscheidungsrahmen darstellen. Aufgrund dieser Entscheidungsrahmen können soziale, wirtschaftlich-politische Konflikte an Hand von allgemein anerkannten Regeln, und vor allem an Hand einer Methode, die allen Einsicht gewährt, gelöst werden.

2.1 Evolution als Spiel zwischen Partialursachen oder »Entanthropologisierung« der Spiele
Wendet man auf die Spiel und Entscheidungstheorie das Konzept der statistischen Verursachung an, dann kann man Spiele oder Entscheidungsprozesse anstatt als Spiele von Individuen versus Individuen oder contra Zufall und Natur, einfach als Spiele zwischen partialen Ursachen ansehen. Das Spiel oder der Entscheidungsprozeß verliert dabei seinen bewußten, rationalen Charakter. (Menschliche Spieler gewichten normalerweise diese partiellen Ursachen und deren Konsequenzen.) Die Grundidee der gesellschaftlichen Spiele bleibt in den Spielen zwischen partiellen Ursachen erhalten. In beiden sind Strategien partiale Ursachen (Wirkungen), deren Stärke durch Nutzen- oder »Fitness«-Werte, die normalerweise in einer Matrix aufgezählt werden können, bestimmt ist. Beide verfügen über die gleichen Lösungsmethoden. Der Sinn der Spiele besteht ja darin, daß man sie nicht nur spielt, sondern daß man sie zu gewinnen versucht, indem man seinen eigenen Nutzen oder Gewinn maximiert. Ein Spiel zu beherrschen heißt, die Spielerfahrung zu vermehren und sich, wenn man es wiederspielt, daran zu erinnern, wie man es gewonnen hat. Um vom gesellschaftlichen Spiel, ebenso wie vom Konzept eines menschlichen rationalen und bewußten Spielers, zu abstrahieren, muß man daher die Strategien oder die Sequenzen zugelassener Züge als partielle aktuelle, aber auch als mögliche Ursachen ansehen. In der dynamischen Spieltheorie haben aktuale Strategien allerdings eine weit höhere Wahrscheinlichkeit (Frequenz des Vorkommens) als mögliche, die oft nur eine verschwindend kleine Wahrscheinlichkeit des Auftretens besitzen. Jedes Spiel oder jeder Entscheidungsprozeß ist

durch eine Beschränkung der Züge und der Konflikte, die durch die Regeln festgelegt sind, gekennzeichnet. Während der Dauer des Spielens oder des Entscheidens lernen die Teilnehmer, wie man gewinnt oder das Spiel optimal beherrscht. Jede Wiederholung kann nur dann erfolgreich sein, wenn man aus den bereits gespielten Spielen gelernt hat und diese Erfahrung in seiner Erinnerung aufbewahrt. Dieser typisch »historische Aspekt«, d. h., daß man aus seiner Geschichte (Vergangenheit) für die Zukunft lernen muß, ist äußerst wichtig, wenn man den Nutzen durch »Fitness« ersetzt. Die Maximierung des Nutzen oder der Fitness in evolutionären Entwicklungen bedeutet, daß die Teilnehmer nicht »ahistorisch handeln« können, es sei denn, sie riskierten ihr Aussterben. Dann aber hätten sie selbstmörderische Tendenzen, was für Pflanzen und Tiere ausgeschlossen werden muß. Bei gesellschaftlichen Entscheidungen ist dieses Verbot des »ahistorischen Handelns« nicht immer bindend. Aber was bedeutet dies für die präbiotische Evolution von Makromolekülen? Kann man einfach sagen, daß die Makromoleküle lernen? Hier haben wir die »Spieler« als wirkende partielle Ursachen anzusehen, die einfach Probleme lösen, d. h. Konflikte beseitigen. Sie gehören Systemen mit inneren »subsystematischen Verursachungen« an, die sich im Laufe der Zeit entfalten und genau so wie die Spiele einem evolutionär stabilen Zustand als Lösung zustreben, z. B. der Entstehung einer Spezies. Die Maximierung von Fitness heißt dann, daß die Überlebensrate einer bestimmten Spezies, wenn sie »gewinnt«, die Aussterbensrate der »Verlierer« übersteigt, kurz, sie wird das Wachstum jeder anderen Spezies oder jedes anderen sich vermehrenden Makromoleküls (die im Wettbewerb stehen) weit übertreffen. Dieser Ausgang ist typisch für eine kompetitive »Darwinsche« Konfliktlösung, wie sie eingehend von Eigen und Schuster im Modell des Evolutionsreaktors mathematisch-spieltheoretisch beschrieben wurde[5], wenn und nur wenn es sich erweist, daß die erfolgreiche Spielerfahrung in einer genetischen Erinnerung – der nukleotidischen – gespeichert worden ist.

Wir können nun die Grundzüge eines biologischen Spieles als problemlösender Prozesse zwischen partiellen Ursachen zusammenfassen. Ihre Wirksamkeit bei der Lösung von Problemen wird im nächsten Abschnitt zur Definition der Intelligenz für alle lebendigen Systeme benutzt werden.

2.2 Spiele von partiellen Ursachen können als Optimierungsprozesse für Fitness oder Überleben angesehen werden. Die Lösungen stellen immer die Beendigung eines speziellen auftauchenden Konfliktes zwischen partiellen Ursachen oder deren Konsequenzen durch Überlebens-(Fitness-)Maximierung dar. Es ist ein typischer Prozeß einer gegenseitigen Verursachung über eine bestimmte Zeitperiode hinweg, in der die Frequenzen der Häufigkeit, mit der ein »Spieler« seine Strategien benützt, sich ändern, bis sie eventuell eine evolutionär stabile Verteilung (Frequenz) erreichen, die den Gewinner charakterisiert. Diese erreichte Stabilität kann dann nur durch überaus starke Fluktuation des kausalen Feldes, d. h. durch starke Zufallsereignisse wieder gestört werden, und ein neues Spiel kann beginnen. Von diesem Aspekt her gesehen, ist es ein Spiel gegen den in der Natur herrschenden Zufall.

Vom Zufallsaspekt her betrachtet ist es ein Spiel zwischen Partialursachen, in dem der ganze Prozeß langsam ein »historisches«, genetisch vererbbares Gedächtnis aufbaut, in dem Spielregeln qua Instruktionen »a priori«, d. h. bevor man die künftigen Spiele spielt oder Probleme löst, vorhanden sind. Es ist klar, daß dieses Gedächtnis kein bewußtes zu sein braucht. Nur in sozial-gesellschaftlichen Spielen, bzw. Entscheidungsprozessen müssen die Beschreibungen der zulässigen Züge und Strategien, die Regeln, nebst der Spielerfahrung bewußt gelernt und in unserem Gedächtnis aufbewahrt werden. In allen evolutionären Spielen und Problemlösungen wird daher ein weiterer Begriff von Gedächtnis benutzt, wobei im Gedächtnis nicht nur die guten Erfahrungen der Vergangenheit, sondern auch zufälligerweise auftauchende neue und bessere Strategien hinzugefügt und aufbewahrt werden. Das aber heißt, daß evolutionäre Spiele selbst-organisierende Prozesse sind, also Prozesse, die ihre Problemlösungen verbessern. Damit ist der Prozeß der Evolution jedem planenden Entwerfen diametral entgegengesetzt. Technisches Entwerfen und technische Realisierungen sind eine typisch anthropomorphe Art der Realisierung. Wir müssen zuerst über den Plan verfügen, dann können wir ihn in die Realität umsetzen. Die technische Realisierung kann daher das Henne-Ei-Paradox überhaupt nicht lösen. In evolutionären Prozessen jedoch bedeutet Selbst-Organisation, daß die alte Spielerfahrung die neue bedingt und verbessert, weil nur diese Spielerfahrung den Plan bei der Realisierung oder die Spielregeln selbständig erweitern und verbessern kann. Es sind natürlich die Zufallsereignisse, die, wenn mutagen, den Anstoß zur erneuten Adaption und Verbesserung durch Selektion etc. geben.

2.3 Nutzen-, Fitness- oder Überlebenswerte, die den Strategien zugeschrieben werden, sind biologische Rangordnungen. Sie sind qualitative
oder sogar quantitative Bewertungen von Strategien oder Zügen. Man
kann daher eines der Hauptprinzipien der Evolution des Lebens folgendermaßen ausdrücken: Leben kann nicht existieren ohne ein interindividuelles, sich selbst organisierendes und verbesserndes Gedächtnis. Dies
wird sich später bei der Definition von Intelligenz als äußerst nützlich
erweisen. Die Geschichte des Lebens auf unserem Planeten hat solch ein
interindividuelles Gedächtnis aufgebaut, das wohl einst durch Zufallsereignisse selektiv entstanden ist, aber im Falle des DNA (des nukleotidischen Zellgedächtnisses) den sich selbstverbessernden Charakter angenommen hat. Das so entstandene Zellgedächtnis, sein Niederschlag der
historischen Erfahrungen des Lebens, muß daher von allen lebendigen
Systemen »verstanden« und »gelesen« werden können.

2.4 Die Regeln und das optimale Spielverhalten müssen nicht nur stets
im Gedächtnis der Spieler vorhanden und jederzeit abrufbar sein, sondern das Programm oder die Regeln, wie künftige Spiele gespielt bzw.
Probleme gelöst werden sollen, müssen vererbbar sein. Wenn ein Spieler
auch noch nie ein Spiel gespielt oder ein Problem gelöst hat, so hat er
doch »a priori« die Art und Weise, wie man spielt oder Probleme löst,
von seinen Vorfahren geerbt. Man sollte hier besser sagen: evolutionär a
priori. Im Fall der präbiotischen Evolution von Makromolekülen ist es
die Sequenz der Nukleinsäuren, in der Erfahrung »niedergeschrieben«
ist. Hier ist das Gedächtnis zugleich das Material, das wieder reproduziert wird, d. h. sich selbst vermehrt. Später, als die Proteine als Aufbau-
material der lebendigen Organismen benutzt wurden, trennten sich
beide Funktionen, die Aufbaupläne für die Organismen wurden im nukleotidischen Gedächtnis aufbewahrt. So ist z. B. die Eiweiß-Synthese in
der frühen und in der heutigen Zelle ein von Regeln gesteuerter Realisie-
rungsprozeß, in dem erfolgreiche Strategien von Synthesen immer wieder und wieder verwendet werden. Spieltheoretisch ausgedrückt: Das
optimale Verhalten wird invariant (evolutionär stabil). Daraus folgt
dann, daß die Individuen derselben Spezies dieselben Strategien benutzen, sie vererben. Deren Aufbewahrung im interindividuellen Gedächtnis ist die Voraussetzung für jede erfolgreiche Wiederholung von kompetitiven und kooperativen Spielen, wenn die Zufallsstörungen des zugrundeliegenden fluktuierenden Kausalfeldes nicht zu stark sind. Dieses
kann Mutanten mit neuen Strategien hervorrufen und damit ein neues

Spiel erzeugen, es kann aber auch zum katastrophalen Zusammenbruch evolutionärer Prozesse führen. Das hängt von der Stärke der Störungen ab. Jede evolutionäre Entwicklung ist daher Entwicklung eines interindividuellen Gedächtnisses oder Zellgedächtnisses. Es ist ein negentropischer Hauptfaktor, der durch Speicherung des optimalen Verhaltens und optimaler Problemlösungen die invarianten Genotypen stabilisiert. Deshalb ist offensichtlich, daß keine Evolution stattfinden kann, wenn das generelle Lewontin-Spiel gegen Zufall bzw. gegen die Fluktuierungen des zugrundeliegenden kausalen Feldes nicht gewonnen werden kann (siehe Lewontin 1961). Aber nicht nur der Abbruch der Evolution durch störende Umwelt- und Zufallsfaktoren, sondern auch absoluter Sieg hätte negative Folgen für evolutionäre Prozesse: Die Evolution würde aufhören. Es zeigt sich, daß die spieltheoretischen optimalen Lösungen – »optimal« bedeutet Vermeidung zu großer Verluste und Verhinderung totalen Sieges – eine spieltheoretische Variante der Selektion und Adaption darstellen.

Alle diese charakteristischen spieltheoretischen Überlegungen werden im Abschnitt 3 klarmachen, warum die Evolution der Arten zugleich Evolution der Intelligenz ist. Besonderes Gewicht wird dabei auf die Selbstverbesserung des Programmes gelegt werden. Es ist klar, daß die biologische Geschichte, wie sie im genetischen Code des Zellgedächtnisses verschlüsselt ist, sehr von der menschlich-gesellschaftlichen Geschichtsschreibung differiert. Der biologische evolutionäre Prozeß – als nie endende Serie von Spielen und Problemlösungen – muß aus der Vergangenheit lernen, ansonsten würde er sich selbst zerstören. Menschliche Geschichte dagegen lehrt uns, wie Hegel sagte, daß wir von der Geschichte nichts gelernt haben. Die biologische Evolution hat nicht die unbeschränkte Freiheit, z. B. die Freiheit der Wahl zu atomarer Selbstzerstörung. Fitness- oder Überlebensmaximierung ist daher die ausnahmslos geltende universale Ursache für alle biologischen evolutionären Prozesse.

2.5 Evolution als Folge von alternierenden kompetitiven und kooperativen Spielen
Evolution gesehen als Folge von evolutionären dynamischen Spielen besteht aus zwei gänzlich verschiedenen alternierenden Typen von Spielen, den kompetitiven und den kooperativen. Die eine Art kompetitiver Evolution besteht darin, daß eine optimale und evolutionär stabile Strategie beibehalten und gegen in kleiner Zahl aufkommende Mutanten

erfolgreich verteidigt werden kann. Diese »Stabilitätsspiele« sind evolutionäre Prozesse, in denen eine Spezies evolutionär stabil wird, die Strategien pendeln sich ein, und die Spezies bewahrt denselben Geno- und Phänotyp oft über lange Zeitperioden hinweg. Die zweite Art der kompetitiven Spiele besteht in Folgen von neuen Spielen, wenn durch Zufalls- oder Umwelteinwirkungen etc. eine erreichte Stabilität gestört wird. Spiele sind voneinander verschieden, wenn sie sich erstens in den Zügen (Strategien) und zweitens in den Überlebenswerten (Überlebensmatrizen) unterscheiden; denn wenn diese Werte sich ändern, dann beginnt ein neues Spiel in der Folge der kompetitiven Spiele. (Die Folge kompetitiver Spiele ist von der alternierenden Folge kompetitiver und kooperativer Spiele zu unterscheiden.)

Der typisch Darwinsche kompetitive Kampf ums Dasein ist aber nur eine Variante der evolutionären dynamischen Spiele. Es scheint so, daß dann, wenn kompetitive Phasen sich erschöpfen und enden, plötzlich kooperative Spielphasen einsetzen. Die Kooperation von Nukleotiden und Proteinen in Hyperzyklen, gemäß Eigen und Schuster, ist eine plötzlich eintretende kooperative Phase. Die Formierung der Zelle und die Bildung von vielzelligen Organismen, der symbiotische Zusammenschluß von Tieren, die Horden-, Clan- und die Nationenbildung in der gesellschaftlichen Evolution, sind Beispiele von Synthesen, Integrationen von bisher getrennten, vorher in Wettbewerb stehenden Einzelsystemen zu einer größeren Einheit. Es scheint so, daß immer dann, wenn sich die kompetitive Evolution auf einer Ebene erschöpft hat, die kooperative Phase, der symbiotische Zusammenschluß, d. h. die Integration von Einzelsystemen zu einem höheren, quasihierarchisch organisierten Supersystem die Evolution erfolgreich weiterführen kann. Hier wiederum ist dann das Prinzip der Superadditivität ausschlaggebend: $f(i) + f(j) < f(i \cup j)$. Maximierung der Überlebenswerte kann nicht mehr durch Summierung oder kompetitive Selektion bzw. Auslese gesteigert werden, sondern nur durch Bildung einer richtigen Vereinigungsmenge: $(i \cup j)$. Diese höhere Einheit tritt dann wiederum mit gleichen höheren Einheiten in Wettbewerb; kurz, die Evolution erweist sich als eine unaufhörliche Folge von kooperativen und kompetitiven Spielen, vice versa. Nur dann kann man heute von »Evolution« sprechen, wenn Folgen von sowohl kooperativen als auch kompetitiven dynamischen differentiellen Spielen, wie später beschrieben, vorliegen, ganz im Gegensatz zur Darwinschen Idee der Evolution, die kompetitiven Charakter hat.

2.6 Invarianz und Stabilität: Soweit erklärt die Konzeption dynamischer Spiele oder, wie hier expliziert, der Spiele zwischen partiellen Ursachen plus dem Konzept eines die Evolution niemals zur Ruhe kommen lassenden kausalen Feldes und eines globalen Gedächtnisses sehr gut die Dynamik evolutionärer Spiele. Die Zufallsereignisse des zugrundeliegenden fluktuierenden kausalen Feldes führen notgedrungen zur Annahme von neuen Strategien oder Neubewertungen, d. h. zu neuen Spielen. Aber wann werden nun diese Spiele invariant, d. h. evolutionär stabil? Statistische Invarianz besagt einfach, daß dynamisch sich verändernde Systeme, ceteris paribus, ihre gleiche äußere Form, dasselbe Verhaltensmuster wiederholen. Diese Invarianz zeigt sich z. B., wenn die Reproduktion von eukaryotischen Zellen die Stabilität von nur einem Fehler in 100000 Reproduktionen erreicht. Daher kann man unter Invarianz einfach verstehen, daß die zeitliche Entwicklung von evolutionären Systemen einen asymptotischen Endzustand erreicht (siehe 2.7), den sie dann schließlich und endlich erfolgreich gegen eine kleine Zahl von Mutanten stets verteidigen können.

Das Konzept der Invarianz ist statistischer Natur. Es ist aber so generell, daß es die Naturgesetzlichkeiten durch die Invarianz des Verhaltens oder eines Gleichgewichtes bzw. Quasi-Gleichgewichtszustandes für biologische Systeme ersetzt. Rein mathematisch gesehen sind diese Invarianzen nicht einfache Fixpunkte, sondern anziehende oder abstoßende Zustände oder Sattelpunkte, die den Verlauf der Evolution bestimmen – kurz, berechenbare Lösungen von sich selbst organisierenden Prozessen. Die Frage, die sich hier stellt, ist: Warum bauen sich diese Invarianzen überhaupt auf? Wie können wir diese ordnungserhaltenden und ordnungserzeugenden Prozesse erklären? Ist die Konservierung von vergangener guter oder schlechter Erfahrung eine notwendige und auch hinreichende Bedingung dafür? Warum existiert denn immer nur eine »gewinnende«, d. h. überlebende Quasi-Spezies im Eigen-Schuster-Reaktor, der ein typisch kompetitiv evolutionäres Spiel zwischen RNA-Makromolekülen im Modell darstellt? Oder warum endet der Wettbewerb zwischen Hyperzyklen von RNA-Molekülen und Proteinen mit einem überlebenden Hyperzyklus und nicht mit einer Menge von Hyperzyklen, wie es die traditionelle Spieltheorie voraussagt? Warum bleibt diese Lösung invariant, trotz der durch die Fluktuation des Kausalfeldes erzeugten Mutanten, vorausgesetzt, die entstehen in nicht zu großer Zahl? Die Theorie der dynamischen differentialen Spiele, ihre Einbettung in ein fluktuierendes Kausalfeld sowie die Theorie eines globalen Gedächtnisses erlaubt eine klare Antwort auf alle diese Fragen. Man kann gewisse Lösungen und Methoden, die die klassische statische Spieltheorie für kompetitive und auch für kooperative Spiele liefert, als ersten Ansatzpunkt ohne weiteres übernehmen. Die statische Spieltheorie erlaubt die Berechnung optimaler Lösungen (Gleichgewichtspunkte) für eine Sequenz gleicher Spiele, vorausgesetzt die Spieler maximieren ihren Nutzen in Gleichgewichtslösungen. Gleichgewichtslösungen in evolutionären Spielen bedeuten aber weit mehr, nämlich eine aktive Selbsterhaltung derselben Spezies in einer Folge von Spielen, z. B. die Stabilisierung und die Erhaltung der Arten. Es ist die Selbsterhaltung des Geno- und Phänotyps der Spezies im Kampf gegen Abweichungen über eine lange Zeitperiode hinweg. Wenn, wie in der Matrix 2.6 angegeben, der Zustand eines kompetitiven Spieles durch die Anteile x_i einer Art in der Gesamtpopulation zum Zeitpunkt t ausgedrückt wird, dann erhalten wir einen Wahrscheinlichkeitsvektor $\overline{x}$ zur Zeit t der Verteilung der Arten:

$$\left[\overline{x}(t) = \left(x_1(t), x_2(t), \ldots, x_m(t)\right)\right]$$

In dynamischen Spielen sind nun die x_i's zugleich relative Häufigkeiten (Frequenzen), mit denen die Strategien gespielt, benützt werden.

2.7 Wenn x der Zustandsvektor einer Population in einem evolutionären Prozeß ist, der durch die dynamischen differentiellen Gleichungen 2.14 definiert ist, dann ist der Quasi-Gleichgewichtszustand $\overline{x}_e$ ein Wert von $\overline{x}$, der zwei Fälle von Gleichgewicht im Verlaufe der Zeit (t+1) aufweist:

Wenn $\overline{x}(t) = x_e$, dann $\overline{x}(t+1) = \overline{x}_e$ für den diskreten Fall

Wenn $\overline{x}(t) = \overline{x}_e$, dann $\overline{x}(t+\Delta t) = \overline{x}_e$ für den kontinuierlichen Fall.

Mathematisch abstrakt gesehen, kann man dies folgendermaßen ausdrücken: Die dynamischen Differentialgleichungen 2.14 bilden den Zustand des dynamischen Systems in den Fixpunkten invariant auf sich selbst ab. Neben der theoretischen Bedeutung der Existenz eines Fixpunktes, nämlich, daß ein Element einer Menge auf sich selbst abgebildet wird, ist seine konkret empirische Bedeutung für die Trajektoren der evolutionären Entwicklung von großer Wichtigkeit. Geht man von einem Punkt aus, der hinreichend nahe beim Fixpunkt liegt, so liegt sein Bildpunkt in bestimmten wohldefinierten Fällen noch näher daran, so daß eine Wiederholung (Iteration) dieses Prozesses eine Punktfolge liefert, die gegen den Fixpunkt konvergiert. Browers Fixpunktsatz hat für die Theorie der Spiele und für die Theorie der dynamischen differentiellen Spiele immense Bedeutung gewonnen. Man kann damit das Konzept der Invarianz als Stabilität formal erfassen. Gemäß Lyapunov ist Stabilität ein dynamisches Verhalten eines sich ändernden Systems, das von einem Gleichgewichtspunkt, dem Attraktor-Fixpunkt, angezogen wird und dann um diesen Punkt oszilliert. Asymptotische Invarianz dagegen verlangt, daß jede Störung des Gleichgewichtes früher oder später vollständig verschwinden muß. Lyapunov-Invarianz oder -Stabilität verlangt nur, daß gestörte Zustände nicht zu weit vom Gleichgewichtszustand entfernt liegen. Die dynamische Spieltheorie gibt daher eine statistisch-kausale Erklärung für die relative Stabilität von Millionen verschiedener Arten. Ihre Ordnung erhaltende Tendenz ist damit keine teleologische oder ein durch finale Ursachen (den Plan) gesteuerter Prozeß, sondern fußt auf spieltheoretischen Prinzipien. Invarianz ist daher ein neuartiger biologischer Gesetzesbegriff, der den Naturgesetzen übergeordnet ist, sie integral beinhaltet und erklärt, warum Lebewesen über Jahrhunderte, Jahrtausende ihre Art und dieselbe Gestalt beibehalten.

Nehmen wir nun an, daß uns ein präbiotischer, präzellularer oder auch ein Entwicklungsprozeß von Tieren vorliegt und daß wir nicht wissen, ob es ein evolutionärer Prozeß ist oder nicht. Alles, was wir zu tun haben, ist nun, den spieltheoretischen Formalismus (L^T) und seine Interpretationen zu benützen. Wir sollen imstande sein, erstens die Liste der Verhaltensstrategien aufzustellen und diese als partielle Ursachen zu interpretieren und zweitens die Spielmatrix als Überlebens- oder Fitnessmatrix zu interpretieren. Drittens haben wir für die Spielmatrix (A_{ij}) und für die Wahrscheinlichkeitsverteilungen durch die Strategien hindurch eine empirische Interpretation zu finden, z. B. als Verteilungen von Arten oder Charakteren in der Population N. Da der spieltheoretische und der evolutionäre Prozeß nach stabilen Lösungen tendieren, können wir viertens die Felder der Matrix mit angenommenen Überlebenswerten (*scores*) ausfüllen und dann verschiedene Simulationen von Evolutionen theoretisch durchspielen und mit der Wirklichkeit vergleichen. Fünftens ist es typisch für die Spieltheorie, durch simulierte Spiele die evolutionären Trajektoren, d. h. den Gang der Evolution zu berechnen und zu erklären. Es hilft hier sehr, daß die Überlebenswerte nicht absolut, sondern relativ und daher immer linear transformierbar sind. Sechstens müssen wir dann den spieltheoretischen Kern unseres Modells der dynamischen differentialen Spiele, $K, K \subset L^T$ und seine Lösungsmethoden zur Erklärung und Voraussage der evolutionären Trajektoren heranziehen. Dies ist es, was Schuster et al. (1981) vorgeschlagen haben.

Schließlich und endlich haben wir siebtens festzustellen, welche Art von Gedächtnis denn vorliegt, z. B. das nukleotidische Zellgedächtnis.

Da die spieltheoretische Methodologie dynamischer Spiele nicht nur auf kompetitive Spiele beschränkt ist, sondern auf einer alternativen Folge von kompetitiven und darauffolgenden kooperativen Spielen usw. aufgebaut ist, schließt sie die Darwinsche Evolution als Spezialfall mit ein, ebenso wie die klassische Mechanik in der Quantentheorie als Spezialfall und Grenzsituation weiterbesteht. Die Darwinsche Theorie konnte nur schwer, wenn überhaupt, erklären, warum Mutanten in kleiner Anzahl nicht die etablierte Spezies außer Gefecht setzen können, und, da die Darwinsche Theorie keine kooperative Version besitzt, z. B. nicht die kompetitiv-kooperative Komplementarität der Evolution verstehen. Das Konzept der Invarianz erklärt, warum biologische Gesetzmäßigkeiten mehr als Naturgesetze sind. Es setzt diese, wie in der Quantentheorie die klassischen physikalischen Gesetze, nicht außer Kraft, sondern fußt auf ihnen, benützt sie, um die Invarianzen des Geno- und Phänotyps zu erklären. »Selektive Theorien«, die die Adaptation von Organismen oder Arten an die wechselnde Umgebung durch Selektion und Mutation erklären und z. B. die Mutation einfach als Hauptursache und die Selektion als Nebenursache (Filter) der planlos streuenden Mutation erklären, wobei die »fittesten« überleben, sind zu allgemein und vergessen, daß jeder evolutionäre Prozeß einen Spielrahmen benötigt, ohne den jede Interpretation fehlschlägt. Durch Übernahme der spieltheoretischen Begriffe, wie Spieler und deren Uminterpretation als Partialfaktoren, Teilursachen in einem generellen System gegenseitiger Verursachung, wird der Spielrahmen Schritt für Schritt zum theoretischen Rahmen der heutigen Evolutionstheorie. So kann man die genetische Adaptation durch die Maximierung der Überlebenschancen in Spielen ersetzen, die natürlich empirisch durch das Anwachsen der Zahl der am besten Geeigneten in der Population – d. h. durch ihre Überlebensquote, die alle anderen übersteigt – charakterisiert werden kann. Darwins »Überleben der Tüchtigsten« verliert seinen tautologischen Leerformencharakter wie »Überleben der Überlebenden« und wird eine empirisch feststellbare Größe. Auch die Darwinsche Selektion kann verfeinert werden, sie kann in viele partielle Ursachen aufgesplittert werden, die alle mitbestimmend für den Ausgang, die Lösung des Spieles sind. Selektion im Kampf ums Dasein kann kompetitiver Einfluß der »Mitspieler« oder kooperative, komplementäre Zusammenarbeit derselben sein, kann aber auch die Unsicherheit der Zufallsereignisse und die Risikoeinschätzung als Partialursachen miteinbeziehen. Schließlich und endlich erlaubt die Methodologie der Spiele leicht, alle Partialursachen zusammen als kausal[1] bestimmend für den Ausgang oder die Lösung eines evolutionären Prozesses anzusehen. Zufallsursachen können in interne, die Z_i's in Leinfellner (1981), oder in externe Umgebungsfaktoren, d. h. partielle Ursachen, die u_i's im selben Beispiel, aufgeteilt werden. Schließlich und endlich kann man die mutagenen Faktoren als »selektive« störende Verursachungen des zugrundeliegenden fluktuierenden Kausalfeldes ansehen. Die Idee dieser Fluktuierung, die ursprünglich von Prigogine in die moderne Wissenschaft eingeführt worden ist, ebenso wie die gegenseitige, nichtlineare Interdependenz aller Systeme (Bell-Theorem) und die auf dem Gedächtnis basierende, spieltheoretische kompetitiv-kooperative Form der Evolution sind tatsächlich Grundlagen der dynamischen differentiellen Spieltheorie, die heute als die Evolutionstheorie angesehen werden kann.

2.8 Die Notwendigkeit eines globalen Gedächtnisses und ein Vergleich zwischen sozialen statischen und dynamischen Spielen: Man hat meistens übersehen, daß Evolution ein mondialer Prozeß ist, d. h. ohne ein globales Gedächtnis oder ein Speichersystem nicht funktionieren kann. Wenn die phylogenetisch erzielten Vorteile, die das optimale Überlebens- und Verhaltensprogramm für zukünftige Problemlösungen und Spielsituationen festlegen, nicht jederzeit verfügbar sind, dann kann es kein nächstes evolutionäres Spiel geben. Evolution würde einfach aufhören. Die Instruktionen, wie man in der nächsten Spielsituation sich optimal, d. h. erfolgreich verhalten soll, müssen vererbt werden und dem Zellgedächtnis angehören. Sie sind dann für alle Teilnehmer oder Spieler »a priori« im Zellgedächtnis vorhanden und stammen nicht aus der empirischen individuellen Erfahrung des einzelnen. A priori oder »evolutionär a priori« heißt also »vor jeder individuellen Erfahrung gegeben«. Die Geschichte der Evolution, beginnend mit den ersten Replikationen von RNA-Fadenmolekülen bis zu den Menschen, ist nun tatsächlich in Supergenen, Regulierungsgenen und den reproduktiven Genen, in Form des Zellgedächtnisses, vorhanden. Dieses begann vor 4,5 Milliarden Jahren mit einer sehr beschränkten Kapazität. Wenn man es in den üblichen Informationseinheiten von bits ausdrückt, waren es ca. 10^3 bits für einfache lineare RNA-»Gedächtnis«moleküle. 4,5 Milliarden Jahre Evolution haben in der menschlichen Zelle einen Zell-Gedächtnisinhalt von 10^{11} bits angesammelt. Von einem spieltheoretischen Standpunkt aus muß dieses Zellgedächtnis folgende Instruktionen aufbewahren: Erstens Instruktionen für optimales Verhalten, wie Probleme (Spiele) zu lösen seien, zweitens die erreichten Vorteile von bereits durchgespielten kompetitiven Spielen, drittens die erreichten Vorteile von kooperativen Spielen und viertens den Erfolg aller Spiele gegen die Natur oder gegen die Zufallsfluktuation des zugrundeliegenden kausalen Feldes. Schließlich soll ja die Speicherung von genetisch biologischer Geschichte die lebendigen Systeme davor bewahren, Fehler der Geschichte zu wiederholen. Das ist ja der Sinn von »evolutionären Apriori«.

Wenn man die sozialen, statischen Spiele der normalen Spieltheorie mit den evolutionären vergleicht, dann findet man, daß eine Äquivalenz von Nutzenmaximierung und Überlebens- oder Fitnessmaximierung auf der Gleichstellung von Nutzen und Überleben beruht. Der Gewinnmaximierung entspricht in den dynamischen Spiele eine stete Zunahme des Bevölkerungsteiles i, der eine »optimale Strategie« spielt. Kenntnis der Regeln, der Konstitution entspricht direkt der »a priori«-Verfügbarkeit von Strategien und Instruktionen, wie man ein (neues) Spiel zu spielen hat und es auch gewinnt. Doch besteht zwischen beiden Arten von Spielen ein grundsätzlicher Unterschied. Nur evolutionäre Spiele, d. h. dynamische Spiele, können ihr eigenes Programm durch Hinzufügen von neuen Regeln verbessern und erweitern dadurch ständig das Zell-Gedächtnis. Dieses Spielverhalten ist global, denn nicht nur dieselbe Art, sondern alle Zellen auf dem Planeten Erde verstehen die so aufbewahrten Instruktionen. Von einem rein theoretisch-mathematischen Standpunkt aus können wir die totale Folge der evolutionären Spiele entweder als eine Serie von nie endenden Spielen ansehen oder aber als ein gigantisches Superspiel. Neue Spiele, wie schon erwähnt, entstehen entweder durch Hinzufügen neuer Strategien oder durch Veränderung der Überlebenswerte in der Überlebensmatrize, als Folge z. B. von Umweltkatastrophen. Aber auch in diesem Fall wird sich jede Änderung in neuen Strategien auswirken, als Antwort auf die Veränderung der Matrixwerte. Wenn wir nun die gesamte Evolution als ein einziges Spiel betrachten, dann haben wir neue, eventuell auftretende Strategien von allem Anfang an als verborgene Strategien zu betrachten, die uns noch nicht bekannt sind. Verborgene oder mögliche Strategien können daher in der »Superkonzeption« als Strategien mit vernachlässigbar kleinen Wahrscheinlichkeiten gekennzeichnet werden. Dies ändert sich, wenn sie aktive Strategien werden, d. h. wenn ein neues Spiel beginnt. Durch ihre plötzliche Aktivierung, d. h. Benützung, wird ihr Wahrscheinlichkeitswert ansteigen und kann nicht mehr vernachlässigt werden. In beiden Fällen aber benötigen wir ein kontinuierliches globales Gedächtnis, sei es nun ein biologisches Zellgedächtnis oder, wie wir es später einführen werden, ein Gehirngedächtnis oder ein wissenschaftlich-mathematisches universales Gedächtnis (siehe Abschnitt 3).

2.9 Das Modell der differentiellen dynamischen Spiele: Dieses Modell als Glanz- und Kernstück der neuen Evolutionstheorie benützt die Methodologie dynamisch-differentieller Spiele für alle Arten der Evolution. Es ersetzt z. B. das Fisher-Wright-Haldane-Modell für die selektive Populationsgenetik und erklärt überdies die kompetitive Evolution von RNA-Molekülen, wie auch die kooperative Evolution von Proteinen und RNA-Molekülen, vermittels der Eigen-Schuster-Hyperzyklus-Formation in einer bisher unübertroffenen Weise (Eigen und Schuster 1977). Es hat völlig neue evolutionäre Modelle des Verhaltens von Tieren geschaffen, wie das *Hawk-mouse-bully retaliator-prober-retaliator*-Spiel von Maynard Smith und Price (1973, 74) mittels symmetrischer kompetitiver Modelle. Dabei wurden auch asymmetrische kompetitive Spiele erforscht, wie z. B. Konfliktlösungen zwischen Eindringling (intruder) und Besitzer, Verteidiger (owner), zwischen Raubtier (predator) und Beute oder – nicht zuletzt – zwischen Männchen und Weibchen (Maynard Smith und Parker [1976], Dawkins [1976], Parker [1979]). Die Theorie dynamischer differentieller Spiele wurde erfolgreich auf evolutionäre Spiele (Konflikte) zwischen zwei sich gegenseitig und untereinander beeinflussenden Populationen (Zeemann [1979]) angewandt. Schließlich wurde die Theorie der dynamischen differentiellen Spiele erfolgreich erweitert und entwickelte sich zur führenden biologischen Theorie – im Range der Quanten- oder Relativitätstheorie – durch die Arbeiten von P. Schuster, K. Sigmund, L. Hofbauer und R. Wolf (1980, 1981). In diesen und vielen anderen Publikationen, die in P. Schuster et al. und in früheren Werken Rapports aufgeführt sind[6], wurde eine neue Theorie der Evolution entworfen, die, so kann man ruhig sagen, die Darwinsche Theorie der Evolution und alle anderen historischen Varianten ersetzt. In diesem Artikel werden ihre Grundlagenprobleme, ihre neuen Begriffe und philosophischen Voraussetzungen erörtert und analysiert, und zwar erstens die Theorie der statistischen Verursachung (Kausalität[1]), ohne die man Evolution schwerlich verstehen kann, zweitens die Konzeption eines fluktuierenden Kausalfeldes, drittens die spieltheoretischen Grundlagen der Evolution und viertens eine Theorie der

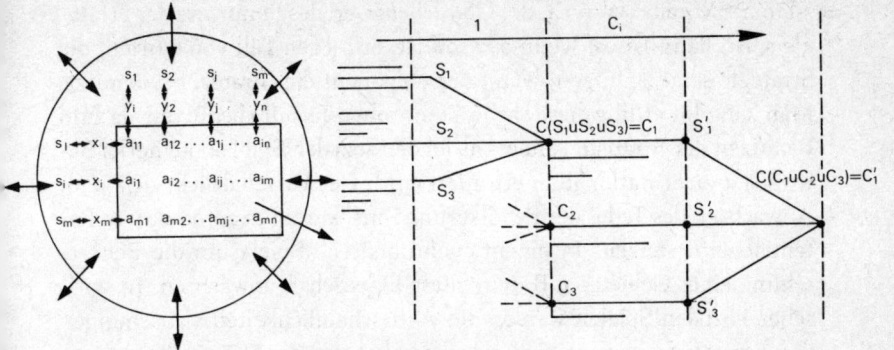

Abb. 6

der Intelligenz, die die Selbstorganisation eines universalen Gedächtnisses und einer universalen und globalen Intelligenz behandelt. Dies alles setzt die Kenntnis der neuen Begriffe voraus.

Jedes Ersetzen traditioneller »evolutionärer« Begriffe durch neue muß mit der Fitness- oder Überlebensmatrix $A = (a_{ij})$ beginnen, muß die Interpretation der Wahrscheinlichkeitsvektoren $\bar{x}$ und $\bar{y}$ als Verteilung von Arten oder Charakteren angeben können und muß das globale Maxim der dynamischen Spiele, nämlich die Maximierung der Überlebenschancen in den spiel- bzw. entscheidungstheoretischen Rahmen einbauen können. Die Überlebens- oder Fitness-Matrix repräsentiert einen typischen Prozeß gegenseitiger Verursachung, wobei die Differentialgleichungen (2.14) für die Berechnung der Evolutionstrajektoren benützt werden (vgl. Abb. 6).

Wie schon erwähnt, ist das evolutionäre Spiel (im Kreis) in ein fluktuierendes Kausalfeld eingebettet, dessen Zufallsereignisse die Strategien und Überlebenswerte und damit die Überlebensmatrix ständig ändern. Es kann trotz dieser Änderungen stabil werden, wie in 2.5 und in 2.14 definiert. Diese dynamische Matrix ist keine übliche Spielmatrix, sondern repräsentiert die Verteilungen der Spieler oder ihrer Strategien, wenn sie gegen einen anderen Spieler oder gegen alle (den Rest der Population) »spielen«. Man nimmt dabei an, daß die Spieler reine Strategien verwenden. Das Spiel kann dann ein kompetitiv symmetrisches oder asymmetrisches (im Falle ungleicher Spieler) oder ein kooperatives sein.

Es erklärt und sagt dann den Verlauf der Evolution (die Evolutionstrajektoren) voraus. Wenn a_{ij} der Überlebenswert des Benützers der Strategie s_i ist, dann ist es, wenn a_{ij} groß ist, auf jeden Fall von Vorteil, die Strategie s_i zu benützen, wenn der Opponent die Strategie s_j benutzt. Man kann hier ruhig diese anthropomorphen Termini benützen, da zum Benutzen der Strategie, anders als in den sozialen Spielen, keinerlei Bewußtsein oder Rationalität erfordert wird. Der Vorteil drückt sich ja im Anwachsen des Teiles der Bevölkerung i aus, kurz: i's reproduktives Potential wird steigen. In einem evolutionären »Spiel« um die Beherrschung eines Gebietes z. B. wird diese Eigenschaft anwachsen. In statischen sozialen Spielen werden die Wahrscheinlichkeiten »Mischungen von Strategien« genannt; hier dagegen hat sich der Name »Strategienmischung« eingebürgert. (Die Strategienmischung gibt genau die Proportion der Spezies i in der Gesamtbevölkerung an.) Der Durchschnittsgewinn oder die Durchschnittsüberlebensquote (Erwartung) für eine Spezies i ist dann:

2.10 $\quad E_i = y_1 a_{i1} + y_2 a_{i2} + , \ldots, y_j a_{ij} + , \ldots, y_n a_{in}$ oder $\sum_j^n y_i a_{ij} = (y)_j$

$\quad$ wobei $\sum_j^n y_i = 1$ und $y_i \geqq 0$.

Wir können hier, wie in den Gleichungen in Leinfellner (1981) ausführlich behandelt, einfach die Größen auf der rechten Seite als Partialursachen und die Größe auf der linken Seite als Partialeffekt und, da wir gegenseitige Verursachungen haben, auch im umgekehrten Sinne lesen. Das Mittel aller Durchschnittswerte in statischen sozialen und in dynamischen Spielen ist rein formal dasselbe; nur bezeichnet es hier die Durchschnittsüberlebensquote aller Beteiligten oder der ganzen Population = $\bar{E}$, begrifflich mathematisch ausgedrückt:

2.11 $\quad \sum_1^n \sum_j^m x_i a_{ij} y_i$ oder $\sum_1^m \sum_j^n (x_i s_i, s'_j) \, y_i$ oder $\bar{E}$.

2.12 $\quad$ Die spieltheoretische dynamische Invarianz-(Stabilitäts)-Bedingung. Wenn A eine reelle $(n+1) \times (n+1)$ Überlebensmatrize ist und der Überlebenswert der Strategie i gegen Strategie j a_{ij}, dann ist der Überlebenswert des Strategiebenützers i gegenüber der Population y (iAy) oder E_i. Der Überlebenswert der Population x gegen sich selbst, xAx, ist dann $x_i(E_i)$ oder xAx oder wie schon eingeführt einfach $\bar{E}$. Die Invarianz für dynamische Spiele kann nun als evolutionär stabile Strategie definiert werden, wenn und nur wenn e zum Lösungskörper oder zum Simplex Δ

gehört oder e ε Δ. Wir wissen, daß solch ein Simplex im Falle zweier reiner Strategien ein Punkt, im Falle von dreien eine Linie und daher in unserem Falle ein n-dimensionaler Polyeder im n+1-dimensionalen euklidischen Repräsentationsraum der Spiele ist:

2.13 Wir können nun e als eine evolutionär stabile oder invariante Strategie definieren, erstens wenn zur Lösung Δ gehört und zweitens wenn entweder xAx < eAe oder wenn xAe = eAe, dann soll xAx < eAx immer gelten, gemäß Maynard Smith.

Das heißt, ein Mutant x ist weniger fit oder hat weniger Überlebenschancen, weil er in jedem »Kampf ums Dasein« oder Wettbewerb entweder gegen e oder gegen sich selbst verlieren wird. Die Invarianzbedingung bedeutet daher, daß in einer Population, die vollkommen aus Individuen besteht, die die Strategie e benützen, Mutanten in kleiner Zahl keine Überlebenschancen mehr haben. Die Population wird invariant gegenüber kleinen Mutationen und Selektionsdruck sein, die durch die Fluktuationen des zugrundeliegenden Kausalfeldes stets zustande kommen. Um die Bedingung ganz zu verstehen, muß der zweite Teil der Gleichung, xAx = eAe, so interpretiert werden, daß in diesem Falle e eine Gleichgewichtsstrategie ist, aber nicht notwendigerweise stabil sein muß. Wir müssen in dieser Situation die wirklichen Werte von xAx und xAe kennen. Wenn z. B. in einer Population ein Teil p die Strategie e benützt und der Rest = (1−p) benützt x, dann sind die erwarteten Fitness- oder Überlebenswerte begrifflich mathematisch ausgedrückt Erwartungswerte:

2.14
$$E(e) = p(E(e,e)) + (1-p) E(e,x)_i$$
$$E(x) = p(E(x,e)) + (1-p) E(x,x).$$

e wird dann evolutionär stabil sein, wenn $E(x,e) > E(x,x)$. Die Definition der Dynamik der evolutionären Spiele beruht ja auf der Hypothese, daß die Zuwachsrate all derer, die die Strategie i spielen, proportional dem Fitness-Vorteil oder der Gewinnchance des Überlebens ist. Das kann nun mathematisch durch die Wahl einer geeigneten Zeitskala erreicht werden, durch die der Proportionalitätsfaktor 1 wird. Wir erhalten dann die zeitliche Ableitung und damit den zeitabhängigen Pfad oder den Trajektor der Evolution in Δ, wobei $\dot{x}_i = dx/dt$. Begrifflich mathematisch ausgedrückt erhalten wir

2.15 $x/x_i = ((\text{Überlebenswert für i}) - (\text{Überlebenswert für x})) = E_i - \overline{E}$
oder $(Ax)_i - xAx$

oder einfach:

2.16 $x_i = x_i \left((Ax)_i - xAx \right)$.

Diese Differentialgleichungen sind genau P. Schusters zeitabhängige Differentialgleichungen, die nun nicht nur für die evolutionären Spiele, sondern ganz allgemein für jedwede evolutionäre Entwicklung bzw. revolutionäre Prozesse gelten. Drei Grundannahmen stützen diese: Erstens: Die Individuen oder evolutionären Systeme benützen eine reine Strategie (Selten 1980). Zweitens: Gedächtnisannahme: Die Nachkommen benützen dieselben Strategien, die im gemeinsamen Gedächtnis gespeichert waren, oder einfach ausgedrückt, diese sind vererbt. Drittens: Überleben ist ein Wert, genauso wie Nutzen und Fitness Werte sind. Überlebensmaximierung bedeutet aber einfach: je höher der Wert, desto mehr Nachkommen für die Spezies.

In den dynamischen differentiellen Spielen wird die Differenz zwischen Durchschnittsüberlebenswert oder Fitness einer bestimmten Strategie i, E_i und dem Mittel des Überlebenswerts der gesamten Population $\bar{E}$, $E_i - \bar{E}$ als der relative Zuwachs der Frequenz des Strategiebenützers i bezeichnet.

Taylor und Jonker (1978), Zeemann (1979, 1980) und P. Schuster (1981) haben bewiesen, daß unter bestimmten Bedingungen jeder evolutionär stabilen Strategie nun exakt asymptotisch stabile »generalisierte« Fixpunkte der dynamischen Spiele $\dot{x} = x_i(Ax)_i - xAx$ entsprechen, die wiederum Lösungen der Differentialgleichungen sind, die aus jeder Zeile der Überlebensmatrize gebildet werden können. Diese generalisierten Fixpunkte berechnen und legen nicht nur den Verlauf (der Trajektoren) der Evolution fest, sondern ganz allgemein jedes evolutionären Systems. Sie sind invariante Zustände (Punkte) in der zeitlichen Evolution dynamischer evolutionärer Systeme. Sie sind genau diejenigen Phasen (Punkte) der zeitlichen Evolution selbstorganisierender Systeme, in denen die Proportion x_i der Bevölkerung, wenn keine zu großen Fluktuationen des zugrundeliegenden Kausalfeldes (die Zufallsfluktuationen) eintreten, konstant oder invariant bleibt. Sie stellen die eigentlichen Invarianzen dar, z. B. konstantes Bestehen von Arten über lange Zeitläufe, als auch Punkte, an denen die Gefährlichkeit einer kleinen Zahl von Mutanten einfach neutralisiert werden kann. Sie sind natürlich die Lösungen (Eigenwerte) des Systems linearer differentieller Gleichungen vom obigen Typ, die zu einer bestimmten Überlebensmatrix gehören. Neben Sattelpunkten der statischen Spieltheorie gibt es hier Attraktoren (Senken), Repelloren (Quellen), die die Topografie der evolutionären Prozesse rein theoretisch in L^T repräsentieren. Genauso wie eine Landkarte angibt, wohin Wasser fließt, nämlich von den Höhen (Quellen) über die Sättel zu den Tälern (Senken), so gibt die Fixpunktanalyse aufgrund der Lösungen die möglichen Trajektoren der Entwicklung evolutionärer Systeme an. Diese höchst originelle theoretische Repräsentation des Verlaufs bestimmter evolutionärer Prozesse geht auf die Arbeiten Eigens und Schusters zurück. Sie hat zum erstenmal eine umfassende mathematische Theorie der Evolution alles Lebens begründet. Quantenphysikalische und quantenchemische Gesetze sind hier die Grundlagen, auf denen sich die biologischen Stabilitäts- und Invarianzgesetze aufbauen.

Zwei wissenschaftstheoretische Bemerkungen sollen diesen Abschnitt beschließen. Erstens hat man oft behauptet, die Sozialwissenschaft sei zu sehr von den exakten Methoden der Naturwissenschaften beherrscht, die überdies den Sozialwissenschaften gar nicht adäquat seien. Es ist nun das erstemal in der Geschichte der exakten Wissenschaften, daß sich diese Situation umkehrt. Offensichtlich ist z. B. in der heutigen Theorie der Evolution eine für die Sozialwissenschaften erfundene Methode in die Naturwissenschaften, besonders in die Biologie, importiert worden. Das heißt aber, daß eine soziale bzw. gesellschaftswissenschaftliche Methode naturwissenschaftliche Methoden integriert hat. Dazu kommt noch, daß der Ausdruck »Geisteswissenschaften« eine falsche Übersetzung des Millschen Ausdrucks »*moral sciences*« (1854) gewesen ist. Daher sollten die Geisteswissenschaften besser »*Wissenschaften vom menschlichen Verhalten und von der Steuerung menschlichen Entscheidens und Verhaltens durch vom Menschen selbst gewählte ethische, moralische Prinzipien*« heißen. Die Theorie der biologischen und kulturellwissenschaftlichen Evolution, wie im nächsten Abschnitt behandelt, müßte dann als eine Krönung der Geisteswissenschaften, d. h. der »*moral sciences*« angesehen werden.

Zweitens: Man hat sich oft über die zu abstrakten Methoden der Theorie der Spiele beklagt. Man kann dagegen nur folgendes einwenden: Warum denn – abgesehen davon, daß man komplizierte Begriffe heute sowieso nurmehr mathematisch definieren kann – sollte die Theorie der Evolution des Lebens und der sozialen Systeme, die höchst komplexe und komplizierte Systeme der Interaktion beschreibt, nicht komplizierter und schwieriger sein als Theorien über anorganische Systeme? Ist der Grad der Komplexität doch der fundamentale Unterschied zwischen Leblosem und Lebendigem.

Evolutionäre Erkenntnistheorie als ein neuer Zweig der Erkenntnistheorie ist gemäß den Ansichten Poppers, Campbells, Lorenz', Vollmers, Wuketits' und Riedls [7] eine Meta- oder Epidisziplin, die nicht nur den Zustand des gegenwärtigen Wissens, sondern auch das Wissen als einen sich ändernden dynamischen Prozeß behandelt. Sie betrachtet menschliches Wissen als das Endprodukt der biologischen und auch der sozialen Evolution des Menschen. Das Hauptargument zur Unterstützung dieser Disziplin seit Poppers ersten Schritten war das »Paradigma der natürlichen Auslese«. Es identifiziert Prinzipien der natürlichen Selektion mit Prinzipien des Wissenschaftsfortschrittes und der Theoriendynamik. Es benützt Kriterien und Methoden der natürlichen Selektionstheorie, um ein besseres Verständnis der tierischen Intelligenz, des intelligenten menschlichen Lernprozesses, der Entwicklung neuer Gedanken und Theorien, des kognitiven Erkenntnisfortschrittes in den Natur- und Sozialwissenschaften zu gewinnen. Man nahm an, daß der wissenschaftliche und auch der technologische Fortschritt die Fortsetzung eines »biologischen« Erkenntnisprozesses wäre, der mit der Evolution des ersten Lebens auf dem Planeten Erde begonnen hat. Poppers evolutionäre Erkenntnistheorie erklärte die Entwicklung von Theorien (Theoriendynamik) mittels der Versuch-und-Irrtum-Methode (*conjectures and refutations*), ganz in Analogie zum biologischen Selektionsprozeß. Diese Methode hatte den enormen Vorteil, daß sie die Begründung der kognitiven Wissenschaften, d. h. der Erkenntnis der Welt nicht platonistisch-apriorisch erklären mußte. Raum und Zeit sind nach Lorenz, Vollmer und Wuketits »vorprogrammierte«, in den Genen fixierte Instruktionen, die wie Wissen und Erfahrung raum-zeitlich geordnet sind und auf diese Weise »gedächtnisfixiert« werden können. Raum und Zeit als evolutionär-apriorische Formen der geordneten Gedächtnisfixierung sind ein wesentlicher Teil von Lorenz' »Weltbildapparat«. Der Autor stimmt dieser Hauptthese der evolutionären Erkenntnistheorie zu, aber ersetzt das »Auslese-Paradigma« durch einen strukturellen Nachweis, daß natürliche Evolution und Evolution von Intelligenz tatsächlich ein und derselbe Prozeß sind. Dazu soll erstens das im ersten Abschnitt erreichte Ergebnis, daß alle Formen der Evolution durch dieselben Begriffe oder durch das Modell K,K⊂L der dynamischen differentiellen Spiele theoretisch repräsentiert werden können, benützt werden – ein Ergebnis, das auf den bahnbrechenden Arbeiten Eigens und Schusters beruht. Zweitens wird in diesem Abschnitt gezeigt werden, daß der Evolutionsgedanke der evolutionären Erkenntnistheorie besser auf der »problemlösenden Variante« der Spieltheorie basieren kann und daß drittens Problemlösen strukturell identisch mit dem Kern K ist. Zu diesem Zweck muß aber menschliches Wissen von der Intelligenz von Tieren und von menschlicher Intelligenz unterschieden werden. Nur Intelligenz im weitesten Sinne ist evolutionär begründbar. Ganz allgemein befaßt sich ja Erkenntnistheorie als eine Epidisziplin mit den Grundlagen, den speziellen und generellen Methoden der Wissensgewinnung, den Kriterien, Zwecken und Zielen menschlichen Wissens. Da die kooperative Spieltheorie auch realisierende Prozesse erfaßt, soll sie mit den Ergebnissen der evolutionären Erkenntnistheorie einerseits und mit den Methoden und Prozeduren technischer Produktion und Realisation verglichen werden. Wir haben bereits festgehalten, daß technische menschliche Realisierungen, auch gengesteuerte technische Fabrikation, planorientiert sind. Man benötigt in allen diesen Fällen vorfabrizierte Pläne für die Herstellung und Produktion. Evolutionäre biologische Prozesse jedoch, wie eingehend erläutert, benötigen keinen vorfabrizierten Plan, denn der Prozeß der Evolution erzeugt simultan mit den Realisationen den Plan bzw. verbessert ihn. Die Regeln, wie man spielt, verbessern sich und sind den Individuen a priori gegeben – im Sinne von evolutionär a priori, d. h. nicht aus eigener empirischer Erfahrung, sondern aus der Arterfahrung stammend. Weiter führt das Problem, ob nun tatsächlich all unser Wissen evolutionär begründbar ist, d. h. auf Intelligenz fußt, oder ob es nichtevolutionär ist, z. B. auf dem aristotelischen Prinzip der Stillung unserer Neugierde zu wissen beruht, zur Frage, ob es angebbare Kriterien des wissenschaftlich-technologischen Fortschrittes überhaupt gibt. Zu diesem Zweck wird Intelligenz nur dann als Erfahrung und Erkenntniserwerb angesehen, wenn sie zur Maximierung oder wenigstens nicht zur Verminderung der Überlebenschancen führt. Auf diese Weise hat man dann Intelligenz so weit definiert, daß auch der wissenschaftliche, der technologische und der kulturell-soziale Fortschritt miteingeschlossen werden könnten. Das aber führt zu Schwierigkeiten, da, wie bekannt, der technologisch-wissenschaftliche Fortschritt nicht immer eine erfolgreiche Maximierung von Überlebenschancen oder Fitness war und ist. Die bedrohlichen weltweiten Konsequenzen der Erschöpfung der Rohmaterialien, der ansteigenden Umweltverschmutzung und des Absinkens der Lebensqualität sind keine lebensfördernden Determinanten. Daher soll die Äquivalenz »*Maximierung der Intelligenz = Maximie-*

rung von Überlebenschancen«in Übereinstimmung mit Campbell und vielen anderen als Hauptkriterium für die Unterscheidung von Wissen und Intelligenz benützt werden. Intelligenz ist eine lebensfördernde Funktion, die die Tätigkeit des Nervensystems und auch des menschlichen Gehirns bei weitem übersteigt. Wissen dagegen, wenn es nur Wissen um des Wissens willen oder, wie Aristoteles es ausdrückte, Befriedigung unserer Neugierde oder des Verlangens, allwissend wie Gott zu werden, ist evolutionär neutral.

Man kann nun, wenn man den früheren Arbeiten Newells und Simons folgt, Intelligenz in einem weiteren Sinne spieltheoretisch als »Problemlösen« definieren.

3.1 Intelligenz, in einem weiteren Sinne, ist der Grad der effektiven Zusammenarbeit von bestimmten Faktoren bei der Lösung von Problemen. Diese Faktoren sind:

Erstens ein *Sensorium*, d. h. ein dynamisches System, das Informationen vom Umgebungssystem aufnehmen, kurz Input und Kodierung von Außeninformationen verarbeiten kann, d. h., daß es biologisch gesehen Sinneserfahrung und Beobachtungen sammelt;

zweitens ein *Gedächtnis-Speicher*, der Außeninformationen und Inneninformationen, Instruktionen etc. speichert, z. B. vorteilhaftes optimales Verhalten bei der Lösung von Problemen;

drittens ein *Rechensystem*, das induktiv-deduktive Schlüsse, wie Erwartungen, Risiko- und Verlusteinschätzungen durchführen oder, wie das menschliche Gehirn, Erklärungen und Voraussagen berechnen kann;

viertens ein *Motorikum* oder arbeitendes System, das jedwede Art von Verwirklichungen, Handlungen etc. durchführen kann (z. B. die menschliche Hand).

Alle vier Faktoren zusammen ergeben ein realisierendes System oder einen »Robot«. Wird nun das individuelle Gedächtnis zu einem kollektiven, globalen erweitert, und ist das Problemlösen ein Spiel, dann erhält man sich selbst organisierende, also evolutionäre Systeme oder lebendige Systeme, die gewesene Spiel- oder Problemlösungen in einem globalen Gedächtnis speichern. Jedes lebendige System, ob nun bewußt oder unbewußt, ist ein solches realisierendes System, das außerdem noch die Fähigkeit zur Selbstorganisation vermittels Verbesserung des globalen Gedächtnisses durch fortwährende Spielerfahrung (Problemlösung) besitzt. Unter Realisierungen versteht man Selbstvermehrung, Wachstum (chemische Synthese), Metabolismus (Stoffwechsel), Bewegungsabläufe, zielgerichtete Arbeit, von der Nahrungssuche angefangen bis zur technischen Produktion. Die Evolution steigert daher den Grad der effektiven Zusammenarbeit der vier Faktoren. Realisierende evolutionäre Systeme sind aber stets der Anstoß zur Organisation von neuen komplexeren Systemen durch kooperative Evolution (Spiele). Diese symbiotische Zusammenarbeit von vorher getrennten, oft kompetitiven Systemen erfolgt dadurch, daß die Instruktionen (das Programm) der Zusammenarbeit im überindividuellen Gedächtnis gespeichert werden. Realisierende Prozesse sind undenkbar ohne Problemlösungen, und Evolution ist undenkbar ohne Verbesserung der Lösungen von Problemen. Es gibt zwei Typen von in den Genen gespeicherten realisierenden Prozessen: Realisierung eines spezifischen Verhaltens und Realisierung eines bestimmten Arbeitsvorganges, z. B. des Falken-Verhaltens der Tiere, die chemische Synthese bestimmter Proteine in der Zelle, die Replikation von DNA etc. Die evolutionäre Intelligenz ist daher ein schöpferischer Typ von Intelligenz, der Erfindungen und Verbesserungen kreiert. Die Realisation aber umfaßt, ganz allgemein gesprochen, sowohl natürliche (biologische) als auch künstliche (technische, planorientierte) Produktion und Realisation, wie an anderer Stelle vom Autor im Detail ausgeführt. Von diesem Standpunkt aus gesehen ist die biologische Produktion und Fabrikation innerhalb der Zellen unendlich weiter entwickelt als die technische Erzeugung und Produktion. Die Realisierungskapazität einer einzigen Zelle ist vergleichbar mit einer zentral gesteuerten, voll automatisierten Zusammenfassung aller Fabriken der Erde unter einem einzigen Programm, das außerdem noch die Fähigkeit zur automatischen Selbstverbesserung besitzt. In diesem Beispiel sind die Gene der Gedächtnisspeicher und zentrale Computer, und die Fabriken sind die Ribosomen der Zelle.

Im nächsten Schritt wird nun der Übergang von Spielen zum »Problemlösen« besprochen.

3.2 Problemlösen besteht in der Beendigung von Konflikten oder offenen Alternativen, die oftmals einander sich widersprechende Alternativen $A_1, A_2, \ldots, A_n$ sind. Konflikthafte Alternativen können aber auch partielle Ursachen, Stimuli, Motive sein, welche wir beobachten, wahrnehmen oder in unserem Gedächtnis aufbewahrt haben. Ebenso können auch Handlungen oder Ereignisse, Zustände, Propositionen, Situationen, Meinungen oder Hypothesen Alternativen sein. Die Beendigung oder Lösung eines Konflikts besteht darin, auf eine spiel- oder entscheidungstheoretische Methode zurückzugreifen, die die bestmögliche oder optimale Alternative oder eine von deren Konsequenzen zu berechnen gestattet. In sozialen gesellschaftlichen Problemsituationen ist die Endentscheidung oft eine Alternative A_i oder eine Mischung von Alternativen $\left[\alpha A_i, (1-\alpha)A_j\right]$. Auch reine Konsequenzen oder Mischungen können die Lösung darstellen, z. B. zwei Handlungen im Verhältnis 1 : 3 abwechselnd auszuführen. Mischungen sind natürlich Erwartungen oder Durchschnittsnutzen- oder Überlebenswerte.

3.3 Intelligenz ist daher der Gradmesser, wie effektiv und optimal Konflikte gelöst werden. »Optimale Lösung« heißt nicht »die beste Lösung«, sondern »die unter den gegebenen empirischen Verhältnissen, hinsichtlich des gegebenen Spielrahmens, der Regeln und hinsichtlich der Abhängigkeit der Lösung von allen anderen partiellen Ursachen, Individuen, Zufallsereignissen bestmögliche Lösung«. Diese Definition der Intelligenz ist so weit, daß sie angefangen von theoretisch-mathematischen Entscheidungsproblemen, technischen Realisierungen, künstlerischem Schaffen, bis zu unbewußten primitiven Entscheidungen, z. B. der Lösung von Konflikten für RNA-, DNA-Moleküle im Eigen-Schuster-Reaktor, für Zellen, Pflanzen und für Konflikte unter Tieren verwendet werden kann. Problemlösen ist ein globales Schema, das auf spieltheoretischen Prinzipien beruht, wobei die Steigerung des Intelligenzgrades die Überlebenschancen oder Fitness maximieren oder auf jeden Fall nicht verringern soll. Die hier vorgeschlagene Theorie der intelligenten Problemlösung hat noch einen anderen wesentlichen Vorteil. S. M. Williams hat in einem neueren Artikel (1981) auf die Gefahr der Verwendung der anthropomorphen Kategorien der Spieltheorie in spieltheoretischen Evolutionstheorien, insbesondere auf ihren die Situation verfälschenden Einfluß, hingewiesen. Das kann man nun tatsächlich mit der hier vorgeschlagenen Theorie der Problemlösung als intelligenten Verhaltens vermeiden. Sie »entanthropologisiert« die Evolution in der Theorie dynamischer differentieller Spiele. Als schlagenden Beweis für diese »Entanthropologisierung« kann man die Tatsache ansehen, daß intelligentes Verhalten gar nicht von dem Material, aus dem die vier Faktoren Sensorium, Gedächtnis, Computer und Motorikum gebaut sind, abhängt. Eine künstliche Intelligenz (die *artificial intelligence* der heutigen Computerwissenschaft) arbeitet tatsächlich mit künstlichen Sensorien, künstlichen Speichersystemen, künstlichem Computer und technischem Motorikum bei der Lösung von Problemen. Wir haben damit Intelligenz von den anthropomorphen Kategorien, d. h. vom jeweiligen Material, aus dem intelligente Systeme gebaut sind, befreit, da wir ausschließlich am Grad der effektiven Problemlösungskapazität interessiert sind. Diese Definition der Intelligenz kann als die methodologische Grundbedingung der evolutionären Erkenntnistheorie angesehen werden. Sie betrachtet evolutionäre Erkenntnis als einen sich selbst verbessernden problemlösenden Prozeß und die evolutionäre Erkenntnistheorie als ihre Meta- bzw. Epitheorie. Eine große Anzahl von Problemlösungen kann mittels dieser Theorie erklärt werden; so würde es tatsächlich anthropomorph klingen, von RNA- oder DNA-Molekülen zu sagen, daß sie andere Moleküle, z. B. Aminosäuren, erkennen, fühlen oder daß sie Irrtümer »bewußt« korrigieren. Es ist einfacher, vom primitiven Intelligenzverhalten lebendiger Makromoleküle zu sprechen, ein Verhalten, das theoretisch erfaßt und erklärt werden kann. Die Äquivalenz von dynamischer Spiel- bzw. Entscheidungstheorie und der Theorie intelligenten Verhaltens basiert auf der Maximierung von Überlebenswerten und erklärt die Selbstorganisierung und Verbesserung von Programmen (Regeln). Man vermeidet anthropomorphe Darstellungen leicht, indem man von der Lösung eines Problems spricht, z. B. wenn die t-RNA bestimmte Aminosäuren chemisch bindet und zu den Eiweißproduktionsstätten, den Ribosomen, transportiert. Eine Strategie ist in diesem Falle eine Folge vorprogrammierter, chemischer Reaktionen, für diesen bestimmten Fall in den Genen der Chromosomen gespeichert. Im Verlaufe der Evolution wurde dieser Prozeß optimiert und invariant. Gemäß der Theorie dynamischer differentieller Spiele wird er stabilisiert und als optimale Problemlösung beibehalten. Da DNA-Fäden nichts anderes als ein kodifiziertes lineares Gedächtnis sind, in dem die Aufgabe der t-RNA gespeichert ist, so haben wir hier tatsächlich die Zusammenarbeit eines einfachen Sensoriums mit einem Gedächtnisspeicher, einem primitiven Computersystem, das z. B. sogar Fehler bei der Bindung (Wahl) der Aminosäuren korrigieren kann und dessen Motorikum ein ausgezeichnetes Transportvehikel ist. Von diesem Standpunkt aus kann man die gesamte Geschichte der Evolution als einen Optimierungsprozeß der Intelligenz bei der Lösung von Problemen ansehen. Dafür sprechen die Reduzierung der Fehlerquote der Reproduktion und die Zunahme der Kapazität des Zellgedächtnisses im Verlaufe der biologischen Evolution. So begann bekanntlich die Reproduktion von einfachsten Nukleotiden mit einer Fehlerquote von 10^{-3}, sie fiel nach der Hyperzyklenbildung und der Kooperation mit den Proteinen auf 10^{-6} in eukaryotischen

Zellen, nahm in den Pflanzen und Tieren weiter auf 10^{-8} ab und erreichte im Menschen schließlich 10^{-11} Kopiertreue. Reziprok dazu stieg die Zellgedächtniskapazität. Wenn man sie, zu Vergleichszwecken, in *bits* ausdrückt: Von 10^5 für einfache Bakterien stieg diese auf 10^8 für eukaryotische Zellen, erreichte 10^9 für Amphibien und schließlich 10^{10} für Säugetiere, um dann mit einem einmaligen Hoch von 10^{11} in den menschlichen Zellen zu enden.

Man muß natürlich verstehen, daß die Evolution einerseits die Fehlerquote, die durch die zugrundeliegende Fluktuation des kausalen Feldes verursacht ist, niemals vollständig verlieren kann. Sie würde sonst ihre schöpferische Variationsbreite ebenfalls verlieren. Andererseits ist die Zunahme der Gedächtnisspeicherung und Akkumulierung von lebenserhaltendem und das Überleben maximierendem Gedächtnisinhalt die Gegenreaktion gegen die entropische Einwirkung der Zufallsfluktuationen. Sie ist die eigentliche negentropische, Ordnungen bewahrende Kraft. Die ganze Geschichte der Maximierung von Intelligenz zum Zwecke besserer Überlebenschancen kann aber nur durch Speicherung erfolgreichen Spiel- bzw. problemlösenden Verhaltens verstanden und erklärt werden. Diese gigantische Speicherung von lebenserhaltenden Strategien, bzw. Instruktionen, wie man künftige Probleme ebenso erfolgreich lösen kann wie die alten, trägt jeder Mensch in den Genen mit sich.

3.4 Die Triplizität des universalen Gedächtnisses als Vorbedingung evolutionärer Erkenntnistheorie. Die evolutionäre Gedächtnisakkumulierung endet nicht mit dem Zellgedächtnis, sondern setzt sich in drei hierarchisch aufeinander aufgebauten Speicherstufen fort. Danach besteht die Gedächtnisakkumulierung aus:

erstens *Evolution*, d. h. Selbstorganisation des Zellgedächtnisses, die Verhaltens- und Reaktionsweisen sowie die Reproduktionsinstruktionen in den linearen Sequenzen der Nukleinsäuren des nukleotidischen, unbewußten, interindividuellen Zellgedächtnisses speichert; zweitens *Evolution und Entwicklung des nervös gesteuerten Gehirngedächtnisses*, das teilweise unbewußt, zum größten Teil aber bewußt und individuell ist (intraindividuell); drittens *Evolution und Entwicklung des kommunikativen, sprachlichen Gedächtnisses*, der wissenschaftlich-kulturellen Speicherung von Erfahrung und Wissen in der Sprache, unterstützt durch künstliche Computerspeicherung. Es stellt ein kollektives, bewußtes superindividuelles Gedächtnis dar.

Das Wachstum und die Evolution der Intelligenz sind sicherlich proportional den erfolgreich gelösten Problemen (Spielen) und dadurch proportional den vorhandenen Instruktionen (Prozeduren), bzw. den spieltheoretischen Entscheidungsmethoden, die vorhanden und verfügbar sind, wenn es gilt, ein Problem zu lösen. Die Intelligenz ist so gut, wie es die verfügbaren Prozeduren erlauben, sieht man zunächst von der Kreativität der Intelligenz ab. Wenn man auf Zellniveau beginnt, dann ist es klar: Je mehr genetische Instruktionen vorhanden sind und je erfolgreicher sie angewandt werden, desto besser wird die Zelle gestellte Probleme lösen. Auf diesem Niveau wird das Lösen von alten Problemen automatisch erfolgen, und neue Wege der Problemlösung werden sich evolutionär entwickeln. Die Gene speichern die erfolgreichen und vielleicht auch die minder erfolgreichen Spielerfahrungen als Instruktionen, wie Probleme zu lösen seien. Aber die Lösung von Problemen erfolgt natürlich ebenso auf Gehirnniveau. Neben automatisch ablaufenden, wie parasympathischen Erregungen, spielen die vom Bewußtsein begleiteten Prozesse die größere Rolle. Wir wissen aber bereits, daß für die meisten individuellen Konflikte schon probate Entscheidungsmethoden der Spiel- und Entscheidungstheorie vorhanden sind, die sogar Lösungen zu berechnen gestatten. Neben der Nutzen- bzw. der Wertmaximierung etc. ist es vor allem die Einschätzung von Risiko und Unsicherheit, die helfen kann, Lösungen persönlicher, ökonomischer, ja auch politischer, sozialer Konflikte zu finden. In neueren Publikationen von Cowan, Schuster, J. Schank[8] ist sogar gezeigt worden, daß die den Problemlösungen zugrundeliegenden Gehirnprozesse spiel- bzw. entscheidungstheoretischer dynamischer Natur sind und durch das hier in Abschnitt 2 beschriebene Modell dynamischer differentieller Spiele erklärt werden können. Neuronennetzwerke funktionieren nach dem Schema der Differentialgleichungen 2.14, so daß man annehmen kann, daß die innovative Tätigkeit des Denkens eine Art interne Evolutionsfunktion der Gehirnganglien kompetitiver und kooperativer Art bei der Lösung von Problemen ist.

Man kann nun die Annahme 3.1, die aussagt, Intelligenz sei genausogut wie die Methoden zur Problemlösung, benützen, um einiges Licht auf das dritte Niveau der wissenschaftlich-kulturellen Problemlösungen zu werfen. Seit langer Zeit schon sind spiel- und entscheidungstheoretische Methoden benützt worden, um den Fortschritt und die Entwicklung von Wissenschaft, Technologie und Wissen zu erklären. Z. B. warum besser zu bestätigende Hypothesen und Theorien bessere »Überlebenschancen« gegenüber schlechter zu bestätigenden besitzen, wenn andere Kriterien gleicherweise erfüllt sind. Wenn nun die evolutionäre Erkenntnistheorie in ihrer Annahme richtig ist, nämlich, daß die ganze Evolution einen einzigen Prozeß der Entwicklung von »Erkenntnis« darstellt, dann müßte die Akkumulierung des Zellgedächtnisses, des Gehirngedächtnisses und die wissenschaftlich-technologische Speicherung von Wissen ein einziger evolutionärer Prozeß sein. Wir wissen bereits, daß das Zellgedächtnis über 10^{11} bits an Information verfügt und daß das menschliche Gehirn diese Kapazität mit 10^{13} bits bei weitem schon überschritten hat. Die evolutionäre Erkenntnistheorie, wie sie von Popper, Lorenz, Vollmer, Riedl, Wuketits konzipiert worden ist, benötigt nun eine weit größere Speicherkapazität, die allein die Triplizität, d. h. das dreifache vereinigte universelle Gedächtnis aller lebendigen Wesen der Erde zustande bringen kann. Innerhalb eines solchen universellen Gedächtnisses kann man dem menschlichen Gedächtnis oder dem menschlichen Gehirn eine besondere Rolle zusprechen, nämlich die Rolle eines das Zellgedächtnis verstehenden und übersetzenden Systems. Diese Aufgabe wurde durch die Entwicklung der Sprache gelöst, die erstmals eine überindividuelle kooperative Zusammenarbeit – ein kooperatives Spiel – aller menschlichen Gehirne ermöglichte. Wissenschaft, Technologie und Kultur sind Produkte dieser Zusammenarbeit. Diese Zusammenarbeit setzt aber Verständnis und Lesbarkeit der nukleotidischen Schrift des Zellgedächtnisses voraus. Deshalb ist evolutionäre Erkenntnistheorie in vollem Umfang erst möglich, wenn die Entzifferung unserer biologischen Geschichte vollendet sein wird, weil wir erst dann aus unserer biologischen Vergangenheit lernen können. Die biologischen Wissenschaften werden das Zellgedächtnis entschlüsseln und es in einer wissenschaftlichen Sprache – als dem universellen Gedächtnis – für immer aufbewahren.

Die Entzifferung des genetischen Codes durch Crick und Watson war sicherlich der erste Schritt in dieser Richtung. Biologen lernten, den unbewußten Gehalt der nukleotidischen Schrift in die wissenschaftliche Sprache zu übersetzen, d. h. uns bewußt zu machen. Dieser Übersetzungsprozeß würde ohne Jaynes' Theorie[9] über den Ursprung der Sprache »aus dem menschlichen Gehirn« unverständlich sein. Diese Theorie schließt eine Lücke in der Geschichte der Evolution der Intelligenz sowie der Sprache. Daß das menschliche Gehirn eine vermittelnde Funktion zwischen gespeichertem Gehirn-»Wissen« oder Gedächtnis und unserer Sprache in Wort und Schrift besitzt, ist Hauptthese der Jaynesschen Theorie. Diese behauptet, daß die Sprache eine Imitation der internen Sprache zwischen den beiden Gehirnhälften ist, die lange vor der sprachlichen Kommunikation in Worten und Sätzen bereits existierte. Unsere Sprache, und auch die Zeichensprache der Menschenaffen, kopiert sozusagen die tonlose interne Kommunikation zwischen den beiden Hemisphären des Säugetiergehirns. Es ist sehr plausibel anzunehmen, daß beide Sprachen, die interne und die externe, auf »Sätzen« basieren. Leinfellner-Leinfellner haben in dem Buch »Ontologie, Systemtheorie und Semantik« (1978) erwiesen, daß fast alle Funktionen der (wissenschaftlichen) Sprache auf zwei fundamentale semantische Grundfunktionen reduziert werden können. Die *operative Semantik* bezieht, wie in der Referenzsemantik, die Sprache auf die externe Welt, und die *operationale Semantik* bezieht sich auf die im Gedächtnis gespeicherten Bedeutungen (Gedächtnisinhalte). Beide, zusammen mit den ordnenden Schemata von Zeit und Raum, welche Ordnungsschemata unseres Gehirngedächtnisses sind, ermöglichen es uns, die Welt zu erkennen, indem ein Abbild (nicht notwendigerweise bildhaftes Abbild) der Welt in unserem bewußten Gehirnteil und zu derselben Zeit in der Sprache erzeugt wird, das dadurch von allen Menschen überprüfbar geworden ist.

Es war sicherlich von größtem Vorteil für die Evolution der Intelligenz, daß durch die Entstehung der Sprache die wissenschaftlich-technologisch-kulturelle Speicherung von Wissen begonnen wurde. Dieses universale Gedächtnis setzte sich in der Institutionalisierung des wissenschaftlichen Fortschritts und durch die Aufbewahrung aller Ergebnisse in wissenschaftlichen, technischen und kulturellen Büchereien fort. Die Akkumulierung von Wissen und besonders in Computerspeichersystemen ist praktisch unbegrenzt. Es ist ein dreifacher Speicherungsprozeß, der aber nur eine *notwendige*, nicht jedoch eine *notwendige und hinreichende* Bedingung für die Fortsetzung der biologischen Evolution auf wissenschaftlich-technologischem und kulturell-sozialem Gebiet ist. Es scheint so, daß Poppers »Welt-3-Konzeption« überhaupt nur als dreifaches universales Gedächtnis existieren kann (in *memoria* oder in *lingua*). Wir wissen bereits, daß intelligente Lösungen nicht nur das Überleben der Spezies, sondern allen Lebens auf Erden maximieren sollten. Daher ist die Kenntnis des Zellgedächtnisses, in dem die Geschichte des Lebens auf unserem Planeten Erde niedergelegt ist, eine *sine qua non*-Bedingung für alle zukünftige evolutionäre Erkenntnistheorie, die auf der Fortsetzung der Evolution der Intelligenz im menschlichen Wissen fußt. Da wir aber wissen, daß nicht jeder technische Fortschritt evolutionär, d. h. lebenserhaltend ist, bleiben noch zwei Fragen übrig. Erstens: Was ist der entscheidende Unterschied zwischen sozial-gesellschaftlichen und evolutionären Entscheidungsprozessen? Zweitens: Können zukünftige wissenschaftlich-technologische Fortschritte evolutionäre Prozesse sein?

3.5 Evolutionäre Erkenntnistheorie. Das »*missing link*«, Gene und Kultur. Lumsden und Wilson haben in ihrem Buch »Genes, Mind and Culture« (1981) darauf hingewiesen, daß das Zwischenglied zwischen natürlicher, biologischer und kultureller Evolution bis heute fehlt. Daher sollte es Ziel der evolutionären Erkenntnistheorie sein, dieses *missing link* zu finden; denn nur dann kann die evolutionäre Erkenntnistheorie auch die gesellschaftliche und kulturelle Entwicklung und Geschichte evolutionär erklären. Lumsdens und Wilsons Theorie kann nun leicht als solch ein *missing link* betrachtet werden, wenn man eine spiel- bzw. entscheidungstheoretische Interpretation ihrer Theorie durchführt. Was von ihnen als »Gene-Kultur« bezeichnet wird, kann man hier als einen spiel- bzw. entscheidungstheoretisch erfaßbaren Prozeß ansehen, in dem einerseits die kulturelle Entwicklung durch die biologischen Strategien der Individuen, andererseits die biologischen Lösungen und Strategien von Spiel- und Entscheidungsprozessen von unserem sozialen und kulturellen Verhalten beeinflußt werden. Es handelt sich dabei um einen gegenseitigen, partiell-kausalen Einfluß. Lumsdens und Wilsons Theorie nimmt an, daß die Gene selbst gewisse evolutionäre Pfade der Entwicklung, in unserer Theorie die Trajektoren, verursachen, die die endokrinen und Neuronenprozesse steuern und bestimmen. Diese wiederum beeinflussen die evolutionäre Entstehung von invarianten kognitiven und sozialen Verhaltensmustern. Es sind »epigenetische«, in den Genen fixierte Instruktionen oder Regeln (*epigenetic rules*). Natürlicher Selektionsdruck hat nun im Verlauf der menschlichen Geschichte gewisse epigenetische Regeln gegenüber anderen begünstigt. Dies kann wiederum in unserer Theorie leicht als Ansteigen der Frequenz bestimmter Verhaltensstrategien und der ihnen zugrundeliegenden Kulturgene (*cultural genes*) interpretiert werden. In unserer Theorie und in unserem Modell werden die Gene Partialursache, deren rein genetische Strategien den sozial-gesellschaftlichen aber auch den wissenschaftlich-technischen oder kulturellen Strategien gegenüberstehen. Die Entscheidungsprobleme zwischen den rein genetischen und den »Kulturgenen« spielen sich sowohl in den Neuronennetzen unserer Gehirne als auch in den entstehenden und vergehenden Verhaltensmustern unseres alltäglichen Lebens ab, ja sie machen den entscheidenden Inhalt unseres Lebens aus. Viele Schwierigkeiten der Lumsden-Wilsonschen Theorie, die in einem kürzlich erschienenen Artikel (1982) zusammengefaßt sind, kann man umgehen, wenn man, wie es hier erfolgte, die gesamte natürliche Evolution, die soziale, die wissenschaftlich-technische und auch die kulturelle Entwicklung, als einen riesigen zusammenhängenden Entscheidungs- und Problemlösungsprozeß ansieht, dessen Kontinuität durch das dreifache universelle Gedächtnis garantiert ist.

Daher nehmen wir an, daß die zukünftige Entwicklung der menschlichen Gesellschaft durch gesellschaftliche Entscheidungen, seien es nun ökonomische, politische, soziale oder auch wissenschaftlich-technologische, reguliert wird. Wir verstehen darunter kompetitive Entscheidungen von Problemen insbesondere auf wissenschaftlichem Sektor, aber auch kooperativ-demokratische Mehrheitsentscheidungen, Gruppen- oder Komitee-Entscheidungen etc. Man kann heute alle diese Entscheidungen in einer einheitlichen Entscheidungstheorie zusammenfassen und erhält eine Theorie, die sicherlich zu den bedeutendsten Theorien des 20. Jahrhunderts zählt.

Auch der wissenschaftlich-technologische Fortschritt kann als problemlösender Entscheidungsprozeß auf spieltheoretischer Basis betrachtet werden (Leinfellner 1976). Ebenso gehört Lorenzens (1962) spieltheoretischer Aufbau der Logik und Mathematik hierher. Die strukturelle Isomorphie zwischen Modellen der vorbiologischen Evolution von Makromolekülen, der biologischen Evolution, des Tierverhaltens und der Funktion der Neuronen wurde von Schuster u. a. bereits bewiesen. Im vorhergehenden Abschnitt wurde gezeigt, daß alle diese evolutionären Prozesse einen gemeinsamen Strukturkern $K \subset L^T$ besitzen. Sie unterscheiden sich nur hinsichtlich verschiedener Interpretationen LE der Differentialgleichungen (2.14) und der Spiel- bzw. Überlebensmatrix. Formal gesehen, kann man nun alle gesellschaftlichen Entscheidungs- bzw. Spielprozesse in dynamisch-evolutionäre, in progressive und statische einteilen. Dynamische sind isomorph mit den dynamisch-differentialen Spielen, wie in 2.6 definiert. Sie maximieren Fitness bzw. ökonomisches Überleben von bestimmten Individuen bzw. Gruppen. Ein berühmtes Beispiel ist die dialektische Entwicklung des Frühkapitalismus zum Monopolkapitalismus nach Marx. Progressive und statische Entscheidungen sind nicht evolutionär, sie sind planorientiert und können daher eher mit den technischen Realisierungsprozessen verglichen werden. Sie sind meistens von individuellen oder Gruppeninteressen determiniert oder, im Falle von ethischen Entscheidungen, von ethischen Prinzipien, wie Egalitarismus, gerechter Verteilung der Güter etc. Progressive Entscheidungsprozesse können oft gegenrevolutionär sein, z. B. wenn atomares Wettrüsten zur Zerstörung des Lebens auf der Erde führen sollte. Die meisten progressiven Entscheidungsprozesse, mit Ausnahme der medizinischen, sind normalerweise evolutionär-neutral. Wenn man nun den gesamten wissenschaftlich-technologischen Fortschritt als einen gigantischen Entscheidungsprozeß unter Unsicherheit und Risiko betrachtet, wie dies vom Autor an anderer Stelle getan wurde, dann zeigt sich, daß dieser Prozeß pluralistisch beeinflußbar ist, d. h. von einer Reihe von Faktoren und Prinzipien, seien es nun politische oder wirtschaftliche Ideologien, pragmatische Richtlinien, religiöse oder ethische Prinzipien etc., gesteuert wird. Der wissenschaftlich-technologische Fortschritt ist auch durch eine Reihe von internen Kriterien (Leinfellner 1976) beeinflußbar, die zwar den wissenschaftlichen Ausstoß jedes siebte Jahr verdoppeln, keineswegs aber die Maximierung der Überlebenschancen garantieren oder zumindestens ihre Verschlechterung verhindern.

Das Kernproblem der evolutionären Erkenntnistheorie ist daher die Frage, ob wir Prinzipien der Evolution allen diesen in die Zukunft führenden Entscheidungs- und problemlösenden Prozessen auferlegen können. Wenn nicht, sind dann nicht die biologische Evolution und ihre Epitheorie, die evolutionäre Erkenntnistheorie, bereits an ihrem Ende angelangt? Können wir wirklich nichts aus der biologischen Evolution lernen, wenn wir die Zukunft unseres Planeten zu bewältigen haben?

Es ist klar, daß uns, wenn wir einst den ganzen Gehalt des Zellgedächtnisses entziffert haben werden, dieses Wissen überzeugen könnte, den Trend der natürlichen Evolution für die zukünftige Entwicklung weiterzubehalten. Aber hier taucht ein anderes Hindernis auf. Es scheint nämlich, daß die Entwicklung des menschlichen Gehirns und die daraus folgende Entstehung wissenschaftlich-technologischen Wissens zu einer Entmachtung der Gene oder des Genepools geführt hat, die nicht so leicht rückgängig zu machen ist. Das menschliche Gehirn und seine Schöpfungen müssen daher nolens volens die Verantwortung für die zukünftige Entwicklung des Lebens auf der Erde übernehmen. Nun ist aber, wie schon erörtert, der wissenschaftlich-technologische Fortschritt, ganz im Gegensatz zur biologischen natürlichen Evolution, ein teleologischer planorientierter Prozeß. Doch hier bietet sich ein Ausweg an: Auch zielorientierte, teleologische Entscheidungsprozesse müssen Unsicherheit und Risiko in Kauf nehmen; sie können damit sogar in einer idealen Art und Weise fertigwerden, wenn Unsicherheit und Risiko durch Zufallsereignisse verursacht sind. Sozial-gesellschaftliche, wissenschaftlich-technologische Entscheidungsprozesse werden leicht pseudoevolutionär, wenn sie unter dem Einfluß von Unsicherheit und Risiko stehen, die, wie anfangs erwähnt, Zufallsereignisse eines weltweiten störenden Kausalfeldes sind. Doch es besteht ein entscheidender Unterschied zwischen wirklich evolutionären Prozessen und pseudoevolutionären. Die letzteren sind nicht automatisch selbstverbessernd und bestehen nicht notwendigerweise aus miteinander abwechselnden Folgen von kompetitiven, typisch selektiven und kooperativen, aufbauenden Phasen. Einige pessimistische Biologen wie Dawkins betrachten daher die Entstehung der menschlichen Intelligenz als einen Irrtum der Gene. Was einst, vor 50 Millionen Jahren ausgelöst durch das Aussterben der Dinosaurier, eine Überlebensstrategie gegen künftige kosmische Katastrophen sein sollte, nämlich prometheische, die Zukunft voraussagende Fähigkeiten zu entwickeln und mit Hilfe der Technologie diese Katastrophen auch zu überleben, hat gemäß Dawkins zu einer Entmachtung der Gene und damit zu einem Ende der biologischen, automatisch sich selbst verbessernden Evolution geführt. Für spieltheoretische Optimisten aber ist das Ende der Evolution nicht das Ende der entscheidungsbzw. spieltheoretischen Weiterentwicklung. Die Gene sind nicht völlig entmachtet, sie bleiben mitentscheidende, starke Partialfaktoren in einem Spiel- und Entscheidungsprozeß, den sie einstmals völlig beeinflussen konnten. Eine in die Zukunft führende Pseudoevolution hat begonnen, in der das menschliche Wissen und die Technologie versuchen sollten, erfolgreiche evolutionäre Prinzipien anzuwenden.

3.6 Ethische Lösungen als kooperative pseudoevolutionäre Entscheidungsprozesse. Wenn die Gene bzw. der gesamte Inhalt eines entzifferten Zellgedächtnisses »Mitspieler« in der künftigen Entwicklung werden, dann sollten Entscheidungen von vornherein kooperativer Natur sein. Kooperative Spiele und Entscheidungsprozesse können dann als ethische angesehen werden, wenn sie auf dem Prinzip aufgebaut sind, zugleich die individuelle Wohlfahrt (Überlebenschancen) und die allgemeine soziale Wohlfahrt (Überlebenschancen) zu maximieren. Eine schwächere Formulierung verlangt nur, daß, wird eine von beiden maximiert, die andere nie auf Kosten der ersten verringert werden darf. Solch ein ethisches Prinzip verwirklicht eine Art evolutionär stabilen Gleichgewichtes zwischen den Individuen und der Gesellschaft zum Zwecke der besseren Koexistenz von beiden. Eine Reihe anderer ethischer Prinzipien sind neuerlich benützt worden, so die Pareto-Optimalität, die gerechtere Verteilung von Gütern, ebenso wie vertragstheoretische und utilitaristische Prinzipien (Sen 1970, Harsanyi 1976, Rawls 1971, Leinfellner 1978). Man kann nun leicht allen diesen ethischen Prinzipien unser Prinzip einer (ethischen) Kooperation auferlegen, daß nämlich die Maximierung der Wohlfahrt (Überlebenschancen) aller nur dann erfolgen kann, wenn die der einzelnen, der Individuen, zumindest nicht geschmälert wird. Ethische Kooperation kann so weit gehen, daß sogar die Integration aller Individuen auf der Welt zu einer mondialen Gemeinschaft führt.

Anmerkungen

1 Siehe F. M. Wuketits (1981 b).
2 Siehe W. Leinfellner (1981) S. 224–236.
3 Vgl. E. Leinfellner (1980).
4 Vgl. W. Leinfellner (1974, 1980).
5 Vgl. M. Eigen (1971) sowie M. Eigen u. P. Schuster (1977) und M. Eigen et al. (1981).
6 Vgl. D. J. Rapport (1975).
7 Siehe K. R. Popper (1963, 1972), D. T. Campbell (1974), K. Lorenz (1973), G. Vollmer (1975, 1978), F. M. Wuketits (1978 b, 1980 b, 1981 b), R. Riedl (1980 a).
8 Siehe J. D. Cowan (1970), M. Eigen u. P. Schuster (1977), J. Schank (1982).
9 Vgl. J. Jaynes (1975); siehe in diesem Zusammenhang auch C. J. Lumsden u. E. O. Wilson (1981, 1982).

4. Kapitel
Evolution und
wissenschaftliche Erkenntnis

Wissenschaft gibt es nur vom Allgemeinen.

Henri Poincaré

Erhard Oeser   *Die Evolution der wissenschaftlichen Methode*

Der Begriff »evolutionäre Erkenntnistheorie« bezieht sich sowohl auf das Phänomen der vorwissenschaftlichen Alltagserkenntnis als auch auf das Phänomen der Wissenschaft. Beide evolutionäre Betrachtungsweisen sind weitgehend unabhängig voneinander in unserem Jahrhundert aufgetreten. Beide hatten ihre Vorläufer im 19. Jahrhundert, die sogar weit hinter Darwin zurückreichen. Und beide Formen der »evolutionären Erkenntnistheorie« sind eng verbunden mit anderen evolutionären Betrachtungsweisen, die sich nicht nur auf das menschliche Erkennen, sondern auch auf das Handeln beziehen, sei es im ethisch-moralischen, sozialen oder kulturellen Sinn. Umrahmt werden diese evolutionären Betrachtungsweisen zum Teil von universalen kosmologischen Evolutionsphilosophien, die historisch gesehen einerseits die Entstehung der biologischen Evolutionstheorie erst ermöglicht hatten, aber andererseits auch durch diese widerlegt worden sind[1]. Das gilt zumindest von der Darwinschen Evolutionstheorie, die jede Art von Teleologie, die die älteren Evolutionsphilosophien, aber auch die Lamarcksche Theorie bestimmte, beseitigt hat. Trotzdem hat auch Darwin selbst eine solche universelle Theorie der Evolution für die Zukunft nicht ausgeschlossen, sondern gehofft, daß »das Prinzip des Lebens eines Tages als Teil oder Folge eines allgemeinen Gesetzes erkannt wird«[2]. Und viele Biologen, aber auch Philosophen, sind dieser Idee in unserem Jahrhundert gefolgt. Die folgende Untersuchung bezieht sich nicht auf diese verschiedenen, oft einander überschneidenden oder auch widersprechenden universellen evolutionären Konzepte, sondern versucht eine Verbindung der zwei Formen der evolutionären Erkenntnistheorie, der Theorie des individuellen, subjektiven Alltagsverstandes und der Theorie der kollektiven oder transsubjektiven wissenschaftlichen Vernunft[3], auf der Grundlage einer elementaren Terminologie (die in der klassischen philosophischen Erkenntnislehre verankert ist) herzustellen. Diese Terminologie ist in allen Bereichen der Evolutionsforschung, von der Molekulargenetik über die Verhaltensforschung bis zur evolutionären Erkenntnistheorie, durchaus bekannt und bleibt auch die Grundlage aller empirischen Wissenschaftsforschung[4], die Wissenschaft als realgeschichtliches Entwicklungsphänomen behandelt. Sie basiert auf dem Informationsbegriff, der sich als genuiner erkenntnistheoretischer Grundbegriff bis zu Aristoteles zurückverfolgen läßt[5].

Das Resultat dieser Untersuchung dient zur Klärung der Frage, ob es sich bei dem evolutionären Konzept der menschlichen Erkenntnis im Rahmen der Wissenschaftstheorie nur um eine bloße Analogie zur biologischen Evolutionstheorie handelt oder um mehr, d. h. um einen realgeschichtlichen Zusammenhang, in dem sich der Mechanismus der biologischen Evolution in den Bereich der soziokulturellen Evolution, in die die Wissenschaftsentwicklung eingebettet ist, auf legitime Weise verlängern läßt. Vorausgesetzt ist allerdings, daß diese Verlängerung nicht im trivialen Sinn linear und bruchlos zu verstehen ist. Denn wie man heute im Bereich der Biologie weiß, sind die Evolutionsmechanismen nicht gleichgeblieben: »Nicht nur Organismen, welche die Produkte der Evolution sind, entwickeln sich, sondern auch die Mechanismen der Evolution selbst.«[6] Zuvor muß jedoch noch auf den historischen Hintergrund eingegangen werden. Denn es war eine alte Streitfrage, ob der Grundgedanke einer Evolution des menschlichen Erkenntnisvermögens auch für die »höheren« Formen der Vernunft gilt, die wir wissenschaftliche Erkenntnis nennen.

1   Der historische Hintergrund

Darwin selbst hat lediglich festgestellt, daß der Mensch mit »seinem gottähnlichen Intellekt, welcher die Bewegungen und den Bau des Sonnensystems erforscht hat, ... immer noch an seinem Körper die unleugbaren Spuren seiner niedrigen Abkunft trägt«[7]. Aber in welcher Weise sich die Geisteskräfte in den niedrigsten Organismen entwickelt haben, war für ihn »eine nicht weniger hoffnungslose Frage, als die, wie das Leben selbst zuerst entstanden ist«[8]. Beide Fragen waren für ihn »Probleme für eine ferne Zukunft, wenn sie überhaupt jemals durch den Menschen gelöst werden können«.

Sein Zeitgenosse Herbert Spencer dagegen hatte bereits vor dem Erscheinen von Darwins Hauptwerken ein allgemeines Entwicklungsgesetz[9] postuliert. Es besagt in seiner einfachsten Formulierung, daß die gesamte erkennbare Realität ein Prozeß ist, »der aus einer unbestimmten, unzusammenhängenden Gleichartigkeit in bestimmte, zusammenhängende Ungleichartigkeit übergeht«[10]. So konnte sich Darwin selbst in seiner einleitenden historischen Skizze zu seinem Buch »On the Origin of Species« sowohl auf Spencers »Development Hypothesis« vom Jahr 1852 als auch auf das Faktum berufen, daß Spencer diese Hypothese in seinen »Principles of Psychology« (1855) schon auf die stufenweise Erwerbung jeder geistigen Kraft und Fähigkeit ausgedehnt hat. Die Anwendung der allgemeinen Entwicklungshypothese auf die Wissenschaft war daher für Spencer von vornherein gegeben. Denn auch der Fortschritt der Wissenschaft stellt einen Prozeß dar, der stufenweise von einfacheren konkreten zu komplexeren und abstrakteren Zusammenhängen übergeht, wie er am Beispiel der Entwicklungsgeschichte der klassischen Mechanik bereits demonstrieren konnte[11].

Diese Auffassung hat Ernst Mach übernommen. In seiner Rektoratsrede vom Jahre 1883 hat er die Wissenschaftsentwicklung als einen besonderen Fall eines allgemein verbreiteten biologischen Prozesses charakterisiert, der völlig der Darwinschen Evolutionstheorie mit ihren beiden Grundfaktoren Mutation und Selektion entspricht: »Wir sehen wissenschaftliche Gedanken sich umformen, auf weitere Gebiete sich ausbreiten, mit konkurrierenden kämpfen und über weniger leistungsfähige den Sieg davontragen. Jeder Lernende kann solche Prozesse in seinem eigenen Kopfe beobachten.«[12] In seinen »Populären Schriften«[13] ist auch Ludwig Boltzmann unter ausdrücklicher Berufung auf Mach, mit dem er zwar sonst in der Frage des Atomismus im Streit lag, dieser evolutionären Betrachtungsweise des menschlichen Erkenntnisapparates gefolgt. Ähnliche Ideen hat auch der französische Botaniker Alphonse de Candolle vertreten. Ebenfalls unter Berufung auf Spencer und Darwin sah er Evolution des Menschen im Zeitalter der Wissenschaft als einen »Kampf ums Dasein« an, der nunmehr zugunsten des Wissenden verläuft, während er früher, bei den Barbaren, zugunsten des Gewaltsamsten entschieden wurde[14].

Der grundsätzliche Mangel dieser älteren Auffassung von der Evolution der Wissenschaft liegt jedoch darin, daß es sich bei all diesen Hinweisen nur um Analogien handelt, die in einer anschaulichen Bildersprache Ähnlichkeiten mit dem Prozeß der Evolution der Lebewesen hervorheben, ohne diese erklären oder begründen zu können. Außerdem wurden insbesondere von Spencer, der im Rahmen seiner allgemeinen Entwicklungshypothese die Evolution der Wissenschaft als eine direkte Fortsetzung der biologischen Evolution betrachtete, die Unterschiede übersehen. Nicht nur verläuft der Prozeß der Wissenschaftsentwicklung ungleich rascher und komplexer, sondern in diesem Bereich der menschlichen Entwicklung ergibt sich auch ein deutlicher Bruch mit der Vergangenheit.

2 Die objektive wissenschaftliche Erkenntnis als Bruch mit der ratiomorphen Vergangenheit

Die Alltagserkenntnis des Menschen kann zwar noch immer als eine Fortsetzung des ratiomorphen »einsichtigen Verhaltens« der Tiere verstanden werden, weil sie der Lebenserhaltung dient. Die wissenschaftliche Methode aber überschreitet den Bereich der lebens- und arterhaltenden Funktionen. Denn sie dient der objektiven Erkenntnis. Dadurch entsteht eine große Diskrepanz zum phylogenetisch entwickelten Wahrnehmungsapparat. Dieser Apparat ist so gebaut, daß er nur für den Bereich der Lebenserhaltung sicher funktioniert. Er funktioniert nicht sicher in anderen Bereichen. Dort kann er sogar zu einem Hindernis für die Erkenntnis oder zu einer Quelle des Irrtums werden. Die wissenschaftliche Methode hat daher das generelle Ziel: geradezu in einer Umkehrung der biologischen Evolution den phylogenetisch bedingten angeborenen Erkenntnisapparat zu überwinden.

Diese Richtungsänderung, die sich innerhalb der Evolution der menschlichen Erkenntnis abspielt, ist bereits zu Beginn der Entstehung der theoretisch begründeten Wissenschaft in Griechenland erkannt worden. So haben bereits die alten Philosophen der Antike, insbesondere Platon, diesen sich ständig wiederholenden Prozeß der Umkehr und Selbstüberwindung des eigenen Erkenntnisapparates als »zweite Fahrt« gekennzeichnet. Galilei hat diese Unterscheidung auf die Methode der neuzeitlichen Physik übertragen, indem er den *primo aspetto* der Alltagserkenntnis von dem *secondo aspetto* der wissenschaftlichen Erkenntnis getrennt hat: Für die direkte, theoretisch nicht reflektierte Wahrnehmung dreht sich noch immer die Sonne um die Erde und bestimmt den Lebensrhythmus von Tag und Nacht. Im secondo aspetto des wissenschaftlichen Verstandes, der eine Theorie des Sonnensystems entwirft, zeigt sich im Widerspruch zur unmittelbaren Wahrnehmung, daß diese Vorgänge eine direkte Folge der Rotationsbewegung der Erde sind. Derselbe Vorgang einer Umkehr der direkten sinnlichen Wahrnehmung ist auch in allen anderen naturwissenschaftlichen Theorien in immer sich steigerndem Maß bis zur Relativität von Raum und Zeit in der modernen Physik bemerkbar [15].

Die Konsequenz aus dieser Richtungsänderung der Evolution besteht darin, daß die Entstehung der Wissenschaft eine *Phase der Evolution* einleitet, die nicht nur über die biologische Evolution der Pflanzen und Tiere, sondern auch über die soziokulturelle Evolution des Menschen hinausgeht und deren Folgen noch nicht abzusehen sind. Die Hauptcharakteristik dieser Phase der Evolution, die, metaphorisch ausgedrückt, erst in der letzten Sekunde eines etwa 4–5 Milliarden Jahre dauernden Tages eingesetzt hat, besteht darin, daß der Erkenntnisapparat des Menschen nicht mehr einem natürlichen Anpassungsprozeß folgt, sondern sich außerhalb dieses Prozesses stellt. Auf diese Weise gelingt auch eine Überwindung der ursprünglich auf Lebenserhaltung ausgerichteten Erkenntnisfunktionen. Die Überwindung des Anpassungsprozesses manifestiert sich real durch jene drastische Veränderung der Umwelt des Menschen, die eine Folge der technischen Anwendung theoretischer Wissenschaft ist, womit der Mensch nun umgekehrt die Welt an seine Bedürfnisse und Vorstellungen anpaßt.

Entscheidend ist jedoch, daß dieser Prozeß der Umkehr und der Selbstüberwindung des angeborenen Weltbildapparates nicht ein einmaliger Vorgang, sondern ein sich in der Entwicklung jedes menschlichen Individuums ständig wiederholender Prozeß ist, so daß man in Entsprechung zum biogenetischen Grundgesetz von Haeckel von einem psychogenetischen Grundgesetz sprechen kann, das besagt, daß das Individuum im Erlernen einer Wissenschaft in verkürzter Weise die gesamte Entwicklungsgeschichte dieser Wissenschaft wiederholt. Wobei es nicht so sehr auf das Nachvollziehen der Entwicklung der einzelnen Theorien ankommt, die sich gegenseitig in der Wissenschaftsgeschichte ablösen, sondern auf die Entwicklung der wissenschaftlichen Methode. Die Anwendung der wissenschaftlichen Methode stellt auch im Leben jedes Wissenschaftlers einen permanent in jedem Erkenntnisakt sich wiederholenden Vorgang der Selbstüberwindung dar. Diese Evolution der wissenschaftlichen Methode, die sich sowohl in der Menschheitsgeschichte als auch in der geistigen Entwicklung des Individuums abspielt, beruht auf einer artspezifischen, nur dem Menschen eigenen Fähigkeit des Bewußtseins, in der zum Unterschied von allen anderen Lebewesen eine Selbstkorrektur der subjektiven Erkenntnis als Anpassungsprozeß zugunsten einer objektiven Erkenntnis erfolgt, die von allen Funktionen der Lebenserhaltung frei ist. Das heißt aber, daß eine solche evolutionäre Betrachtungsweise der wissenschaftlichen Methodik sich auf eine Analyse des menschlichen Erkenntnisvermögens stützt, insoweit es sich von seinen phylogenetisch bedingten Grundlagen entfernt hat.

Diese Frage war aber seit jeher, zum Unterschied von einer empirisch-biologischen Betrachtungsweise, die meta-empirische Fragestellung einer »reinen« Erkenntnistheorie von ihren Anfängen bei Platon und Aristoteles bis zu Kants »Kritik der reinen Vernunft«. Deshalb muß vor einer evolutionären Methodologie der wissenschaftlichen Erkenntnis das Konzept einer reinen Erkenntnistheorie dargestellt werden, in dem auf elementare Weise die Struktur jener Erkenntnisprozesse beschrieben wird, aufgrund derer überhaupt die Ablösung der menschlichen Vernunft von den phylogenetisch erworbenen Grundlagen erfolgt.

Eine solche reine Erkenntnistheorie ist nicht nur das adäquate Gegenstück zu einer empirischen evolutionären Erkenntnistheorie, die sich auf die Analyse der phylogenetisch erworbenen Grundlagen der menschlichen Erkenntnis bezieht und die Verbindung mit der übrigen vormenschlichen Lebenswelt herstellt, sondern in einem gewissen Sinn auch deren Negation und bewußte Umkehrung. Das heißt: Die reine Erkenntnistheorie im Sinne Kants fängt mit ihrer Problemstellung systematisch gesehen genau dort an, wo die evolutionäre Erkenntnistheorie als Explikation der »Naturgeschichte des menschlichen Erkennens« (Lorenz) aufhört. Das Faktum, daß die Evolution des menschlichen Gehirns seit dem Neolithikum abgeschlossen war, liefert für diese Auffassung den realgeschichtlichen Beleg. Die Evolution der menschlichen Erkenntnisfähigkeit liegt damit auf einer anderen Ebene als der organischen. »Apriorisch« ist die »reine« Erkenntnistheorie deswegen, weil sie weder empirisch die subjektiv-individuelle menschliche Erkenntnisfähigkeit beschreibt, noch sie theoretisch etwa aufgrund der Evolutionstheorie zu erklären versucht, sondern vorschreibt, wie der Erkenntnisprozeß sein soll, damit er zur objektiven Wahrheit führt. Diese präskriptive oder normative Funktion des Apriori war die Grundidee Kants, der mit seiner Lehre vom Verstand als Gesetzgeber der Natur nicht einen »Idealismus« propagierte, sondern eine Kritik des menschlichen Erkenntnisvermögens liefern wollte. Allerdings muß dieser normative Anspruch einer reinen Erkenntnistheorie in einem doppelten Sinn relativiert werden: sowohl im Bezug auf die Realität des menschlichen Erkenntnisvermögens als auch im Bezug auf die Realisierung der erkenntnistheoretischen Normen. Ohne Bezug zur Realität des Erkenntnisvorganges wäre die Erkenntnistheorie nur reine Spekulation. Ohne Bezug zur Realisierung wären derartige Spekulationen zwecklos. Die evolutionäre Erkenntnistheorie stellt diesen Bezug zur Realität her, indem sie sich als empirische Interpretation der reinen apriorischen Erkenntnistheorie versteht[16]. Daraus ergibt sich aber auch, daß die evolutionäre Erkenntnistheorie keineswegs gegenüber der klassischen philosophischen Erkenntnistheorie eine Revolution darstellt, in der diese als alte oder überholte Theorie verdrängt oder ersetzt wird. Sie zeigt vielmehr als biologische Theorie den phylogenetischen Ursprung des menschlichen Erkenntnisvermögens auf und schafft damit in Verbindung mit der (onto-)genetischen Erkenntnistheorie Piagets (siehe den Beitrag von Wuketits [S. 24 f]) eine tieferliegende Basis für alle empirische Wissenschaftsforschung, die sich mit dem Träger des Wissenschaftsprozesses, dem Wissenschaftler selbst, in seiner individuellen und psychologischen und sozialen institutionellen Bedingtheit beschäftigt. Auf diese Weise erweitert sich die Wissenschaftstheorie, die sich zeitweise auf die syntaktisch-semantische Analyse der Wissenschaftssprache beschränkt hat, zu einer pragmatisch anwendbaren Methodologie, die sich empirisch kontrollieren läßt (vgl. Tabelle 8). Andererseits wird aber deutlich, daß die evolutionäre Erkenntnistheorie einen empirisch begründbaren biologischen Unterbau liefert, aber nicht zugleich auch den Anspruch eines Überbaus erheben kann, was sie zu einer total immunisierten Theorie machen würde, die bereits ihre eigene Metatheorie enthält.

3 Information und Erkennen

Versucht man für die evolutionäre Erkenntnistheorie, die sich mit den phylogenetischen Grundlagen des menschlichen Erkenntnisvermögens beschäftigt, und für die reine philosophische Erkenntnistheorie eine einheitliche Basis zu finden, so gibt es nur eine Möglichkeit: den Informationsbegriff.

Eine Schwierigkeit ergibt sich jedoch dadurch, daß der Informationsbegriff in der Gegenwart so stark von der Informationsübertragungs- und der Informationsverarbeitungstechnik geprägt ist, daß die ursprüngliche Bedeutung von Information fast in Vergessenheit geraten ist. Sie ist lediglich noch in der Alltagssprache vorhanden, wo Information immer eine Vermehrung des individuellen subjektiven Wissens bedeutet, gleichgültig, ob es über Kommunikation mit anderen oder direkt durch Repräsentation erfolgt. Während jedoch in der Informationstechnik »Informationen« (oder genauer »Signale«) nur übertragen oder nach

Tabelle 8

formale Logik (analytische Sätze a priori)	»reine« Erkenntnistheorie (synthetische Sätze a priori)	empirische, »evolutionäre« und »genetische« Erkenntnistheorie (synthetische Sätze a posteriori)
Wissenschaftslogik (Semantik und Syntaktik der Wissenschaftssprache)	Methodologie der Wissenschaft (Pragmatik: Umformung erkenntnistheoretischer Annahmen zu methodologischen Regeln)	empirische Wissenschaftsforschung (Psychologie, Soziologie und Geschichte der Wissenschaft)

bestimmten algorithmischen Regeln umgeformt werden, finden sowohl im menschlichen Erkenntnisprozeß als auch bei allen Informationsprozessen im Bereich des Lebendigen Selbstorganisationsprozesse statt, die zu etwas gänzlich Neuem führen. Diese Veränderung entsteht durch Verbrauch des bereits Bestehenden. Wie schon Aristoteles erkannt hat, ist jedoch der »Verbrauch von Informationen« im Erkenntnisprozeß etwas anderes als der Verbrauch von Materie und Energie: »Der Stein ist nicht in der Seele.« Im Verbrauch von Informationen wird nicht etwas »vernichtet«, sondern nur etwas »entwertet«. Eine bereits bekannte, d. h. vom System verarbeitete Information ist keine Information mehr. Sie hat ihre Funktion im Aufbau einer höheren Ordnungsstruktur erfüllt. Auf der elementaren Ebene der Selbstorganisation kann mit Hilfe des Informationsbegriffes »Leben« und »Erkennen« gleichgesetzt werden. In beiden Fällen handelt es sich um einen informationsgewinnenden Prozeß, der nach strukturell grundsätzlich gleichen Regeln oder Gesetzen auf verschiedenen Ebenen abläuft. Gleichzeitig lassen sich aber auch durch genauere Spezifizierung des Informationsgewinns diese Ebenen auseinanderhalten.

Die elementarste Form des Informationsgewinns liegt auf der Ebene der Selbstorganisation der Lebewesen im Laufe ihrer evolutiven Entwicklung, die bereits bei der Entstehung des Lebens auf der molekularen Ebene existiert. Sie wird als »genetische Information« bezeichnet und besitzt bereits die Hauptcharakteristika eines echten Informationsprozesses, nämlich Verwertung und Entwertung von Informationen, um zu höheren Ordnungszusammenhängen zu kommen.

Der lebende Organismus wird selbst zu einem Abbild der Umwelt, weil er sich dieser Umwelt anpaßt. Er enthält im Sinn einer »Morphogenese«, wie Konrad Lorenz an der »Sonnenhaftigkeit des Auges«, an der Wellenbewegung der Fischflosse usw. demonstriert hat, Informationen über die äußere Realität, die auch als genetische Informationen weitergegeben werden. Das gilt für jede Einzelstruktur, von der Körperform über alle Bauteile bis zur Position der Moleküle und von den einfachsten bis zu den komplexesten Strukturen des Verhaltens. Die für die Lebenserhaltung wichtigen Gesetzmäßigkeiten der Umwelt werden durch Versuch und Irrtum nachgebildet und dem Erbmaterial kodiert eingebaut, um dann wiederum reproduziert werden zu können [17].

Dieser Vorgang des pattern matching kann, wie Donald D. Campbell bereits in seinem Essay »Evolutionary Epistemology« ausgeführt hat, auf »andere Erkenntnisleistungen, wie Lernen, Denken und auf Wissenschaft verallgemeinert werden« [18].

Erkenntnis als Anpassungsleistung wurde daher als das Grundschema der evolutionären Erkenntnistheorie angesehen und bereits einer Kritik unterzogen. Das Hauptargument besteht in dem Einwand, »daß der Mensch vor allen Tieren dadurch ausgezeichnet ist, daß er neue Erkenntnisvermögen, d. h. neue Erkenntnismethoden ohne Änderung der physiologischen Organisation entwickeln kann und entwickelt hat« [19]. Nach dem Grundschema der evolutionären Erkenntnistheorie müßte aber unser Denken vom evolutionär ausgebildeten organischen Erkenntnisapparat so determiniert sein, daß er eine »Brille darstellt, die wir nie abnehmen können« [20]. Das Schema der Erkenntnis als Anpassungsprozeß würde außerdem nur in einer mehr oder weniger unveränderlichen Umwelt gelten. In dieser Kritik der evolutionären Erkenntnistheorie wird jedoch ein wesentlicher Punkt übersehen [21]. Konrad Lorenz unterscheidet nämlich neben der Anpassung noch eine andere Form des Informationsgewinns, der gänzlich anderer Art ist. Dieser Vorgang ist nicht ein Vorgang der Anpassung, sondern vielmehr eine Funktion von körperlichen, nervlichen und sensorischen Strukturen, die bereits fertig angepaßt sind. Diese Funktionen beziehen sich auf Vorgänge kurzfristigen Informationsgewinns, d. h. auf Informationen, die nicht gespeichert werden dürfen, weil sie sich gerade auf rasch wechselnde Umstände der Umwelt beziehen. Solche Informationen dürfen aber keinerlei Spuren im physiologischen Apparat hinterlassen; denn die wesentliche Leistung dieses Mechanismus besteht darin, daß er stets fähig bleibt, die eben erstattete Meldung zu widerrufen und durch eine andere, oft durch die entgegengesetzte, zu ersetzen [22].

Allein diese funktionelle Struktur des kurzfristigen Informationsgewinns, die notwendig vor aller Erfahrung da sein und auch von aller Erfahrung wieder entleert werden muß, kann mit dem Kantischen »Apriori« gleichgesetzt werden. Der Unterschied zum menschlichen Erkenntnisvorgang besteht darin, daß diese Strukturen im vormenschlichen Bereich vor allem bei den niedrigen Lebewesen (Beispiele: Homöostase, amöboide Reaktionen usw.) an das Gewinnen einer ganz bestimmten Art von Informationen gebunden sind. Dadurch ergeben sich sehr enge und starre geschlossene Programme. Die Apriori des menschlichen Erkenntnisprozesses dagegen sind vor allem, wenn man ihre von Kant gegebene Differenzierung bzw. Schichtung beachtet, grundsätzlich nicht spezifiziert auf eine bestimmte Art von Informationen, sondern haben universellen Charakter. Sie bilden deshalb auch ein »offenes Programm« der Erkenntnisgewinnung, wie es E. Mayr bezeichnet hat.

Auf der Ebene der Organentwicklung ist diese sukzessiv erfolgte Richtungsänderung durch die fortschreitende Enzephalisation der Wahrnehmung und in deren Gefolge auch der übrigen Verhaltenskomponenten gekennzeichnet. Das heißt, daß die Tendenz der Evolution zunächst auf Vermehrung und Perfektionierung der einzelnen spezifischen Sinneskanäle gerichtet war, sich aber mit dem Auftreten des Gehirns insbesondere beim Menschen auf eine verbesserte Verarbeitung und Auswertung der Sinnesdaten verlegte[23]. Dann aber ist auch vom Organischen her gesehen nicht mehr der Passungscharakter der Wahrnehmungsstrukturen entscheidend, sondern vielmehr die Fähigkeit, konstruktiv Modelle der Realität zu entwerfen, die nachträglich mit den Erfahrungsdaten der Wahrnehmung verglichen werden. Und zwar mit Erfahrungsdaten, die insofern bei weitem den natürlichen Bereich der eigenen angepaßten Sinnesorgane überschreiten, als sie in der Wissenschaft durch theoretisch konstruierte Beobachtungsapparate gewonnen wurden. Die Kantische Erkenntnistheorie stellt gegenüber diesen biologisch-evolutionären empirischen Erkenntnistheorien den transzendentalen meta-empirischen Weg der Selbstreflexion dar, der zugleich auch die normative Funktion der Selbstüberwindung enthält.

Es sind daher mindestens drei Ebenen der Information zu unterscheiden:

Die *erste Ebene* ist die genetische Information. Sie bezieht sich auf die Entwicklung des Gesamtorganismus der Lebewesen. Der Informationsgewinn des Genoms gilt immer für die gesamte Population, da diese Information nur genetisch durch Vererbung auf die nächste Generation übertragen werden kann. Dieser Informationsbegriff ist vom Begriff des

»Erkennens« am weitesten entfernt. Es geht hier um einen über Generationen hinweg gehenden Anpassungsprozeß der »Art« oder der »Population«.

Die *zweite Ebene* der Information ist bereits an die Ausbildung eines Informationsverarbeitungssystems, d. h. an ein zentralisiertes Nervensystem gebunden. Erst auf dieser Ebene gibt es eine Art von Informationsgewinn, der bereits Ähnlichkeiten mit dem menschlichen Erkenntnisprozeß hat, weil er so etwas wie ein individuelles Lernen darstellt. Vom genetischen Informationssystem unterscheidet sich das neurodynamische Informationssystem dadurch, daß es dem Individuum ermöglicht, Informationen zu erwerben und zu speichern, die bestimmte individuelle Situationen der aktuellen Umwelt betreffen. Diese an ein zentrales Nervensystem gebundene Leistung des Neuerwerbes von Informationen ist zu unterscheiden von den genetisch offenen Programmen, die als bereits fertige Anpassung für besondere individuelle Situationen schon bei einfachsten Lebewesen, z. B. schon bei Pflanzen, als genetisch mitgegebene Anleitungen vorliegen. Es wäre aber mißverständlich, bereits die nicht genetisch angeborene, d. h. individuell erworbene neurodynamische Information im vormenschlichen Bereich als »intellektuelle Information« zu bezeichnen[24]. Denn die Bezeichnung »intellektuell« ist immer mit dem Begriff des menschlichen Bewußtseins verbunden.

Auf der organischen Ebene der Neuronennetze geht es zwar zum Unterschied von der molekulargenetischen Ebene der Information um jene Vorgänge, die allen bewußten Erkenntnisprozessen zugrunde liegen. Im Unterschied zu den bewußten Erkenntnisvorgängen selbst ist aber auch diese Art von Information noch nicht von ihrem materiellen Träger abgelöst. Sie bleibt als materiell gebundene Information an die speziellen materiellen Bedingungen eines bestimmten neurodynamischen Systems gebunden und tritt nur als solche auf. Sie hat daher genauso wie die genetische Information noch den Charakter eines »Signals«, das durch bestimmte physikalisch-chemische Zustände verkörpert werden muß. Das Signal ist in diesem Sinne eine Eigenschaft von physikalisch-chemischen Zuständen, die dem Gehirn als Informationsverarbeitungssystem zugeschrieben werden können. Die Information selbst aber ist eine Eigenschaft der Signalmengen, d. h., sie ist erkenntnistheoretisch gesehen eine Eigenschaft von Eigenschaften oder ein Metaprädikat. Daß dieses Metaprädikat »Information« auch den vorbewußten Gehirnzuständen der Lebewesen im vormenschlichen Bereich zugeschrieben werden muß, ergibt sich aus den Verhaltensweisen der Tiere, die als informationelle Reaktionen auf die Umwelt verstanden werden müssen. Sie können aber deswegen noch nicht als intellektuelle oder rationale Informationen angesehen werden. Unbewußte Verrechnungsvorgänge, die zwar durchaus funktionell-vernunftmäßigen Berechnungen und Schlüssen gleichen, lassen sich aber sehr gut mit dem von Egon Brunswik geprägten und von Konrad Lorenz übernommenen Ausdruck »ratiomorph« bezeichnen. Die ratiomorphe Information liegt aber auf der Ebene des vorbewußten Verhaltens, das noch nicht rationales Erkennen oder bewußtes Handeln ist, aber auch beim Menschen »ontogenetisch wie phylogenetisch eine Voraussetzung des begrifflichen Denkens darstellt und auch weiterhin als unentbehrliche Teilfunktion in ihm erhalten bleibt«[25].

Erst die *dritte Ebene* der Information ist die des menschlichen Erkennens und bewußten Handelns. Erst sie kann als die Ebene der »rationalen« oder »intellektuellen« Information bezeichnet werden. Die rationale oder »intellektuelle Information« stellt in der konkreten subjektiv-individuellen menschlichen Erkenntnis einen bestimmten Bewußtseinszustand dar, der zwar im neurodynamischen System ein materielles Äquivalent hat. Das, was als bewußter Erkenntnisakt auftritt, ist jedoch die reine Information, bei der der materielle Träger bereits durch Abstraktion eliminiert ist. Denn das Erkenntnissubjekt hat keine direkte Erfahrung vom materiellen Träger der Information, den neurodynamischen Zuständen des Gehirns. Das heißt: Es weiß nicht, was in seinem Gehirn vorgeht, wenn es ein Objekt wahrnimmt oder irgend etwas denkt. In diesem Sinne hat schon Kant grundsätzlich festgestellt, daß sich das Erkenntnissubjekt oder das Bewußtsein nur als »Zuschauer« betrachten kann, »der die Natur machen lassen muß, indem er die Gehirnnerven und Fasern nicht kennt, noch sich auf Handhabung derselben zu seiner Absicht versteht«[26].

Information als Erkenntnis ist daher die »reine« Information, in der die ursprüngliche Information vom materiellen Träger befreit ist. Sie tritt als trägerinvariante, d. h. an keinen bestimmten materiellen Träger gebundene abstrakte Information auf. Allein diese »reine« Information wurde in der Erkenntnistheorie seit Aristoteles terminologisch mit dem Begriff der menschlichen Erkenntnis gleichgesetzt.

In der Neuzeit ist dieser Unterschied sowohl im Empirismus als auch im Rationalismus klar erkannt worden. Nach John Lockes »Physiologie des Verstandes« beruht der Erkenntnisprozeß auf den Sinnen, die den Geist informieren[27]. Ebenso trennt auch Descartes scharf zwischen jenem materiellen Formungsprozeß, in dem die Dinge der Außenwelt durch Vermittlung der Sinne ihre Eindrücke hinterlassen, und jenem Prozeß, in dem die Ideen, die rein geistiger Natur sind, als wahre und sichere Erkenntnisse entstehen. Die Ideen sind für Descartes die Formen unserer Gedanken, nicht insofern diese materiell-organisch im Gehirn eingeprägt sind, sondern insofern sie unseren Geist informieren, indem dieser sich dem Gehirn zuwendet. Kant selbst hat zwar entsprechend der zeitgenössischen Terminologie den Informationsbegriff nicht mehr in der erkenntnistheoretischen Grundbedeutung verwendet. Seine der aristotelisch-scholastischen Terminologie von Form und Materie der Erkenntnis entsprechende Unterscheidung von a priori und a posteriori wurde aber sowohl im 19. (Whewell) als auch im 20. Jahrhundert wieder auf den Informationsbegriff zurückgeführt. Es war insbesondere Donald M. MacKay, der mit der Zuordnung von strukturellem Informationsgehalt zum Kantischen Begriff des Apriori einen modernen Ansatz zur informationstheoretischen Rekonstruktion der Kantischen Transzendentalphilosophie geliefert hat[28]. Mit diesem informationellen Aspekt des menschlichen Erkenntnisprozesses[29] läßt sich nun sowohl die Verbindung als auch der Unterschied zwischen reiner und empirischer, evolutionärer Erkenntnistheorie präzisieren. Der apriorische strukturelle Informationsgehalt ist in der menschlichen Erkenntnis die subjektive Leistung des Bewußtseins. Er bildet die vor aller individuellen Erfahrung gegebene Grundlage für jenen Formungsprozeß, der damit beginnt, daß das »unermeßliche Feld« von vorbewußten »dunklen Vorstellungen« an wenigen Stellen durch den Verstand »illuminiert« wird. Dieser Vorgang entspricht genau dem oben erwähnten Vorgang der Ablösung der »reinen Information« von ihrem materiellen Träger, den chemisch-physikalisch-physiologischen Gehirnprozessen.

Wenngleich die Weiterverarbeitung dieser freien, abstrakten Information selbstverständlich nicht ohne die zugrundeliegenden Gehirnprozesse ablaufen kann, ist damit jedoch eine andere Darstellungsebene von Information erreicht, die eine neue Ablaufstruktur besitzt. Diese Ablaufstruktur wird von den logischen Gesetzmäßigkeiten der apriorischen Formen des Denkens geleitet. Es handelt sich hier also um die logische Ebene der Informationsverarbeitung. Kant hat diese logische Ebene, auf der sich die Erkenntnis als Denkprozeß abspielt, im Sinne seiner »transzendentalen Logik« von allen empirischen, sinnes- und gehirnphysiologischen Untersuchungen unterschieden. Das bedeutet jedoch nicht die völlige Selbständigkeit des menschlichen Denkens von der erscheinenden Realität der Natur und ihren Gesetzmäßigkeiten. Denn der Satz vom zureichenden Grund als »materialem Prinzip«, der besagt, daß »in dem, was vorgeht, die Bedingung anzutreffen sei, unter welcher die Begebenheit jederzeit (d. h. notwendigerweise) erfolgt«[30], legt diese Beziehung zwischen Erkennendem und Erkanntem eindeutig fest. Er bedeutet nämlich dann nichts anderes als das grundlegende, nicht mehr hintergehbare Axiom, daß die Begründung der »Wahrheit« der Erkenntnis als Prozeß dieselbe kausale Struktur haben muß wie jener Prozeß, der die »Existenz einer Tatsache« hervorbringt. Ein Prozeß aber, der selbst weder materieller noch energetischer Art ist und trotzdem eine Kausalstruktur besitzt, wird nach heutiger Terminologie als »Informationsprozeß« bezeichnet. Damit kann aber auch das von Kant noch vage formulierte Prinzip vom zureichenden Grund zum Informationsprinzip verschärft werden, mit dem sich die alte Aporie der klassischen Erkenntnistheorie als Korrespondenztheorie der Wahrheit auflöst. Erkenntnis bedeutet dann nicht mehr eine ideale Korrespondenz zwischen Dingen an sich, die uns von vornherein nicht bekannt sind, und ihren Abbildern im Bewußtsein, sondern bedeutet die Korrespondenz zweier strukturell gleichartiger Prozesse, die dadurch geschieht, daß eine Zuordnungsbeziehung der Prozeßelemente zustande kommt.

Der eine Prozeß ist der Prozeß, der im Erkenntnissubjekt selbst abläuft. Er hat einen anderen Prozeß zur Voraussetzung, der in der Umgebung des Erkenntnissubjekts stattfindet. Die Verbindung zwischen diesen beiden Prozessen wird auf aktive und spontane Weise durch das Erkenntnissubjekt hergestellt. Dadurch wird auch die Doppeldeutigkeit des Informationsbegriffes verständlich, die er in der erkenntnistheoretischen Subjekt-Objekt-Relation notwendig erhält:
– auf das Subjekt bezogen hat er einen strukturellen, »apriorischen« Gehalt;
– auf das Objekt bezogen hat er einen empirischen, »aposteriorischen« Gehalt.

Der *strukturelle Informationsgehalt* ist eine Leistung des Erkenntnissubjekts selbst. In ihm sind jene *Bedingungen* festgelegt, unter denen überhaupt irgendein Ding zum Gegenstand (= Objekt) der Erkenntnis werden kann. In einer realistischen Interpretation der Kantischen Terminologie ausgedrückt, ist dieses strukturelle Apriori eine *artspezifische Hirnleistungspotenz*.

Zu den elementarsten strukturellen Bedingungen gehören die Strukturen von Raum und Zeit, die jenes Grundschema bilden, nach dem die

Dingwelt überhaupt dem erkenntnistheoretischen Subjekt zugänglich wird, und jene »Denkformen« (Kategorien), nach denen das erkenntnistheoretische Subjekt diese Welt in bestimmte Beziehungen gliedert. Der *empirische Informationsgehalt* bezieht sich auf die Zustände und Ereignisse, die prinzipiell unabhängig vom Subjekt, d. h. unabhängig von ihrem Wahrgenommenwerden, wiederholt auftreten oder nicht auftreten. In der Existenz solcher bewußtseinsunabhängiger Elementarereignisse hat man seit jeher in der Geschichte der Erkenntnistheorie von Aristoteles bis Kant die einzig sichere Realitätsgarantie gesehen. Sie bilden nicht nur den Ausgangspunkt, sondern auch, wenn sie sich wiederholen, die ständige Kontrolle für die Wahrheit der Erkenntnis.

Erkenntnis ist daher ein nie abgeschlossener irreversibler Informationsprozeß, in dem sich das Verhältnis von empirischem und strukturellem Informationsgehalt immer verändert. Selbst jene Zustände des Informationsprozesses, in denen sich scheinbar nichts verändert und die deshalb als das Ende oder die Vollendung des Erkenntnisprozesses angesehen werden, sind nichts anderes als stabilisierte Phasen im Sinne eines »Fließgleichgewichts«, in denen sich der Erkenntnisprozeß an die Prozesse, die in der Realität oder Umgebung des Erkenntnissubjekts ablaufen, angeglichen hat. Die beiden Prozesse haben selbst eine bestimmte, diskrete Phasenstruktur, die prinzipiell gleich bleibt:

– In der Umgebung läuft ein Prozeß ab, der von einem Zustand ausgeht, der die Bedingung für das Eintreten eines Ereignisses ist, welches einen neuen Zustand schafft, der wiederum Bedingung eines weiteren Ereignisses ist.

– Im Erkenntnissubjekt läuft ein Prozeß ab, der von einer Information über die Umgebung ausgeht, die einen neuen Erkenntniszustand schafft, der durch weitere Informationen in andere Zustände übergeht usw.

In der Zuordnung beider Prozesse tritt aber eine Phasenverschiebung ein. Denn über ein wirkliches Ereignis kann man nur Informationen erhalten, nachdem das Ereignis eingetreten ist. Wie auch umgekehrt das Erkenntnissubjekt nur dann aktiv Informationen aufnimmt, wenn es selbst ruht: »Das Auge schreitet also, es gleitet nicht.«[31] Der formale symbolische Apparat, der zur Darstellung dieser Prozeßstrukturen dient, kann zwar sehr einfach sein, muß aber, um für die »Erkenntnistheorie« als Korrespondenztheorie der Wahrheit brauchbar zu sein, immer die Relation von Erkenntnissubjekt und Erkenntnisobjekt (= Umgebung des Erkenntnissubjekts) aufrecht erhalten. Daher sind zwei Arten der Informationsausbreitung zu unterscheiden:

– Der *Informationsfluß*, der im Erkenntnissubjekt als Prozeß abläuft, d. h. der Transport oder die Verarbeitung von Information im Inneren des Systems; symbolisch dargestellt durch einen waagrechten Pfeil →,
– und der *Einfluß aus der Umgebung* des Erkenntnissubjektes, der die eigentliche Information als Veränderung des Systems bringt, der zwar kein passiver Rezeptionsvorgang, sondern ein aktiver Zugriff auf die Umgebung ist, aber trotzdem nur stattfinden kann, weil diese Umgebung real existiert; symbolisch dargestellt durch eine senkrechte Linie, die einen Kanal bedeutet, in dem Information in beiden Richtungen fließen kann. Denn der aktive Zugriff, den der Mensch auf seine Umwelt macht, kann diese Umwelt durch neue Informationsstrukturen, die er in sie hineinlegt, auch verändern.

Damit aber die Kausalstruktur in allen diesen Prozessen darstellbar ist, sind auch zwei Prozeßelemente zu unterscheiden:

– Der *Zustand*, in dem sich die Umgebung oder das Erkenntnissubjekt befindet, einmal als realer Sachverhalt, das andere Mal als informationeller Erkenntniszustand; symbolisch dargestellt durch einen Kreis ○. Als Zustände sind sie Bedingungen für das Eintreten der Veränderung,
– entweder als reales *Ereignis* oder als strukturelle *Veränderung* des informationellen Erkenntniszustandes durch eine neue Information; symbolisch dargestellt durch ein Quadrat oder Kästchen □.

Diese symbolische Darstellung, die aus vier Zeichentypen besteht, ist zwar komplizierter, als es die topologischen Figuren der Prozeßlogik oder Zeitlogik sind, wie sie z. B. G. H. v. Wright konzipiert hat, die lediglich aus »Zuständen« (Kreisen) und horizontalen Linien, welche die »Geschichte« des Zustandes darstellen, bestehen. Sie lassen aber eine genauere Beschreibung von Erkenntnisprozessen, Entscheidungen und Handlungen zu, ohne dabei die logico-atomistische Struktur der Welt als eine metaphysische Grundkonzeption voraussetzen zu müssen. Die hier vorgeschlagene Strukturtheorie von Informationsprozessen ist kein logischer, sondern ein erkenntnistheoretischer Atomismus. Denn zum Unterschied von diesen (ontologischen) Konzepten werden hier keine Aussagen über den logischen Aufbau möglicher Welten gemacht, sondern lediglich die informationellen Prozesse analysiert, die sich über die reale und real erkennbare Welt aufbauen. Die einzige Voraussetzung, die bezüglich der realen Welt gemacht werden muß, ist diejenige, daß sie prozessualen Charakter hat, d. h. daß sie nur in Raum und Zeit gegeben

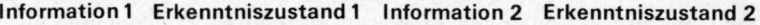

ERKENNTNISSUBJEKT

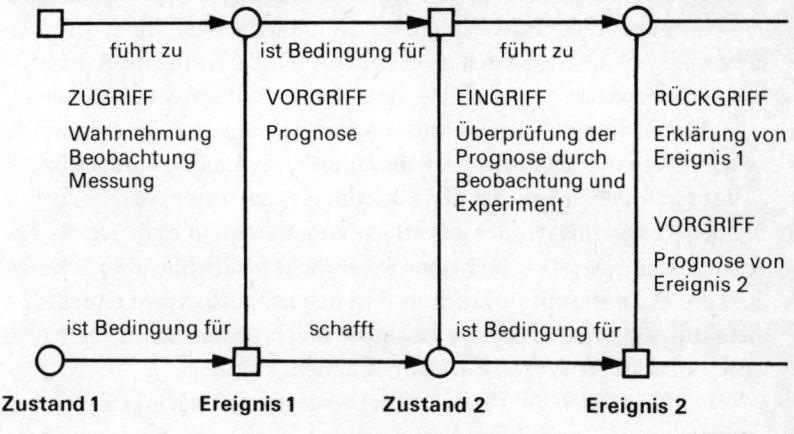

Information 1	Erkenntniszustand 1	Information 2	Erkenntniszustand 2
führt zu	ist Bedingung für	führt zu	
ZUGRIFF	VORGRIFF	EINGRIFF	RÜCKGRIFF
Wahrnehmung Beobachtung Messung	Prognose	Überprüfung der Prognose durch Beobachtung und Experiment	Erklärung von Ereignis 1
			VORGRIFF
			Prognose von Ereignis 2
ist Bedingung für	schafft	ist Bedingung für	
Zustand 1	Ereignis 1	Zustand 2	Ereignis 2

Abb. 7 **UMGEBUNG**

sein kann. Diese Voraussetzung ist jedoch nichts anderes als die Bedingung der Möglichkeit ihrer Erkenntnis. Der Erkenntnisprozeß selbst stützt sich als Informationsprozeß in seinem Ablauf auf einen »darunter«liegenden Prozeß in der realen Welt, wobei die erkennbare Phase dieses Realprozesses immer schon stattgefunden haben muß. Damit läßt sich nun graphisch eine anschauliche Darstellung der Grundformen von Informationsprozessen liefern, in der die grundlegenden erfahrungswissenschaftlichen Erkenntnisleistungen, wie Beobachtung, Prognose und Erklärung, klar voneinander getrennt, eine bestimmte Stelle im Prozeß einnehmen (vgl. Abb. 7).

Diese Darstellung demonstriert auch deutlich die genetische Priorität von Erkenntnissen gegenüber Handlungen. Vor dem bewußt geplanten *Eingriff* in die Umgebung ist der informationsgewinnende *Zugriff* und der prognostische *Vorgriff* auf die Umgebung des Erkenntnissubjekts notwendig.

Der unmittelbare Zusammenhang von Erkenntnis und Handlung ist systematisch durch den Begriff der »Veränderung« gegeben. Im »bloß kontemplativen« oder passiven Erkenntnisprozeß, bei dem prinzipiell an der beobachteten Umgebung nichts geändert wird bzw. auch nichts geändert werden kann, z. B. wegen der großen Entfernung der beobachteten Objekte bei astronomischen Beobachtungen, die nichtexperimentelle Beobachtungen sind, bezieht sich der Begriff »Veränderung« auf das Subjekt selbst. Es bedeutet dann eine »Anpassung« oder »Angleichung« des Subjekts in seinem Erkenntniszustand an die Umgebung. In diesem Sinne ist der Informationsbegriff immer auf das Erkenntnissubjekt bezogen. Der Informationsbegriff ist ein systemrelativer Begriff, der nichts anderes besagt als die Veränderung im System des Erkenntnissubjekts, die durch den Einfluß von der Umgebung aus hervorgerufen wird. Das besagt aber nicht, daß die Umgebung des Erkenntnissubjekts selbst ein unveränderliches Teilstück des Gesamtsystems darstellt. Die Veränderungsfähigkeit der objektiven Welt durch die Aktivität des Erkenntnissubjekts ist vielmehr eine wesentliche Bedingung ihrer Erkennbarkeit. Denn alle unsere Erkenntnis ist ursprünglich experimentelle Erkenntnis, die einen Eingriff in die Umgebung bedeutet, damit überhaupt real beobachtbare Prozesse in Gang kommen.

Diese Komponente der Spontaneität des menschlichen Erkenntnisvermögens ist auch gegenüber Aristoteles und Leibniz von Kant hervorgehoben worden, der damit nicht eine idealistische, sondern eine aktivistische Erkenntnistheorie aufstellen wollte. Damit gewinnt der zum Informationsprinzip verschärfte Satz vom Grund erst seinen fundamentalen Sinn als Verursachungsprinzip der Erkenntnis. Denn er bedeutet dann, daß die apriorischen Formen des Bewußtseins die strukturellen Bedingungen darstellen, unter denen der Erkenntnisprozeß in seiner kausalen zeitlichen Struktur abläuft. Sie sind notwendig in dem Sinne, daß ohne sie überhaupt keine Erkenntnis als realer Informationsprozeß stattfindet. Und sie sind allgemeingültig in dem Sinne, daß sie nicht die individuell zufälligen Bedingungen eines empirischen Subjekts, sondern die allgemeine, grundsätzlich gleichbeschaffene Konstitution des menschlichen Erkenntnisvermögens darstellen. Evolutionistisch gesehen bedeutet diese allgemeine Konstitution des menschlichen Erkenntnisvermögens eine artspezifische Hirnleistungspotenz, die von Konrad Lorenz ausdrücklich als »Fulguration« bezeichnet wird: »Die Menschwerdung ist die Fulguration der kumulierbaren Tradition, und das menschliche Gehirn ist ihr Organ.«[32]

Erkenntnistheoretisch hat dieses erfahrungswissenschaftliche Faktum der Gehirnentwicklung eine eindeutige Entsprechung in der von Kant geschilderten hierarchischen Anordnung der Erkenntnisvermögen. Woraus sich ergibt, daß letzten Endes nicht die Sinneserfahrungen, sondern die wissenschaftliche Theorie entscheidet, was wirklich ist. Dadurch wird die gehirnbedingte Subjektivität der Wahrnehmungswelt durch eine ebenso bedingte, aber dem Menschen artspezifische, höhere Hirnleistungspotenz überwunden. Das Gehirn stellt sich somit ganz im Sinne Kants als ein System von Systemen dar, das permanent seinen Informationsgehalt dadurch erhöht, daß eine bestimmte Menge sensorischer Energie systematisch vernichtet bzw. unterdrückt wird und nur jene Stellen »illuminiert« dem Bewußtsein präsentiert werden, über die bereits im unteren, »dunklen« System der vorbewußten Verarbeitung der Sinnesreize entschieden worden ist. Das »Chaos der Sinnesempfindungen«, von dem Kant spricht, erfährt also genau entsprechend seiner Lehre von den Anschauungsformen bereits eine vorbewußte, aber doch apriorische Formung. In einer modernen probabilistischen Deutung der Signalverarbeitung durch Nervenzellen, wie sie John von Neumann geliefert hat, läßt sich nun die Kantische Vorstellung vom Chaos, aus dem Ordnung durch die Spontaneität der Erkenntnisvermögen entsteht, präzisieren. Denn von Neumann konnte prinzipiell zeigen, wie zuverlässige Systeme aus unzuverlässigen Elementen gebaut werden können. Realisiert sind solche Möglichkeiten in bestimmten Verschaltungen der Neuronen, durch die die statistische Unsicherheit der unstetigen chemischen Prozesse ausgeglichen wird. Das Material, das der bewußten Erkenntnis präsentiert wird, ist daher schon nach bestimmten Strukturen verarbeitet und vorgeformt. Andererseits aber wird auch dieses Material der bewußten Sinneserkenntnis in einem weiteren, der Struktur nach sich wiederholenden Vorgang nach höheren Auswahlprinzipien verarbeitet, so daß auch in diesem Sinne das übergeordnete System der Vernunft über den Verstand als das untergeordnete System entscheidet. Dem entspricht die gehirnphysiologische Erkenntnis, daß, je mehr neuronale Abbildungsprozesse die Signale aus den Sinnesorganen durchlaufen haben, um so höher der Grad der Unabhängigkeit des neuronalen Erregungsmusters vom Umweltreiz wird [33].

Entscheidend ist, daß auf dieser logischen Ebene der Informationsverarbeitung der empirisch-kausale materielle Prozeß, wie er sich in den Sinnesorganen und im Gehirn, d. h. im zentralen Nervensystem und in der Peripherie abspielt, von einem zweiten Prozeß überformt und gesteuert wird. Wenngleich diese Formen des Bewußtseins phylogenetisch ihre Basis in den vorbewußten oder ratiomorphen Strukturen vormenschlicher Lebewesen besitzen, haben sie daher auf dieser Ebene prinzipiell einen anderen Charakter. Sie sind die Determinanten oder bestimmenden Komponenten eines Prozesses, den das Bewußtsein in allen seinen Teilen als seine eigenen Akte identifiziert. In einem Bild gesprochen, das William James von Kant übernommen hat, gleicht die bewußte menschliche Erkenntnis zum Unterschied von den auf der materiellen empirischen Ebene sich abspielenden kausal-energetischen Prozessen einem Billardspiel, bei dem die elastischen Kugeln nicht nur die Fähigkeit der Bewegung, sondern auch das Bewußtsein davon haben. Eine erste Kugel wird dann nicht nur ihre Bewegung, sondern auch ihr Bewußtsein auf eine zweite übertragen, und diese zweite würde beides in ihr Bewußtsein aufnehmen und an eine dritte weitergeben, bis die letzte Kugel alles enthalten würde.

Damit ist auf anschauliche Weise die Grundstruktur jedes bewußten Erkenntnisprozesses beschrieben, der von den einfachsten Begriffsbildungen bis zu den höchsten Formen der wissenschaftlichen Hypothesen- und Theorienbildung reicht und immer als ein Prozeß der *Informationsverdichtung* anzusehen ist.

Der Erkenntnisprozeß besteht so gesehen aus einer Kette von Bewußtseinszuständen, die in der dynamischen Organisation des Gehirns ihr materielles Äquivalent haben. Wobei nur die jeweils erreichten Bewußtseinszustände, aber nicht die Übergänge oder transitiven Bestandteile des Bewußtseinsstroms erfaßbar sind, die jeweils vom erreichten Ziel der Bewegung vollständig verdunkelt sind. Diese Übergangsbewegung festzuhalten ist deswegen nicht möglich, weil dieses Festhalten ihre Vernichtung bedeutet. Es gleicht, wie James sagt, dem vergeblichen Versuch, das Licht aufzudrehen, um zu sehen, wie die Dunkelheit aussieht.

Trotzdem bleibt aber die Kontinuität des Bewußtseins (das Kantische »Ich denke, das alle meine Vorstellungen begleiten muß«) erhalten, weil jede substantielle Ruhestelle des Bewußtseinsstroms, d. h. jeder Bewußtseinszustand den vorhergehenden enthält. Und zwar nicht auf beliebige Weise, sondern nach bestimmten unveränderlichen strukturell-synthetischen Gesetzen a priori, die die letzte Garantie für die Einheit des Bewußtseins sind.

Bereits dadurch wird klar, daß die Information im menschlichen Erkenntnisprozeß sich nicht additiv durch bloße Hinzufügung entwickelt, sondern stets in Richtung einer zunehmenden konstruktiven Rationalität, die durch einen bestimmten Mechanismus aufgebaut wird, den bereits Kant auf dem transzendentalen Weg seiner Erkenntnistheorie genau beschrieben hat[34] (vgl. Abb. 8).

Aus diesem Diagramm wird ersichtlich, daß die bekannte hierarchische Anordnung von sinnlicher Anschauung, Verstand und Vernunft,

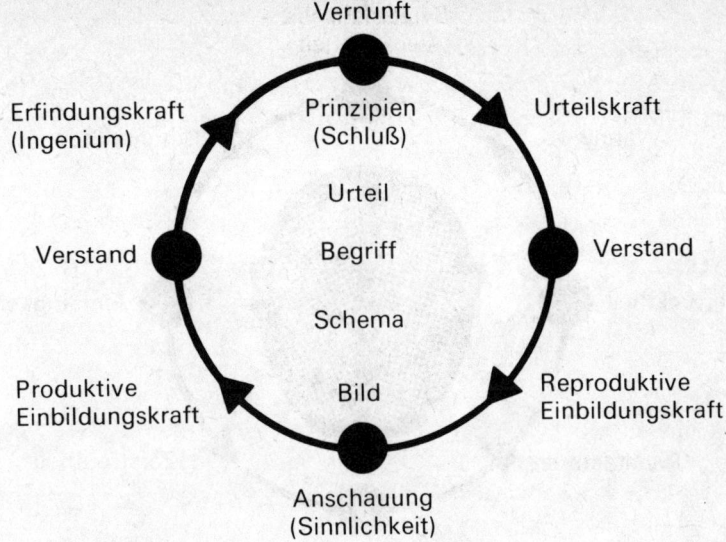

Vernunft

Erfindungskraft
(Ingenium)

Prinzipien
(Schluß)

Urteilskraft

Urteil

Verstand

Begriff

Verstand

Schema

Produktive
Einbildungskraft

Bild

Reproduktive
Einbildungskraft

Anschauung
(Sinnlichkeit)

Abb. 8

die jeweils bestimmte Schichten des Apriori (Raum und Zeit, Kategorien als Urteilsformen und Ideen) als methodologische *Prinzipien* enthalten, keine statische Struktur, sondern einen dynamischen Funktionszusammenhang darstellt. Hergestellt wird dieser Funktionszusammenhang durch genau im Sinne logischer Operationen bestimmte Erkenntniskräfte, die in dichter Reihenfolge aneinander anschließen und auf diese Weise ein topologisches System mit quasizirkulärem Charakter bilden. Diese funktionelle Einheit aller Erkenntnisvermögen ist genau das, was für Kant das erkenntnistheoretische Subjekt oder das Selbstbewußtsein heißt. Es bildet die apriorische Bedingung der Möglichkeit der Erfahrung, tritt aber selbst erst im Prozeß der Erfahrung in Erscheinung. Das heißt, daß die Realität des Bewußtseins als informationelle Realität aufzufassen ist, die lediglich in diesem ständig wiederkehrenden Funktionszusammenhang besteht.

Dieser Funktionszusammenhang bildet auch den Schlüssel zu einer evolutionären Methodologie der Wissenschaft, die die Entwicklung jener Erkenntnismechanismen erklären und begründen kann, die der Überwindung der phylogenetisch erworbenen Grundlagen des menschlichen Erkenntnisvermögens dienen.

Im Gegensatz zur üblichen Kant-Interpretation, aber in Übereinstimmung mit der evolutionären Erkenntnistheorie, läßt sich in einer an-

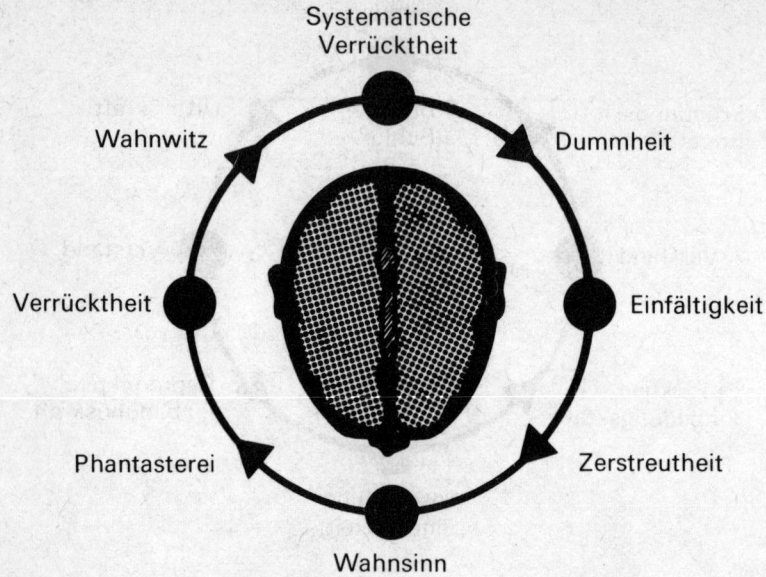

Systematische
Verrücktheit

Wahnwitz   Dummheit

Verrücktheit   Einfältigkeit

Phantasterei   Zerstreutheit

Wahnsinn

Abb. 9

schaulichen Rekonstruktion der pragmatisch-erkenntnisanthropologi-
schen Überlegungen Kants[35] zeigen, daß er mit seinem System des synthetischen Apriori nicht nur eine Topologie des wahren Erkenntnisprozesses geliefert hat, sondern auch eine Topologie des Irrtums. Die
Grundidee dieser negativen Topologie der menschlichen Erkenntnisfähigkeit beruht darauf, daß auch der Irrtum erkenntnistheoretisch begründet werden kann. Oder kurz – mit den Worten von Shakespeares
»Hamlet« – ausgedrückt: Auch der Wahnsinn hat Methode.

Wie das obige Diagramm (Abb. 9) zeigt, besteht die methodische
Struktur des Irrtums darin, daß auf der produktiv-heuristischen Seite
eine krankhafte Übersteigerung der Erkenntnisvermögen und Erkenntniskräfte erfolgt, während auf der reproduktiv-stabilisierenden Seite ein
Mangel und eine Schwächung auftreten. Diese Topologie des Irrtums,
die selbstverständlich nie total in einem realen Individuum realisiert ist,
begründet sowohl die individuell-private als auch die kollektiv-systema-
tische Desinformation, die auch in der Wissenschaft auftritt.

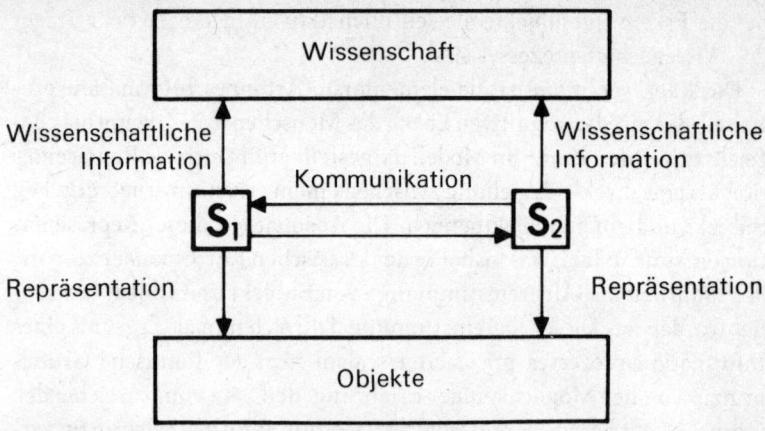

Abb. 10

4 Wissenschaft als evolutives Informationssystem

Die wissenschaftliche Erkenntnis ist zwar, wie bereits eingangs dargestellt, als eine Umkehr der Alltagserkenntnis zu betrachten, denn sie
dient nicht primär der Lebenserhaltung, sondern der »objektiven Erkenntnis«. Trotzdem kann aber die Überwindung unseres natürlichen
Erkenntnisapparates nur mit Hilfe dieses Apparates selbst geschehen.
Und zwar lediglich durch eine Iteration des ursprünglichen Verfahrens.
Das heißt, die wissenschaftliche Methode hat dieselbe quasizirkuläre
Struktur wie der primitive Mechanismus von Versuch und Irrtumsbeseitigung, wie er bereits bei den niedrigsten Lebewesen feststellbar ist.
Nur mit dem Unterschied, daß er bewußt als überindividueller Mechanismus der Selbstkorrektur entwickelt ist, der jedoch nicht nur fehler-
hafte Informationen beseitigt, sondern richtige Informationen speichert,
oder genauer gesagt, abstraktiv verdichtet (vgl. Abb. 10).

Dieses Modell hat zwar Ähnlichkeiten mit dem von Popper und Eccles
dargestellten 3-Welten-Modell. Der Unterschied besteht aber darin, daß
es sich hier um ein rein erkenntnistheoretisches und nicht ontologisches
Modell handelt, in dem verschiedene Schichten des Seins oder verschiedene relativ selbständige Welten unterschieden werden. In einem erkenntnistheoretischen Modell tritt eine Schichtung des Seins oder eine
Trennung in Welten nur nachträglich als abstrakte Differenzierung des
Objektbereiches in der wissenschaftlichen Erkenntnis auf. Das Modell
stellt daher lediglich Erkenntnisprozesse und ihre Bedingungen dar, wo-

bei die Erkenntnissubjekte die zentralen aktiven Instanzen oder Träger des Wissenschaftsprozesses sind.

Die *Repräsentation* ist die elementarste Art eines Informationsprozesses, der auf der kognitiven Ebene des Menschen als »Erkenntnis« bezeichnet werden kann. Im Modell dargestellt ergibt sich die Repräsentation als eine direkte Beziehung zwischen einem erkenntnistheoretischen Subjekt und einem Objektbereich. Die Adäquatheit dieser Repräsentation entspricht dem, was bisher in der klassischen Korrespondenztheorie der Wahrheit als »Übereinstimmung« von Subjekt und Objekt bezeichnet worden ist. Diese Übereinstimmung läßt sich nun als Ergebnis eines Informationsprozesses präzisieren, indem man das Kantische Grundprinzip von der Möglichkeit der Erfahrung, den Satz vom zureichenden Grund, in der bereits dargestellten Weise zum Informationsprinzip verschärft. In diesem Prozeß wird Information nicht übertragen, sondern vom System des menschlichen Bewußtseins erzeugt. Das menschliche Bewußtsein (oder, Kantisch ausgedrückt, die »ursprünglich synthetische Einheit der transzendentalen Apperzeption«) trennt sich selbst und seinen materiellen Träger, den Organismus, von der Außenwelt dadurch ab, daß es in seinem Innern ein subjektives Modell der Außenwelt als Erscheinungswelt aufbaut. Die Kantischen apriorischen Formen der Anschauung und des Verstandes bilden dabei das prinzipiell nicht hintergehbare Schema dieser Erkenntnisoperationen. Sie sind aber keineswegs eine absolut sichere Garantie für die Wahrheit der Erkenntnis. Das hat Kant selbst nie behauptet. Sie sind lediglich die Garantie für die »Unmöglichkeit des absoluten Irrtums«. In jedem individuellen Erkenntnisprozeß sind Erkenntnis und Irrtum untrennbar miteinander vermischt. Denn das subjektive innere Modell der Außenwelt besteht nicht nur aus Informationen, sondern auch aus Desinformationen.

Desinformationen sind als solche nur nachträglich, nach einem Korrekturprozeß, zu erkennen. Sie sind gewissermaßen topologische Verzerrungen der Außenwelt, die im Modell mit den nichtverzerrten Informationen intergriert sind. Das im Erkenntnisprozeß aufgebaute Modell der Außenwelt gleicht daher einer Landkarte, auf der es zwar die einzelnen Orte wirklich gibt, die jedoch in ihrer Lage zueinander verschoben sind. Aber diese Verschiebung macht die Karte nicht total falsch, weil man auf den Wegen, die in dieser Karte eingezeichnet sind, tatsächlich diese Orte erreichen kann[36]. Das subjektive Modell der Außenwelt kann aber bereits dadurch auf die höhere Ebene der Intersubjektivität erhoben werden, daß das individuelle konkrete Erkenntnissubjekt in eine Kommunikationsverbindung mit anderen Subjekten tritt. Dadurch ergibt sich eine artspezifische soziale Konstruktion der Wirklichkeit. Das erkennende Individuum kann auf diese Weise aus dem Kerker der eigenen gehirnbedingten Subjektivität ausbrechen.

Die *Kommunikation* ist also jener zweite, den elementaren Informationsprozeß der Repräsentation ständig überlagernde Prozeß der menschlichen Erkenntnisgewinnung, der zumindest im Sinne der Intersubjektivität eine weitere Realitätsgarantie liefert.

Das ursprünglichste Medium der direkten personellen Kommunikation ist die natürliche gesprochene Sprache, die selbst unter dem Selektionsdruck der Verständigung der einzelnen Erkenntnissubjekte zustande gekommen ist. Wie Berger und Luckmann es ausgedrückt haben[37], gleicht das Alltagsleben des Menschen dem Rattern einer Konversationsmaschine, die ihm unentwegt seine subjektive Wirklichkeit garantiert, modifiziert und rekonstruiert. Von der direkten interpersonellen Kommunikation ist jedoch die indirekte Kommunikation zu unterscheiden, die erst mit der Erfindung der Schrift gegeben war. Das Dokument schafft nicht nur die Möglichkeit einer neuen Art von indirekter Kommunikation, die nicht mehr zeit- und ortsgebunden ist, sondern liefert auch eine neue Art von Informationsquelle. Denn das Dokument dient zumindest im Bereich der wissenschaftlichen Information nicht nur der Mitteilung von Erkenntnissen, sondern enthält auch die Forderung der Weiterverarbeitung dieser Informationen im Rahmen eines umfassenderen transsubjektiven Prozesses, in dem jedes Dokument nur einen winzigen Bestandteil ausmacht.

Die *wissenschaftliche Information* basiert zwar auf den bereits in der Alltagserkenntnis wohlbekannten Informationsprozessen der Repräsentation und Kommunikation, sie ist aber auch davon prinzipiell dadurch unterschieden, daß sie von vornherein auf das transsubjektive System der Wissenschaft bezogen ist, das eine relative Selbständigkeit besitzt. Dieses abstrakte System der Wissenschaft ist nicht direkt mit dem Insgesamt aller Schriften, Bücher oder Dokumente (wozu auch die maschinelle Dokumentation gehört) gleichzusetzen. Denn unter diesen Dokumenten ist bereits der größte Teil »tote« oder entwertete Information, die nicht mehr benützt wird. Der Zustand der Wissenschaft wird vielmehr jeweils nur durch jene Dokumente repräsentiert, die real von den Trägern des Wissenschaftsprozesses benutzt werden. Eine solche Auffassung der Wissenschaft als Informationssystem kann man, in Anlehnung an Bolzano, als eine »aktualistische« Auffassung bezeichnen. Sie besagt, daß nur das als »Wissenschaft« gelten kann, was dem aktuellen Zustand der wissenschaftlichen Kommunikation entspricht. Was nicht aktuell in den Informationsfluß des vielverzweigten interpersonellen Kommunikationsnetzes der Wissenschaft eingeht, gehört entweder nicht mehr oder noch nicht zur Wissenschaft. Diese These wäre allerdings trivial, wenn man nicht zugleich angibt, welches die Kriterien für die »Aktualität« sind. Die Statistik der Zitierung von Autoren und Deskriptoren bzw. Schlagwörtern liefert dafür zwar einen äußerlichen Hinweis, aber keinesfalls eine problemlose Grundlage. Ebensowenig aber ist das rein logisch-erkenntnistheoretische Kriterium geeignet, das durch den Begriff der »Wahrheit« festgelegt ist. Denn zur aktuellen Wissenschaft gehört sowohl die aktuelle Wahrheit als auch der aktuelle Irrtum, der als *kollektive Desinformation* im Gesamtsystem der Wissenschaft immer vorhanden ist. Als grundlegendes Kriterium ebensowohl wie als reale Eintrittsbedingung und Selektionsmechanismus ist vielmehr die wissenschaftliche Methodik eines Faches anzusehen. Denn die wissenschaftliche Methode entscheidet sowohl über die Begründung als auch über die Verwertung und Entwertung alter Erkenntnisse. Das Insgesamt aller Methoden eines Fachgebietes stellt den von den jeweiligen Trägern des Wissenschaftsprozesses akzeptierten Erkenntnismechanismus dar, der auch dann funktioniert, wenn innerhalb eines Fachgebietes widerstreitende Alternativtheorien entstehen. Denn auch in diesem Streit wird nach methodologischen Prinzipien entschieden. Es gibt zwar auch einen Methodenstreit nicht nur im Gesamtsystem aller Wissenschaften, sondern auch im internen Fachgebiet einer bestimmten Wissenschaft. Dieser Methodenstreit bezieht sich aber letzten Endes nur auf Schwergewichtsverlagerungen innerhalb des in einem Fachgebiet benützten Methodenarsenals. Er betrifft jedoch nicht den Funktionszusammenhang selbst, durch den prinzipiell alle möglichen generellen Erkenntnismethoden wie Induktion, Konstruktion, Deduktion und Reduktion in einer Verbindung stehen. Denn dieser Funktionszusammenhang ist in der menschlichen Erkenntnisfähigkeit überhaupt als apriorischer Grundstruktur festgelegt. Auf der Ebene der wissenschaftlichen Erkenntnis erweist sich diese zyklische oder quasizirkuläre Struktur als ein methodologisch geregeltes Korrekturverfahren. Die Grundstruktur dieses sich immer höher schraubenden Selbstkorrekturprozesses läßt sich am adäquatesten durch ein spiralenförmiges Iterationsverfahren beschreiben, in dem man sich schrittweise einem unbekannten Ziel nähert, ohne es jemals wirklich zu erreichen. Dieses Korrekturverfahren ist aber selbst genauso wie die Erkennt-

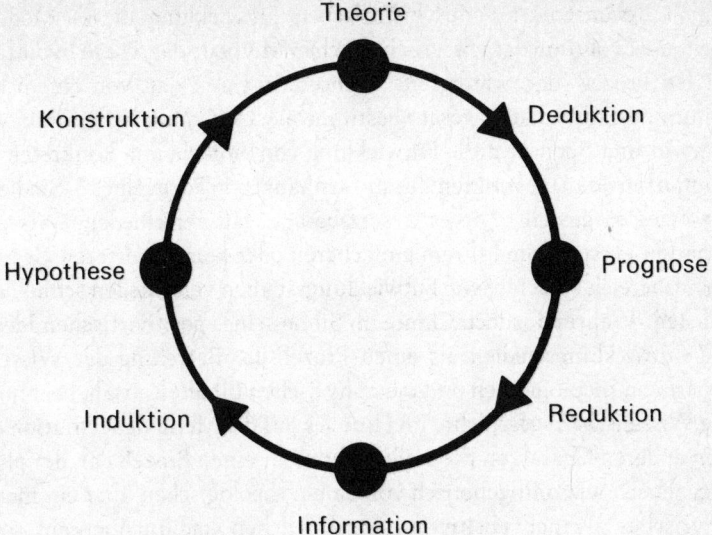

Theorie

Konstruktion

Deduktion

Hypothese

Prognose

Induktion

Reduktion

Information

Abb. 11

nismechanismen des Alltags ein Produkt der Evolution. Allerdings jener Evolution, in der sich bereits jene Richtungsänderung von der subjektiven, der Lebenserhaltung dienenden Erkenntnis zur objektiven Erkenntnis vollzogen hat.

5 Das 3-Stadien-Gesetz der Methodenevolution

Der Funktionszusammenhang der Methoden, die der Gewinnung, Systematisierung und Rechtfertigung dienen, liegt in der Gegenwart in vielen empirischen Wissenschaften bereits vollständig vor. Er stellt im Grunde genommen nichts anderes dar, als die Iteration des ursprünglich der Lebenserhaltung dienenden subjektiv-individuellen Mechanismus der Alltagserkenntnis. Dieser elementare Mechanismus, den die evolutionäre Erkenntnistheorie bereits in den Verhaltensformen niedriger Lebewesen nachgewiesen hat, bildet sozusagen den Prototyp für den Mechanismus der wissenschaftlichen Erkenntnis, bei dem jeder einzelne methodologisch geregelte Schritt prinzipiell nachvollziehbar sein muß. Er läßt sich durch folgendes Diagramm [38] darstellen, das mit dem Kantischen Modell des Funktionszusammenhanges der Erkenntnisvermögen und Erkenntniskräfte völlig übereinstimmt (vgl. Abb. 11):

289

Die Rekonstruktion der historischen Entwicklung dieses Modells stellt die Evolution der wissenschaftlichen Methode dar. Diese Evolution ist ein Prozeß, der, wie bereits Spencer vermutet hat, von einem bestimmten Entwicklungsgesetz bestimmt ist. A. Comte hatte schon vor Darwin und Spencer diese Entwicklung von einfacheren, konkreten zu komplizierteren, abstrakten Zusammenhängen in Form eines 3-Stadien-Gesetzes dargestellt. Dieses Gesetz besagt, daß verschiedene Wissenschaften entsprechend ihrem einfacheren oder komplizierteren Gegenstandsbereich verschiedene Entwicklungsstadien verschieden schnell erreichen. Während jedoch Comte im Sinne seines positivistischen Ideals die Entwicklungsstadien als einen Prozeß der Befreiung der Wissenschaft von theologischen und metaphysischen Inhalten ansah, bekommt die Wissenschaftsgeschichte im Hinblick auf die Methodenevolution einen anderen Charakter. Sie stellt nicht mehr einen Prozeß dar, der phylogenetisch wie ontogenetisch von einem theologischen über ein metaphysisches zu einem positiv-wissenschaftlichen Stadium übergeht, sondern kann primär als ein Prozeß aufgefaßt werden, der in seinem ersten Stadium die empirisch-induktive Methode entwickelt, in seinem zweiten Stadium die konstruktiv-systematische und in seinem dritten Stadium die deduktiv-formale Methode. Wobei sich diese Methoden in ihrer Entwicklung nicht gegenseitig ablösen oder ersetzen, sondern sich zu einem immer dichter werdenden Funktionszusammenhang verbinden. Diese Auffassung entspricht der Korrektur, die Spencer am 3-Stadien-Gesetz von Comte durchgeführt hat. Denn Spencer hat im Gegensatz zu Comte betont, daß es nicht drei einander entgegengesetzte Methoden der menschlichen Erkenntnisgewinnung gibt, sondern nur eine einzige Methode, die stets im wesentlichen ein und dieselbe bleibt. Im Gegensatz zu Spencers Kritik an Comte muß aber das 3-Stadien-Gesetz nach dem hier vorgeschlagenen Modell nicht aufgegeben werden. Denn die einzelnen Entwicklungsstadien der Wissenschaft sind hier als Phasen der Ausbildung eines einzigen, immer komplexer werdenden Methodenzusammenhanges anzusehen. Dabei bleibt grundsätzlich die wissenschaftssystematische Idee Comtes erhalten, daß verschiedene Wissenschaften verschieden schnell diese Stadien erreichen bzw. auch verschieden lang in einem bestimmten Stadium verbleiben. Wobei es vorkommen kann, daß bestimmte Wissenschaften, die einen komplexen Gegenstandsbereich haben, die letzte, axiomatisch-deduktive Phase überhaupt nicht erreichen. Im Modell gesprochen heißt das, daß die einzelnen Sektoren des quasizirkulären Prozesses nicht nur eine logisch-systematische, sondern auch eine historisch-genetische Reihenfolge bilden. Die Methodenevolution läßt sich daher auf folgende Weise darstellen:

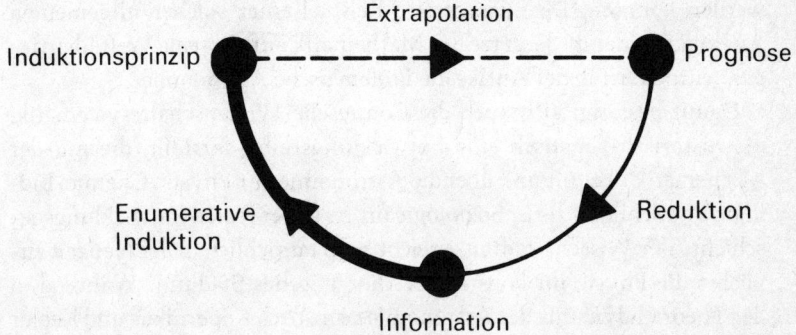

Abb. 12

Das *erste Stadium* der Wissenschaftsentwicklung ist methodologisch als eine prätheoretische Phase charakterisiert. In dieser Phase wird die induktive Methode in ihrer einfachsten enumerativ-aufzählenden Form ausgebildet. Es handelt sich in diesem Stadium der Wissenschaftsentwicklung um den Typus einer bloß beschreibenden, deskriptiven Wissenschaft. Beispiel einer solchen beschreibenden Wissenschaft ist die antike historia naturalis. Trotzdem ist es aber bereits auf dieser Ebene der prätheoretischen Wissenschaft möglich, Prognosen über zukünftige Ereignisse zu erstellen. Voraussetzung für derartige theorielose Prognosen ist die Gleichförmigkeit bzw. ständige Wiederholung derartiger Ereignisse. Dadurch ist ein allgemeines Induktionsprinzip von der Gleichförmigkeit der Welt gerechtfertigt, und die theorielose Voraussage ist nichts anderes als die Extrapolation gleichförmiger Beobachtungsreihen in die Zukunft. Beispiel dafür ist die vorgriechische, babylonische Astronomie.

Das *zweite Stadium* der wissenschaftlichen Erkenntnis ist durch die Phase der Theorienkonstruktion gekennzeichnet. In dieser Phase wird der Typensprung von induktiv-enumerativ gewonnenen besonderen Aussagen zu allgemeinen Gesetzesaussagen vollzogen. Dieser rein logisch nicht zu rechtfertigende Typensprung erfordert eine neue Art von Induktion, die über die bloße Enumeration hinausgeht. Whewell hat sie als »Superinduktion« bezeichnet, die immer ein »mysteriöses«, formallogisch nicht zu rationalisierendes kreatives Element enthält.

Historisch ermöglicht wurde dieser Typensprung im Bereich der Erfahrungswissenschaften durch die Ausbildung der euklidischen Geometrie. Dadurch entstand ein Bereich von erfahrungsunabhängig konstruierten Gesetzmäßigkeiten, die jedoch auf die Erfahrungswelt übertragen werden konnten. Das glänzendste Beispiel einer solchen allgemeinen Analogie, in der die Gesetze der Mathematik auf die reale Welt übertragen wurden, ist in der Antike die Ptolemäische Astronomie.

Damit bestätigt sich auch die Comtesche Wissenschaftssystematik, die historisch-genetisch eine Entwicklungsreihe darstellt, die mit der Mathematik beginnt und über die Astronomie zur Physik, Chemie, Biologie und schließlich zur Soziologie führt. In der realen Entwicklungsgeschichte der Wissenschaften erreicht auch tatsächlich in der Neuzeit zunächst die Physik ihr konstruktiv-theoretisches Stadium. Während in der Theoriendynamik der Astronomie sich durch Kopernikus und Kepler der Wechsel vom geozentrischen zum heliozentrischen System vollzieht, bleibt die Methodenentwicklung in diesem Gebiet durchaus kontinuierlich. Die entscheidende methodologische Wende vollzieht sich jedoch dadurch, daß mit Galileis nuova scienza die Physik als terrestrische Mechanik in ihre zweite methodologische Phase übergeht. Galilei und später Newton und Huygens haben die Grundstruktur dieses methodologischen Schrittes selbst explizit als die Methode der entgegengesetzten Operationen, *metodo risolutivo* und *metodo compositivo* (Analyse und Synthese), bezeichnet. Sie bedeutet, daß zwar in der Zerlegung des einheitlichen Bewegungsphänomens, z. B. der Bewegung der Kugel in der Fallrinne, die primitive enumerative Induktion erhalten bleibt, aber einem höheren Ziel, nämlich der Gewinnung allgemeiner Gesetze, dient, das nur über den durch die Geometrie vermittelten Typensprung der Superinduktion erreicht wird. Im Entdeckungsprozeß dieser Gesetze spielt sich genau jener von Spencer und Mach bereits deutlich erkannte Prozeß der Höherentwicklung von einfacheren, konkreteren Gesetzen zu komplizierteren und abstrakteren Gesetzen ab, z. B. vom einfachen Gesetz der Waage und des Hebels zu den komplizierteren Gesetzen des freien Falls und der Wurfbewegungen.

Der konstruktiv-synthetische Aufbau einer Theorie folgt daher einem Entwicklungsgesetz, in dem unter Variation der experimentellen Bedingungen immer komplexere Zusammenhänge erfaßt werden können. Dieser Prozeß ist konstruktiv aufbauend deswegen, weil die vorangegangenen Schritte für den weiteren Fortgang verwertet werden können. Je abstrakter und umfassender das Gesetz wird, um so komplexer und inhaltlich reicher wird es, weil es die vorangegangenen Gesetzmäßigkeiten

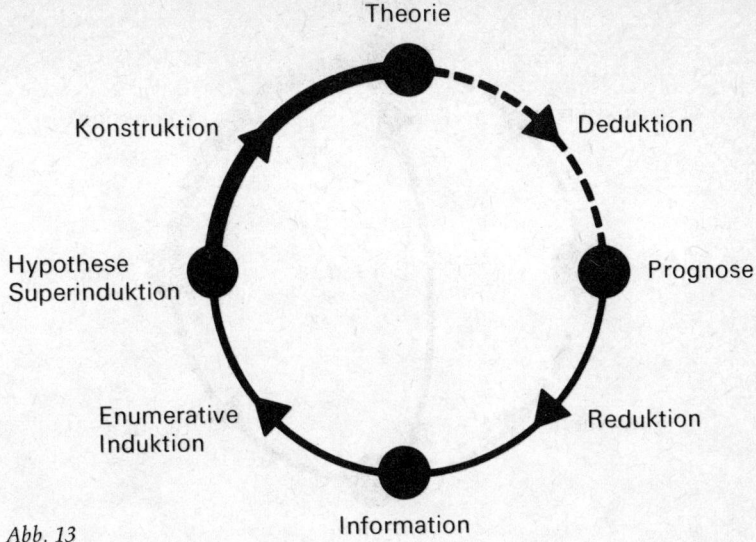

Theorie

Deduktion

Konstruktion

Prognose

Hypothese
Superinduktion

Enumerative
Induktion

Reduktion

Abb. 13

Information

als strukturelle Bedingungen in sich integriert. Das klassische Beispiel für ein derartiges integratives Wachstum ist die Gravitationstheorie Newtons, die sowohl die Gesetze der terrestrischen als auch der coelestischen Mechanik in sich enthält. Diese klassischen Theorien mit induktiv-synthetischem Charakter haben jedoch ihre Grenzen in dem schwerfälligen mathematischen Apparat der euklidischen Geometrie, die der weiteren Entwicklung zu umfassenderen, nicht mehr anschaulich-konstruktiv herstellbaren Prinzipien unüberwindliche Schranken setzt. Im Modell betrachtet, heißt das, daß dem Schwergewicht auf der induktiv-konstruktiven Seite ein Mangel auf der deduktiven Seite entspricht (vgl. Abb. 13).

Die klassischen synthetischen Theorien sind daher als axiomatisch-deduktive Theorien logisch unvollständig. Kein Begriff ist so vollendet definiert im Sinne mathematisch-logischer Exaktheit, daß er nicht noch verändert werden könnte. Keines der Axiome so formuliert, daß es nicht noch korrigiert werden könnte; und kein Theorem ist so selbstverständlich, daß es nicht noch eines besonderen Beweises seiner Ableitbarkeit aus den Axiomen bedarf.

Erst in einem *dritten Stadium*, das methodologisch durch die Ausbildung der formalanalytischen Methode der Deduktion charakterisiert ist, erreicht die Wissenschaft jenen Grad systematischer Vollkommenheit, der es ermöglicht, Prognosen und Erklärungen individueller Phänomene in einem bestimmten Bereich in ständig gleichbleibender Weise im Sinne

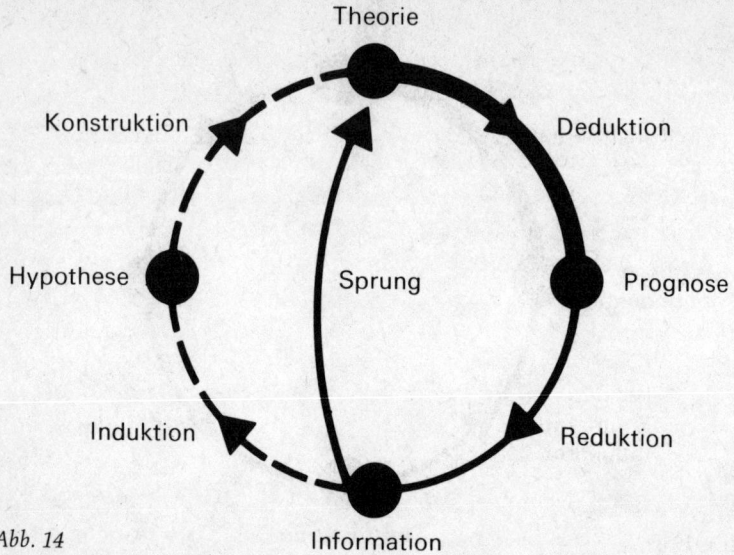

Theorie

Konstruktion

Deduktion

Hypothese

Sprung

Prognose

Induktion

Reduktion

Abb. 14

Information

eines algorithmischen Lösungsprozesses zu erzeugen. Damit verlagert sich auch grundsätzlich das Schwergewicht von den beobachtenden, messenden und experimentellen Verfahren zur theoretischen Berechnung. Dies gilt zumindest für die »normalen« Probleme, für die bereits in Form von algebraischen Gleichungen ein Lösungsalgorithmus vorliegt. Das grandioseste, bis heute unübertroffene Beispiel liefert die analytische Mechanik von Lagrange und Laplace. Sie ist, wie bereits Mach festgestellt hat, eine rein formale Weiterentwicklung der ursprünglichen konstruktiv-synthetischen Theorie Newtons zu einem formalen axiomatisch-deduktiven System. Im Modell gesprochen heißt das, daß dem Schwergewicht auf der deduktiven Seite nun eine Abkehr von der induktiv-konstruktiven Methode entspricht (vgl. Abb. 14).

Denn auch eine heuristische Weiterentwicklung oder sogar grundlegende Veränderung der axiomatisch-deduktiven Theorie in ihren Grundbegriffen und Axiomen, wie es die Einsteinsche Relativitätstheorie gegenüber der klassischen Mechanik darstellt, verändert nicht die bis dahin erreichte Grundstruktur der wissenschaftlichen Methodik. An die Stelle eines induktiv-konstruktiven Verfahrens der Heuristik, das noch eng an die unmittelbare Sinneserfahrung gebunden ist, tritt ein spekulativ-konstruktives Verfahren, das weit entfernt vom Boden der Erfahrung Begriffe entstehen läßt, die, wie Einstein selbst sagt, »freie Erfindungen des menschlichen Geistes« sind.

Aus diesem Grunde charakterisiert auch Einstein den Weg zu den Axiomen einer hochentwickelten, abstrakten Prinzipientheorie als einen »Sprung«, der mit der traditionellen Vorgangsweise einer schrittweisen Induktion nicht zu rechtfertigen ist. Diese Auffassung ist aber nicht einem Anti-Induktivismus gleichzusetzen, wie ihn Popper in einer Radikalisierung der Einsteinschen Methodenreflexion vertreten hat. Denn grundsätzlich war dieses sprunghafte Vorgehen auch ein Kennzeichen der klassischen Induktion. Allerdings waren dort die »Sprünge« nicht groß und ihre Anzahl begrenzt, denn sie geschahen zumeist im Rahmen der Analogie zur euklidischen Geometrie, d. h. in einem eng definierten Suchfeld. Die deduktive Systematisierung wurde deshalb auch nur als eine Zusatzleistung betrachtet, die oft erst Generationen später erfolgte. Anders dagegen verhält es sich bei den abstrakten Prinzipientheorien der modernen Physik. Gerade weil die darin enthaltenen Grundbegriffe so weit von der Erfahrung entfernt sind, muß die deduktive Systematisierung unmittelbar und mit größter Konsequenz durchgeführt werden, um aus dem »freien Spiel« der Gedanken einen wissenschaftlich relevanten, d. h. systemgebundenen Erkenntnisprozeß zu machen. Wie streng Einstein selbst diesem »logischen Weg« der deduktiven Systematisierung gefolgt ist, zeigen seine eigenen Abhandlungen, in denen er den rein logischen Aspekt der Denkökonomie in einem Ausmaß realisiert, welches die Beschränkungen deutlich erkennen läßt, denen die schöpferische Intuition in der wissenschaftlichen Erkenntnis unterworfen ist. Deutlicher als je zuvor sind auf dieser Entwicklungsstufe deduktiver Systematisierung Hypothese und Theorie voneinander unterscheidbar. Isolierten Hypothesen kommt in diesem Stadium keine Bedeutung mehr zu. Diese gewinnen sie erst im Rahmen eines Axiomensystems. Dadurch wird auch eine nachträgliche induktive Stützung von solchen abstrakten Hypothesen vor dem Aufbau der Theorie überflüssig; abgesehen davon, daß in der Regel keine derartigen Möglichkeiten vorhanden sind. Hypothesen, welche die Spitze eines hochabstrakten Axiomensystems bilden, stützen sich vielmehr gegenseitig. Einstein hat dieses »Kriterium innerer Vollkommenheit«, das »mit der Beziehung zu dem Beobachtungsmaterial nichts zu schaffen hat«, nicht nur auf rein logische, sondern auch auf pragmatische oder ästhetische Weise zu begründen versucht.

Nach Comtes enzyklopädischer Formel haben nicht nur die Mathematik, die Astronomie und die Physik das Stadium der positiven Wissenschaft erreicht, sondern sukzessive auch die Chemie, Biologie und die

Soziologie. Diese Entwicklung hat auch ihre Entsprechung im Modell der Methodenevolution. Denn die Chemie erreicht spätestens mit der Atomtheorie Daltons das letzte Stadium der axiomatisch-deduktiven Theorienbildung. In diesem Stadium wird es möglich, im natürlichen System der Elemente Mendelejews die Entdeckung neuer Elemente vorauszusagen. Sie fällt aber dann auch im Sinne einer homogenen Reduktion mit der Physik zusammen. Denn die Grundlagentheorie beider Gebiete ist damit identisch geworden. Anders verhält es sich jedoch mit der Biologie. Bereits Darwin hat auf den gegenüber den physikalischen Gesetzen ungleich komplizierteren Zusammenhang biologischer Phänomene hingewiesen:

»Man werfe eine Handvoll Federn in die Luft, und alle werden nach bestimmten Gesetzen zu Boden fallen; aber wie einfach ist dieses Problem im Vergleiche mit der Aktion und Reaktion der unzählbaren Pflanzen und Tiere, welche im Laufe der Jahrhunderte das Zahlenverhältnis und die Arten der Bäume bestimmt haben, die jetzt auf den Ruinen der alten indianischen Tempel wachsen«[39].

Noch komplizierter sind jedoch die Gesetze im Bereich der menschlichen Gesellschaft. Auf dieser Ebene kommt der völlig neue Umstand hinzu, daß theoretische Konzepte den Gegenstandsbereich nicht unverändert lassen.

Trotzdem bleibt aber die quasizirkuläre Grundstruktur des funktionellen Methodenzusammenhanges erhalten. Denn dieser ist phylogenetisch tief im menschlichen Erkenntnisapparat verankert. Einen Beleg dafür liefert im Bereich der Humanwissenschaft der sogenannte »hermeneutische Zirkel«, der in den praktischen Wissenschaften zum »Handlungskreis« oder »applikativen Zirkel« wird. Wie bereits Schleiermacher und Dilthey festgestellt haben, beruht dieser Kreislauf der menschlichen Erkenntnis auf dem Funktionszusammenhang von Induktion und Deduktion. Er unterscheidet sich daher nicht prinzipiell in seiner Struktur von dem in den Naturwissenschaften üblichen Rückkoppelungskreis von induktiver Erfahrung und deduktiver Theorie. Der Unterschied besteht nicht in der Struktur des Erkenntnismechanismus, sondern in der Eigenart des Gegenstandsbereiches, in dem verschiedene Arten von Ordnungen herrschen. Das zeigt sich bereits im Bereich der Biologie, wo zum Unterschied von den physikalisch-chemischen Ordnungsgesetzen, die repetitiven und universalen Charakter haben, eine neue Art von Ordnung auftritt, die nur entfernt vom thermodynamischen Gleichgewichtszustand entstehen kann[40].

In dieser »Ordnung des Lebendigen« kommt es im menschlichen Bereich zu weiteren neuen Ordnungsstrukturen, die kaum jemals in Form axiomatisch-deduktiver Theorien erfaßbar sein werden. Diesen neuen offenen Ordnungsstrukturen entspricht ein anderer Typus von Theorien, der zwar keine festgelegten Definitionen und keine Axiome kennt, aber trotzdem nicht weniger wissenschaftlich sein muß. Denn er beruht ebenso auf jener methodologisch zu rechtfertigenden Grundstruktur eines sich selbst kontrollierenden und korrigierenden Erkenntnisprozesses.

Allerdings ist diese in der Wissenschaftsgeschichte herausgebildete methodologische Grundstruktur nur eine idealisierte Abstraktion, die nicht dem individuellen Träger, sondern nur dem System der Wissenschaft zukommt. Das bedeutet zwar, daß der Wissenschaftler als individuelle Forscherpersönlichkeit prinzipiell von jedem Methodenzwang frei ist, und zwar so frei, daß auch die Produktion grenzenlosen Unsinns möglich ist. Aber von der Konstitution des menschlichen Erkenntnisvermögens aus gesehen zeigt sich das, was Kant schon behauptet hat: die Unmöglichkeit des totalen Irrtums. Die positive Formulierung dieser durch die evolutionäre Erkenntnistheorie bestätigten Idee findet sich bereits in der »Allgemeinen Naturgeschichte und Theorie des Himmels« vom Jahre 1755. Sie könnte als Motiv über die gesamte reale Entwicklungsgeschichte der menschlichen Erkenntnis und Wissenschaft geschrieben werden. »Auch in den allerunsinnigsten Meinungen, welche sich bei den Menschen haben Beifall erwerben können, wird man jederzeit etwas Wahres finden können«[41].

Methodologisch betrachtet heißt das, daß niemand die wissenschaftliche Methode in idealer Weise beherrscht, in völliger Ausgeglichenheit ihrer Funktionselemente. Der phylogenetisch in der Wissenschaftsgeschichte herausgebildete Funktionszusammenhang hat auch ontogenetisch im menschlichen Individuum seine Entwicklungsgeschichte. Auch hier gibt es Schwergewichtsverlagerungen. Diese können zu stationären Zuständen werden, die individuell nicht überwunden werden, so daß es in der Wissenschaftsgeschichte immer radikale Induktivisten oder Deduktivisten geben wird, die zur Gesamtentwicklung einer Wissenschaft ihren Teil beitragen.

Der eigentliche Selektionsmechanismus wird jedoch nicht im Sinne eines primitiven Sozialdarwinismus durch den Kampf oder die Diskussion der Wissenschaftler untereinander, sondern vom System der Wissenschaft selbst ausgeübt. Dieser Selektionsmechanismus ist gegenüber dem Individuum *unbarmherzig*, aber von *absoluter* Gerechtigkeit. Keine Ordnungsstruktur geht jemals in der Wissenschaft verloren. Diejenigen Entdeckungen, die zu früh auftauchen, wie etwa Mendels Vererbungsgesetze, werden wiederentdeckt. Allerdings kommt diese Gerechtigkeit für das Individuum, das sie nicht mehr erlebt, zu spät. Der Selektionsmechanismus ist aber überhaupt nicht auf das Individuum abgestimmt. Er schneidet vielmehr oft mitten durch die persönliche Ideenwelt und wissenschaftliche Leistung, in der Wahrheit und Irrtum, Sinn und Unsinn ein einheitliches System bilden, hindurch. Dieser Selektionsmechanismus trennt den Galilei, den Begründer der Physik, von dem abstrusen Ebbe- und Fluttheoretiker Galilei, trennt den Newton, den Begründer einer einheitlichen astronomisch-physikalischen Grundlagentheorie, von dem Pyramidenphantasten, Alchemisten und Theologen Newton, trennt den Begründer der vergleichenden Anatomie und Paläontologie Cuvier von dem Katastrophentheoretiker und irrationalwütenden Gegner der Evolutionstheorie.

Dem Vorteil einer solchen absoluten unpersönlichen Gerechtigkeit, die von niemandem angerufen zu werden braucht, weil sie für jeden kommt, steht der Nachteil gegenüber, daß die Wissenschaft tatsächlich nicht mehr an das sie erzeugende Individuum, den Menschen, gebunden ist und dadurch eine unmenschliche Dimension gewinnt, vor der wir uns bereits zu fürchten beginnen.

Anmerkungen

1 Vgl. E. Oeser (1974).
2 Zit. nach C. Bresch (1977, S. 69).
3 Vgl. E. Oeser (in Vorbereitung).
4 Vgl. G. Dobrow (1974).
5 Vgl. E. Oeser (1976, Bd. 2).
6 T. Dobzhansky (1965, S. 400).
7 Ch. Darwin (1871); dt. von G. Gärtner (o. J., S. 795).
8 Ch. Darwin, a. a. O., S. 84.
9 H. Spencer (1852).
10 H. Spencer (1862); dt. von B. Vetter (1875, S. 385).
11 H. Spencer (1870); dt. von B. Vetter (1882, S. 482 f.).
12 E. Mach (1911, S. 282).
13 L. Boltzmann (1905); siehe auch E. Broda (1955).
14 A. de Candolle (1873); dt. von W. Ostwald (1911, S. 115).
15 Vgl. E. Oeser (1979).
16 Vgl. D. T. Campbell (1974) und K. Lorenz (1944).

17 Vgl. R. Riedl (1980a).
18 Vgl. D. T. Campbell (1974, S. 413).
19 G. Frey (1980, S. 15).
20 A. a. O., S. 5.
21 Frey beruft sich in diesem Zusammenhang auf G. Vollmer, der allerdings den Passungscharakter überbetont hat. (Siehe auch Vollmers Beitrag zu diesem Band.)
22 Vgl. K. Lorenz (1973, S. 41).
23 Vgl. F. Seitelberger (1980, S. 189).
24 Wie C. Bresch (1977, S. 183).
25 K. Lorenz (1973, S. 217).
26 I. Kant (1798).
27 *The Works of John Locke*. London 1823, Bd. 2, S. 110.
28 D. M. MacKay (1950, S. 296).
29 Vgl. E. Oeser (1976, Bd. 2, S. 15 ff.).
30 I. Kant (1787, S. 246).
31 E. v. Holst (1974, S. 105).
32 K. Lorenz (1973, S. 233).
33 Vgl. O. J. Grüßer u. V. Henn (1970, S. 145).
34 E. Oeser (1982).
35 I. Kant (1798).
36 O. Sechser (1980, S. 229).
37 P. L. Berger u. T. Luckmann (1966).
38 Vgl. E. Oeser (1976, Bd. 3, S. 119).
39 Ch. Darwin (1859); dt. von G. Gärtner (o. J., S. 78).
40 Vgl. I. Prigogine u. I. Stengers (1980, S. 21 f.).
41 I. Kant (1755, S. 227).

Hans Mohr *Ist das ›Ethos der Wissenschaft‹ mit der evolutionären Erkenntnistheorie zu vereinbaren?*

Teil I

1 Sein und Sollen: Die traditionelle Ansicht

In der philosophischen Ethik gilt es zumindest seit Hume als ein Trugschluß, aus Prämissen über das Sein Schlußfolgerungen über das Sollen abzuleiten. Aussagen darüber, was ist, war oder sein wird, erlauben keine Aussagen darüber, was sein soll – diese Auffassung ist auch bei den heutigen Wissenschaftlern tief verankert. In Simons (1971) Worten: »Die Theorie der Evolution sagt uns nichts darüber, was im ethischen Sinn gut oder böse ist; der evolutionäre Prozeß ist seiner ganzen Natur nach ohne Ethik.« Die Frage ist, ob dieses Urteil auch für die evolutionäre Erkenntnistheorie gilt? Lassen sich aus den Thesen der evolutionären Erkenntnistheorie aus prinzipiellen Gründen keine Werturteile ableiten? Vollmer (1982), ein Vorkämpfer der evolutionären Erkenntnistheorie, stellt hierzu lapidar fest: »Evolutionäre Erkenntnistheorie befaßt sich mit Konzepten und Hypothesen (d. h. deskriptiven Aussagen) als kognitiven Strukturen, aber nicht mit Werten und Normen. . . . Evolutionäre Erkenntnistheorie ist *nicht* Etho-Logie; sie sucht *nicht* nach den evolutionären Ursprüngen, Charakterzügen und Konsequenzen ethischer oder ästhetischer Normen und Werte.«

Tatsächlich hat sich innerhalb der Wissenschaft eine bestimmte Ansicht eingebürgert – eine durch Tradition geheiligte, kaum noch reflektierte Ansicht –, die zum Beispiel Feodor Lynen (1975) prägnant mit den Worten zusammengefaßt hat: »Wissenschaftliche Erkenntnis ist nur *ein* Aspekt unserer Existenz, weil ethische Werte und ästhetische Qualitäten zu einer Sphäre unserer Persönlichkeit gehören, die sich der wissenschaftlichen Behandlung entzieht.«

Ich glaube, daß diese Ansicht die ethische Relevanz der evolutionären Erkenntnistheorie unterschätzt. Mein Argument wird darauf hinauslaufen, daß man zumindest *eines* jener ethischen Systeme, die sich im Lauf der kulturellen Evolution entwickelt haben, aus der evolutionären

Erkenntnistheorie ableiten kann, nämlich das wissenschaftliche Ethos. Wenn es im Sinn der evolutionären Erkenntnistheorie eine Entwicklung des Geistes, eine Evolution des Denkens, gegeben hat, *muß* sich das Ethos der Wissenschaft *mit Notwendigkeit* herausgebildet haben.

Diese These gilt es zu begründen. Einen Einwand, der mich lange davon abgehalten hat, die Begründung zu versuchen, muß ich noch vorbringen. Es gibt die Warnung von Max Weber, wonach sich Wertvorstellungen, die zum Gegenstand wissenschaftlicher Analyse werden, verändern und ihre prägende Kraft verlieren. »Wenn das normativ Gültige Objekt empirischer Untersuchungen wird, so verliert es, als Objekt, den Normencharakter, es wird als seiend, nicht als gültig behandelt.« Beim wissenschaftlichen Ethos zumindest ist der Sachverhalt eher umgekehrt. Es ist normativ gültig, *weil* es seiend ist, verankert in unseren Genen.

2 Werte

Werte sind unentbehrliche Elemente in jeder auf Zielerfüllung gerichteten teleologischen Handlung, die wir bewußt, als freie Menschen und im Gefühl der Verantwortung ausführen. Verantwortlich handeln bedeutet, daß wir bereit und in der Lage sind, unsere Handlungen durch das Zurückführen auf Werte zu rechtfertigen. *Rationale* Entscheidungen nennen wir solche, bei denen wir bewußt und mit klarem Verstand Werte gegeneinander abwägen. Die Würde des Menschen drückt sich darin aus, daß der Mensch sich bei seinem Planen und Handeln durch Werte und daraus folgende Maximen leiten läßt.

Man kann das Wertekollektiv eines Menschen in zwei Subkollektive einteilen (s. Rokeach 1973):
1. *instrumentale Werte.* Darunter versteht man spezifische Verhaltensweisen, die für gut gehalten werden, z. B. rationales Verhalten, Fairness, Fleiß, Altruismus, Ehrlichkeit, Unvoreingenommenheit.
2. *terminale Werte.* Darunter versteht man erstrebenswerte (End-)Zustände oder Ziele, z. B. Frieden, soziale Gerechtigkeit, materielle Sicherung der Familie, Gesundheit, Freiheit, saubere Luft, keine Übervölkerung.

Werte stehen nicht unverknüpft nebeneinander; sie sind vielmehr im Bewußtsein des einzelnen Menschen hierarchisch nach ihrer relativen Bedeutung geordnet oder zumindest verknüpft. Terminale Werte sind in der Regel den instrumentalen Werten vor- oder übergeordnet, in dem

Sinn, daß terminale Werte die entsprechenden instrumentalen Werte nach sich ziehen.

Erfahrungsgemäß können wir nicht damit rechnen, daß das Wertesystem eines Menschen widerspruchsfrei, logisch durchgearbeitet oder auch nur jederzeit klar im Bewußtsein präsent ist. Der ethische Konflikt, die Kollision der Werte, gehört zum Menschsein.

Es ist die traditionelle Aufgabe der Moralphilosophie gewesen, Sittlichkeit zu *begründen* und damit dem Menschen zu helfen, seine subjektiven Wertvorstellungen so weit zu läutern und seine Antriebe zu disziplinieren, daß Entscheidungen und Handlungen auch explizit und einigermaßen widerspruchsfrei zu rechtfertigen sind. In Lorenzens (1969) Worten: »... die Moralphilosophie hat die Aufgabe, Prinzipien zu formulieren, die es uns erlauben, die nur subjektiv ›gegebenen‹ Bedürfnisse und Antriebe derart zu disziplinieren, daß unsere handlungsrelevanten Entscheidungen sich rechtfertigen lassen«.

3 Wissenschaft

Wissenschaft (im Sinn des englischen ›science‹) kann aufgefaßt werden als ein methodisch geordneter, systematischer Versuch des menschlichen Geistes, gesichertes Wissen (›Erkenntnis‹) zu erlangen. Wissenschaftliche Erkenntnis ist ›öffentliches Wissen‹ (public knowledge) (s. Ziman 1968). Es ist ein Wissen, das den kompetenten Mitgliedern einer wissenschaftlichen Gruppe, einer ›scientific community‹ *gemeinsam* gehört, das sie gemeinsam erarbeiten, gegenseitig kritisch prüfen, in die Form wissenschaftlicher Aussagen bringen und gemeinsam verantworten (Konsensusprinzip).

Dieser Aufsatz zielt auf die *normativen Voraussetzungen* wissenschaftlichen Tuns, auf das innere Wertsystem der Wissenschaft, das die verschiedenen ›scientific communities‹ in die Lage versetzt, Erkenntnis zu gewinnen. Wir nennen dieses verbindliche Wertsystem das *wissenschaftliche Ethos*. Dieses Ethos wird von den Mitgliedern der globalen ›scientific community‹ deshalb respektiert, weil der Erfolg von Wissenschaft für jeden offensichtlich davon abhängt, wie strikt sich die Mitglieder der ›scientific community‹ zu dem Ethos bekennen. Erkenntnisgewinnung setzt also die strenge und vor allem stetige Bindung an ein vorgegebenes Ethos voraus. Das »Offenlegen der je eigenen Voraussetzungen« reicht für eine Legitimation der Wissenschaft nicht aus, weil ein verbindlicher Verhaltenskodex als eine conditio sine qua non vorgegeben ist. Die wissenschaftliche Methode steht und fällt mit der Verbindlichkeit des wissenschaftlichen Ethos.

Man kann es als ein System praktisch bedingter Konventionen oder als einen Kodex normativer Regeln auffassen; auf jeden Fall bestimmt es das Verhalten der ›scientific community‹ und damit das Verhalten jedes einzelnen Wissenschaftlers, solange sein Tun und Streben auf Erkenntnis zielt.

Soweit der empirische Sachverhalt.

Die Frage, der dieser Aufsatz gewidmet ist, lautet: Steht das Ethos der Wissenschaft mit den Thesen der evolutionären Erkenntnistheorie in Einklang? Handelt es sich beim wissenschaftlichen Ethos um ein Kulturprodukt, oder läßt es sich aus der evolutionären Erkenntnistheorie heraus überzeugend begründen?

3.1 Erkenntnis als terminaler Wert

›Erkenntnis um der Erkenntnis willen‹ lautet das noble Ideal, zu dem sich viele Wissenschaftler – meist unreflektiert – bekennen:

»Wissenschaft war die Leidenschaft unserer Jugend und blieb Sinn und Freude unseres Daseins. Ist sie doch in ihrer reinen Form Suche nach Erkenntnis und Wahrheit innerhalb des rational Zugänglichen. Darin liegt ihre Größe. Damit ist sie unvergänglicher Bestandteil der abendländischen Kultur. Deshalb ziert sie die Länder, die sie fördern, die Universitäten, die sich diesem Ideal widmen.« (W. Bernhard).

Jacques Monod (1971), einer der Begründer der Molekularbiologie, präzisierte diesen Standpunkt mit den folgenden Sätzen: »Das letzte Ziel, das höchste Gut, ist nicht ... die Glückseligkeit des Menschen, noch vergängliche Macht oder die Bequemlichkeit des Lebens; auch nicht das Sokratische ›Erkenne dich selbst‹ – sondern objektive Erkenntnis. Dies ist eine Ethik voll Strenge und Zwang, die zwar den Menschen als das erkenntnisgewinnende Wesen respektiert, aber nichtsdestotrotz einen Wert definiert, der über den Menschen hinausragt.«

Diese Ansicht wird – in abgeschwächter Form allerdings – von den meisten Wissenschaftlern geteilt: Erkenntnis ist im ethischen Sinn ›gut‹; Erkenntnis ist ein überragender *terminaler* Wert (Primat der Erkenntnis).

Das wissenschaftliche Ethos, so lautet (unreflektiert zumeist) der gängige Konsens, folgt als instrumentales Wertsystem zwangsläufig aus der Akzeptanz des terminalen Werts.

Das wissenschaftliche Ethos ist somit aus *logischen* Gründen der richtige Verhaltenskodex, wenn wir objektive Erkenntnis als den überragenden terminalen Wert anerkennen.

Die eigentliche Frage, der wir nachzugehen haben, lautet deshalb: Läßt sich ›objektive Erkenntnis‹ als ein überragender terminaler Wert rechtfertigen?

3.2 Erkenntnis und instrumentales Ethos: Die grundlegende These

Der ethische Kodex der Wissenschaft kann rein deduktiv als ein Satz von Theoremen aus einigen wenigen Axiomen abgeleitet werden. Das zentrale unabdingbare Axiom ist der Primat der Erkenntnis als der übergeordnete, terminale Wert. Das wissenschaftliche Ethos ist eine notwendige Vorschrift für menschliches Verhalten, sobald wir Erkenntnis als einen überragenden terminalen Wert akzeptieren.

Es bleibt also die Frage, ob Erkenntnis in diesem Sinn zu rechtfertigen ist. Oder müssen wir bei der traditionellen Sicht verharren, wonach der Primat der Erkenntnis als nicht weiter hinterfragbares Axiom zu respektieren sei? Ich glaube, daß die evolutionäre Erkenntnistheorie einen neuen Ansatzpunkt bietet. Es müßte gelingen, zu beweisen, daß unser Streben nach Erkenntnis eine *notwendige* Folge der Tatsache ist, daß auch der menschliche Geist während der Evolution entstanden ist. Wenn Erkenntnis bei der genetischen Evolution der Hominiden einen Selektionsvorteil darstellte (im darwinistischen Sinn die Fitness erhöhte), dann muß bei uns rezenten Hominiden das Streben nach Erkenntnis mit hoher Priorität in den Genen verankert sein.

Die Frage ist, ob sich diese These halten läßt, wenn wir uns die Struktur und den modus procedendi moderner Wissenschaft vor Augen halten.

Teil II

4 Motivation für Wissenschaft

Jacques Monods asketische Doktrin (3.1) könnte allenfalls für eine Wissenschaft gelten, die sich wie ein strenger, in sich geschlossener Orden, fixiert auf ihren terminalen Wert und unbeirrt von äußeren Rücksichten, völlig auf ihr Anliegen ›Erkenntnis‹ konzentrierte.

Aber davon kann keine Rede sein. Die moderne Wissenschaft ist in die Gesellschaft verwoben, sie ist auf das Wohlwollen und auf die materielle

Unterstützung der Öffentlichkeit ständig angewiesen. Und an dieser Stelle dürfen wir uns nicht täuschen: Die Sympathie der Gesellschaft für die Institution Wissenschaft ist keine Selbstverständlichkeit. Wissenschaft als autonome kulturelle Institution – im Sinne von Bernhard und Monod: Erkenntnis als supremer Wert, Erkenntnisprogreß als überragende Zielsetzung menschlicher Vernunft –, diese Motive greifen immer weniger, wenn es darum geht, Wissenschaft als autonome Institution gegenüber unseren Mitbürgern zu rechtfertigen. Die Motivation der Gesellschaft, eine autonome Wissenschaft mit der terminalen Zielsetzung ›Erkenntnis um der Erkenntnis willen‹ zu unterstützen, ist eine labile, sekundäre Motivation. Viele Menschen, vermutlich die meisten Menschen unserer Tage, sind an Wissenschaft als einer auf Erkenntnis gerichteten, kulturellen Institution nicht ernsthaft interessiert. Die Natur der interstellaren Materie interessiert sie ebensowenig wie die chemische Struktur des lac-Repressors oder das self assembly der Ribosomen oder das ›erste Gen‹. Was die Menschen von der Wissenschaft wollen und erwarten, ist nicht primär ›Erkenntnis‹, sondern die Lösung existentieller Probleme, konkret: Wohlstand und Freiheit – ein bequemes Dasein, Sicherheit, einen hohen Lebensstandard, Freiheit von Hunger, Befreiung von harter Arbeit, Befreiung von Krankheit, von Not, von ständiger Angst und Bedrohung. Sie teilen die Meinung von Bertolt Brecht, der seinem Galilei die Worte in den Mund legte: »Ich halte dafür, daß das einzige Ziel der Wissenschaft darin besteht, die Mühseligkeit der menschlichen Existenz zu erleichtern.« Ein maßgebender deutscher Politiker (Peter Glotz) hat diese Haltung kürzlich (1982) folgendermaßen beschrieben: »Der Politiker hat ein anderes Interesse an Wissenschaft und Forschung als der Wissenschaftler ... als Politiker interessiert es mich, ob wissenschaftliche Fortschritte unsere technischen und sozialen Probleme lösen.«

Wie verträgt sich dieses Interesse mit dem auf Erkenntnis zielenden Wissenschaftsideal autonomer Wissenschaft: Erkenntnis als das Ziel der Wissenschaft, Erkenntnis als supremer Wert, Erkenntnis um der Erkenntnis willen?

Ich glaube nicht, daß zwischen beiden Interessen ein Gegensatz besteht; ich bin vielmehr überzeugt davon, daß der unreflektierte Wille des Menschen zur Lösung von Problemen und die kultivierte Sehnsucht des Menschen nach Erkenntnis der gleichen genetischen Wurzel entstammen. Unsere Intuition weiß, daß *Erkenntnis* die Grundlage für erfolgreiche Problemlösungen darstellt, im kleinen wie im großen, in der Praxis ebenso wie in der Theorie.

Solange die Menschen gute Gründe haben, an einen engen Zusammenhang zwischen Erkenntnis und Problemlösung zu glauben, werden sie eine autonome, auf Erkenntnis zielende Wissenschaft gewähren lassen und sie unterstützen.

Sollte sich aber der Glaube der Menschen an einen engen Zusammenhang von Erkenntnis und Wohlfahrt verlieren, würde die Unterstützung für die auf Erkenntnis gerichtete Wissenschaft rapide verschwinden. Warum? Die Wertschätzung objektiver Erkenntnis um der Erkenntnis willen ist ein Produkt kultureller Evolution und deshalb jederzeit hinfällig und reversibel. Von Natur aus, unserer genetischen Herkunft nach, sind wir an Erkenntnis nur um des Überlebens, nur um der Fitness willen interessiert. In der genetischen Evolution des Menschen gab es keinen Selektionsvorteil für Erkenntnis ohne Anwendung (s. Mohr 1977).

Warum wird man Wissenschaftler, warum unterwirft man sich freiwillig dem strengen Ethos und dem Konsensusprinzip? Ich lasse einmal das Einkommen und die Vorteile des Staatsdienstes beiseite: Die Bezüge der meisten Wissenschaftler sind relativ bescheiden, und im Staatsdienst genießen sie keine besonderen Privilegien.

Es gibt ein ganzes Bündel von Motiven, warum fähige Leute ausgerechnet die Wissenschaft als Berufsfeld wählen.

Es gibt tatsächlich, auch wenn es häufig überbetont wird, das ›wissenschaftliche Interesse‹, das hochkultivierte Interesse an der Natur und an ihren Gesetzen. Es gibt die mächtige, einsame Freude an der gescheiten Konjektur und am gelungenen Experiment. Es gibt das unbeschreibliche Glücksgefühl, das einen Menschen überkommen kann, wenn er eine Entdeckung macht, also einen Zusammenhang sieht, den noch keiner gesehen hat.

Albert Einstein hat über seine Motivation einmal geschrieben: »Was mich zu meiner wissenschaftlichen Arbeit motiviert, ist kein anderes Gefühl als das unwiderstehliche Verlangen, die Geheimnisse der Natur zu verstehen. Meine Liebe zur Gerechtigkeit und mein Streben, einen Beitrag zur Verbesserung der menschlichen Lebensbedingungen zu leisten, sind völlig unabhängig von meinen wissenschaftlichen Interessen.«

Dies gilt sicher nicht allgemein. Es gibt derzeit viele junge Wissenschaftler, die glaubhaft versichern, daß sie sich zur Wissenschaft deshalb entschlossen haben, weil sie einen Beitrag zur Verbesserung der menschlichen Lebensbedingungen leisten möchten.

So verschiedenartig die Motivation der Wissenschaftler auch sein mag, in einem sind sie sich alle gleich: Sie sind ehrgeizig, sie wünschen Anerkennung – Anerkennung durch das jeweils zuständige Kollektiv, durch die ›scientific community‹. Anerkennung bedeutet: Bestätigung durch die kompetenten Kollegen, daß die eigene Arbeit gut gemacht und wichtig ist für das Fortschreiten der Wissenschaft.

Der Wunsch nach Anerkennung, die Bedeutung des Erfolgserlebnisses ist bei den Großen in der Wissenschaft ebenso mächtig ausgeprägt wie beim Fußvolk. Bertrand Russell, einer der mächtigsten Geistesheroen aller Zeiten, schrieb noch 1967: »Ich kann keine harte Denkarbeit leisten aus reinem Pflichtgefühl heraus. Ich brauche offensichtliche Erfolge von Zeit zu Zeit, sonst fehlt mir der Antrieb.« Wird die Anerkennung verweigert, oder bleibt sie hinter der Erwartung zurück, so kommt es nicht selten zu bösen Reaktionen. Streitigkeiten, manchmal wilde und unerbittliche Kämpfe um Priorität und Anerkennung, durchziehen die Geschichte der Wissenschaft.

Wird die erwartete Anerkennung öffentlich eingefordert und dennoch verweigert, entstehen in der Regel bittere, auch nach außen getragenen Ressentiments. Auch hier bilden die Großen keine Ausnahme.

Der überragende Physiker Max Born zum Beispiel entwirft in seiner Autobiographie »My Life: Recollections of a Nobel Laureate« ein offenes und geradezu ergreifendes Bild seiner emotionalen Reaktionen gegenüber der ihm im Lauf seiner Karriere gewährten oder verweigerten Anerkennung. Er glaubt, daß einige seiner Leistungen von der ›scientific community‹ überbewertet, andere hingegen unfair übergangen wurden. Insbesondere hat Max Born schwer darunter gelitten, daß sein Beitrag zur Begründung der Quantenmechanik nicht anerkannt wurde. Diese Wunde, in der er immer wieder gerührt hat, begann erst zu vernarben, als ihm 28 Jahre später, bereits nach der Emeritierung, doch noch der Nobelpreis verliehen wurde.

Wir können aus zahllosen Fallstudien dieser Art lernen, daß die Idee falsch ist, Wissenschaftler würden ausschließlich von dem Wunsch getrieben, als anonyme Mitglieder einer ›scientific community‹ zum Erkenntnisprogreß beizutragen. Was sie in Wirklichkeit zu Höchstleistungen treibt, ist Ehrgeiz, der Wunsch nach Anerkennung, die Sehnsucht nach wissenschaftlichem Ruhm. Ich finde es faszinierend, daß das Ringen um Anerkennung, das zur menschlichen Natur gehört, von der ›scientific community‹ durch die Verfeinerung des wissenschaftlichen Ethos derart kultiviert wurde, daß Erkenntnis, das wertvollste Gut der kulturellen Evolution neben Kunst und Poesie, entstehen konnte.

5 ›Scientific communities‹

Wissenschaftliches Tun ist eine soziale Aktivität, gebunden an eine Gruppe, die jeweilige ›scientific community‹ (vgl. Hagstrom 1965). Eine ›scientific community‹ ist die Internationale der jeweiligen Fachkollegen, die sich die Resultate ihrer Arbeit gegenseitig mitteilen, sich gegenseitig kritisieren und korrigieren und gemeinsam die Kontinuität der Erkenntnisgewinnung, die Weitergabe von Erkenntnis und die Perpetuation der wissenschaftlichen Methode gewährleisten. Der letztere Aspekt bedeutet ›Tradition‹: die Einübung der jeweils neuen Generation, das Training der Novizen in den instrumentalen, intellektuellen und moralischen Grundlagen der Wissenschaft.

Es gibt zwei Typen von ›scientific communities‹, je nachdem, welche Kräfte die Mitglieder zusammenhalten (s. Mohr 1981). Die globale ›scientific community‹ aller Naturforscher ist operational definiert durch die Verpflichtung ihrer Mitglieder gegenüber dem wissenschaftlichen Ethos. Es ist also die Loyalität gegenüber einem obersten moralischen Prinzip, einem instrumentalen Wertsystem, das die Internationale der Naturforscher über ideologische und politische Barrieren hinaus zusammenhält.

Die globale ›scientific community‹ zerfällt in eine Vielzahl von Gruppierungen, partikuläre ›scientific communities‹ genannt, denen die Praktiker der jeweiligen wissenschaftlichen Disziplinen als Mitglieder angehören, z. B. Physiker, Chemiker, Botaniker, Astronomen, usw. Manche Gruppierungen dieser Art sind identisch mit den traditionellen globalen oder regionalen wissenschaftlichen Gesellschaften (z. B. Gesellschaft Deutscher Chemiker). ›Scientific communities‹ in diesem Sinn existieren jedoch auf allen möglichen Stufen: Die offiziellen Akademien gehören ebenso dazu wie die ›invisible colleges‹ oder ›clubs‹, die sich gelegentlich im Einzugsgebiet herausragender Wissenschaftler ausbilden, wenn sich bei diesen eine besondere wissenschaftliche Kompetenz mit einer starken Persönlichkeit und einem Schuß Charisma verbindet. Besondere Bedeutung für den Erkenntnisprogreß kommt heutzutage jenen Gruppen zu, deren Mitglieder nicht nur stark motiviert sind, sondern auch *ständig* Primärdaten austauschen, z. B. phage group, recombinant DNA group, phytochrome group.

Die partikulären ›scientific communities‹, denen die Praktiker einer wissenschaftlichen Disziplin angehören, sind jene Gruppierungen, die ›Erkenntnis‹ hervorbringen. Diese Gruppierungen werden von einer

›disziplinären Matrix‹ zusammengehalten, insbesondere von den ›Paradigmen‹, den wissenschaftlichen Grundüberzeugungen und Grundanschauungen einer Disziplin, die ihnen gemeinsam sind.

Auch das ›Konsensusprinzip‹ wird in erster Linie innerhalb der partikulären ›scientific communities‹ praktiziert. Damit ist gemeint, daß der Konsens, die Übereinstimmung der Fachleute, darüber bestimmt, was als ›Erkenntnis‹ zu gelten hat und was nicht. Die Bedeutung der Persönlichkeit im Forschungsprozeß wird komplementär gezügelt durch das ›Konsensusprinzip‹, das auch die geniale Idee auf den Prüfstein kollegialer Kritik zwingt.

Das ›Konsensusprinzip‹ schließt auch die Anerkennung ein. Es ist in der Regel die partikuläre ›scientific community‹, die dem einzelnen Wissenschaftler Anerkennung zuteil werden läßt, die seine Leistungen honoriert. Nur in seltenen Fällen empfangen die Wissenschaftler ihre Anerkennung von der globalen ›scientific community‹. Ein Beispiel hierfür sind die Nobelpreisträger.

Auch die Kritik, die ein Wissenschaftler empfängt, stammt in der Regel aus dem Kreis der für ihn zuständigen partikulären ›scientific community‹. Nur im Fall von schweren Vergehen, z. B. bei Betrug, reagiert die globale ›scientific community‹; jedenfalls dann, wenn der Betreffende vorher eine prominente Rolle innerhalb der Wissenschaft gespielt hatte.

6 Das wissenschaftliche Ethos

6.1 Der intuitiv begriffene Verhaltenskodex

Es ist erstaunlich, daß der normative Verhaltenskodex wissenschaftlichen Tuns, das wissenschaftliche Ethos, bis in unsere Tage weder explizit formuliert noch systematisch untersucht wurde, obgleich dieser normative Kodex das Verhalten der Wissenschaftler an der Laborbank, am Schreibtisch und am Rednerpult seit jeher bestimmt hat. Prinzipien wie intellektuelle Redlichkeit oder Objektivität wurden von den Wissenschaftlern zwar stets als unabdingbar angesehen; die sittlichen Grundlagen wissenschaftlichen Tuns wurden aber schlicht als gegeben betrachtet und unreflektiert und intuitiv befolgt. Erst um die Mitte unseres Jahrhunderts formulierte Robert Merton einige Prinzipien als die »allgemeinen Normen wissenschaftlichen Tuns«: »Universalism, a principle of organized scepticism, the principle of disinterestedness and communalism« (um der Genauigkeit willen bleiben diese Prinzipien unübersetzt).

Später haben dann Cournand und seine Mitautoren (1970, 1976, 1977) die normativen Grundlagen wissenschaftlicher Arbeit von neuem formuliert und dabei dem Verhalten des individuellen Wissenschaftlers besondere Beachtung geschenkt. Cournand hält Ehrlichkeit, Objektivität, Toleranz, disziplinierte Skepsis und selbstlose Hingabe an das gesteckte Ziel für besonders wichtig.

Meine eigenen Untersuchungen (Mohr 1979, 1981) zielten auf eine umfassende und möglichst explizite *post factum*-Rekonstruktion des vom modernen Wissenschaftler tatsächlich befolgten normativen Kodex. Dabei ergab sich, daß der normative Kodex ein heterogener Komplex ist. Er besteht zumindest aus zwei Teilen: Grundannahmen und Grundvoraussetzungen, die von allen Mitgliedern der globalen ›scientific community‹ emphatisch geteilt werden, und den eigentlichen Geboten.

6.2 Der explizit gemachte Kodex

6.2.1 Grundannahmen
Zu den Grundannahmen gehören:
– Es gibt eine reale Welt (negative Version: die Idee des Solipsismus ist nicht akzeptabel).
– Die reale Welt ist erkennbar.
– Logik (einschließlich Mathematik) ist gültig (brauchbar) bei der Untersuchung und Beschreibung der realen Welt.
– Es gibt keinen Bruch im Kausalnexus (in der Kette von Ursache und Wirkung).

Die meisten Naturforscher haben keine Schwierigkeiten, mit diesen Grundannahmen zurechtzukommen. Selbst der Ausbruch ›philosophischer Reflexion‹, der auf die Formulierung der Unschärferelation durch Heisenberg hin erfolgte, hat (glücklicherweise) das Vertrauen der Naturforscher in diese Grundannahmen nicht erkennbar erschüttert. Beispielsweise halten sich die Naturforscher nach wie vor an die klassische zweiwertige Logik und damit an die Idee der logischen Wahrheit (Hughes 1981).

Die Schwierigkeiten, die aufgrund der Heisenbergschen Unschärferelation bei der Formulierung des Kausalitätsprinzips in der Quantenphysik entstanden sind, haben das *an den mittleren Dimensionen* orientierte allgemeine Bewußtsein mit Recht nicht berührt. Was die Biologie anbelangt, so hat Erwin Bünning bereits 1943 in einem wegweisenden Aufsatz über »Quantenmechanik und Biologie« gezeigt, daß Akausalität mit

Lebensvorgängen unverträglich ist. Was die Quantenphysik deutlich gemacht hat, sind gewisse Grenzen der Voraussagbarkeit.

Das Kausalitätsprinzip ist, so kann man vom Standpunkt der evolutionären Erkenntnistheorie aus argumentieren, für den Menschen von heute apriorisches Wissen über die Struktur der Welt (s. Mohr 1977). Für die Spezies hingegen, die aus einer genetischen Evolution hervorgegangen ist, bedeutet das Kausalitätsprinzip aposteriorisches Wissen über die Struktur der Welt der mittleren Dimensionen. Unsere Vorfahren haben dieses Wissen nach den Gesetzen genetischer Evolution erworben. Wir glauben also deshalb so unerschütterlich an das Kausalitätsprinzip, weil dieser Glaube in unseren Genen verankert ist.

6.2.2 Grundvoraussetzungen

Zu den Grundvoraussetzungen gehören (s. Mohr 1981):
– Gedankenfreiheit (intellektuelle Freiheit),
– Freiheit der Forschung (das Resultat einer wissenschaftlichen Forschung darf nicht von Faktoren bestimmt werden, die von außerhalb der Wissenschaft stammen).
– Erkenntnis ist gut, d. h. zuverlässiges Wissen ist unter allen Umständen besser als Ignoranz. Anders formuliert: Erkenntnis ist ein überragender Wert, das höchste Gut für einen Menschen, solange er Wissenschaft betreibt (Primat der Erkenntnis).

›Freiheit der Forschung‹ schließt *nicht* ein, daß der Forscher in der Wahl seines Forschungsziels jederzeit frei ist. Es muß aber gewährleistet sein, daß die Resultate der Forschung nicht von außerwissenschaftlichen Faktoren beeinfluß oder gar bestimmt werden.

›Freiheit der Forschung‹ bedeutet auch, daß prinzipiell jedes Forschungsziel gewählt werden kann. Irgendein ›Index verbotenen Wissens‹ oder ein ›Katalog tabuisierter Forschungsziele‹ oder ein Forschungsmoratorium sind mit dem Selbstverständnis und der Würde der Wissenschaft deshalb unverträglich, weil wir unbeirrbar daran festhalten müssen, daß Erkenntnis *unter allen Umständen* besser ist als Ignoranz. Würden wir von dieser Maxime abweichen, wäre die Forschung dem jeweiligen Vorurteil, dem tagtäglichen Opportunismus ausgeliefert. ›Freiheit der Forschung‹ ist unteilbar; jede der Wissenschaft auferlegte Zensur zerstörte langsam, aber sicher den Impetus der Forscher.

6.2.3 Die eigentlichen Gebote

Zu den eigentlichen Geboten gehören die folgenden Imperativsätze:
– Sei ehrlich! Manipuliere niemals Daten oder Schlußfolgerungen! (Intellektuelle Redlichkeit)

- Sei undogmatisch! (Verzicht auf Dogmatismus)
- Sei genau! (Präzisionspostulat)
- Sei fair! (z. B. in Fragen der Priorität)
- Sei ohne Vorurteil! (z. B. hinsichtlich der Daten und Ideen deines Rivalen)
- Erlaube dir keinen Informationsabweis (d. h. akzeptiere glaubwürdige Information auch dann, wenn sie nicht in dein vorgeprägtes Überzeugungsmuster paßt)!
- Schließe keinen faulen Kompromiß; versuche stets, ein Problem zu lösen!
- Argumentiere symmetrisch (d. h. prüfe die Alternative zu der von dir bevorzugten Hypothese mit derselben Sorgfalt)!
- Benutze eindeutige Worte und Symbole!
- Formuliere klare Sätze! (Klarheit der Ausdrucksweise)
- Formuliere potentiell falsifizierbare Sätze (d. h. jeder Satz ist nur dann erlaubt, wenn die Aussage von jedem, der die geistigen und technischen Voraussetzungen dafür hat, auf seine logische und inhaltliche ›Wahrheit‹ hin kontrolliert werden kann).
- Mache Voraussagen in Form von wenn-dann-Sätzen!
- Beachte stets empirische Daten als die letzte Appellationsinstanz!
- Sei jederzeit bereit, singuläre oder generelle Sätze zu modifizieren oder zu ersetzen, falls sich innere Widersprüche zeigen oder neue empirische Daten dies nahelegen!
- Denke stets daran, daß die Mitglieder einer ›scientific community‹ sich voll aufeinander verlassen müssen. Dies betrifft die Zuverlässigkeit der materiellen und intellektuellen Methoden ebenso wie die Zuverlässigkeit der Daten, der Schlußfolgerungen und der Theorien.
- Betrachte Einfachheit als einen hohen Wert! Schaffe keine neuen Konstrukte, wenn es nicht wirklich unvermeidbar ist.

6.2.4 Das wissenschaftliche Ethos in der täglichen Praxis

Der Wissenschaftler unterliegt stets einer strengen sozialen Kontrolle. Die Gruppe, der er angehört, die jeweilige ›scientific community‹, mißt sein Verhalten an den Forderungen des wissenschaftlichen Ethos. Da die Anerkennung durch die ›scientific community‹ für den Wissenschaftler das höchste berufliche Ziel darstellt, akzeptiert er das normative Wertsystem der Wissenschaft als verbindlich.

Das wissenschaftliche Ethos wird in der Praxis straff gehandhabt. Wer beispielsweise gegen das Gebot der intellektuellen Redlichkeit oder gegen das Gebot der »Empirie als letzte Appellationsinstanz« verstößt, verliert seine Vertrauenswürdigkeit. Auch wenn der Betreffende seinen Arbeitsplatz behält, so verliert er doch die Achtung und das Vertrauen seiner Kollegen und scheidet damit mehr oder minder schnell aus dem engeren Kreis der Wissenschaft aus. Das wissenschaftliche Ethos sichert die Zuverlässigkeit der wissenschaftlichen Aussagen. Es verhindert, daß an die Stelle von Erkenntnis die Beliebigkeit der Spekulation tritt.

Natürlich tun wir uns alle mit dem wissenschaftlichen Ethos schwer. Jeder von uns hat sein Sündenregister. Aber glücklicherweise gilt auch für das wissenschaftliche Ethos die Regel, daß ein Ethos dann funktioniert, wenn ein hinreichend großer Prozentsatz einer ›community‹, unbeirrt vom (gelegentlichen) eigenen Versagen, daran festhält.

Teil III

7 Läßt sich das wissenschaftliche Ethos rechtfertigen?

Mit dieser Frage ist nicht nur gemeint, ob das wissenschaftliche Ethos mit den Thesen der evolutionären Erkenntnistheorie *verträglich* ist; wir gehen noch einen Schritt weiter und fragen uns, ob sich das wissenschaftliche Ethos aus den Thesen der evolutionären Erkenntnistheorie *begründen* läßt.

Wie oben bereits angedeutet (3.1), läßt sich das wissenschaftliche Ethos (Grundvoraussetzungen und Gebote) als ein Satz von ›Theoremen‹ auffassen, die aus einem Satz von ›Axiomen‹ abzuleiten sind. Die ›Axiome‹ schließen die ›Grundannahmen‹ (6.2.1) ein und den festen Glauben daran, daß Erkenntnis ein *oberstes* Gut, ein *supremer* terminaler Wert ist. Der eigentliche ethische Kodex, die ›Freiheit der Forschung‹ und die ›Gebote‹, können dann rein deduktiv (d. h. ohne weitere Annahmen) aus diesen Prämissen (›Axiomen‹) als Schlußfolgerungen (›Theoreme‹) abgeleitet werden.

Es ist faszinierend festzustellen, daß die Schlußfolgerungen (die ›Gebote‹), die sich im streng logischen Argument aus den ›Grundannahmen‹ ergeben, genau mit jenem Verhaltenskodex übereinstimmen, den die Wissenschaftler intuitiv praktizieren, seitdem sich die modernen Wissenschaften etabliert haben (s. Mohr 1977). Offenbar ist das wissenschaftliche Ethos eine Notwendigkeit; offenbar ist es die einzig mögliche Form menschlichen Verhaltens, wenn es darum geht, ›objektive Erkenntnis‹ zu gewinnen.

Die Kernfrage bleibt, ob ›objektive Erkenntnis‹ als ein überragender terminaler Wert zu rechtfertigen ist. Wir haben bereits oben (3.2) das entscheidende Argument angedeutet: Wenn ›objektive Erkenntnis‹ die Fitness erheblich steigert, dann *muß* im Verlauf der genetischen Evolution des Menschen eine *genetische* Kodifizierung jener Verhaltensweisen, die ›objektive Erkenntnis‹ gewährleisten, eingetreten sein. Dieses Argument wird jetzt näher ausgeführt.

Die genetische Evolution des Menschen betrachten wir als eine *Tatsache*. Dies bedeutet, daß unter den kompetenten Wissenschaftlern Konsens darüber besteht, daß die Genpools und die Genfrequenzen der rezenten menschlichen Populationen in einem historischen Prozeß entstanden sind, der im wesentlichen von den Gesetzen der genetischen Evolution beherrscht wurde, die ›natürliche Selektion‹ eingeschlossen. Der Ausdruck ›natürliche Selektion‹ bedeutet in der Theorie der Evolution, daß im Durchschnitt jenen Individuen, die infolge ihrer Genausstattung am besten an die jeweiligen Lebensbedingungen angepaßt sind, die höchste Wahrscheinlichkeit zukommt, ihre Gene an die nächste Generation weiterzugeben. Dies ist die Bedeutung der Aussage, daß der Geeignetste die höchste Überlebenschance besitzt (im englischen Urtext, »that the fittest shows the highest survival rate of progeny«). Die natürliche Selektion ist eine Art negativer Rückkopplung. Sie bedeutet, negativ formuliert, das Erlöschen von Irrtum und von wenig adaptierten Genkombinationen. Das Konzept der ›inclusive fitness‹ dehnt die ›natürliche Selektion‹ auf Sozietäten aus (Hamilton 1964; Wilson 1975). Es bedeutet im Prinzip, daß die Fitness eines Individuums nicht nur am Überleben und an der Reproduktion seiner selbst und seiner Nachkommen zu messen ist, sondern auch an dem positiven Einfluß, den das Individuum auf die Fitness seiner genetischen Verwandten (außer seinen eigenen Nachkommen) ausübt. ›Inclusive fitness‹ schließt also jene Einflüsse mit ein, die das Individuum zu der Überlebenschance der Sozietät, dem es angehört, beisteuert (kin selection).

Das Konzept der ›inclusive fitness‹ erlaubt ohne weitere Annahmen die genetische Erklärung für die Entstehung kooperativen Handelns, auch dann, wenn es für ein Individuum selbstzerstörerisch ist, oder zumindest seine individuelle Fitness (eigenes Überleben und Reproduzieren) reduziert. Ein solches Handeln nennen wir altruistisch.

Im Zusammenhang dieses Kapitels kommt es uns auf die Frage an: Ist Erkenntnis ein Mittel, um Fitness *und* ›inclusive fitness‹ zu erhöhen? Für den Evolutionsbiologen ist die Antwort klar: Erkenntnis, objektive

314

Erkenntnis über die reale Welt steigert Fitness! »Wissen ist Macht!« Was auch immer wir von einem Homo ›sapiens‹ halten mögen, der sich gegen jede Vernunft vermehrt und vermehrt und vermehrt – im Sinn biologischer Evolution ist Erkenntnis ungeheuer nützlich gewesen: *Erkenntnis* hat die (inclusive) Fitness des Menschen derart gesteigert, daß seine Reproduktionskraft in absehbarer Zeit seine Existenz gefährden könnte. Wie dem auch sei: Erkenntnis steigert die (inclusive) Fitness der Menschen; Erkenntnis ist somit im Sinn darwinistischer Evolution nützlich, funktional, zweckdienlich.

Sobald der Mensch im Verlauf seiner Evolution anfing, *teleologisch* zu denken, d. h. über Ziele und Mittel nachzudenken, *bevor* er in Aktion trat, hatte er die Alternative, hauptsächlich richtig zu denken (d. h. in Übereinstimmung mit der Realität) – und damit Erfolg zu haben, oder bevorzugt falsch zu denken – und damit unterzugehen.

Nur wenige Hominidenpopulationen, die wir alle zur gleichen Spezies rechnen, haben die genetische Evolution überlebt. Ich stelle mir vor, daß die anderen Zweige unseres Stammbaums hauptsächlich deshalb wieder von der Erde verschwunden sind, weil sie nicht in der Lage waren, das Risiko falschen Denkens durch den Vorteil richtigen Denkens und Handelns zu überkompensieren. ›Richtiges Denken‹ bedeutet ein Denken in *Übereinstimmung* mit der Realität, mit der Natur.

Es war ein *Risiko* in der Evolution, den sicheren aber engen Schutzraum des instinktkontrollierten Verhaltens zu verlassen. Selbst unsere Generation, der Homo sapiens des wissenschaftlich-technischen Zeitalters, kann sich keineswegs sicher fühlen. Wir bewegen uns immer am Rand des evolutionären Untergangs. Der ungeheure Reichtum an zuverlässigem Wissen, an Erkenntnis, den die modernen Wissenschaften erarbeitet haben, kann jederzeit von der Flutwelle falschen Denkens, von den Eruptionen der Irrationalität, in den Abgrund gerissen werden.

Die Wissenschaft, die Institution, die auf objektive Erkenntnis zielt, ist stets das einladende Ziel von Kritik gewesen. Die Wissenschaft, wie wir sie heute kennen, begann ursprünglich in der Renaissance mit dem Vorsatz, sich letztlich auf *Erfahrung* zu verlassen, statt auf antike oder kirchliche Autoritäten oder auf pure Logik. Die Gegenbewegung war stark. Wir brauchen uns nur daran zu erinnern, daß sich Galilei 1591 in Pisa deshalb nicht mehr halten konnte, *weil er Experimente ausführte.* Dies war der Grund dafür, daß er sich nach Florenz zurückziehen mußte. Die wissenschaftsfeindlichen Bewegungen *unserer Tage*, die häufig von den Universitäten ihren Ausgang nehmen und in den Medien bereitwillige Multiplikatoren finden, sind *gefährliche* Atavismen. Sie treffen uns in einem Augenblick, in dem objektive Erkenntnis mehr denn je gebraucht wird, um eine vernünftige Überlebensstrategie für den Homo sapiens und für unseren Planeten zu finden. Der Verzicht auf objektive Erkenntnis würde beim gegenwärtigen Stand der kulturellen Evolution fast zwangsläufig den Selbstmord der menschlichen Spezies bedeuten. Wir können ohne wissenschaftliche Erkenntnis nicht mehr überleben.

Warum kommt es dann überhaupt zu den Angriffen auf die Wissenschaft? Ist es nur deshalb, weil vielen Intellektuellen die wissenschaftliche Bildung fehlt und sie deshalb unfähig sind, die Bedeutung objektiver Erkenntnis für den Bestand unserer Kultur richtig einzuschätzen? Aber weshalb schließen sich viele Bürger und auch Leute mit hoher politischer Verantwortung diesen antiwissenschaftlichen ›Bewegungen‹ an?

Liegt es nur daran, daß die meisten unserer Mitbürger von der Struktur der Wissenschaft und vom »Wesen objektiver Erkenntnis« nicht viel wissen und daß ihnen zeitlebens der Inhalt der Erkenntnis weitgehend verschlossen bleibt? Wie oft haben wir deshalb unser Bildungssystem getadelt! (s. Mohr 1981). Oder liegt es eher daran, daß den meisten Intellektuellen, die heute über die Massenmedien die öffentliche Meinung bestimmen, das wissenschaftliche und technologische Denken fremd und unheimlich vorkommt. Was uns im geistigen Bereich nicht vor-vertraut ist, lehnen wir nur zu gern ab, sei es explizit oder unterschwellig. Aus Befragungen weiß man, daß die kritische Einstellung zu Wissenschaft und Technik mit der Produktionsferne und mit dem Bildungsniveau zunimmt.

Was auch die Ursachen sein mögen, die gegenwärtige Welle der Wissenschaftskritik rollt gegen einen Popanz. In Wirklichkeit kann man die Wissenschaft weder dafür tadeln, daß unsere gesellschaftlichen Wertsysteme krisenhaft instabil geworden sind, daß wir falschen Zielsetzungen zum Opfer fallen, daß Technik mißbraucht, unser Planet geplündert und Menschen unterdrückt werden.

Der zuletzt genannte Anklagepunkt mit seinem starken emotionalen Gehalt ist besonders unfair. Schon ein kurzer Blick auf die kulturelle Evolution zeigt uns, daß menschlicher Scharfsinn von Anfang an ein bewundernswertes Repertoire an ausgeklügelten Legitimationen und Rechtfertigungen für Unterdrückung erfunden hat, sowohl im religiösen als auch im säkularen Bereich, völlig unabhängig vom Aufstieg der modernen Wissenschaft. Ein vorurteilsfreies Studium der menschlichen Geschichte zeigt uns ferner, daß wissenschaftliche Erkenntnis nicht nur unsere materiellen Lebensbedingungen – Reichtum und Sicherheit – ungeheuer verbessert hat, sondern auch *Freiheit* geschaffen hat: Freiheit von Hunger, Freiheit von Krankheit, Freiheit von ständiger physischer Bedrohung und geistiger Unterdrückung.

Wissenschaft als eine kulturelle Kraft, als ein Unternehmen der ›scientific community‹, ist bislang das einzige Mittel geblieben, das es der menschlichen Spezies ermöglichte, einen Konsens – objektive Erkenntnis – zu erzielen, der über das subjektive Urteil des Individuums (Vorurteil) oder der Gruppe (Ideologie) hinausreicht. Die Wissenschaft darf von sich behaupten, daß sie einen Standard an Objektivität geschaffen hat, der weit über das hinausreicht, was auf anderen Sektoren menschlicher Kultur erzielt wurde. Diese Objektivität ist die Basis geworden für den Reichtum, die Sicherheit und die Freiheit, die wir in einem Maße genießen wie keine Generation vor uns.

Ich will diesen schwierigen Abschnitt 7 (»Läßt sich das wissenschaftliche Ethos rechtfertigen«?) mit einigen Sätzen zusammenfassen.

Wenn wir die Prinzipien der Evolutionstheorie und die Thesen der evolutionären Erkenntnistheorie akzeptieren, *müssen* wir auch dem Argument zustimmen, daß das Streben nach objektiver Erkenntnis *und* die Fähigkeit, objektive Erkenntnis zu erlangen, Teile einer Neigungsstruktur ausmachen, die in unseren Genen verankert ist. *Objektive Erkenntnis erhöht unsere (inclusive) Fitness.* Dies bedeutet, daß unser fester, unbeirrbarer Glaube an die ›Grundannahmen‹ (6.2.1) *und* unser intuitives, unreflektiertes ›Wissen‹ über die instrumentalen Werte (6.2.3) und den modus procedendi, den man befolgen muß, um objektive Erkenntnis zu erzielen, in unseren Genen programmiert sind.

Dies bedeutet jedoch *nicht*, und auf diesen Punkt kommt es mir entscheidend an, daß unser Streben nach Erkenntnis und unser Wissen um das Know-how, wie Erkenntnis zu erzielen ist, nicht blockiert werden könnten, zum Beispiel durch irrationale Kräfte unseres Gemüts. Jedes genetische Programm, das nicht zu unseren Basisfunktionen (oder primären Funktionen) gehört, kann (zumindest vorübergehend) unterdrückt werden, ohne daß das Lebewesen darüber stirbt. Erkenntnisstreben ist keine Basisfunktion, sondern eine *sekundäre* Funktion, die sich (leicht?) ausschalten läßt, wenn (vorübergehend) andere Funktionen in den Vordergrund zu treten haben.

Der Mensch ist nicht vorrangig oder gar ausschließlich rational, und der terminale Wert Erkenntnis ist mitnichten die einzige Zielsetzung in unserem Leben. Deshalb wirken die Thesen von Jacques Monod (3.1) auf einen unvoreingenommenen Menschen überzogen und künstlich. Wir müssen vielmehr damit rechnen, daß unsere genetisch verankerte Neigungsstruktur einen delikaten Kompromiß zwischen rationalen und irrationalen Kräften darstellt.

8   Das wissenschaftliche Ethos als Partialethos

Die ›scientific community‹ erwartet von einem Wissenschaftler, daß er dem wissenschaftlichen Ethos unbeirrt folgt, *solange er wissenschaftlich arbeitet*. Hier hat der Wissenschaftler nur die Alternative ›Akzeptanz oder Nicht-Akzeptanz‹. Beim wissenschaftlichen Ethos gibt es keinen Spielraum subjektiver Beliebigkeit. Allerdings, und dies ist ein entscheidend wichtiger Gesichtspunkt, bin ich dem wissenschaftlichen Ethos nur so lange verpflichtet, wie das Ziel meines Tuns darin besteht, zur Erkenntnis beizutragen. Das wissenschaftliche Ethos ist ein ›Partialethos‹, das im Hinblick auf ein bestimmtes Ziel, im Hinblick auf einen bestimmten, überragenden terminalen Wert, sittliche Normen angibt. Das Ziel ist Erkenntnis. Solange die Bemühungen eines Menschen auf dieses Ziel gerichtet sind, unterwirft er sich dem für die Zielerfüllung geeigneten instrumentalen Wertsystem, dem wissenschaftlichen Ethos.

Um keinen Zweifel zu lassen: Das Damoklesschwert der Strafe ist auch innerhalb der Wissenschaft ein entscheidendes Element. Wer das wissenschaftliche Ethos, das spirituelle Konzept der Gemeinschaft verletzt, wird bestraft. Die Skala reicht vom vorübergehenden Vertrauensentzug bis zur Eliminierung aus der ›scientific community‹. Ein Wissenschaftler würde vielleicht bei seiner Arbeit nie betrügen, weil er sich an intellektuelle Ehrlichkeit gewöhnt hat; er wird mit hoher Wahrscheinlichkeit aber dann nicht mogeln, wenn er sich beständig klarmacht, daß die ›scientific community‹ ihm die Anerkennung entziehen und ihn in der Regel sogar feuern wird, wenn der Betrug herauskommt. Und der Betrug wird über kurz oder lang herauskommen. In der Naturforschung ist es letztlich unmöglich, bei wichtigen Dingen mit Erfolg zu betrügen (s. Walton 1981). (In der Regel würde sich ein Betrug nur bei wichtigen Fragen lohnen.)

Wie bei anderen ethischen Geboten, fällt dem Menschen auch beim wissenschaftlichen Ethos der Gehorsam schwer, weil die Gebote mit anderen menschlichen Neigungen kollidieren.

Das Gebot »Sei fair!« erfordert einen besonderen Kommentar, weil jeder Wissenschaftler aus eigener Erfahrung weiß, wie schwer es ist, ihm gerecht zu werden. Auch große Wissenschaftler machen hier keine Ausnahme. In ihrem engagierten Buch »Rosalind Franklin and DNA« behauptet Anne Sayre (1975), daß »Rosalind beraubt wurde, Stück um Stück«, und sie wirft wissenschaftlichen Heroen wie Pauling oder Watson vor, an diesen Raubzügen beteiligt gewesen zu sein. Da die DNA-Geschichte kontrovers geblieben ist (siehe Klug 1974), wählen wir ein eindeutiges Beispiel, um das Fehlverhalten eines großen Wissenschaftlers zu dokumentieren. Die folgende Anekdote, erzählt von C. L. Pekeris (1971) über Isaac Newton, ist deshalb besonders interessant, weil in diesem Fall auch die Frage eines Moratoriums in der Wissenschaft hereinspielt.

»Im Jahr 1776 empfahl Newton in einem Schreiben an den Sekretär der Royal Society, Henry Oldenburg, die Forschungen des Hon. Robert Boyle mit einem Moratorium zu belegen. Newton hatte sich über einen Artikel von Boyle fürchterlich aufgeregt, der in den ›Philosophical Transactions of the Royal Society‹ unter dem Titel ›The Incalescence of Quicksilver with Gold‹ erschienen war. Es handelte sich bei der Incaleszenz um ein Thema der Alchemie, und was Boyle 1776 publizierte, war ein neues Rezept dafür, wie man Quecksilber mit Gold unter Hitzeentwicklung (daher ›Incaleszenz‹) reagieren läßt. Newton nahm üblicherweise keine öffentliche Notiz von den Arbeiten anderer Wissenschaftler; in diesem Fall aber machte er sich sogar die Mühe, an den Sekretär der Royal Society zu schreiben und ihn zu bitten, die Forschungen Boyles über die Incaleszenz von Quecksilber mit Gold mit einem Moratorium zu belegen, *wegen der großen Bedrohung, die derartige Forschungen für die Zukunft der menschlichen Gesellschaft darstellten.* Eine genauere Prüfung der Motive, die Newton zu diesem Brief veranlaßt haben, ergab indessen, daß Newton keineswegs aus Altruismus oder aus Sorge um das Wohl der Gesellschaft intervenierte. In Wirklichkeit fürchtete Newton, daß Boyle ihm bei der Entdeckung des Steins der Weisen zuvorkommen könnte. Bekanntlich war auch Newton tief in alchemistische Studien verwickelt ––«

Trotz aller Schwierigkeiten, die uns die menschliche Natur auch in diesem Fall bereitet (vgl. Hillmann 1981), wird das Gebot »Sei fair!« von jedem Wissenschaftler als eine unentbehrliche Maxime wissenschaftlichen Tuns respektiert. Wir erwarten selbstverständlich von unseren wissenschaftlichen Kollegen, daß sie sich fair verhalten, zumindest in demselben Maße, wie wir selbst dieser Maxime entsprechen. Die

Schwierigkeiten und Konflikte, die uns innerhalb der ›scientific community‹ zu schaffen machen, dürfen uns nicht entmutigen. Es sind konstitutive, prinzipiell unvermeidliche Konflikte. Was wir verhindern müssen, sind Exzesse.

Jeder Wissenschaftler weiß aus persönlicher Erfahrung, daß die Kooperation unter Wissenschaftlern, die gegenseitige Kontrolle und gegenseitige Kritik einschließt, niemals frei von Spannungen ist. Popper (1975) hat den tatsächlichen Sachverhalt treffend beschrieben als »the friendly – hostile cooperation of scientists which is partly based on competition and partly on the common aim to get nearer to the truth«. In der Regel sind Wissenschaftler nicht besonders moralisch oder bescheiden in ihrem persönlichen Leben, und es gibt keinen Anlaß anzunehmen, daß sie sich im politischen Leben besser oder anders verhalten als ihre Mitbürger. Korruption, besonders Nepotismus, gibt es auch unter Wissenschaftlern. Manche Wissenschaftler legen gegenüber ihren Kollegen ein übles Verhalten an den Tag, sobald es um Prestige, Priorität, Konkurrenz oder (viel seltener!) um Geld geht. Manche Wissenschaftler verbindet persönlich nichts als eine solide Abneigung. Ein besonders kritischer Punkt ist die nicht immer gewährleistete Objektivität von Wissenschaftlern, wenn sie aufgefordert sind, in einem anonymen Verfahren (peer review) die Forschungsanträge oder die Manuskripte ihrer engsten wissenschaftlichen oder persönlichen Konkurrenten zu begutachten (vgl. Hailman 1977; Cole et al. 1981). Dies sind menschliche und moralische Defekte, gewiß, und sie werfen gelegentlich ein ungünstiges Licht auf die ›scientific community‹. Um so wichtiger ist es, klar herauszustellen, warum diese Defekte von den Kollegen (bis zu einem bestimmten Punkt zumindest) ignoriert oder doch toleriert werden. Der Grund für diese Permissivität liegt darin, daß es bei einem Wissenschaftler in erster Linie darauf ankommt, daß an seiner eigentlichen Reputation kein Makel haftet. Diese eigentliche Reputation betrifft seine wissenschaftliche Arbeit, seinen Umgang mit Methoden, Daten, Hypothesen und Theorien, seine Loyalität gegenüber dem wissenschaftlichen Ethos.

Der Wissenschaftler als Person lebt moralisch in mehreren Welten. Das Ethos der Wissenschaft, das seiner wissenschaftlichen Arbeit selbstverständlich und unverrückbar zugrunde liegt, ist im allgemeinen nicht identisch mit den Determinanten seiner privaten und politischen Existenz, es ist in der Regel auch nicht maßgebend für die zwischenmenschlichen Beziehungen der Wissenschaftler. Das wissenschaftliche Ethos ist ein ›Partialethos‹. Die Anerkennung des wissenschaftlichen Ethos bedeutet nicht, daß für den Wissenschaftler ›Güte‹, ›Schönheit‹, ›Mysterium‹, ›Gott‹ Gegenwerte darstellen; noch braucht der Wissenschaftler Liebe und Furcht, Bewunderung und Haß, Triumph und Verzweiflung, Zärtlichkeit und Leidenschaft aus seinem emotionalen Repertoire zu eliminieren. Der leidenschaftslose, nur der Erforschung der Wahrheit hingegebene Wissenschaftler ist eine Karikatur, und eine schlechte Karikatur dazu, weil sie den wahren Sachverhalt nicht trifft.

Die herausragenden Wissenschaftler waren in der Regel auch eigenwillige und herausragende Menschen, verbunden mit der Welt, eingefügt in die Kultur ihrer Zeit, ebensoviel oder ebensowenig wie andere Bürger interessiert, zuweilen vital interessiert, an den ideologischen und politischen Spannungen und Kämpfen ihrer Zeit.

9 Läßt sich das wissenschaftliche Ethos auf die Domäne personaler Beziehungen ausdehnen?

Immer wieder wird die Frage gestellt, ob das ungemein leistungsfähige wissenschaftliche Ethos geeignet wäre, in einer säkularisierten Welt auch als Grundlage für die engen zwischenmenschlichen Beziehungen, wir wollen sie »personale Beziehungen« nennen, zu dienen. Ich glaube nicht, daß das wissenschaftliche Ethos hierfür geeignet ist (s. Mohr 1981). Es ist als Universalethos unbrauchbar. Ich glaube nicht, daß sich beispielsweise Prinzipien wie Objektivität und absolute intellektuelle Redlichkeit in den zwischenmenschlichen Beziehungen langfristig und strikt aufrechterhalten lassen, ohne daß die Partner Schaden erleiden. Warum? –

Bei den personalen Beziehungen der Menschen ist nicht Erkenntnis, ist nicht wissenschaftliche Wahrheit das Ziel, sondern die Erfüllung subjektiver Wünsche, die weite Palette menschlichen Glücks. Das wissenschaftliche Ethos gibt uns hierfür keine verbindlichen Maximen. Es ist ein Partialethos, das auch die Existenz des Wissenschaftlers nur partiell beherrscht. Ein gescheiter Student, ein hervorragender junger Wissenschaftler, hat sich bei mir einmal fast verzweifelt mit den Worten abgemeldet: »Ich muß mich ein paar Tage von der Objektivität erholen.« Ich habe ihm klargemacht, daß sein Wunsch nicht nur verständlich, sondern auch legitim sei. Ich habe ihm klargemacht, daß das wissenschaftliche Ethos keinen Verstoß duldet und daß wir jeden, der es korrumpiert, aus der Wissenschaft entfernen müssen. Ich habe ihm aber auch klargemacht, daß das wissenschaftliche Ethos nicht den Anspruch erhebt, ein Universalethos zu sein.

10   Läßt sich das wissenschaftliche Ethos auf die Domäne politischer Beziehungen ausdehnen?

Kann das wissenschaftliche Ethos, das einzige weltumspannende, funktionstüchtige Ethos *politisch* relevant gemacht werden? Die Erfolge der Wissenschaft, die sich in einem ungeheuren Reichtum an zuverlässiger Erkenntnis manifestieren, haben neuerdings immer wieder die Idee stimuliert, das wissenschaftliche Ethos sollte und könnte über die Domäne der Wissenschaft hinaus auf die politischen Beziehungen ausgedehnt werden (Cournand 1977; Mohr 1979). Warum sollte ein Ethos, das sich innerhalb der ›scientific communities‹ als unglaublich erfolgreich erwiesen hat, nicht auf andere Domänen menschlichen Zusammenwirkens übertragen lassen? Die Drohung einer weltweiten Katastrophe – bedingt durch die Bevölkerungsexplosion und einen Mißbrauch technischer Kräfte – kommt allmählich vielen Menschen ins Bewußtsein, und einige Denker reagieren darauf mit der Forderung nach einer neuen Ethik, die angepaßt wäre an die Bedürfnisse unserer Zeit und als sittliche Basis einer Überlebensstrategie dienen könnte. Cournand hat in den letzten Jahren wiederholt betont, daß diese neue Ethik sich am wissenschaftlichen Ethos, dessen Erfolge unbestritten sind, orientieren müsse. In seinen Worten (Cournand 1977): »The ethic in question should identify the evils of uncontrolled development, a development that does not seek, above all, to eliminate the threats of life and is not guided by the directed application of technology and positive plans for the future. This ethic should also provide a basis for going beyond the competing ideologies and religions of our day« ... »My goal is to justify the linking of the norms of science, as reflected in its operating code, with an ethic that seeks to foster the values of egalitarianism, political pluralism, and fraternalism in sociopolitical development.« Meine Ansicht ist dem genau entgegengesetzt. In meinen Augen ist das wissenschaftliche Ethos ein Partialethos, das seine Kraft nur dann entfalten kann, wenn die Zielsetzung, der terminale Wert, ›objektive Erkenntnis‹ heißt. Das Ethos der Wissenschaft ist als instrumentales Wertsystem hingegen nicht besonders dafür geeignet, andere Ziele, andere terminale Werte zu erreichen.

Ich möchte dies im nächsten Abschnitt klarmachen, indem ich den

Wissenschaftler in seiner Doppelrolle als Mitglied der ›scientific community‹ und als Bürger in einem politischen Gemeinwesen analysiere.

11 Homo investigans versus Homo politicus

Ist die ›scientific community‹, zusammengehalten durch das wissenschaftliche Ethos, ein politischer Faktor oder gar eine politische Kraft? Die Antwort auf diese Frage ist ein klares ›Nein‹. Warum?

Die Tatsache, daß Wissenschaftler aus verschiedenen Lagern, Kulturen und Gesellschaftssystemen im wissenschaftlichen Ethos übereinstimmen, bedeutet nicht, daß sie auch im Hinblick auf andere Wertsysteme übereinstimmen. In der Tat weichen hier die Auffassungen verschiedener Wissenschaftler nicht selten drastisch voneinander ab. Der Polytheismus der Werte und der politisch-ideologische Pluralismus sind innerhalb der ›scientific communities‹ mindestens ebenso ausgeprägt wie in der menschlichen Gesellschaft insgesamt (s. Jevons 1973). Und dies mit gutem Grund: Es gibt schwerwiegende, existentielle Fragen, bei denen weder die wissenschaftliche Erkenntnis noch das wissenschaftliche Ethos uns sagen, was sein soll und was zu tun ist. Wir alle wissen, daß wissenschaftliche Erkenntnis zwar eine unabdingbare Voraussetzung, aber kein hinreichender Grund ist für die richtige Führung unseres Lebens. Das wissenschaftliche Ethos wird uns nur so lange eine klare und strenge Richtschnur sein, wie wir die Zielsetzung ›Erkenntnis‹ unbeirrbar im Auge haben. Verfolgen wir andere Ziele, so kann uns das wissenschaftliche Ethos keine verbindlichen instrumentalen Werte liefern. Es ist politisch und doktrinär neutral.

Die Funktion des Wissenschaftlers als Homo investigans beschränkt sich bei *politischen* Entscheidungen und Handlungen auf die Bereitstellung von Erkenntnis, auf die Bereitstellung zuverlässigen Wissens über die in Frage stehenden Sachverhalte (siehe Mohr 1981). Die Sätze, die von der Wissenschaft in das menschliche Handeln, in die Praxis der Existenzbewältigung, einfließen, haben stets dieselbe Struktur. Es sind ›Wenn-dann-Sätze‹. In allgemeiner Form lauten diese Sätze: Wenn die Faktorenkonstellation x gegeben ist, dann werden die Folgen y resultieren; oder: Wenn man die Folgen y erreichen will, dann muß man die Konstellation x schaffen; oder: Wenn man die Folgen y vermeiden will, dann muß man die Faktorenkonstellation x vermeiden. Sätze wie: ›Die Konstellation x ist gut‹, haben erst dann eine wissenschaftliche Bedeutung, wenn man sie in die Form bringt: ›Ich sage voraus, daß die Faktorenkonstellation x als gut befunden wird, um die Folgen y zu erreichen‹. Ob es wünschenswert oder gerecht ist, y zu erreichen, ist in diesem Satz nicht impliziert. Ein solches Vorurteil ist wissenschaftlich nicht begründbar und in einer pluralistischen Gesellschaft, in der die Ziele im Streit liegen, prinzipiell strittig. Wenn Werturteile, politische oder persönliche Werturteile, wohlgemeinte Warnungen, in Wenn-dann-Sätze einfließen, geht die Zuverlässigkeit der Prognose allzuleicht verloren. Werturteile, auch wenn zufällig Konsens bestehen sollte, sind Einflußgrößen, die sich unversehens und sprunghaft ändern können.

Zusammengefaßt: Die Wissenschaft kann den Menschen zuverlässige Ratschläge dafür geben, wie persönliche oder politische Ziele zu erreichen sind; die Wissenschaft kann den Menschen aber nicht *verbindlich* sagen, *welche* persönlichen oder politischen Ziele zu wählen sind. In einem Gemeinwesen freier Menschen werden politische Entscheidungen immer Kompromisse darstellen, die niemals jedermann zufriedenstellen können.

Einige Denker meinen, daß es *eine* Zielsetzung gibt, die allen Menschen gemeinsam ist – das Überleben des Menschen als Individuum und als Spezies. Ich glaube zwar nicht, daß man diese Zielsetzung evolutionistisch *begründen* kann oder daß uns ein *moralisches* Argument zugunsten einer kontinuierlichen menschlichen Evolution zu Gebote steht (siehe Mohr 1982), ich stimme aber der Auffassung zu, daß die meisten Menschen ein Interesse daran haben, als Individuen und als Spezies zu überleben. Nehmen wir an, die Menschen würden weltweit und verbindlich diese Zielsetzung als einen supremen *terminalen* Wert akzeptieren. Wir stünden dann vor dem gigantischen Problem, ein entsprechendes *instrumentales* Wertsystem zu schaffen, in einer vielfach bedrohten, übervölkerten und bereits ausgeplünderten Welt, die gänzlich und irreversibel auf wissenschaftlich fundierte Technik gebaut ist.

Pierre Massé und André Cournand (s. Cournand 1977) haben eine seinerzeit vielbeachtete, für die Kontinuität der Wissenschaft aber nicht unproblematische »Ethik der Entwicklung« (ethic of development) vorgeschlagen, die sie mit dem Untertitel »an ethic of growth to serve man« versehen haben. In ihren Worten: »In this ethic, objective knowledge, rather than being the supreme good, is subservient to a greater aspiration, namely, man's discovery of a vector of life. The dominant attitude in this ethic is compromise, harmonization, or conciliation, derived from the thesis that the biological survival of the individual, as of the species, depends on accommodation between rigidity and plasticity, between the imperious demands of the genes and an adaptability to the impact and pressures of the environment.«

Es ist klar, daß auch diese Ethik künftiger Entwicklung auf ein hohes Maß an globaler Solidarität und auf ein allgemein akzeptiertes instrumentales Wertsystem angewiesen ist. Kann, wie die beiden Denker glauben, die globale ›scientific community‹ hierbei als leuchtendes und relativ leicht nachzuahmendes Vorbild dienen?

Zweifellos existieren eine globale ›scientific community‹ und ein wissenschaftliches Ethos, dem die Gemeinschaft gehorcht. Aber existiert – im politischen Sinn – so etwas wie eine »Menschheit«? Ist die Menschheit eine Institution, der man trauen könnte, so wie man der globalen ›scientific community‹ vertraut? Sind die Vereinten Nationen jemals fähig gewesen, ein Problem zu *lösen*?

Sicherlich sind die horrenden Probleme, vor die uns die Populationskrise und die weltweite Umweltgefährdung stellen, internationale, im wahrsten Sinn des Wortes globale Aufgaben. Es sind Aufgaben der Menschheit; der »geplünderte Planet« ist unser aller Heimstatt. Aber dennoch bleibt ›Menschheit‹ eine Fiktion. In der politischen Realität existiert die Menschheit nicht; und es besteht keine berechtigte Hoffnung, daß die globale ›scientific community‹ von den *politischen* Kräften jemals zum Vorbild genommen würde. Es gibt, so müssen wir bekennen, offenbar keinen obersten terminalen Wert, der sich im politischen Raum durchsetzen könnte (s. Mohr 1977).

12 Das wissenschaftliche Ethos ist bedroht

Die meisten Wissenschaftler haben verschiedene Treuepflichten. Sie sind nicht nur Angehörige von ›scientific communities‹, sondern auch engagierte Mitglieder anderer sozialer, politischer oder religiöser Gruppierungen. Ein Problem entsteht dadurch, daß manche, vielleicht sogar viele Wissenschaftler Schwierigkeiten haben, die richtige Balance zwischen den verschiedenen Treuepflichten zu finden und einzuhalten.

Besondere Probleme entstehen dann, wenn die Loyalität gegenüber einer bestimmten politischen Ideologie einen angesehenen Wissenschaftler geradezu verblendet. Als wohlbekannte Beispiele können wir auf jene britischen Marxisten der dreißiger Jahre verweisen, unter ihnen Bernal und Haldane, die ganz offen ihr überragendes wissenschaftliches

Prestige dazu benützten, ihre politischen Überzeugungen unter die Leute zu bringen, obgleich die stalinistischen Exzesse bereits kein Geheimnis mehr waren. Während der gleichen Zeit kreierten einige deutsche Physiker, unter ihnen zwei Nobelpreisträger, die sogenannte »Deutsche Physik«, eine unverblümte Unterstützung der nationalsozialistischen Ideologie.

Nehmen wir an, alle diese hervorragenden Wissenschaftler waren ehrenwerte Leute. Was folgt für unser Thema daraus? Das moralische Prestige der Wissenschaft wird darunter leiden, wenn einzelne Wissenschaftler, die mit Recht als Glanzpunkt der ›scientific community‹ angesehen werden, ihre politisch-ideologischen Vorurteile zur Schau tragen, *ohne* klar und immer wieder zum Ausdruck zu bringen, daß ihre fachliche Kompetenz keinen hinreichenden Grund für eine ausgeprägte politische Urteilskraft darstellt. Im Gegenteil, es gibt zahlreiche Beispiele dafür, daß hervorragende Wissenschaftler sich zu politischen, philosophischen und ethischen Fragen erstaunlich naiv und engstirnig geäußert haben, vermutlich deshalb, weil sie sich nie die Zeit genommen und die Mühe gemacht haben, die Komplexität der Welt außerhalb der Reichweite ihrer fachlichen Expertise zu durchdringen. Sobald sie fachlichen Ruhm erworben haben oder gar mit dem Nobelpreis ausgezeichnet sind, möchten sie ihre Stimme erheben, zu welchem Thema auch immer. Eine wirklich ernsthafte Bedrohung der Integrität der ›scientific community‹ setzte aber erst ein, als die militärische und die friedliche Nutzung der Kernenergie gewisse Zweige der Wissenschaft zu einer öffentlichen Angelegenheit machte. Offenbar waren die meisten Wissenschaftler durch die neue, ungewohnte Situation überfordert, und es kam zu ernsten, zum Teil üblen Verletzungen des wissenschaftlichen Ethos. Intellektuelle Redlichkeit und Objektivität wurden bei den öffentlich ausgetragenen Kontroversen nicht immer gewahrt.

»Wenn ein Wissenschaftler in einem wissenschaftlichen Forum spricht, wird er von seinen Kollegen (peers) danach beurteilt, ob er streng beweisen kann, was er behauptet; wenn er sich hingegen in einem öffentlichen Forum äußert, können seine peers ihn nicht ständig auf dem Pfade wissenschaftlicher Tugend halten. Deshalb lädt die transwissenschaftliche Debatte, die in öffentlichen, nicht-wissenschaftlichen Foren stattfindet, zur Verantwortungslosigkeit geradezu ein« (Weinberg 1977). Tatsächlich erweisen sich öffentliche Hearings über kontroverse Fragen im Übergangsfeld zwischen Wissenschaft und Gesellschaft mehr und mehr als Katastrophen für das moralische Prestige der Wissenschaft. Natürlich können zwei Wissenschaftler abweichende Auffassungen in solchen Fragen zum Ausdruck bringen, die sich der streng wissenschaftlichen Betrachtungsweise (noch) entziehen. Es entsteht aber ein miserables Bild vom moralischen Standard der ›scientific community‹, wenn harte Schlußfolgerungen durch Daten nicht entsprechend gedeckt sind oder wenn Daten manipuliert werden, um »vorgewußte« Schlußfolgerungen zu stützen (vgl. Comar 1978). Nochmals Weinberg (1976): »Wenn Wissenschaftler ihre Auffassungen zu wissenschaftlich umstrittenen Fragen in einem öffentlichen Forum vortragen, sind sie nicht den gleichen harten Sanktionen unterworfen wie bei den üblichen Verfahren der wissenschaftlichen Auseinandersetzung. Weil das wissenschaftliche Ethos in diesem Rahmen nicht richtig funktioniert, entwickelt sich die außerwissenschaftliche Debatte nur allzu leicht zum verantwortungslosen Gerede: die Standards für die Beweisführung werden erniedrigt, Halbwahrheiten machen sich breit … Wenn manche Wissenschaftler sich regelmäßig das Recht nehmen, in öffentlichen Foren über wissenschaftliche Fragen schlampig zu sprechen, wird sich diese Gewohnheit allmählich auch in das wissenschaftliche Forum einschleichen.« Ich möchte hinzufügen, daß Verantwortungslosigkeit dieser Art und in diesem Ausmaß das öffentliche Prestige und die Vertrauenswürdigkeit der Wissenschaft bereits mehr geschwächt hat, als die meisten von uns glauben. Wir werden selbst die Grundmauern unserer Institution allmählich zerstören, wenn wir die an sich scharfe Grenze zwischen wissenschaftlichen und transwissenschaftlichen Äußerungen dauernd verwischen.

Ich habe oben bereits betont (4.), daß der Durchschnittsbürger an ›Erkenntnis um der Erkenntnis willen‹ nicht besonders interessiert ist. Er (oder sie) ist aber aus *praktischen* Gründen – weil man technische und soziale Probleme lösen will – an zuverlässigem Wissen, an objektiver Erkenntnis, interessiert. Dies ist, wie wir uns bereits klargemacht haben (4.), verständlich: In der genetischen Evolution der Menschen gab es keinen Bonus für Erkenntnis ohne Anwendung.

Die Institution Wissenschaft, die ›Erkenntnis um der Erkenntnis willen‹ schafft, wird uns nur so lange erhalten bleiben, wie der Bürger überzeugt ist, daß die Wissenschaft tatsächlich ›zuverlässiges Wissen‹ hervorbringt – jenes Wissen, das die Grundlage unserer Zivilisation bildet, weil man sich beim theoretischen Argument und beim praktischen Handeln auf dieses Wissen jederzeit verlassen kann. Das ›Unternehmen Wissenschaft‹ muß sich deshalb ständig und verständlich rechtfertigen; wir müssen die Menschen um uns immer wieder davon überzeugen, daß

Investitionen in der Wissenschaft unabdingbar sind, wenn es darum geht, unsere Zukunft zu meistern, den Fortschritt zu bewältigen. Unsere unmittelbare und wichtigste Aufgabe ist es jedoch, den Glauben der Öffentlichkeit in die *Vertrauenswürdigkeit* der Naturwissenschaften zu stärken. Eine Institution Wissenschaft mit der Zielsetzung ›Objektive Erkenntnis‹ muß *vertrauenswürdig* bleiben, über jeden moralischen Zweifel erhaben sein, sonst wird sie als eigenständige kulturelle Kraft nicht überleben.

Diese Vertrauenswürdigkeit wird gemessen an der Strenge, mit der das wissenschaftliche Ethos unser Tun und Streben determiniert, im Laboratorium, am Schreibtisch, im Hörsaal, am Rednerpult.

5. Kapitel
Evolutionäre Erkenntnistheorie in der philosophischen Kritik

> *Alle Philosophie ... ist entweder Erkenntnis aus reiner Vernunft, oder Vernunfterkenntnis aus empirischen Prinzipien.*
>
> Immanuel Kant

Reinhard Löw   *Evolution und Erkenntnis – Tragweite und Grenzen der evolutionären Erkenntnistheorie in philosophischer Absicht*

Die evolutionäre Erkenntnistheorie ist nach dem Verständnis ihrer Vertreter eine naturwissenschaftlich wohlfundierte Theorie, welche über den von ihr beanspruchten wissenschaftlichen Erfolg hinaus – dem Nachweis einer Evolution der Erkenntnisfähigkeiten von den niedersten Organismen bis zum Menschen – zwei grundlegende Folgerungen aus ihr zu ihren Gunsten in Anschlag bringt:

1. Eine »kopernikanische Wende« in der Philosophie durch die Lösung einiger uralter Rätsel der Vernunft, und zwar: »das Problem der Realität, ... des induktiven Schließens, unserer Haltung zu Kausalität, Raum und Zeit, die Kantschen *Apriori* der reinen Vernunft und das *Apriori* der Zwecke unserer Urteilskraft« (Riedl[1]). Die apriorische Dignität menschlicher Erkenntniskategorien kann somit in Zukunft auf die Ontogenese des Individuums beschränkt werden – in Wahrheit handelt es sich aber um phylogenetische Aposterioris[2]. Darüber hinaus vermag die evolutionäre Erkenntnistheorie auch »andere Erkenntnistheorien zu ›simulieren‹, soweit sie Erfahrungstatsachen erklären« (Vollmer)[3]. Unter den bisherigen Kritikern dieses Anspruchs seien hier zunächst G. Frey, H. Köchler, H. M. Baumgartner und R. Spaemann genannt[4].

2. Eine Rückbesinnung darauf, daß die Entgegensetzung Geist versus Natur im Menschen, die einseitige Ausbildung der instrumentellen Vernunft des Menschen zu katastrophalen Folgen für die Lebensbedingungen aller biologischen Arten (einschließlich des Menschen) auf unserem Planeten geführt hat. Aus dieser Rückbesinnung ersteht die Forderung nach einer neuen (biologisch-ökologisch orientierten) Ethik, welche bereits vorhandene Schäden so weit als möglich behebt und ausgleicht sowie künftige verhindert.

Diese zweite Folgerung aus der evolutionären Erkenntnistheorie muß jeden verantwortungsbewußten Menschen im vorhinein für diese Theorie mit Wohlwollen einnehmen, zumal ihre Vertreter, soweit sie mir persönlich bekannt sind, in diesem Anliegen sogar den eigentlichen, tieferen Zweck ihrer Forschungen sehen. Meine eigene Zustimmung zu diesen Anliegen bitte ich daher im Verlaufe meiner Ausführungen im Gedächtnis zu behalten, auch wenn ich erst am Ende ausdrücklich darauf eingehe. Bis dahin aber will ich, *fortiter in modo et in re*, der evolutionären Erkenntnistheorie ihren wissenschaftlichen wie philosophischen Anspruch in folgenden sieben Schritten bestreiten:

1. Die evolutionäre Erkenntnistheorie ist keine naturwissenschaftliche Theorie, sondern ein philosophischer Entwurf.

2. Als philosophische Theorie vertritt sie einen naturalistischen Realismus, dem das Epitheton »hypothetisch« nicht sinnvoll zuzuordnen ist.

3. Eine Analyse der Erklärung der Kategorie »Kausalität« durch die evolutionäre Erkenntnistheorie zeigt deren Widersprüchlichkeit.

4. Das Prinzip »Fulguration« der evolutionären Erkenntnistheorie leistet nicht, was es soll.

5. Eine durchgeführte evolutionäre Erkenntnistheorie hebt sich selbst auf.

6. Die evolutionäre Erkenntnistheorie ist ungeeignet, ihre eigenen ethischen Forderungen zu stützen.

7. Nur durch eine Umkehr im Begründungsverhältnis zwischen Philosophie und Evolutionstheorie kann diesen Forderungen Genüge geleistet werden.

1 Die evolutionäre Erkenntnistheorie ist ein philosophischer Entwurf

Wir nehmen als Ausgangspunkt der Argumentation einen Standort, von welchem aus die gegenwärtig vorherrschende, neodarwinistische Evolutionstheorie als Ganzes in den Blick genommen werden kann. Sie ruht auf zwei Grundpfeilern. Erstens, daß alles, was jetzt »da« ist, was zu unserer gegenwärtigen Wirklichkeit gehört, ein *Gewordenes* ist (onto- wie bes. phylogenetisch). Die evolutionäre Erkenntnistheorie untersucht in diesem Gesamtansatz die Evolution der Erkenntnisfähigkeit[5], von den einfachsten Sinnesorganen bis zum begrifflichen Denken des Menschen. Der zweite Grundpfeiler nennt uns das »Wie« des Gewordenseins: durch Mutation, Selektion, Isolation[6]. Hatte Kant in seiner Entdeckerfreude über seine Planetentheorie noch ausgerufen: »Gebet mir Materie, ich will eine Welt daraus bauen«[7], gleich darauf aber das

Begreifen der Entstehung einer Raupe aus Materie geleugnet, so scheinen wir heute ungleich weiter zu sein. Aus der »Ursuppe« bilden sich organische Moleküle, und aus ihnen entsteht irgendwann einmal (d. h. mit, von M. Eigen dargelegt, vernünftiger Wahrscheinlichkeit) ein sich selbst replizierender Hyperzyklus, der in Windeseile alle Konkurrenten aus dem Feld schlägt. Schon in der Zeit dieser ersten Lebewesen wird es (über-)lebensnotwendig, die für die Selbstreplikation notwendigen Stoffe zu »erkennen«, später auch Teile seiner selbst zu »erkennen«, um sich nicht aufzufressen. Zu all diesen Fragen sind meine Mitautoren in diesem Band ungleich kompetenter; ich erwähne es nur, um meinen ersten Haupteinwand zu formulieren. Er besteht darin, daß die bei dieser Erklärung der Entwicklung verwendeten, zentralen Begriffe »Leben« und »Erkennen« so *definiert* werden, daß durch die Definitionen erst der Übergang vom Nicht-Lebendigen zum Lebendigen, vom Nicht-Erkennen zum Erkennen geleistet werden kann. Diese Definitionen sind willkürlich, wenn auch bisweilen anerkannt. M. Eigen selber ist sehr vorsichtig mit seinem Hyperzyklus; er nennt ihn *nicht* lebendig – dafür müßte man nämlich wissenschaftlich wissen, was »lebendig« heißt. Die Definition des Begriffs »Leben« ist ja dadurch nicht der Diskussion entzogen, daß irgendein Biologe seine Definition zur endgültigen erklärt. Es gibt nämlich viele Definitionen des Lebensbegriffs, etwa als die »Daseinsweise der Eiweißkörper« (Friedrich Engels), als die »Fähigkeit zur Evolution« (T. von Randow), als das »Haben eines genetischen Programms« (E. Mayr) oder als das »Haben einer Seele« (Aristoteles)[8]. Dieser Vielheit von Definitionen gegenüber kann man sich zwiefach verhalten. Man nimmt eine für die richtige, und zwar natürlich die, aufgrund deren die Lösung des Übergangsproblems aus dem Anorganischen gelingt, oder man diskutiert darüber, welche der Definitionen in Wahrheit die angemessenste ist (und zwar dem *Phänomen* Leben angemessenste!), entdeckt dabei vielleicht, daß alle Definitionen ein richtiges Moment haben, *Bedingungen des Phänomens* sind, und daß »Leben« die Totalität dieser Bedingungen bedeutet usf[9]. Letzteren Umgang mit dem Problem bezeichnet man gewöhnlich als eine philosophische Diskussion (die keineswegs an philosophische Institute geknüpft ist[10]; vielmehr philosophiert ein jeder, der sich auf sie einläßt, ob er will oder nicht, denn es geht ihm um die Wahrheit seiner Sache), erstere Haltung bezeichnet man gewöhnlich als Dogmatismus. Wenn man zugibt, daß es verschieden »gute« Definitionen des Begriffes Leben gibt, dann soll mit »gut« ja wohl nicht »zweckmäßig für meine zirkuläre Erklärung der Entstehung des Lebens« gemeint sein, sondern »gut« meint »wahr« oder jedenfalls: wahrer (besser) als andere, also dem Phänomen näherkommend. Das einzige, was wir vom Leben *wahrhaft* wissen, ist, daß wir selbst leben, und nach Analogie unserer Selbsterfahrung als bewußt-lebende Wesen schreiben wir anderen Gegenständen unserer Erfahrung dieses Phänomen in Abschattierungen und Abwandlungen auch zu.

Dieses lange Ausholen ermöglicht uns nun, das Argument auch beim Erkennens- und Vernunftbegriff zu verstärken. Die Vorentscheidung, unter »Erkennen« bei niedersten Lebewesen die Passung von Strukturen zueinander, bei höheren Lebewesen Außenweltsimulation und -registrierung, bei Menschen schließlich zusätzlich vorstellungsmäßiges Ausprobieren von Handlungen und ihren Folgen zu verstehen, im allgemeinsten Sinne also: Erkennen als Informationsgewinn – diese Vorentscheidung kann nur als jenes zirkuläre Definieren der Begriffe zum Zwecke ihrer »natürlichen« Erklärbarkeit aufgefaßt werden. Es handelt sich in allen Fällen um Definitionen, die den Begriff des Erkennens – so unterschiedlich er zudem verwendet wird! – genau um seinen entscheidenden Aspekt verkürzen: den der Subjektivität. Ob es sich um sinnliche Wahrnehmung oder begriffliche Erkenntnis handelt, ist dabei noch gleichgültig. Außenwelt simulieren: das kann ein Fotoapparat, eine Fernsehkamera auch. Aber sie können nicht *sehen.* Wir können sehr wohl wissenschaftlich ausmitteln, welcher physikalisch-technischer Vorrichtungen sich unser »ratiomorpher Weltbildapparat« bedient, um Informationen über die Außenwelt zu liefern. Dafür blenden wir aber aus, daß diese Informationen nur *für* ein Subjekt sind (schon der Begriff der Simulation zeigt dies, denn daß zwei Gegenstände einander ähnlich, *simile*, sind, das kann nur ein Subjekt wahrnehmen) und nur *durch* so etwas wie Subjektivität, Selbst-Sein, überhaupt Informationen sein können [11]. Durch den Begriff »Außenwelt« wird dies implizit schon zugestanden. Denn er hat nur Sinn, wenn das *Innen* nicht selber einfach ein *Außen* innerhalb der Haut ist [12]: sonst hätte die Fernsehkamera auch ein Innen (s. u.). Das zweite Merkmal des Erkennensbegriffs der evolutionären Erkenntnistheorie ist seine Stufung. Für die verschiedenen Höhen [13] der Lebewesen bedeutet er Verschiedenes: Passung, Simulation, begriffliches Denken. Wenn man diese drei auseinander hervorgehen lassen will, muß man entweder zu Fulgurationen greifen (vgl. Punkt 4), oder man verwendet den Erkennensbegriff äquivok. Im letzteren steckt der richtige Gedanke, daß alle diese Formen *Formen* des menschlichen Erkennens sind (zu welchen aber auch andere kommen: künstlerische, mystische, religiöse, philosophische usw.). Aber als zudem verkürzte Äquivokation taugt der »geschichtete« Erkennensbegriff zu gar nichts. Erkennen ist ein transzendentaler Begriff, einer, der den Horizont aufspannt für alle Einzelerkenntnis. Deswegen ist für Hegel »Erkennen« auch eine Kategorie[14]! Den Begriff Erkenntnis zu definieren, ist selbst Resultat einer Erkenntnis. Die ganze evolutionäre Erkenntnistheorie ist *Erkenntnis*, und zwar eine Erkenntnis ihrer Vertreter, und damit ist nicht gemeint, daß diese Vertreter einen selbstgemachten Text simuliert haben oder Vorstellungen nach dem trial and error-Verfahren durchspielten. Um die evolutionäre Erksnntnistheorie als wahr (oder wahrscheinlich oder falsch) zu *erkennen*, haben sie das Verfahren vielleicht angewandt. Das ist aber nur eine Bedingung, nicht das Bedingte selbst. Man *kann* zwar die Vernunft sogar noch als dieses Verfahren definieren: aber das ist eine *philosophische* These, d. h. die *Vernunft* hat definiert und nicht »die Wahrheit«.

Als Fazit des 1. Punktes: soweit die evolutionäre Erkenntnistheorie Erkenntnis*theorie* sein will, ist sie eine *philosophische* Theorie mit einem ganz bestimmten philosophischen Erkennens- und Vernunftbegriff. Sie ist dies auch dann, wenn sie von sich selbst das Gegenteil erklärt[15]. Soweit sie hingegen naturwissenschaftlich argumentiert, ist sie eine Theorie über *Bedingungen* des Erkennens im allgemeinsten Sinne, nicht weniger, aber auch nicht mehr.

2 Als philosophische Theorie ist die evolutionäre Erkenntnistheorie eine Variante des naturalistischen Realismus

Die Einsicht in den philosophischen Charakter der evolutionären Erkenntnistheorie wird am deutlichsten, wenn man K. Poppers Unterscheidung von metaphysischen und naturwissenschaftlichen Theorien zu Hilfe nimmt: das »Abgrenzungsinstrument« Falsifizierung. Die evolutionäre Erkenntnistheorie ist nämlich gar nicht falsifizierbar, ihr Prädikat »hypothetisch« überflüssig. Wie kommt dies? Die klassischen Vertreter der evolutionären Erkenntnistheorie, Fries, Nietzsche, Spencer, Simmel[16] haben immer klargemacht, daß ihre Theorie nur im Verein mit zwei Voraussetzungen einen Sinn ergebe: zum einen der Existenz einer wahren Wirklichkeit, zum anderen der Nützlichkeit einer (möglichst) richtigen Erkenntnis dieser Wirklichkeit. So schreibt auch K. Lorenz 1941, »jede Naturforschung (bedarf) schlechtweg aufs Notwendigste eines Begriffs vom absolut Wirklichen«[17], bei G. Vollmer erscheint die Existenz der realen Welt als Postulat, ja er handelt am Schluß seines Buches von einer Einsicht, von *seiner* Einsicht in das An-sich der Dinge[18]. Warum soll dieser Realismus aber hypothetisch heißen? Er soll dadurch dem Vorwurf entgehen, naiv zu sein, also einfach naiv die Außenwelt für so zu nehmen, wie sie sich unserem ratiomorphen Weltbildapparat darbietet. Aber was tut denn der *naive* Realist anderes, wenn er sagt, die Außenwelt *sei* real? Er macht auch eine »hypothetische Annahme« (s. o.). Die »Hypothese«, daß es auch *nicht* so sein könnte, erscheint in der ganzen evolutionären Erkenntnistheorie nirgendwo, im Gegenteil, Kaspar schreibt, Leute, die daran zweifeln, würde der gesunde Menschenverstand ins Irrenhaus schicken. Damit hat Kaspar wohl recht, sogar dann, wenn er schreibt, es beträfe gewisse Philosophen (nicht nur). Aber was besagt das für die Vernünftigkeit des Zweifels? Es scheint eher so, als habe Kaspar oder als hätten die, die von einer Einsicht in das An-sich der wahren Wirklichkeit sprechen und schreiben, das damit verknüpfte *Problem* überhaupt nicht gesehen. Wenn uns die Wirklichkeit *nur* durch die Brille unseres ratiomorphen Weltbildapparates gegeben ist, dann ist jede Aussage über die »wahre« Wirklichkeit auch gleichzeitig eine durch die Brille und um nichts »wahrer« als andere, und dies gilt auch für die evolutionäre Erkenntnistheorie. Es handelt sich bei der evolutionären Erkenntnistheorie schließlich um Gedanken, um Interpretationen von Befunden aus der Außenwelt – alles aber durch die Brille! Vollmer löst das Problem mit Lorenz durch die »hypothetische Annahme, daß gewisse Dinge einfach wahr seien«[19]: aber was *das* heißen soll, steht ja in Frage. Wenn Lorenz sein berühmtes Buch »Die Rückseite des Spiegels« nennt, so ist doch gleichzeitig klar, daß diese Rückseite im Buche ebenso nur *gespiegelt ist* (C. F. v. Weizsäcker[20]).

Einmal meint Erkennen *Sehen*, einmal meint Erkennen *Erkennen*. Im Vergleich zum Sehen gibt es ja tatsächlich diese Differenz: Etwas sehen, und sich zum Gesehenen reflektierend, erkennend ins Verhältnis setzen. Deswegen ist die Sache mit dem Spiegel und seiner Rückseite eine treffende Analogie. Aber sie ist genau dort verfehlt, wo sie übertragen werden soll auf das *Reflektieren*, denn dieses kennt eben *nicht* noch einmal eine andere Ebene als sich selbst[21].

Entweder man weiß dieses Etwas, das man weiß, oder man weiß es nicht. Im letzteren Fall ist es für den Nicht-Wissenden sinnlos, von einem »Etwas des Nicht-Wissens« zu sprechen – so stellt es sich erst für einen Anderen, Wissenden dar. Mit dem Namen allein weiß man wenig von einer Sache. Auch wenn ich das Wort »Haus« kenne, kann ich sagen, ich weiß nicht, was ein Haus ist. Wenn ich es wissen will, schaue ich mir Zeichnungen und Bilder davon, dann Häuser selbst an, lese über Statik, spreche mit einem Architekten usf: Das ganze »Wissen«, so Hegel, ist ein Prozeß des Vertrautwerdens mit der Wirklichkeit. Unterwegs beim Begreifen weiß man nie mehr, als man weiß. Wenn man – philosophisch – begriffen hat, daß das Begreifen ein Prozeß ist, kann man zwar sagen: ich weiß noch nicht *alles*; auch: ich weiß, daß ich noch nicht alles weiß; aber *nicht*: ich weiß dieses Etwas, das ich noch nicht weiß.

Sokrates sagt zwar auch: ich weiß, daß ich nichts weiß, aber das ist abgehoben gegen alle, welche *glauben* zu wissen und doch nicht wissen; denn das ist noch weniger als das Wissen des Nichtwissens. Das Wissen zu wissen ist nicht eine weitere Differenz in der Reflexion (die dann als Gegensatz das absurde: »Nicht-Wissen, daß man weiß« hätte), sondern ein performatives oder emphatisches Hervorheben des einen Wissens.

Die optische Täuschung ist *für das Auge* unaufhebbar, nicht für das Denken. Den Begriff des Erkennens muß man entweder auf das Modell des Sehens restringieren – dann hieße, die evolutionäre Erkenntnistheorie »erkannt« haben: sie *gesehen* haben . . . , oder man muß ihn wie Hegel als den Prozeß der Idee fassen, für welchen das Sehen als Modell an der entscheidenden Stelle hinkt: daß nämlich die Täuschung des Denkens im Gegensatz zum Sehen prinzipiell durch Denken *aufhebbar* ist. Beim zu sich selbst gekommenen Wissen gibt es kein Außerhalb irgendeiner anderen Sphäre mehr.

Philosophische Zweifel am »objektiven Erkennen« lassen sich letztlich nur durch eine Theorie (wie etwa der Ansatz der Hegelschen Logik) zerstreuen, welche sowohl die Entwicklung der Objektivität durch ein Subjekt als auch das Vorkommen von Subjektivität in der Objektivität darlegt – daß Kaspar solche Zweifel mit dem empirischen Hinweis widerlegt, es gebe *doch* »objektives Erkennen«, spricht nicht für sein Problembewußtsein.

Nietzsche hat diesen Ansatz übrigens als einziger zu Ende durchgeführt, und seine (jedenfalls erkenntnistheoretische) Konsequenz ist der Nihilismus. Es wäre sehr förderlich für die interdisziplinäre Diskussion, wollten sich die Vertreter der evolutionären Erkenntnistheorie mit *ernstzunehmenden* philosophischen Positionen auseinandersetzen, und nicht mit »der letzten Literatur«. Platons »Theätet« und »Sophistes« sind zwar 2500 Jahre alt, aber in bezug auf dieses Problem nicht überholt, oder wenn man es schon moderner haben will, dann wäre Kant, und zwar aus erster Hand, hier höchst förderlich. Denn an dieser Stelle bricht die verhängnisvolle Unkenntnis der Philosophie Kants durch. Kants Kategorien sind a priori insofern, als unter den *Vernunftinteressen* der Einheit der Natur und der Möglichkeit von (Newtons) Naturwissenschaft diese Kategorien notwendig gedacht werden müssen als die Erfahrung strukturierend, also *vor* aller Erfahrung. Aber es handelt sich dabei um *Gedanken*, das ist Kant jederzeit klar, nicht um einen ratiomorphen Weltbildapparat, dem Kategorien *angeboren* wären. Man könnte auch die Kategorien hypothetisch *nennen*, weil sie von den Vernunftinteressen bedingt sind. Aber das ist keine zusätzliche Information für den Geltungsanspruch, den Kant dann für den Bereich der Erscheinungen durch seine kritische Philosophie stellt. Genau diesen Anspruch – einen apodiktischen der Geltung – stellt die evolutionäre Erkenntnistheorie auch: alle anderen »Erkenntnistheorien« seien überholt oder unwissenschaftlich. Mit ihren Aussagen über das An-Sich der Dinge – über welches nach Kant gar nichts ausgesagt werden kann außer, *daß* es erscheint – fällt die evolutionäre Erkenntnistheorie in die vorkritische, dogmatische Zeit zurück. Zwar sagen ihre Vertreter, daß sie einen biozentrischen Standpunkt einnehmen – aber sie tun dies als Menschen, anthropozentrisch. Man kann gar nicht »biozentrisch denken«, denn *Denken* heißt: mit *unseren* Begriffen an die Wirklichkeit herantreten, mit ihr umgehen, also anthropozentrisch. Die evolutionäre Erkenntnistheorie löst die alten metaphysischen Probleme dadurch, daß sie sie für gelöst *erklärt*. Sie hat sie damit noch gar nicht in den Blickwinkel bekommen. Die »Raffiniertheit« des hypothetischen Realismus besteht darin, daß er gar nicht weiß, wie naiv er ist. Er ist am »gesunden Menschenverstand« orientiert – aber der gerade stößt auf Probleme, die er nicht lösen kann, z. B. auf die bescheidenen Fragen: Was ist damit gemeint, wenn ich sage, daß etwas wahr ist, oder daß etwas existiert? Man kann diese Fragen als Scheinprobleme abtun: und schon damit ist man zweimal in die Grube gefallen, denn für diese These – »Scheinprobleme« – wird erstens Wahrheit beansprucht und zweitens die *Existenz* von Problemen als *Schein* zugestanden. Was aber heißt das? Bei dem Pathos der Wahrheit, bei der Unnachsichtigkeit gegen alle »Metaphysik«, mit denen die Vertreter der evolutionären Erkenntnistheorie auftreten, ist das Beiwort »hypothetisch« nicht nur überflüssig, sondern kokett. Dawkins bezeichnet die Evolution kurzweg als »Faktum«, nicht einmal mehr als Theorie, und Hoimar von Ditfurth wälzt dies in aller Breite aus[22]. Fakten aber kann man wohl nicht widerlegen. Dementsprechend nennt Riedl seine Forschungsergebnisse auch nicht Hypothesen oder Lösungsvorschläge, es sind definitiv die *Lösungen* jener Rätsel der Metaphysik.

Auf dreierlei bleibt hier hinzuweisen.

Der erste Hinweis zielt darauf, daß die Evolutionstheorie selbst ein Interpretations*paradigma* ist (im Sinne von T. Kuhn). Für die These von einer durchgängigen evolutionären Entwicklungsreihe etwa vom Sehfleck zum Auge müssen zwischen den bekannten Gliedern der Evolutionskette, die die Sprünge kennzeichnen, zahlreiche unbekannte Mutations- und Selektionsschritte angenommen werden: eine Art *Interpolation* der Evolutionskette[23]. Um nun zur Behauptung der vollständigen Evolution zu kommen, müssen eine Fülle genau jener Induktionsschritte vorgenommen werden, die nach Popper verboten sind, weil durch sie die Theorie immun, d. h. unfalsifizierbar wird. Das ist besonders deutlich bei den »missing links«, den rezenten oder fossilen Zwischenformen der verschiedenen Tierklassen. Alle klassischen Beispiele haben sich mehr oder weniger als »hopeful monsters«erwiesen, als logische Gebilde, die – am Schreibtisch ersonnen – sowohl Stammarten sind als auch alle spezifischen Anpassungen besitzen, die sie in Darwins Sinn selbst schon für ihre Zeit zum »fittest« machen[24]. Und mit diesen logischen Gebilden identifizierte man dann Fossilien – solange, bis sich die Identifikation nicht mehr halten ließ. Das aber galt niemals als Einwand gegen die Evolutionstheorie, denn die ist »wahr«, d. h. *sie* hat unfalsifizierbaren, paradigmatischen Charakter. Es sei nur noch beiläufig von biologischer Seite die Schwierigkeit angeführt, daß es trotz intensiver Bemühungen nicht gelungen ist, eine artüberschreitende Mutation experimentell aufzuzeigen.

Das zweite ist die Nichtfalsifizierbarkeit der evolutionären Erkenntnistheorie selbst dann, wenn man zugäbe, sie wäre eine Hypothese. Wenn am Anfang der Theorie jene Annahmesumme steht, die Vollmer für den hypothetischen Realismus als kennzeichnend ansieht[25], dann gibt es keine Instanz, von der aus diese Annahmen auf ihre Wahrheit hin überprüfbar wären. Dadurch, daß es *Annahmen* sind, sind sie der Testbarkeit gerade entzogen. Man muß sich erst einmal auf sie einlassen, bevor man mitreden darf, sonst hat man »die evolutionäre Erkenntnistheorie nicht begriffen«. Aus ihnen folgt aber – in der Tat – alles übrige. Ob diese Annahmen aber auch begründet sind, steht auf einem anderen Blatt. Man kann nämlich im Laufe einer philosophischen Diskussion zu anderen Ansichten darüber kommen, oder deutlicher: Die Vernünftigkeit zumindest einiger dieser Annahmen steht seit zweieinhalb Jahrtausenden im Zentrum des philosophischen Gesprächs, und einige davon sind mit guten Gründen verworfen worden. Mit einem »Hoppla – jetzt komme ich mit meinen (hypothetischen!) Annahmen« (oder, zum schöneren, mit dem Hinweis auf den gesunden Menschenverstand) kann dieses Gespräch nicht beendet – höchstens für ein Kopfschütteln unterbrochen werden.

Der dritte Hinweis zielt auf Poppers Abgrenzungsinstrument. Ich habe es an anderer Stelle ausführlich diskutiert[26] – daher hier nur der Hinweis darauf, daß es ein stumpfes Instrument ist. Denn damit eine Falsifikation ihren Namen verdient, muß sie als gelungen, als *wahr* zugegeben werden. Eine gelungene Falsifikation ist die Verifikation eines Falsum. Und auch hier ist das Prädikat »hypothetisch« ein Schleier. Hinter jeder ernstzunehmenden Hypothese verbirgt sich nämlich – wenn sie vorgetragen wird – die Überzeugung, daß sie zumindest eine bessere, angemessenere, wahrere Hypothese als andere ist. Diese Überzeugung ist es, die einen Wissenschaftler an seinen Hypothesen festhalten läßt, auch wenn sie zunächst einmal falsifiziert *scheinen*. Man stützt sie, findet weitere Pluspunkte, sucht die Fehler anderer Theorien usw. Kuhn, Lakatos und Feyerabend haben dies in den letzten zwei Jahrzehnten ausreichend dargetan[27]! Man könnte sagen, Poppers »Logik der Forschung« zeigt ihre eigene Widerlegung besonders einleuchtend: Sie wird gestützt, modifiziert, verteidigt, *obwohl* es von Falsifikationen nur so wimmelt. Wenn nun noch diese Forschungsmethode auf die Natur übertragen wird, so wird die Situation nicht etwa besser, sondern teilweise absurd. »Falsifikation« kann im Lauf der Evolution nur heißen: Selektions*nach*teil und damit (irgendwann) Aussterben der Art. Der »Erkenntnisgewinn«, das »richtigere« Abbilden der Außenwelt kann jedoch in dieser Weise gar nicht für die Selektion in Anschlag gebracht werden; denn es gibt ja noch so viele Arten mit ganz schlechter »Erkenntnis«. Die Pflanzen sind nicht »falsifiziert« durch die Tiere, das Urauge nicht durch das Adlerauge, selbst das Nicht-Auge nicht durch das Auge. Baumgartner hat klargemacht, daß Erkenntnisgewinn nur eine Kategorie sein kann zwischen den übrigen Lebewesen und dem Menschen[28]. Aber nicht einmal das ist ein Argument, denn wie gering nehmen wir vier Milliarden Individuen uns aus gegen die Mannigfaltigkeit der Schöpfung nach Art und Zahl?! Bleibt ein letztes: der Begriff »Anpassung« ist auch evolutionsbiologisch-einlinig unangemessen. Frey hat vorgebracht, daß die Lebewesen sich nicht nur ihrer Umwelt anpassen, sondern umgekehrt auch *diese sich*[29]. Beim Menschen ist es schließlich gar der »entscheidende Selektionsvorteil . . ., seine Umwelt in radikaler Weise umzugestalten. Wobei wir Technik im weitesten Sinne als eine Anpassung der Umwelt an die Bedürfnisse des Menschen auffassen können.«[30]

Mit dem Terminus »Anpassung«, für welchen man bisweilen die Kantische Kategorie »Wechselwirkung« liest (die etwas Grundverschiedenes meint), verlassen wir den allgemeinen Bereich der evolutionären Erkenntnistheorie und wenden uns ihrer zentralen Kategorie zu, der Kausalität.

3 Evolutionäre Erkenntnistheorie und Kausalität

Die Kategorie der Kausalität ist für die Naturwissenschaft wie für die Naturphilosophie von jeher von eminenter Bedeutung gewesen[31], und dies liegt nicht von ungefähr auch daran, daß die Kenntnis der *Ursache* A eines Phänomens B es uns ermöglicht, B hervorzubringen dadurch, daß wir A machen – also uns eine Handlungsmöglichkeit eröffnet. Für die Behandlung des Problems innerhalb der evolutionären Erkenntnistheorie sind drei Merkmale charakteristisch:

1. wird die Denkkategorie »Ursache« als ein im Laufe der Evolution entstandenes *Denkökonomieprinzip* des menschlichen Gehirns mit Selektionsvorteil aufgefaßt,

2. ist die Ursache, daß gerade dieses Prinzip so vorherrschend wurde, in der Selektion zu sehen,

3. muß (wegen 2.) »die Denkordnung eine Nachbildung der Naturordnung sein«[32], und d. h.: »Ursache« ist auch eine *Realkategorie* in der Außenwelt.

Mit diesen drei Merkmalen wird der äquivok-schillernde Charakter der evolutionären Erkenntnistheorie wiederum deutlich. Zwar *kennen* wir die Naturordnung *nur* durch die Denkordnung (vermittels des ratiomorphen Weltbildapparates), gleichwohl *soll* die Naturordnung *real* sein. Woher wissen wir das? Wir können doch keinen Standpunkt außerhalb unserer Denkordnung einnehmen, denn »einen Standpunkt einnehmen«, das heißt gerade: *denken*! Als Ausweg bliebe wieder nur die Realitäts-»Annahme«. Denn wenn der Ursachebegriff *nur* Denkkategorie ist, dann ist es sinnlos zu sagen, *auch* in der Außenwelt *gebe es* Kausalität. »Es gibt«: das ist ja wieder eine Äußerung des *Denkens*. Der Hinweis auf Anpassung oder Selektion ist ebenso sinnlos; denn in diesem eine »Ursache« zu sehen bedeutet wiederum, von einem »es gibt«, also einer Denkkategorie zu reden. Das gilt für Riedls Begriff der »Wechselwirkung« genauso: Wechselwirkung ist eine *Denk*-Kategorie. Wenn aber der Ursache-Begriff nicht nur eine Denk-, sondern auch eine Realkategorie ist, dann ist die Begründung dieser These das philosophische *Problem* der Kausalität, und nicht das Hinschreiben des »sowohl – als auch« die *Lösung*. Kurzum: Der Begriff »Ursache« wird in den obigen drei Thesen in dreifacher Weise äquivok verwendet: in allen drei Thesen als Denk-Kategorie (denn diese Thesen sind schließlich *Gedachtes*), in der zweiten These als Bezeichnung für den Grund eines *bestimmten* Vorkommnisses, welches *real* sein soll und nicht nur »gedacht«, in der dritten These als allgemeine, die ganze Außenwelt strukturierende Realkategorie. Nur dadurch, daß man die drei Verwendungen einfach gleichsetzt, erhält man plötzlich eine Theorie über die Kausalität als einer evolutionär entstandenen Denkkategorie. Hier nun wieder von »Hypothesen« zu sprechen, daß wir also nicht mit Bestimmtheit sagen können, »ob es Kausalität gibt ... Wir wissen nur, daß sich unsere Kausalhypothese im Normalbereich oft bewährte«[33] – ist ein Versuch, den faktischen logischen Unzulänglichkeiten des Ansatzes durch eine Relativierung zu entgehen, die mit dem sonstigen Anspruch der evolutionären Erkenntnistheorie in klaffendem Widerspruch steht. Soll es bedeuten, daß die evolutionäre Erkenntnistheorie eine »kopernikanische Revolution« ist, vielleicht aber auch nicht??

Die Auffassung der Kausalität durch die evolutionäre Erkenntnistheorie zeigt sich aus der Sicht der Philosophie als ein theoretisch naiver Zwitter zwischen Transzendentalphilosophie und »realistischer« Ontologie bzw. Erkenntnistheorie. Wird Kausalität als anthropologisch begründete Weise, die Welt anzusehen, verstanden – ohne Anspruch auf Erkenntnis der »Welt an sich« – dann taucht die Frage auf, wieso gerade kausales Denken geeignet sei, sich in der Welt zu behaupten, wenn nicht die Welt so *ist*, wie das kausale Denken sie denkt. Ganz abgesehen davon, daß die Anpassungstheorie selbst schon die Kategorie voraussetzt, die sie erklären will: sie ist selbst eine kausale Theorie! Wenn aber eine bestimmte Sehweise dann als angepaßt gelten darf, wenn sie sieht, was unabhängig vom Leben so ist, dann stellt sich die Frage, warum wir nicht statt von »Anpassung« gleich von »Erkenntnis« sprechen.

Ein anderer Einwand gegen die Verwendung des kausalen Erklärungsprinzips ist viel schwerwiegender. Es handelt sich um die wissenschaftstheoretische Entdeckung, daß Kausalität gar nicht ohne ein teleologisches Moment gedacht werden kann. Was heißt es denn: zu einem Vorgang eine kausale Erklärung geben? Es heißt zunächst einmal, aus dem Gesamtzusammenhang der Natur einen Ausschnitt zu machen, indem ein Ereignis B als Explanandum isoliert wird. B bildet das Ende des Ausschnitts. Wir fragen nach den Bedingungen A des Zustandekommens von B und konstatieren eine gesetzmäßige Verknüpfung dieser Bedingungen mit dem Ereignis. Ohne das *Setzen* eines B als Endzustand gibt es keine kausalen Erklärungen. Die regelmäßige Verknüpfung eines A mit einem B hatte auch Aristoteles zur Grundlage des Begriffs *Erklärung* gemacht; aber für ihn war die Regelmäßigkeit Beweis für eine *teleologische* Verknüpfung: A hat die *Tendenz*, B hervorzubringen. Richtig daran ist, daß in der Tat ein B von uns isoliert werden muß, damit man von Erklärung reden kann; nur nahm Aristoteles dieses teleologische Moment auch bei Erklärung anorganischer Vorgänge in die Natur des zu Erklärenden mit hinein. *Ohne telos keine Ursache.* Aber in der mechanischen Welt gibt es weder Ursachen noch Ziele unabhängig vom Beobachter. Jede Isolierung eines Ereignisses, das mit irgendwelchen anderen in einem gesetzmäßigen Zusammenhang steht, setzt bereits ein dieses Ereignis beobachtendes Subjekt voraus. Und dies gilt nun nicht nur für die Konstatierung eines Ereignisses B als Endzustand, nach dessen *Ursachen* gefragt werden kann, sondern genauso für diese Ursachen, Ausgangs- oder Randbedingungen selbst: Wir setzen nicht nur das Ende, sondern auch den Anfang des Kausalnexus.

Zu sagen, daß A die Ursache von B ist, heißt ja nicht nur, daß B regelmäßig auf A folgt. Sonst könnte man sagen, daß die Sonne aufgeht, weil der Hahn kräht. Warum sagen wir das nicht? Die Antwort ist: weil wir uns vorstellen, was wäre, wenn wir den Hahn (oder alle Hähne) zum Schweigen bringen. Es gibt die Geschichte von dem Irren, der jeden Morgen die Sonne aufgehen ließ. In seinem Kalender waren die Sonnenaufgangszeiten eingetragen; kurz davor trat er ins Freie und befahl der Sonne aufzugehen, und siehe, sie ging auf. Wie will man ihm beweisen, daß nicht *er* die Ursache für den Sonnenaufgang ist? Doch nur dadurch, daß man ihm sagt: »Bleib einmal morgens im Bett, und sieh, was dann geschieht.« (Dagegen wird er freilich den richtigen Einwand machen, daß er das nicht machen dürfe, weil sonst die Welt unterginge. Richtig ist der Einwand insofern, als es für jeden, der es auch nur für möglich hält, daß der Zusammenhang von dieser Art ist, unmoralisch wäre, hier ein Experiment zu machen. Auch der Arzt darf einem Patienten nicht zu

Testzwecken ein Medikament vorenthalten, von dessen lebensrettender Wirkung er überzeugt ist.)

Die These der sogenannten *interventionistischen Kausalitätstheorie*[34] besagt, daß jede kausale Interpretation eines Geschehens voraussetzt, daß wir entweder in Wirklichkeit oder in Gedanken ein Ereignis A handelnd beeinflussen, variieren und dann feststellen (oder überlegen), was mit B geschieht. Bei einem *wirklich* kausalen Zusammenhang müßte sich mit A auch B verändern, eine allerdings nur notwendige, nicht hinreichende Bedingung. Daraus folgt, daß der Begriff der kausalen Interpretation den von Handeln stets schon voraussetzt. Ohne den Gedanken eines möglichen Eingriffs läßt sich nur feststellen, was im Fluß der Dinge alles aufeinanderfolgt. Dies gilt auch für die These, daß alles Handeln des Menschen selbst kausal determiniert ist. Hier muß ein anderer Mensch handelnd hinzugedacht werden, der in das Handeln des ersteren eingreift – sei es durch Hypnose, Überredung, Pharmaka o. ä. Im einzelnen läßt sich jeder Vorgang kausal interpretieren, aber immer nur unter der Voraussetzung, daß er vorher in einen Handlungszusammenhang integriert wurde. Mechanische Interpretationen sind grundsätzlich nur möglich unter der Voraussetzung eines umgreifenden Lebenszusammenhanges. Und die Einheit der Wissenschaften, so H. J. Schneider in einer tiefsinnigen Arbeit, ist deswegen nie aus der Physik, sondern nur aus einem vorwissenschaftlichen Standpunkt zu gewährleisten, »von dem aus die Wissenschaften als spezialisierte Handlungsmöglichkeiten entwickelt werden«[35].

Dieser Einwand gegen die naive Verwendung der kausalmechanischen Hempel-Oppenheim-Erklärung zeigt zum einen, daß diese nicht als Waffe gegen die Teleologie taugt, zum anderen, daß die Alternative »redliche, metaphysik-freie Kausalerklärung«, »erdichtet-idealistische Final-erklärung« unredlich ist: Der hinter der These des universalen Kausalnexus stehende Materialismus ist nicht ein Gegensatz zur Metaphysik, sondern selbst Metaphysik, und zwar eine der am besten widerlegten Formen (s. o.).

Gegen die vorgetragenen Einwände ist eine Ausflucht möglich, die in zwei Versionen – soft and hard – vorgeführt wird. Die erste Version, die der evolutionären Erkenntnistheorie, verweist darauf, daß es sich ja nur um Aussagen eines *hypothetischen Realismus* handelt, daß wir also »nur mal so tun«, als ob die abgebildete Außenwelt mit der objektiven Wirklichkeit identisch wäre. Diese Ausflucht ändert nichts an den beiden Einwänden, denn diese zielen gerade darauf, daß diese *Hypothese* falsch ist.

Die *hard-core* Version hat gegenüber der evolutionären Erkenntnistheorie ein anderes begriffliches Niveau. Ihre These ist, »daß für kein Ereignis eine wissenschaftlich haltbare kausale Erklärung existiert« (Stegmüller)[36]. Damit ist »die Kausalerklärung der Finalerklärung in die Rumpelkammer gefolgt« (H. Jonas)[37].

Die Auflösung des Begriffs »kausale Erklärung« vollzieht sich in zwei Schritten. Zunächst gab es in der klassischen Physik neben den kausalen Naturgesetzen auch statistische Wahrscheinlichkeitsgesetze. Diese aber waren nur ein *asylum ignorantiae*: während im Prinzip das Modell vom göttlichen Rechner a la Laplace in Kraft blieb, waren sie Ausdruck der Endlichkeit menschlichen Datensammeln-Könnens. In der Quantenphysik hingegen erhielten diese Gesetze einen neuen Status: Sie sind prinzipiell nicht mehr – durch noch so viele zusätzliche Informationen – reduzierbar auf deterministische Gesetze. Daraus würde eine Paradoxie für das Kausalprinzip[38] folgen – wenn es a priori Gültigkeit hätte. Dagegen scheint der Begriff eines von irreduziblen, statistischen Gesetzen beherrschten interdeterministischen Universums paradoxiefrei zu sein[39]: aber *es scheint* nur so, wie auch Stegmüller konstatiert. Zwar wird hierbei eine logische Paradoxie vermieden; dafür muß das traditionelle Hauptziel der neuzeitlichen Naturwissenschaft, nämlich durch Gesetze zu Erklärungen zu kommen, fallengelassen werden. Dies ergibt sich aus einer Analyse des Hempel-Oppenheim-Schemas (nach welchem ein Ereignis als erklärt gilt, wenn zwischen seinen Antezedenzien und ihm ein angebbarer gesetzmäßiger Zusammenhang besteht), wenn man den Begriff des »Gesetzes« genauer untersucht für den Fall statistischer Gesetze (und *alle* Naturgesetze sind, bei hinreichend vorgetriebener Genauigkeit, nur statistische Gesetze!). Statistische Gesetze können nie für eine »kausale Erklärung«, sondern nur für die »Begründung rationaler Erwartungen« verwendet werden. Im Begriff der »rationalen Erwartung« steckt schon die nächste Schwierigkeit: Sollte es nämlich nicht gelingen – und bisher ist es nicht gelungen –, einen objektiven Begriff von statistischer Wahrscheinlichkeit einzuführen, dann sind die ermittelten statistischen Gesetze *Meinungswellen*. Zum Gegenstandsbereich der Atomphysik gehörten dann auch theoretische Physiker, »über deren rationales Wettverhalten Aussagen gemacht werden«[40] – wobei auch hier noch unklar ist, was *rational* heißen soll, abgesehen von der Tatsache, wie P. Feyerabend feststellt, daß sich die Mitglieder des Stammes der Wissenschaftstheoretiker und der ihm verwandten Stämme mit dem Prädikat »rational« zu schmücken pflegen wie Marxisten mit dem Prädikat »fortschrittlich«.

Als Fazit ergibt sich, daß die Begriffe Ursache und Wirkung jedenfalls ungeeignet sind, um Ereignisse zu *erklären*: Es gibt Aufeinanderfolgen von Zuständen; erstere gehorchen mathematischen Funktionen, während letztere nur durch statistische Gesetzmäßigkeiten beschreibbar sind.

Damit ist im Hempel-Oppenheim-Schema der Erklärungsbestandteil »Gesetz« obsolet geworden. Doch auch die beiden noch übrigen Bestandteile »Ereignis« und »Antezedenzien« halten einer genaueren Analyse nicht stand. Zum einen ist es eine wissenschaftlich unstatthafte Willkür, sich nur einige Antezedenzien herauszugreifen und zum Erklärungsbestandteil eines Ereignisses heranzuziehen: alle Antezedenzien (nicht nur die eines *von uns* isolierten »Vernetzungs-Systems«) müßten herangezogen werden, da jeder Bestandteil des Universums mit jedem in irgendeiner Weise verknüpft ist. Jedes Ausgrenzen von Fernwirkungen ist anthropomorph[41]. Damit ist sozusagen dem Querschnitt des Werdens-Flusses Genüge getan, da ein Ereignis A zu einem Zeitpunkt t_0 mit der gesamten Welt vernetzt ist. Doch die Vernetzung bezieht sich auf alle davorliegenden Zustände, wie J. König gezeigt hat: Es ist *auch* schon willkürlich und anthropomorph, ein Ereignis A von seinen Antezedenzien überhaupt abzugrenzen: das »Ante ...« stellt bei N. Hartmanns Annahme eines realen Determinationsnexus in der objektiven Welt eine überflüssige Zutat dar, weil die Genesis bereits zur Definition des jeweiligen Ereignisses gehört[42]. Selbst die Rede von der vollständigen Vernetzung in einem Fluß des Werdens ist unwissenschaftlich metaphorisch, weil sie ein *Nacheinander* unterscheidet – dieses Nacheinander aber nur von einem Ausschnitte machenden Bewußtsein willkürlich herausinterpretiert wird. Nicht nur ist die Behauptung einer »notwendigen Aufeinanderfolge« pleonastisch[43], sondern schon das Bild des »Aufeinanderfolgens« isoliert auf unwissenschaftliche Weise aus dem Werdensfluß Ereignisse aus ihrer universalen Vernetzung in Raum *und* Zeit. Die Rede von Zufall und Notwendigkeit ist, wie nicht mehr auszuführen ist, selbstverständlich redundant.

Mit dieser Präzision der im Hempel-Oppenheim-Schema verwendeten Begriffe »Ereignis«, »Antezedensbedingungen«, »Gesetz« entgeht man dem Einwand, der dem kausalmechanischen Denken entstand, durch die interventionistische Theorie der Kausalität. Man entgeht ihm um einen hohen Preis: Der Begriff »kausale Erklärung« selbst muß preisgegeben werden. Daraus folgt, daß auf die Frage nach dem *Warum* eines Ereignisses nicht nur die Angabe eines Zweckes (per definitionem) unzulässig ist, sondern ebenso die Angabe der Antezendensbedingungen und des dazugehörigen Gesetzes. Ja, es folgt darüber hinaus, daß die Frage nach dem *Warum* eines Ereignisses schon deswegen unstatthaft ist, weil ein Ereignis aus einem Fluß herauspräpariert wurde und dieses Isolieren selbst schon den Grund für die Nichtbeantwortbarkeit der Frage enthält.

Daß der Begriff einer Wirkursächlichkeit tatsächlich aus dem Handlungsbegriff abstrahiert ist und deshalb eine teleologische Implikation hat, mit der er steht und fällt, wurde schon im 17. Jahrhundert erkannt. *Malebranche* und die sogenannten Okkasionalisten behaupteten: von einem Ding sagen, es *verursache* etwas, ist Mythologie, Götzendienst. Es schreibt Dingen Eigenschaften des Schöpfers zu. Und bereits hier zeigt sich die Konsequenz für das Selbstverständnis menschlichen Handelns: Wenn im Bereich der materiellen Wirklichkeit keine Verursachung möglich ist, dann muß dies auch für das Handeln gelten. Das menschliche Wollen kann kein »Anlaß« *(occasio)* sein für eine nach Naturgesetzen ablaufende göttliche Wirksamkeit. B. Russells Ersetzung des Kausalbegriffs durch den einen naturgesetzlichen Funktionszusammenhang ist nur die moderne Fassung dieses Gedankens.

Diese ausführliche Kritik des Kausalitätskonzepts der modernen Wissenschaftstheorie zeigt, daß der Versuch, den Ansatz der evolutionären Erkenntnistheorie durch eine Präzision zu retten (um die einleitend genannten Äquivokationsprobleme zu vermeiden), zu einer Auflösung der Verständlichkeit unserer Wirklichkeit führt und nicht etwa zur kausalen Erklärung der Frage, woher wir unseren Ursachebegriff haben[44] (s. u.).

4   Schwierigkeiten mit dem Prinzip »Fulguration«

Mit dem Begriff »Fulguration« (lat. *fulguratio* = Blitzstrahl) wird in der evolutionären Erkenntnistheorie seit K. Lorenz das schlagartige Auftreten von »völlig neuen« System-Eigenschaften im Laufe der Evolution von Organismen gekennzeichnet; »völlig neu«[45] bedeutet dabei, daß sie vorher auch nicht in Andeutungen vorhanden gewesen seien[46] (K. Lorenz). Die neuen Qualitäten entstehen beim Zusammenschluß zweier oder mehrerer Systeme zu einer neuen Einheit. Ihnen entspricht der Wechsel zwischen den verschiedenen Seinsschichten bei N. Hartmann. Lorenz bezeichnet sie auch als einen »nicht rationalisierbaren Rest«[47].

Als Beispiel aus der Physik wird der Zusammenschluß von zwei Stromkreisen (einer mit Kondensator, einer mit Spule) zu einem Schwingkreis angeführt[48].

Hier erhebt sich nun eine Schwierigkeit. Was heißt nämlich bei diesem Beispiel »völlig neu«? Ganz offensichtlich nur: »völlig neu« für einen, der mit der Elektrizitätslehre nicht vertraut ist. Denn sonst kann man das Ergebnis, die Entstehung von Schwingungen, ohne weiteres auch im vorhinein ausmitteln. Wenn es sich bei diesem Beispiel also wirklich um ein *Beispiel* handelt, dann sind die »völlig neuen« Systemeigenschaften nur völlig neu für jemanden, der die Eigenschaften der einzelnen Subsysteme nicht kennt. Zu diesen Eigenschaften gehört nämlich bei dem Beispiel für die beiden Einzelsysteme auch, daß sich beim Zusammenschluß mit dem anderen ein Schwingkreis ergibt. Dies *nicht* als eine ihm zukommende Qualität zuzugestehen, sondern zu sagen, der gehöre eine Stufe höher, heißt nichts anderes, als dem Hund die Qualität »Bellen-können« *nicht* zuzugestehen, wenn er gerade nicht bellt. Das entspricht dem megarischen Begriff der Möglichkeit[49]: nur dann von etwas zu sagen, es sei möglich, wenn alle Bedingungen zu seiner Realisierung eingetreten sind. Wie steht es aber z. B. mit dem Zusammentreten von Sauerstoff und Wasserstoff zu Wasser? Drei Systeme (zwei H-Atome und ein O-Atom) treten zusammen und erzeugen *Wasser* mit völlig neuen Qualitäten. Ist das eine Fulguration? Wenn ja, dann wird der Fulgurationsbegriff auf die ganze Wirklichkeit ausgedehnt werden müssen. Wie nämlich sollten Qualitäten definiert und abgegrenzt werden gegen *individuelle* Eigenschaften? Es ist schließlich höchst anthropomorph, das Flüssigsein von Wasser gleichzusetzen mit dem Flüssigsein von Quecksilber! Genauer: Entweder jedes »Wie-beschaffen« wird zur Fulguration, daß es nur so blitzt und kracht, oder das Prinzip ist nichts als ein Hinweis auf unser Un-Wissen in bezug auf bestimmte Kausalzusammenhänge. Es wäre in höchstem Maße anthropomorph, einem System nur gerade diejenigen Qualitäten zuzugestehen, die unserem jetzigen Kenntnisstand entsprechen, und sich im Hinblick auf andere dumm zu stellen. Dann wäre der Begriff »Fulguration« ein *asylum ignorantiae* für noch nicht aufgedeckte Kausalzusammenhänge (der Hinweis auf »Zufall« geschweige denn auf »Erfindung« rettet daran gar nichts)[50], denn der *Zusammenschluß* von Systemen ist ja selbst ein Kausalvorgang und der kausalen Erklärung zugänglich.

Wenn aber die Qualitäten wirklich »völlig neu« sein sollten, dann ist dieses Prinzip

1. unwissenschaftlich, d. h. ein reines Ad-hoc-Prinzip, das nur zur »Erklärung« (und zwar *nicht* Hempel-Oppenheim-Erklärung!) bestimmter Phänomene eingeführt und sonst nicht testbar bzw. falsifizierbar ist. Nach K. Popper ist es aus der *science* auszuschließen und gehört in die Metaphysik;
2. unverträglich mit der Evolutionstheorie, denn nach ihr geht alles in der Welt mit natürlichen Dingen zu, und da gibt es keine *creatio ex nihilo*, weder von Wesen noch von Qualitäten.

Das Prinzip der Fulguration ist aus der Not geboren, die Tatsache erklären zu müssen, daß es in der gegenwärtigen Wirklichkeit Phänomene gibt, die es in früheren Evolutionsabschnitten scheinbar nicht gab. Es schien dafür nur die Wahl zu bestehen, an der Scylla eines Präformationismus oder der Charybdis eines Reduktionismus zu scheitern. Das Fulgurationsprinzip erweist sich bei näherem Besehen jedoch entweder als verkappter Reduktionismus (wenn die Qualitäten nur neu *für uns* sind – indem wir so tun, als wüßten wir sie nicht) oder als ein metaphysisches Prinzip, eine säkularisierte Schöpfungsvokabel, welche die Grenzen der evolutionären Erkenntnistheorie schonungslos aufzeigt.

5 Eine durchgeführte evolutionäre Erkenntnistheorie hebt sich in ihrem Wahrheitsanspruch selbst auf

Auch hier können wir uns kurz fassen, wobei wir aus dem vorigen Abschnitt allerdings unterstellen, daß die Fulguration *kein* metaphysisches Prinzip ist. Nun nehmen wir an, das ganze Evolutionsprogramm vom Urknall bis zum Vertreter der evolutionären Erkenntnistheorie wäre *wahr* (und das ist ja der Anspruch auch dann, wenn man von einer Hypothese spricht). Dann sind Menschen weder frei, dieses Evolutionsprogramm einzusehen, noch frei, es zu widerlegen. *Wir sind nämlich überhaupt nicht frei.* Wer die evolutionäre Erkenntnistheorie vertritt, ist in seinem Gehirn eben dafür disponiert und determiniert, und wer nicht, der anders. Wenn hier in diesem Band verschiedene Meinungen zum Problem der evolutionären Erkenntnistheorie vertreten werden, wenn verschiedene Autoren miteinander streiten, einander zu überzeugen versuchen, dann handelt es sich darum, daß zwei Computer einander wechselseitig zu programmieren versuchen. Wer hier der erfolgreichere ist, das hat mehr mit der Fähigkeit sich durchzusetzen als mit Wahrheit zu tun. Wissenschaftliche Überzeugung kann von Rhetorik prinzipiell

nicht unterschieden werden. Und Sie, verehrter Leser, *lesen* diesen Text
ja nicht geschweige denn »begreifen« ihn, sondern Ihr ratiomorpher
Weltbildapparat simuliert Schwarzes auf Weißem: entweder »paßt« das
Simulierte zum bereits Determinierten Ihrer 81 Regelkreise, oder Ihre
Überlebensmaschine[51] [das ist natürlich unscharf: es klingt so, als *hätten* Sie eine Überlebensmaschine; dabei *sind* Sie eine] feuert das Schwarz
auf Weiß Simulierte getrost in die Ecke ...

Sollte aber mit dem Fulgurationsprinzip gemeint sein, daß auf der
Ebene des Menschlichen etwas tatsächlich als *wahr* erkannt werden
kann, und zwar nicht nur hypothetisch, dann ist die evolutionäre Erkenntnistheorie verabschiedet als eine naturwissenschaftliche Theorie.
Dann erklärt sie nicht das *Entstehen* des ratiomorphen Weltbildapparates bis zum Denken hinauf, sondern sie handelt von den biologischen
Bedingungen, unter welchen *tatsächlich Neues* entstehen kann. Nicht
nur die Geltung, sondern auch die Genesis der Kategorien ist ihr entzogen. Gleichzeitig kann dann kein einziges der oben genannten »Rätsel
der Vernunft« mehr als gelöst gelten, weil naturwissenschaftliche Ent-
würfe selbst in ihren Horizont hineinfallen. Im letzten Abschnitt greifen
wir diese Frage noch einmal auf.

*6 Die evolutionäre Erkenntnistheorie vermag ihr eigenes ethisches
Anliegen nicht zu stützen*

Auch hierfür nehmen wir an, daß es in der Evolution nur »natürlich«
zugegangen ist, daß also »Pflicht« und »Sollen« im Verlauf der Evolution im Sinne eines Gruppen-Selektionsvorteils natürlich entstanden
sind: Das Gelten von Normen selbst ist *entstanden*. Der Zweig der Evolutionstheorie, der in jüngster Zeit mit diesem Ansatz Furore gemacht
hat, ist die sogenannte Soziobiologie[52]. In ihr erscheint das »Sollen« als
Genpool-Selektionsvorteil, als Prämie für Altruismus. Wenn aber So-
ziobiologen *Gründe* dafür angeben, daß wir uns gemäß diesem Gefühl
verhalten *sollen*, dann werden sie inkonsequent. So schreibt der deutsche Physiologe Hans Krieg einerseits, daß wir uns jede Ethik schenken
können, »weil Ethik eine Selbstverständlichkeit ist, eine dem Menschen
innewohnende Eigenschaft im durchaus biologischen Sinne, nicht ein
Als-Ob einer nicht bestehenden Willensfreiheit«[53]. Andererseits fordert er aber: wir *sollten* uns in »gesunder Triebhaftigkeit« in das Gesetz
einfügen, »nach dem der Mensch im Laufe seiner Stammesentwicklung

angetreten ist«[54]. Mit der damit verknüpften Sollensforderung gibt Krieg aber lediglich bestimmten eigenen Determinationen Ausdruck. Denn wenn andere sich nicht daran halten, so ist das, was sie tun, ebenfalls etwas, was bei der Evolution herausgekommen ist – genauso, wie wenn sie sich daran halten würden.

Eine Welt der reinen Faktizität kennt kein Sollen: Also sind die Forderungen von Verzicht und Askese, Erziehung zur Selbstlosigkeit oder zur Anerkennung von Pflichten, so wie sie sich in den vielen Evolutionsprogramm-Darstellungen finden[55], gegenstandslos. Man kann mit Dawkins zwar noch sagen: »Ein Kind sollte sich keine Gelegenheit zum Betrügen ... Lügen, Täuschen, Ausbeuten ... entgehen lassen«[56], aber *sollen* bedeutet dabei nur, daß die natürliche Auslese dazu tendieren wird, Kinder zu begünstigen, die so handeln. Das ist ein naturwissenschaftliches Faktum, keine Aufforderung. Dawkins bedient sich der Sprache des Behaviorismus, und da gibt es nicht sittliche Motive und Handeln, sondern Ursachen und Geschehen. Wer menschliche Verhaltensforschung betreibt, will eine Technologie optimieren – aufgrund der (allerdings bestreitbaren) Überzeugung, daß der Zustand der Welt ein besserer ist, in welchem sich die Computer nicht alle gegenseitig den Strom abdrehen. Gedanken über Gerechtigkeit, Verantwortung, Gottgefälligkeit, Freiheit und Menschenwürde können funktional zur Stützung der Technologie einen gewissen Wert haben. Aber eine geeignete Erziehung, so Skinner[57], muß verhindern, daß solche Gedanken über eine optimale Verhaltenstechnik gestellt werden.

Übergehen wir den Hauptfehler dieser Schule – diese richtigen und schönen Gedanken zu publizieren anstatt – spätestens 1984 – sie in die Tat umzusetzen, und wenden wir uns noch einmal der Genesis der Sittlichkeit zu. Die Verhaltensforschung lehrt uns, daß der Mensch sich auf seine edlen Eigenschaften nichts einzubilden hat. Die sind im Tierreich alle schon vorgebildet, bisweilen sogar besser entwickelt: Man sehe die treue Freundschaft unter Graugänsen[58], oder man betrachte den Mann, der von einer Brücke herab ein ertrinkendes Kind sieht und es rettet: wie ein Schimpanse. Aber nun wissen wir ja, daß dieses »Edle« bei den Tieren nur der verbesserten Art- und Selbsterhaltung dient und sich als Selektionsvorteil durchgesetzt hat. Die Frage ist nur: Wie können wir etwas Edles von anderen Weisen der Selbst- und Arterhaltungsverbesserung unterscheiden? Etwa vom Parasitismus, oder vom Auffressen des Gatten nach der Kopulation? Es gibt nur zwei Alternativen: entweder das »Edle« ist gar nicht edel, auch beim Menschen nicht, sondern nur eines jener soziobiologisch erklärten Gefühle mit Gruppenselektionsprämie. Oder die Soziobiologie hat das Phänomen des Sittlichen überhaupt nicht begriffen. Denn erneut wird hier die Zirkularität von »Erklärung des Phänomens« und »Definition des Phänomens« evident. Sittlichkeit wird mit Altruismus identifiziert, von der Urform »laust du mich, dann lause ich dich« der Affen. Sittlichkeit ist dasselbe, nur unter dem Absehen von der *sofortigen* Vergeltung.

Das Belohntwerden ist dann für die Sittlichkeit ein konstitutives Moment. Doch diese Fassung des Phänomens Sittlichkeit ist auf der Stufe eines kindlichen Krämerladens stehengeblieben. Das sittliche Phänomen besteht im Präsent-Sein einer Pflicht für mich, wobei Genesis und Umstände zwar für den Inhalt der sittlichen Pflicht von Bedeutung, für ihren verpflichtenden Charakter aber völlig gleichgültig sind. Es mag durchaus sein, daß sich in bezug auf ein und dieselbe Situation Menschen verschieden verhalten, sich verschieden verpflichtet fühlen. Das ändert am Pflichtcharakter, der *einen selbst als einzelnen* angeht, gar nichts. Sittlichkeit ist daher, abgesehen von einer Erweckung des Phänomens im Laufe der Erziehung, eine Sache der Aufmerksamkeit, des Hinsehens.

Das Phänomen der Sittlichkeit hat es primär mit Pflichten zu tun, die der Mensch sich selbst gegenüber hat und von welchen aus dann auch Pflichten gegenüber anderen Menschen, Wesen, Dingen abgeleitet werden können. Für das Evolutionsprogramm zeigt sich erneut der Zirkel: Von aus der Selbsterfahrung gewonnenen Voraussetzungen her werden Abstraktionen anthropomorph ins Tierreich übertragen, und danach rekonstruiert man sich selbst aus diesen Abstraktionen mit Hilfe von Selektionstheorien, und das heißt: der Mensch entlarvt sich selbst als Anthropomorphismus.

Erneut ist aber auch darauf hinzuweisen, daß mit einer Fulguration »Sittlichkeit« als *metaphysischem* Prinzip allerdings die Evolutionstheorie transzendiert wird. Wenn die Verfechter der evolutionären Erkenntnistheorie ihr eingangs genanntes Anliegen vorbringen, daß eine neue Ethik, eine neue Haltung des Menschen gegenüber der Natur (einschließlich seiner eigenen) nottut, so ist der *Grund* dafür keiner, der sich aus der evolutionären Erkenntnistheorie oder der Evolution abziehen ließe. Wenn man sagt: es diene der Arterhaltung, der eigenen besonders, der von anderen Arten im weiteren (was dann wieder rückwirkt auf die eigene Art), so kann man zurückfragen: Warum sollte man denn die Arterhaltung wollen? Das ist doch auch nur ein Trieb, der bei der Evolution herausgekommen ist, und kein *Zweck*. Und anders herum: vielleicht ist es insgesamt in der Linie der Evolution, daß die Menschheit sich selbst vernichtet, wodurch wieder unzählige ökologische Nischen frei-werden. Wie sollte man darauf *anders* als mit ethischen Argumenten antworten? Hier jedenfalls endet die evolutionäre Erkenntnistheorie als naturwissenschaftliche Theorie. Die evolutionäre Erkenntnistheorie als sie selbst kann nicht begründen, warum der Mensch die Natur (ein-schließlich seiner eigenen) nicht ausbeuten und zugrunde richten *soll*: das ist schließlich *auch* bei der Evolution herausgekommen! Oder *warum* die Hypertrophie der einen Gehirnhälfte schlecht ist. Schlecht fürs Überleben? Und was antwortet die evolutionäre Erkenntnistheorie auf die Gegenfrage »na und?«?

Zum Abschluß stellen wir nun die evolutionäre Erkenntnistheorie auf den Kopf, nämlich auf den Boden ihres ethischen Anliegens, und unter-suchen, inwiefern sie dort als naturwissenschaftliche, nicht als philoso-phische Theorie ihre Berechtigung hat.

7 Evolutionäre Erkenntnistheorie und Ethik

Nach all diesen Argumenten gegen die philosophischen Ansprüche der evolutionären Erkenntnistheorie will ich nun vom gemeinsamen Boden des ethischen Anliegens aus die theoretische Dimension des Problems einer Philosophie der Natur in den Blick nehmen. Ausgangspunkt ist dafür – als einzig möglicher[59] – die konkrete und jetzt gegebene Wirk-lichkeit in der von uns erfahrbaren Strukturiertheit nach Maß und Zahl, aber ebenso nach Harmonie und Sinn, nach Freiheit und Pflicht, nach Schönheit und Tod. In dieser Wirklichkeit des Mit-Menschlichen, der Kultur, der Natur findet sich der Mensch vor. Er kann sich ihr gegenüber in verschiedenster Weise verhalten – uns interessiert hier die Weise des Naturwissenschaftlers. Der geht an die Wirklichkeit mit ganz bestimm-ten Begriffen, z. B. Materie, Bewegung, Gesetz, Kausalität, heran und untersucht die ihm vorgegebenen Gegenstände auf ihre Eigenschaften, Zusammenhänge, Beeinflussungsmöglichkeiten. Dies ist, vorab, zu-nächst ein völlig legitimes Verfahren – unter zwei Voraussetzungen. Er-stens muß der Naturwissenschaftler sich bewußt bleiben, daß er damit *Abstraktionen* aus der Gesamtwirklichkeit vornimmt, daß er z. B. vom Selbst-Sein, von der Seele, von Gott, von Schönheit usw., also Erfah-rungsbereichen, welche Gegenstände ganz anders konstituieren, ab-sieht; und zweitens darf er nicht mit ethischen Verboten in Konflikt kommen, z. B. keine gefährlichen Experimente mit Menschen machen, auch nicht mit seinem eigenen Säugling, von dem er sagen könnte, »der gehört mir«. Letzterer Aspekt ist besonders wichtig. Jeder Versuch nämlich, in eine als wertneutral behauptete Naturwissenschaft hinterher ethische Maximen einzuführen (z. B. eine »Ethik der Erkenntnis«), ist zum Scheitern verurteilt[60]. Umgekehrt ist der Begründungszusammenhang: Die vom Menschen erfahrene, unhintergehbare Wirklichkeit steht unter ethischen Kriterien, unter unmittelbaren Sollensgeboten des Lebens wie der Sittlichkeit. Abstraktionen davon sind möglich, aber nicht von sich selbst her legitimiert[61].

Die Evolutionstheorie beschäftigt sich mit dem Aspekt des Gewordenseins des naturwissenschaftlichen Ausschnitts der Gesamtwirklichkeit. Auch dies ist berechtigt, aber *auch dies ist abstrakt*. Warum? Zunächst einmal: es sind *unsere* Begriffe, die wir an die Wirklichkeit auch in ihrer zeitlichen Genetisierung herantragen. Was heißt denn »Materie« anderes, als »aus-etwas-Sein«, wobei elementarste Kennzeichen eine gewisse Anziehungs- und Abstoßungskraft sind. Diesen Begriff Materie bilden wir nach einer ganz entfernten Selbsterfahrung: daß wir einen Leib haben, der »aus etwas besteht«, der Widerstand leistet und von der Erde angezogen wird. Wenn wir von der unendlichen Fülle von Mannigfaltigkeiten abstrahieren, die »wir« sonst auch noch sind, dann können »wir« uns auch als »Stück Materie« bezeichnen. Soweit die berechtigte, weit hergeholte Analogie. Nur ist es nun gänzlich unmöglich, diese Abstraktion an den Anfang der Welt zu stellen und »uns« aus ihr wieder hervorgehen zu lassen. Wir haben bei diesem Begriff »Materie« z. B. von der Subjektivität abstrahiert, die auch zu unseren Kennzeichen gehört. Wie sollte diese im Laufe der Evolution wieder hereinkommen? Dawkins schließt ganz richtig[62], daß »Subjekts-Bewußtsein« nur eine heuristische Annahme ist, wahrscheinlich mit Selektionsvorteil, und daß man dieses Selbstbewußtsein komplizierteren Rechenmaschinen auch zuschreiben muß. – Oder man greift zu Fulgurationen. Bei den gegen sie bestehenden Einwänden (s. o.) ist es aber doch vernünftiger, von der uns gegebenen Wirklichkeit *gleich* auszugehen und sich – bei ihrem »Genetisieren« – bewußt zu bleiben, daß *Bewußtsein* nicht evolutionär zu genetisieren ist[63].

Ein Ähnliches gilt für die Kausalität. Woher haben wir den Ursache-Begriff? Wir sollten uns ruhig auch einmal einen Bindestrich zwischen Ur und Sache denken. Ur-Sache, griechisch *aitia*, lateinisch *causa*, hat für die Antike von Anfang an etwas mit dem menschlichen Handlungsbegriff zu tun. *Aitia* bedeutet auch die Schuld des Verursachenden, und die Ur-Sache von Handlung ist der Mensch selber. So auch das Mittelalter: Prototyp der Ur-Sache ist der Mensch, der mal dies, mal das tut; also: *eine* Ursache, *viele* ganz verschiedene Wirkungen. Der Begriff *causa* war der Gerichtspraxis entnommen und vom handelnden Subjekt ganz unabtrennbar. In der Frühneuzeit[64] erst, unter dem programmatischen Interesse der progressiven Naturbeherrschung von Bacon bis Descartes wurde dieser Ursache-Begriff auch auf natürliche Gegenstände übertragen. A als Ursache von B zu bezeichnen, hieß aber versteckt immer noch: daß, wenn *ich* Ursache von A bin, *ich* dann auch Ursache von B genannt zu werden verdiene. Dieser Kontext ist aus dem Bewußtsein geschwunden, und das hat dazu geführt, daß der Ursache-Begriff in die oben erwähnten Antinomien führte, z. B. aber auch, daß das Leib-Seele-Verhältnis überhaupt ein Problem wurde[65]. Es ist hier auch so, daß ein aus der Selbsterfahrung stammender Begriff, der der Ursache, erst auf die Außenwelt durch Analogie übertragen wurde und sich dann beim Versuch der Rekonstruktion des eigenen Ursache-Seins Antinomien ergaben. Dabei würde ich aber der wissenschaftstheoretischen Auflösung der Rede von »Ursache« außerhalb der menschlichen Handlungserfahrung keineswegs recht geben. Es ist – aristotelisch gesprochen – vernünftige Rede, einen Stein als Ursache meines Kopfschmerzes zu bezeichnen, wenn er mich dort traf, oder Hunger als die Ursache dafür, daß ein Hund zum Freßnapf läuft. Es hat diese Rede genau deswegen einen Sinn, weil die ganze erfahrene Wirklichkeit von der Art ist, daß wir sie subjektiv zu uns selbst in Beziehung gesetzt haben. Insoweit wir sie überhaupt verstehen, verstehen wir sie nach Analogie unserer Selbsterfahrung. Verstehen heißt: die Welt einhausen, mit ihr vertraut werden. Und dabei ist die »Ursache« eine ganz wesentliche Kategorie; sie entsteht an der Stelle, wo das kleine Kind mit seinen Fingern spielt und entdeckt, daß es *selbst* die Ursache von deren Bewegungen ist. Etwas selbst sein, es selber tun, das heißt gerade, Ursache sein. Das Ich ist die ursprüngliche Ursache von etwas draußen, von zunehmend mehr und verschiedenem Etwas, und im Prozeß der *oikeiosis*, des Einhausens der Welt werden die Bewegungen, die man da wahrnimmt, als etwas verstanden, was zwar nicht durch das eigene Ich, aber als Verständliches durch andere Ichs, durch andere Selbsts hervorgerufen werden. Deswegen ist die Welt der Kinder, auch übertragen die der Kindheit von Völkern noch ganz anders belebt als später; nur Dichter mahnen an dieses Verständnis, wenn Hölderlin etwa vom gütigen Vater Rhein spricht.

In der Erwachsenenwelt gibt es dann auch Bewegungen, Prozesse, Ereignisse, bei welchen der Ursache-Begriff nur noch in jener ganz entfernten Analogie verwendet werden kann, nach welcher wir uns selber als schweren und ausgedehnten Körper erfahren, wenn wir z. B. aus einem Fenster fallen und ein Tulpenbeet beschädigen. Das tun wir dann mit blinder Notwendigkeit und nach einem Naturgesetz. Aber diesen galileischen Fall nun umgekehrt zum Ausgangspunkt erst für die Elimination des Ursachenverständnisses in der Außenwelt und dann zu seiner wissenschaftstheoretischen Auflösung zu machen – das wäre ein logischer *salto mortale*.

Was also wäre zusammenfassend die angemessene theoretische Position der evolutionären Erkenntnistheorie? Ich will noch einmal vorschlagen, daß sie wohlverstanden eine Theorie der natürlichen Bedingungen ist, unter welchen hinsichtlich von Wahrnehmungsfähigkeiten *tatsächlich Neues* entstehen kann, mit einer grundsätzlichen Differenz zum Erkenntnisvermögen des Menschen, welches das organische Wahrnehmungsvermögen kategorial übersteigt. Da aber, wie bekannt, trotz aller Bedingungserkenntnis die *Bedingungen niemals das Bedingte hervorbringen*, ist jede naturwissenschaftliche Erklärung jenes »Bedingten« (z. B. der menschliche Geist) logisch unmöglich. Der menschliche Geist selber ist unhintergehbare Voraussetzung für jedes Denken, auch für den Gedanken, daß alles in der Zeit geworden ist (vgl. Anm. 63).

Im Verhältnis zu den Physikern sind die Biologen die viel strikteren Physiker. Während bei diesen das antropomorphe Element (unter dem Schlagwort Protophysik) als unhintergehbare Voraussetzung der Wissenschaft zugestanden wird (wenn man so tut, als wüßte man nicht, was ein »starrer Maßstab« ist, was »Vergleichen« heißt, dann *kann* man eben nicht Physik betreiben), werden in der Biologie immer noch Versuche der – *horribile dictu* – »Entanthropomorphisierung« gemacht. Dies ist schrecklich. Die einzige »Entanthropomorphisierung«, welche gelingen kann, ist die Selbstausrottung der Menschheit. Die Frage ist in Wahrheit die, welche der verschiedenen Anthropomorphismen in unserem jeweiligen und durchaus verschiedenen Umgang mit der Wirklichkeit die *angemessensten* sind. Aber ansonsten ist »Kausalität« genauso anthropomorph wie »Finalität«, der Begriff »Natur« genauso anthropomorph wie »Geist«.

Die *theoretische* Angemessenheit soll hier nun nicht mehr zur Debatte stehen. Von Interesse ist noch, ob ausgerechnet jene Theorie, die auf ihr Banner die Reduktion der Natur auf ihr Sein als *res extensa* geschrieben hat und damit zugleich Natur nur als Voraussetzung für menschliche Eingriffe ansieht, ob also die Naturwissenschaft und ihre Anwendung, die Technik, geeignet sind, die in ihrem Gefolge entstandenen Schäden und Katastrophen zu beheben und künftig zu vermeiden. Ich würde vermuten: nein. Aber Naturwissenschaft*ler*, die diese Position als Abstraktion sehen, die sehr wohl. Nur wenn die Dimension der Natur in ihrem Mit-Sein mit dem Menschen, d. h. in ihrem Eigenrecht auch gegen den Menschen wieder begriffen wird, kann das ethische Anliegen Erfolg haben. »Eigen-Recht« – das ist etwas von der Naturwissenschaft nicht Erkennbares, von *Menschen* aber sehr wohl, und dann heißt Erkennen: *Anerkennen*. Und weil der Mensch selbst Mit-Geschöpf mit der Natur ist, er an ihr (auch im Begriffe einer *res extensa*) Anteil hat, ist für ihn die Alternative die, ob er sich *bewußt* wird, daß er die Natur jedenfalls anthropomorph interpretiert, oder ob er zuerst mit der Natur den Geist und dann mit dem Geist die Natur zerstören will.

Anmerkungen

1 R. Riedl: *Biologie der Erkenntnis* 2. Aufl., Berlin, Hamburg 1980, S. 14.
2 Es sei darauf hingewiesen, wenn auch hier nicht weiter verfolgt, daß die evolutionäre Erkenntnistheorie sich nahezu ausschließlich mit den Kategorien Immanuel Kants beschäftigt. Vielleicht würde ein Versuch, die auseinander hervorgehenden Kategorien Hegels (z. B. Leben – Erkennen – absoluter Geist, oder Mechanismus – Chemismus – Zweck) evolutionär zu genetisieren, zu der Entdeckung führen, daß für das »Genetisieren« selbst, d. h. für das Denken der *Gedanken* der evolutionären Erkenntnistheorie alle jene Kategorien bereits vorausgesetzt sind.
3 G. Vollmer: *Evolutionäre Erkenntnistheorie*. Stuttgart 1975, S. 176; »Simulieren« bedeutet vermutlich »Rekonstruieren« im Sinne der Wissenschaftstheorie.
4 G. Frey: »Möglichkeit und Bedeutung einer evolutionären Erkenntnistheorie«. *Zeitschrift für Philosophische Forschung* 34 (1980), S. 1–17.
   H. Köchler: »Transzendentalphilosophie als Anthropologie? Bemerkungen zum universalen Anspruch der Evolutionären Erkenntnistheorie«. In: *Festschrift für Ivo Kohler zum 65. Geburtstag. Veröffentlichungen der Universität Innsbruck*, Band 137, Innsbruck 1982.
   H. M. Baumgartner: »Über die Widerspenstigkeit der Vernunft, sich aus Geschichte erklären zu lassen. Zur Kritik des Selbstverständnisses der Evolutionären Erkenntnistheorie«. In: *Wandel des Vernunftsbegriffs* (Hrsg. Hans Poser). Freiburg-München 1981, S. 39–64.
   R. Spaemann/R. Löw: *Die Frage Wozu?. Geschichte und Wiederentdeckung des teleologischen Denkens*. München 1981, S. 213–299.
5 Frey (Anm. 4) S. 5, hat darauf hingewiesen, daß es zweideutig ist, nur von »Erkenntnis« zu sprechen: es könnte sich auch einfach um eine Summe von konkreten *Kenntnissen* handeln.
6 Besondere Spezifikationen wie Genfluß, Genisolierung etc. tun hier nichts zur Sache.
7 Allgemeine Naturgeschichte, Vorrede; Akademie-Ausgabe I, S. 229.

8 Weitere Definitionen tun nichts zur Sache; man entdeckt aber schnell, daß es drei Kategorien von Definitionen gibt: solche, die auf das Äußerliche des Lebens reflektieren, solche, die seelische oder geistige Fähigkeiten hervorheben, und solche, die beides zu verbinden suchen, e. g. »Leben heißt Perzeption plus hartnäckige Zielverfolgung«. Vgl. Spaemann/Löw (1981).

9 Über den Lebensbegriff als *transzendentalen* Begriff vgl. R. Löw: *Philosophie des Lebendigen.* Frankfurt 1980, 1. und 4. Kapitel (schließlich ist Leben auch eine Bedingung der Möglichkeit dafür, daß definiert werden kann!). Es ist ein häufiger Fehler, eine *Bedingung* mit dem durch sie *Bedingten* zu verwechseln, etwa Leben mit dem genetischen Programm, das Denken etwa mit dem materiellen Gehirn. Natürlich gibt es kein Denken ohne Gehirn, genauso wie es keinen Computer ohne Strom gibt. Deswegen kann man aber doch nicht definieren, Computer sein heißt: mit einer Steckdose verbunden sein!

10 Es ist mir leider nicht bekannt, welche schlechten Erfahrungen z. B. R. Riedl oder R. Kaspar mit philosophischen Instituten gemacht haben. Da sitzen keine Drachen und behüten die Wahrheit, sondern man diskutiert freundlich, aber bestimmt die Vernünftigkeit von Fragen und Antworten aus allen Bereichen menschlichen Lebens, insoweit sie den Anspruch erheben, etwas mit Wahrheit zu tun zu haben oder zu tun haben zu wollen.

11 Für eine eingehende Analyse des Informationsbegriffs vgl. Spaemann/Löw (1981), S. 249–252.

12 Die Haut ist nicht Grenze zwischen »Innen« und »Außen« in einem Sinne, daß es für die evolutionäre Erkenntnistheorie in Anschlag gebracht werden könnte. Das »Innen« gegenüber der Haut ist ein »Außen« gegenüber dem »Erkennen«.

13 Bemerkenswerterweise verletzen die Advokaten der evolutionären Erkenntnistheorie mit ihren Einschätzungen von Lebensformen als »höher« und »niedriger« das Verdikt von Darwin (und E. Mayr), solche Prädikationen auf Arten anzuwenden.

14 Es wäre sehr wünschenswert, wenn der eine oder andere Vertreter der evolutionären Erkenntnistheorie einmal tatsächlich ein Stück Hegel lesen wollte und sich nicht mit der lächerlichen Etikettierung »Idealist« o. ä. zufrieden gäbe. Als Einstieg, gerade im Hinblick auf das hier behandelte Problem, empfiehlt sich vielleicht Spaemann/Löw (1981) S. 161–180.

15 Daß aber hinterher von einem Paradigmenwechsel in der Erkenntnistheorie die Rede ist, verkennt, daß es in der Philosophie keine Paradigmenwechsel im Sinne von Thomas Kuhn gibt. Hier herrscht nämlich keine Inkommensurabilität: Philosophie ist vom ausdrücklichen Verzicht auf Ideologie gekennzeichnet, d. h., Philosophen reden miteinander zwar in der Absicht, den anderen zu überzeugen, aber ohne die Vorentscheidung, sich selber keinesfalls überzeugen zu lassen.

16 Vgl. Frey (1980), S. 4f. Es ist fatal, daß viele Vertreter der evolutionären Erkenntnistheorie auf ihre Originalität so bedacht sind, daß sie sie unbedingt erst 1941 beginnen lassen wollen. Erneut: Ein Blick in Spencers Erkenntnistheorie würde sie belehren, daß ihre Ideen nicht nur sehr alt, sondern auch schon recht gut widerlegt sind. – Erfreuliche Ausnahmen sind hierbei Wuketits und Oeser (siehe in diesem Band S. 12ff und S. 264f).

17 K. Lorenz: »Kants Lehre vom Apriorischen im Lichte gegenwärtiger Biologie«. *Blätter für Deutsche Philosophie* 15 (1941), S. 97.

18 Lorenz und Vollmer sind nur *pars pro toto* für die evolutionäre Erkenntnistheorie herausgegriffen.

19 Vollmer (1975), S. 28.

20 C. F. von Weizsäcker: *Der Garten des Menschlichen.* München 1977, S. 187ff.

21 R. Kaspar (1981a).

22 R. Dawkins: *The Selfish Gene.* London 1976.

H. von Ditfurth: *Wir sind nicht nur von dieser Welt*. Hamburg 1981. Zu diesem grandiosen Werk vgl. R. Löw: *Neue Träume eines Geistersehers*. Scheidewege 12, 1982.

23 Vgl. G. Frey: *Gesetz und Entwicklung in der Natur*. Hamburg 1958, S. 198 ff. und Frey (1980), S. 9.

24 Vgl. J. Illies: *Schöpfung oder Evolution?* Zürich 1979, S. 48 ff.

25 Vollmer (1975), S. 28–34.

26 Vgl. R. Löw (1979) und besonders R. Löw: »Bemerkungen zu P. Duhem«. *Zeitschrift für philosophische Forschung*. Im Druck.

27 T. S. Kuhn: *Die Struktur wissenschaftlicher Revolutionen*. Frankfurt / M. 1973. I. Lakatos und A. Musgrave (1974). P. Feyerabend (1976).

28 Vgl. Baumgartner (1981).

29 Frey (1980), S. 6 f.

30 a. a. O.

31 Vgl. Spaemann / Löw (1981). In Darstellungen der evolutionären Erkenntnistheorie ist die philosophische Geschichte des Kausalbegriffs weitgehend inadäquat.

32 F. M. Wuketits: *Biologie und Kausalität*. Berlin 1981 b, S. 111.

33 R. Riedl.: *Strategie der Genesis*. München 1976, S. 91.

34 Vgl. H. J. Schneider: »Die Asymmetrie der Kausalrelation«. In: *Vernünftiges Denken* (Hrsg. J. Mittelstrass). Berlin 1978, S. 217–234.

35 Schneider (1978), S. 234.

36 W. Stegmüller: »Das Problem der Kausalität«. In: *Aufsätze zur Wissenschaftstheorie*. Darmstadt 1974, S. 17.

37 Hans Jonas: *Organismus und Freiheit*. Göttingen 1973, S. 57.

38 Da die Rede von einem Kausalgesetz ein *notwendiges* »Wenn … dann« impliziert, können die fundamentalen Gesetze einer solchen Theorie nicht statistisch sein. Vgl. W. Stegmüller: *Hauptströmungen der Gegenwartsphilosophie*, Bd. 2, Stuttgart 1975, S. 353 f.

39 a. a. O.

40 a. a. O., S. 350.

41 Wenn der Begriff Ursache als »Gesamtheit der Antecedensbedingungen« gefaßt wird (Stegmüller 1974, S. 15), dann kann man mit Stegmüller bezweifeln, ob dieser Begriff irgendeine Bedeutung besitzt: denn kein Ereignis kann in bezug auf alle seine Eigenschaften – zu denen auch sämtliche raum-zeitlichen Relationen zu den übrigen Ereignissen im Universum gehören – erklärt werden, sondern nur in bezug auf bestimmte Merkmale, die je nach Sachlage erklärungsbedürftig erscheinen« (a. a. O., S. 9). Jede »Bedürftigkeit« dieser Art ist aber anthropomorph!

42 J. König: *Vorträge und Aufsätze*. München, Freiburg 1978, S. 97–100.

43 Stegmüller (1974), S. 13 ff.

44 Der Text der letzten Seiten entspricht mit wenigen Änderungen dem Kapitel 9, Abschn. 2, von Spaemann / Löw (1981). Dort folgen philosophische Analysen der Begriffe System, Information, Leben, Bewußtsein, Moralität etc.

45 Bemerkenswerterweise genügt das Prädikat »neu« in Zusammenhang mit Fulgurationen nur den wenigsten Vertretern der evolutionären Erkenntnistheorie: Es ist meist verbunden mit einem »völlig«, »absolut«, oder umschrieben mit »völlig unvorhersehbar«, »ganz plötzlich«, »ohne jede Vorankündigung«, etc. Deutet dies vielleicht auf ein schlechtes Gewissen? (Es erinnert den Autor an seine Jugend und eine bestimmte Form der Emphase: nicht nur »ehrlich«, sondern »*ganz* ehrlich« …).

46 K. Lorenz: *Die Rückseite des Spiegels*. München 1973, S. 48.

47 a. a. O., S. 54.

48 a. a. O., S. 49.

49 Vgl. Spaemann / Löw (1981), das zweite Kapitel zu Aristoteles, S. 51–75.

50 »Erfindung« ist so anthropomorph, daß man es der »Natur« (wer ist das?) nicht unter-

stellen kann. »Zufall« aber bedeutet doch wohl »unwahrscheinlich, aber nicht überna-
türlich« entstanden, sondern durch noch aufzudeckende Kausalzusammenhänge.

51 Der Terminus Überlebensmaschine ist von R. Dawkins (Anm. 23) eingeführt, um Organismen zu kennzeichnen als Maschinen, die von den Genen zu ihrem Überleben und
zu ihrer Verbreitung gebaut wurden.

52 E. O. Wilson: *Sociobiology*. Cambridge/Mass. 1975; ders.: *On Human Nature*. Cam-
bridge/Mass. 1978.

53 H. Krieg: »Kausale Denkweise und Ethik«. In: *Marquartsteiner Vorträge*. Stuttgart
1946, S. 22.

54 Krieg (1946), S. 27; die Definition von »gesund« bleibt er schuldig.

55 Z. B. bei C. Bresch, W. Wickler, J. Monod, H. v. Ditfurth u. a.

56 Dawkins (1978), S. 164.

57 B. F. Skinner: *Beyond freedom and dignity*. New York 1971.

58 Lorenz berichtet auch von der Treulosigkeit einer Graugans, was die Haushälterin oder
alte Tante, jedenfalls die *dea ex machina* (im Besitze des Schlüssels zur Wahrheit)
kommentiert mit: »Graugänse sind auch nur Menschen«!

59 Nicht sinnvoll ist, als Ausgangspunkt Materie und Spielregeln oder Urknall oder Evolution zu nehmen; denn all dies sind sehr entfernte Abstraktionen des menschlichen
Geistes, Abstraktionen nämlich von *unserem* gewählten Ausgangspunkt.

60 Denn da stünde Wahrheit gegen irgendeinen ethischen Anthropomorphismus, gegen
irgendwelche »Residuen und Derivate«; vgl. R. Löw: »Ethische Ziele und naturwissenschaftliche Entwicklung«. *Chemie in unserer Zeit* 14, 1980, S. 168–175.

61 Die Ethik kann hier freilich nicht gebieten, was Naturwissenschaft machen soll, sondern nur in Fällen, wo die Legitimation zweifelhaft ist, e. g. in der Manipulation
menschlichen Erbgutes, *Verbote* begründen.

62 Dawkins (1978), S. 70.

63 Es sei hier am Rande vermerkt, daß der Begriff »Zeit« ebenso ein aus der Selbsterfahrung homogenisiert abgezogener Begriff ist (aus der »erlebten Zeit«) und daß noch gar
nicht klar ist, ob der Zeit-Begriff ohne ein dazugehöriges Bewußtsein, welches »vorher« und »nachher« *vergleichen* kann, überhaupt einen Sinn macht. Eine Arbeit des
Verf. ist darüber in Vorbereitung.

64 Ausführliche Diskussionen der ganzen Entwicklung bei Spaemann/Löw (1981).

65 Vgl. hierzu Löw (1980) (Anm. 9), S. 97–101, 204–232.

P. S.   Am Ende der Fahnenkorrektur erreichte mich die 2. Auflage von W. Stegmüller:
Probleme und Resultate der Wissenschaftstheorie. Bd. I, Erklärung, Begründung, Kausalität (Berlin 1983), wo die Kritik von Spaemann/Löw (1981) ausführlich aufgenommen
wird. Darauf wird in Bälde gesondert zu antworten sein.

Franz M. Wuketits *Epilog: Eine neue »realistische Philosophie«?*

> ... so daß er [der Mensch] jetzt wie auf dem Gipfel eines
> Berges weit über das Niveau seiner niedrigen Mitgeschöpfe
> erhaben und über seine gröbere Natur hinaus verklärt da-
> steht, verklärt dadurch, daß er hier und da einen Strahl aus
> der unendlichen Quelle ewiger Wahrheit reflektieren
> konnte.
>
> Thomas H. Huxley

Werfen wir abschließend einen Blick zurück: In vier Kapiteln dieses Buches ist versucht worden, die evolutionäre Erkenntnistheorie in ihren
Grundlagen, Zielsetzungen und Ansprüchen und hinsichtlich ihrer
»Leistungsfähigkeit« darzustellen. Im fünften Kapitel erhob der Kritiker
seine Stimme; dies ist nicht unwesentlich: Kritik »von außen« kann eine
Theorie vor ihrer »Selbstimmunisierung« bewahren. Eine Theorie wie
die evolutionäre Erkenntnistheorie ist freilich von vornherein dazu angetan, Kritiker auf den Plan zu rufen. Oft beruht die Kritik allerdings
auch darauf, daß diejenigen, die eine Theorie konzipieren, ihre Konzepte
nicht scharf genug umreißen, was zu Mißverständnissen Anlaß gibt.
Gerade deshalb ist der Dialog mit einem Kritiker jener Position, die man
selbst vertritt, von Bedeutung. Es wäre unfair, wenn ich an dieser Stelle –
wo ich gleichsam das letzte Wort habe – der Kritik von Reinhard Löw mit
einer umfassenden Gegenkritik antworten würde. Abgesehen davon,
daß dies nicht der Gegenstand eines Epilogs sein kann, halte ich eine
»Gegenkritik« auch für im Grunde überflüssig: Der Leser, der die einzelnen Beiträge einschließlich der Kritik aufmerksam und ebenso kritisch
studiert hat, wird unschwer selbst in der Lage sein, sich *seine* Auffassung
von der Tragweite wie auch von den Grenzen der evolutionären Erkenntnistheorie zu bilden.

Wichtig erscheint mir hier vor allem nochmals der Hinweis darauf,
daß die evolutionäre Erkenntnistheorie – wie auf S. 15 bereits bemerkt –
kein »Konkurrenzunternehmen« zur philosophischen Disziplin der Erkenntnislehre zu sein braucht, ja, daß sich die Theorie auch gar nicht als
ein solches Unternehmen versteht. Denn primär geht es der Theorie
darum, mit *naturwissenschaftlichen* Methoden die Frage zu untersuchen, wie und unter welchen Bedingungen der Mensch zur *Erkenntnis*
befähigt ist. Ich erinnere in diesem Zusammenhang an die Feststellung

von Oeser (siehe S. 268): »Die reine Erkenntnistheorie im Sinne Kants fängt mit ihrer Problemstellung systematisch gesehen genau dort an, wo die evolutionäre Erkenntnistheorie als Explikation der ›Naturgeschichte des menschlichen Erkennens‹ . . . aufhört.« Es geht also in der evolutionären Erkenntnistheorie allem voran um eine *Naturgeschichte* menschlichen Erkennens und Denkens. So betrachtet haben wir es keineswegs mit einer philosophischen Theorie zu tun. Sehr wohl *philosophisch* (im weitesten Sinne des Wortes) sind aber die potentiellen Konsequenzen der evolutionären Erkenntnistheorie, die in einem geänderten Selbstverständnis des Menschen ihren Niederschlag finden können.

Vollmer (1975) meinte, die evolutionäre Erkenntnistheorie würde den Menschen in einer *kopernikanischen Wende* aus seiner zentralen Stellung herausnehmen und ihn zum Beobachter des kosmischen Geschehens machen. Gewiß – die evolutionäre Erkenntnistheorie zerstört viele Traumbilder; ihre Geschichte fügt sich nahezu lückenlos ein in die Geschichte der neuzeitlichen Naturwissenschaft auf dem Weg zur »Entanthropomorphisierung« des Weltbildes. *Entanthropomorphisierung* mag ja in der Tat ein schreckliches Wort sein, ein Wort, das viele Menschen schon gekränkt hat. Aber: Entanthropomorphisierung meint hier nicht mehr und nicht weniger, als daß der Mensch seiner geringen Rolle gewahr wird, die er im kosmischen Drama spielt. Nun gut, wird der Leser sagen, dies ist doch spätestens seit Darwin (wenn auch nicht jedem) bekannt; was also soll an dieser Einsicht neu sein? Eingedenk der langen (Vor-)Geschichte der evolutionären Erkenntnistheorie läßt sich darauf antworten, daß diese Einsicht zwar relativ alt ist, daß wir aber erst heute über das methodische bzw. theoretische Instrumentarium verfügen, eine solche Einsicht auch in ein umfassendes wissenschaftliches Gedankengebäude einzuordnen: ein Gedankengebäude, das durch die Ergebnisse unterschiedlicher Disziplinen – von der Verhaltensforschung bis zur Spieltheorie – einen soliden empirischen »Unterbau« erhält.

Die Eckpfeiler eines derartigen Gedankengebäudes bestehen in der Erkenntnis unserer »angeborenen Lehrmeister« (Lorenz 1973, Riedl 1980 a) und in der Erkenntnis, daß diese durch die Ratio, die Vernunft, sozusagen überformt worden sind. Im Lichte der evolutionären Erkenntnistheorie wird klar, daß unsere Vernunft

als die jüngste Schicht der erkenntnisgewinnenden Prozesse noch die geringste Prüfung und Läuterung an der realen Welt erfahren hat; daß diese Vernunft ob der raschen Zunahme des Erfaßbaren und Reflektierbaren zusammen mit einem nicht minder beschleunigten Wandel der Bedingungen von Prüfung und Selektion Schwierigkeiten grundsätzlicher Art begegnen muß (Riedl 1980a, S. 13).

Anders gesprochen: Noch fällt die Vernunft immer wieder den Tücken der Unvernunft zum Opfer. Was die evolutionäre Erkenntnistheorie in Anbetracht dieser Situation zu leisten vermag, ist nicht zu unterschätzen. Sie vermittelt uns ein Bild von unserer Vergangenheit und insbesondere ein Bild von den Auswirkungen dieser Vergangenheit in einer rasch sich wandelnden Welt. Die angeborenen Lehrmeister der Evolution haben sich lange bewährt; aber sie beginnen uns zu verlassen. Haben wir aber schon neue, der Situation angemessene »Lehrmeister« gefunden? Offenbar noch nicht. Wie oft schon ist unsere Weltsicht getrübt worden von den Verstand verhexenden Mythen und Ideologien[1]! Das ist die Paradoxie – denn der Mensch hat »seine« Vernunft, er muß sie nur nützen. Diese Nutzung der Vernunft bedeutet eine – wiederum vernünftige – *Entscheidung zur Rationalität* (Wuketits 1981b); sie ist heute eine Notwendigkeit geworden; die evolutionäre Erkenntnistheorie überzeugt uns einmal mehr von dieser Notwendigkeit.

So ist evolutionäre Erkenntnistheorie keine bloß »abstrakte Erkenntnislehre«. Sie weist den Weg zu einem *neuen Realismus*[2], zum objektiven Wissen und zur rationalen Kalkulation der Welt, in die der Mensch nicht nur hineingestellt ist als ein Spielball der Kräfte, sondern die er – wie kein Lebewesen zuvor – auch ständig gestaltet und umgestaltet, so, als sei er tatsächlich das »ausgezeichnetste« unter allen Wesen. Das Wissen jedoch, bis zu welchem Grade diese Gestaltung und Umgestaltung einer vor dem Menschen dagewesenen Welt nicht nur für diese Welt, sondern (und ganz besonders) für den Menschen selbst tragbar ist, ist spätestens heute zum Gebot der Stunde geworden.

Die Evolution als ein Wechselspiel von Gesetzen und Freiheiten (vgl. Riedl 1980c, Wuketits 1981b), als ein Spiel, in dem Naturgesetze den Zufall steuern (Eigen und Winkler 1975), hat sich bislang selbst reguliert. Nun greift der Mensch in die Evolution ein – kraft seiner Vernunft, die aber noch nicht geübt ist in der Erkenntnis der Konsequenzen, die sich aus diesen steten Eingriffen ergeben. Das Wichtigste, das eine evolutionäre Theorie des Denkens und Erkennens uns hier nahelegt, ist der Imperativ, *aus der Evolution zu lernen*; aus der Evolution nicht allein unsere Möglichkeiten, sondern genauso auch unsere Grenzen abzuleiten. Monod (1971) hat gemeint, daß nicht nur unser Schicksal, sondern auch unsere Pflicht nirgends geschrieben steht. Geschrieben steht unsere

Pflicht tatsächlich nirgends in diesem Universum! Es liegt an uns, einen Weg zu finden zur Pflicht uns selbst und der Biosphäre gegenüber, die uns einbegreift, der wir unentrinnbar eingeflochten sind. Dies bringt uns zur Frage nach dem Verhältnis zwischen evolutionärer Erkenntnistheorie und *Ethik*.

Möglich, daß diese Auffassung nicht von allen Vertretern der evolutionären Erkenntnistheorie oder der Theorie Nahestehenden geteilt wird: Ich stimme aber ganz mit Vollmer (vgl. S. 50) überein, wenn er die evolutionäre Erkenntnistheorie von der Ethik entbindet. (Inwieweit die evolutionäre Erkenntnistheorie *vereinbar* ist mit dem »Ethos der Wissenschaft« ist indes eine andere Frage, die Mohr [S. 300 ff] ausführlich diskutiert hat.) Man kann aus »Seinsaussagen« keine »Sollensaussagen« zwingend ableiten (vgl. auch Löw 1980); die Theorie der Evolution – und im speziellen die evolutionäre Erkenntnistheorie – *verpflichtet uns nicht*, dieses oder jenes Verhalten anzunehmen; aus Fakten, Beschreibungen von Fakten, und Erklärungen von Fakten (Theorien) folgt kein Normensystem. Wäre dem so, dann müßte unsere Pflicht tatsächlich bereits »irgendwo« im Kosmos geschrieben stehen und wir brauchten das Geschriebene nur zu entziffern. Jede *naturalistische* Betrachtung des Menschen ist denn auch unzureichend für die Erstellung von Normen bzw. Normensystemen, da eine solche Betrachtung, wird sie in ein ethisches System transponiert, »menschliches Verhalten nur innerhalb des Spielraums von Strukturen regeln will, die in der Realität vorgezeichnet sind« (Kanitscheider 1981, S. 237). Dies würde aber bedeuten, daß die soziokulturelle Phase der Evolution auf die biologische reduziert wird, daß eine kulturelle Evolution – innerhalb derer die Entwicklung ethischer Imperative verständlich ist – geleugnet wird. Aber genau das wäre ein Irrtum; so leugnet auch die evolutionäre Erkenntnistheorie keineswegs die kulturelle Evolution, sondern vielmehr ist die Existenz einer Vielzahl von Kulturmustern ein Indiz, »Erkenntnis« auch kulturell relativieren zu müssen.

Der Weg von einer Evolutionstheorie zur Ethik ist daher, um es so auszudrücken, ein »indirekter«. Die Evolution können wir als »Haltegriff« bei der Etablierung eines ethischen Systems benützen, in folgendem Sinne: wenn der Mensch überleben *will*, dann wird er seine Einsichten in die Evolution, der er entsprungen ist, als Basis nehmen müssen für eine realistische Kalkulation jener Bedingungen, unter denen er überleben *kann*; denn in der Evolution liegen nicht nur die Möglichkeiten dafür, daß sich eine Spezies wie der Mensch mit seinem »merkwürdigen, träumenden und beobachtenden Gehirn« (Eiseley 1969, S. 85) entwikkeln konnte; auch die Grenzen einer *Fortentwicklung* dieser Spezies liegen in der Evolution mit ihren Systembedingungen. Diese Grenzen zu erkennen ist allein Sache des Menschen, Sache seiner Vernunft; diese Erkenntnis seiner Grenzen bürdet nicht die Evolution dem Menschen auf – er selbst als Homo *sapiens* vermag diese Grenzen zu erkennen und danach sein Verhalten der Biosphäre gegenüber zu steuern. »Darin schließlich«, so schrieb ich bereits an anderer Stelle (Wuketits 1981 c, S. 327),

ist unsere Sollenserfahrung eingebettet, als Basis für eine zukunftsweisende Ethik. Diese kann weder allein durch die Faktizität der Evolution noch ohne Bezug auf unser evolutives Werden etabliert werden. Evolution ... ist nicht der »Grund« für eine Ethik, sehr wohl aber jener Bereich, in dem wir uns selbst erfahren können als rationale, reflektierende Wesen mit Sollenserfahrung uns selbst und der Evolution gegenüber.

In einer Zeit wie der unsrigen, in der es – wieder einmal – Mode geworden ist, irrationalistischen Überzeugungen das Wort zu reden und sich auf Ideologien, als seien diese oberste Instanzen und Wahrheitshüter, zu berufen, erscheint eine Konzeption, die den *ganzen* Menschen in der Evolution sieht, der einzige Weg, auch die Grenzen dieser Evolution zu begreifen. Man könnte diese Konzeption als *holo-evolutionistisch* bezeichnen (Erben 1980) und damit jener Tatsache Rechnung tragen, daß der Mensch Produkt der biologischen und in der Folge der soziokulturellen Evolution war und ist (vgl. S. 15). Den Menschen in der Evolution *verstehen* kann nur der, der sich der Mittel bedient, die zur *objektiven Erkenntnis* führen und in der Entscheidung zur Rationalität utopische und illusionäre Denkstile auch als solche erkennt. Verkehrt man dieses Postulat ins Gegenteil, dann wird wohl genau das eintreten, was Erben (1981, S. 250) sehr eindrucksvoll in einer »Wenn-Dann-Erwägung« zum Ausdruck bringt:

Wenn rationales Urteilsvermögen zugunsten von irrationalen Normen und wissenschaftsfeindlichen philosophischen Grundhaltungen aufgegeben werden sollte,
    dann wird uns das einzige Hilfsmittel beim Versuch einer Lösung unserer zwar selbstverschuldeten, aber immer dringlicher werdenden Weltprobleme nicht mehr zur Verfügung stehen, nämlich unsere technische, medizinische wissenschaftliche Erfahrung und Potenz (im Original kursiv).

Diesen Sätzen bleibt nichts mehr hinzuzufügen. Die Ablehnung der Möglichkeit objektiver Erkenntnis, die Flucht in einen Obskurantismus ist gleichzusetzen mit der Hingabe an utopische Glaubenssätze, die in jedem Falle *an der Realität scheitern* müssen.

Demgegenüber ist es durch das Studium der Evolution und der evolutiven Bedingungen unserer Denk- und Erkenntnisfähigkeit immerhin möglich, unsere Position in dieser Welt *realistisch* zu deuten und unsere Zukunft ebenso *realistisch* zu bedenken. Wir können mit einer evolutionären Erkenntnistheorie nicht den Anspruch erheben, »letzte Wahrheiten« zu besitzen oder doch noch gewinnen zu können. Dieser Anspruch wäre verhängnisvoll. Doch ist gerade das Fehlen eines Dogmatismus kennzeichnend für eine *wissenschaftliche* Theorie, die sich schon dadurch von allen übrigen – und für viele verführerischen – Gedankengebäuden unterscheidet. Eine wesentliche Aufgabe der evolutionären Erkenntnistheorie in ihrer »Anwendung« auf das menschliche Selbstverständnis sehe ich denn auch in der Erkenntnis jener Fallen, die die Unvernunft der Vernunft schon so oft gestellt hat. Und so *kann* evolutionäre Erkenntnistheorie als Weg zu einer realistischen Philosophie, als Weg zu einem realistischen Weltbild letzten Endes zu einem »gesäuberten Haus der Denkstrukturen« (Unsöld 1981) führen. Was ich damit meine: Die evolutionäre Erkenntnistheorie soll nicht neue Parolen denjenigen bieten, die – nach ewigen Wahrheiten suchend – nur ein Dogma durch ein anderes ersetzen; vielmehr soll uns die evolutionäre Erkenntnistheorie den Weg zur objektiven Erkenntnis zeigen. Ob es sich hierbei um einen »Königsweg« handelt, ist eine andere Frage; der Weg zur objektiven Erkenntnis ist eben nicht so leicht zu beschreiten wie der Weg zu irgendeiner, wie auch immer gearteten, Doktrin bzw. Ideologie. Daher kommt es, »daß man«, wie es schon Voltaire beklagte, »einen Teil seines Lebens damit hinbringen muß, alte Zauberschlösser zu zerstören«, wo es doch schöner und besser wäre, »Wahrheiten festzustellen, als Lügen zu untersuchen«.

Mit der evolutionären Erkenntnistheorie haben wir zwar keine ewigen, unwandelbaren Wahrheiten zu beanspruchen; doch haben wir damit immerhin die Möglichkeit, unsere Chancen aus der Evolution zu erfahren und die uns gesteckten »natürlichen Grenzen« einzusehen. Das Resultat daraus ist die Erkenntnis ohne Illusion – *wir werden diese Erkenntnis in einer kranken, verplanten Welt bitter nötig haben.*

Anmerkungen

1 Siehe hierzu die anregende Studie von E. Topitsch: *Erkenntnis und Illusion* (1979).

2 Der Begriff »neuer Realismus« darf nicht mißverstanden werden; er ist nicht zu verwechseln mit einer bestimmten philosophischen »Schule«. Vielmehr meine ich damit eine »Geisteshaltung«, die jenseits der bestehenden »Ismen« der Weltdeutung als *naturwissenschaftlich* fundiertes Denkmodell der Kalkulation der Fortentwicklung des Menschen etabliert werden kann. Hierzu gehören im wesentlichen die Erkenntnisse über die Evolution und die evolutiven Grundlagen des menschlichen Erkenntnis- und Denkvermögens.

Bibliographie

Albert, H.: *Traktat über kritische Vernunft.* Tübingen 1968

Baumgartner, H. M.: »Über die Widerspenstigkeit der Vernunft, sich aus Geschichte erklären zu lassen. Zur Kritik des Selbstverständnisses der Evolutionären Erkenntnistheorie«. In: Poser, H. (Hrsg.): *Wandel des Vernunftbegriffs.* Freiburg–München 1981 (S. 39–64)

Berger, P. und Luckmann, T.: *The Social Construction of Reality.* New York 1966

Bertalanffy, L. v.: »An Essay on the Relativity of Categories«. *Philosophy of Science* 22, 1955 (S. 243–263)

Bertalanffy, L. v.: *General System Theory.* New York 1968

Biegert, J.: »Der Mensch, seine Herkunft, sein Werden«. In: *Humanbiologie.* Berlin–Heidelberg–New York 1973 (S. 1–48)

Boltzmann, L.: *Populäre Schriften.* Leipzig 1905

Born, M.: *Physik im Wandel meiner Zeit.* Braunschweig 1957

Born, M.: *My Life. Recollections of a Nobel Laureate.* New York 1979

Brackman, A.: *The Delicate Arrangement.* New York 1980

Bresch, C.: *Zwischenstufe Leben. Evolution ohne Ziel?* München–Zürich 1977

Broda, E.: *Ludwig Boltzmann. Mensch, Physiker, Philosoph.* Wien 1955

Brunswik, E.: »Ratiomorphic Models of Perception and Thinking«. *Acta Psychologica* 11, 1955 (S. 108–109)

Bunge, M.: »Emergence and the Mind«. *Neuroscience* 2, 1977 (S. 501–509)

Bunge, M.: »The Mind-Body Problem in an Evolutionary Perspective«. In: Wolstenholme, G. und O'Connor, M. (Hrsg.): *Brain and Mind.* Amsterdam–New York 1979 (S. 53–63)

Bunge, M.: *The Mind-Body Problem. A Psychobiological Approach.* Oxford–New York–Toronto 1980

Bünning, E.: »Quantenmechanik und Biologie«. *Naturwissenschaften* 31, 1943 (S. 194–197)

Campbell, D. T.: *Pattern Matching as an Essential in Distal Knowing.* New York 1966

Campbell, D. T.: »Evolutionary Epistemology«. In: Schilpp, P. (Hrsg.): *The Philosophy of Karl Popper,* Bd. 1. Lasalle 1974 (S. 413–463)

Candolle, A. de: *Zur Geschichte der Wissenschaften und der Gelehrten seit zwei Jahrhunderten* (1873). Dt. v. W. Ostwald, Leipzig 1911

Carnap, R.: *The Continuum of Inductive Methods.* Chicago 1952

Chomsky, N.: *Sprache und Geist.* Frankfurt/M. 1973

Cole, St., Cole, J. R. und Simon, G. A.: »Chance and Consensus in Peer Review«. *Science* 214, 1981 (S. 881–886)

Comar, C.: »Bad Science and Social Penalties«. *Science* 200, 1978 (S. 1225)

Cournand, A. F.: »The Code of the Scientist and Its Relationship to Ethics«. *Science* 198, 1977 (S. 699–705)

Cournand, A. F. und Meyer, M.: »The Scientist's Code«. *Minerva* 14, 1976 (S. 79–96)

Cournand, A. F. und Zuckerman, H.: »The Code of Science. Analysis and Some Reflections on Its Future«. *Studium generale* 23, 1970 (S. 941–962)

Cowan, J. D.: *A Statistical Mechanics of Nervous Activity.* Chicago 1970

Creutzfeldt, O. D.: »Neurophysiological Mechanisms and Consciousness«. In: Wolstenholme, G. und O'Connor, M. (Hrsg.): *Brain and Mind.* Amsterdam–New York 1979 (S. 217–253)

Darwin, Ch.: *On the Origin of Species by Means of Natural Selection.* London 1859. Dt. v. C. W. Neumann, Stuttgart 1967

Darwin, Ch.: *The Descent of Man.* London 1871. Dt. v. G. Gärtner, Halle o. J.; v. H. Schmidt, Stuttgart 1966

Darwin, Ch.: *The Expression of the Emotions in Man and Animals.* London 1872. Dt. v. J. V. Carus, Stuttgart 1877

Dawkins, R.: *The Selfish Gene.* London 1976

Dobrow, G.: *Wissenschaft. Ihre Analyse und Prognose.* Stuttgart 1974

Dobzhansky, T.: *Dynamik der menschlichen Evolution.* Hamburg 1965

Dyson, F. J.: »Innovation in Physics«. *Scientific American* 199 (3), 1958 (S. 74–82)

Eccles, J. C. und Zeier, H.: *Gehirn und Geist.* Zürich 1980

Edelman, G. M. und Mountcastle, V. B.: *The Mindful Brain.* Cambridge/Mass.– London 1978

Eibl-Eibesfeldt, I.: *Grundriß der vergleichenden Verhaltensforschung.* München–Zürich 1978

Eigen, M.: »Selforganization of Matter and the Evolution of Biological Macromolecules«. *Naturwissenschaften* 58, 1971 (S. 465–523)

Eigen, M. und Schuster, P.: »The Hypercycle. A Principle of Natural Selforganization«. *Naturwissenschaften* 64, 1977 (S. 451–565); 65, 1978 (S. 7–41)

Eigen, M. und Winkler, R.: *Das Spiel. Naturgesetze steuern den Zufall.* München–Zürich 1975

Eigen, M., Gardiner, W., Schuster, P. und Winkler, R.: »The Origin of Genetic Information«. *Scientific American* 244 (4), 1981 (S. 78–94)

Eiseley, L. C.: *Von der Entstehung des Lebens und der Naturgeschichte des Menschen.* Frankfurt/M. 1969

Erben, H. K.: »A Holo-Evolutionistic Conception of Fossil and Contemporaneous Man«. *Abhandlungen der Akademie der Wissenschaften und der Literatur (Mainz), mathematisch-naturwiss. Klasse* 1980 (S. 3–18)

Erben, H. K.: *Leben heißt Sterben. Der Tod des einzelnen und das Aussterben der Arten.* Hamburg 1981

Feyerabend, P.: *Wider den Methodenzwang. Skizze einer anarchistischen Erkenntnistheorie.* Frankfurt/M. 1976

Fischer, R.: »Probalistic Test Models and Their Applications«. *German Journal of Psychology* 2, 1978 (S. 298–319)

Flaskämper, P.: *Die Wissenschaft vom Leben. Biologisch-philosophische Betrachtungen.* München 1913

Frey, G.: *Gesetz und Entwicklung in der Natur.* Hamburg 1958

Frey, G.: »Möglichkeit und Bedeutung einer evolutionären Erkenntnistheorie«. *Zeitschrift für Philosophische Forschung* 34, 1980 (S. 1–17)

Furth, H.: *Intelligenz und Erkennen. Die Grundlagen der genetischen Erkenntnistheorie Piagets.* Frankfurt/M. 1972

Gardner, H.: »Developmental Psychology after Piaget. An Approach in Terms of Symbolization«. *Human Development* 22, 1979 (S. 73–88)

Gehlen, A.: *Der Mensch.* Berlin 1940

Gillam, B.: »Optische Täuschungen«. *Spektrum der Wissenschaft* 3, 1980 (S. 100–110)

Glotz, P.: »Ist die deutsche Forschung noch Spitze? Das Villa-Hügel-Gespräch«. *Bild der Wissenschaft* 3, 1982 (S. 131)

Grüsser, O. J. und Henn, V.: »Erkenntnistheoretische und anthropologische Aspekte der modernen Hirnforschung«. In: Lohmann, M. (Hrsg.): *Wohin führt die Biologie? Ein interdisziplinäres Kolloquium.* München 1970 (S. 111–156)

Haeckel, E.: *Die Lebenswunder. Gemeinverständliche Studien über Biologische Philosophie.* Stuttgart 1905

Hagstrom, W. O.: *The Scientific Community.* New York 1965

Hailman, J. P.: »Ethos«. *BioScience* 27, 1977 (S. 715)

Haken, H.: *Synergetics.* Berlin–Heidelberg–New York 1978

Hamilton, W. D.: »The Genetical Evolution of Social Behaviour II«. *Journal of Theoretical Biology* 7, 1964 (S. 1–17)

Harsanyi, J. C.: *Essays on Ethics, Social Behavior, and Scientific Explanation.* Boston 1976

Hartmann, N.: *Der Aufbau der realen Welt.* Berlin 1964

Hassenstein, B.: *Verhaltensbiologie des Kindes.* München–Zürich 1973

Herder, J. G. v.: *Ideen zur Philosophie der Geschichte der Menschheit. Sämtliche Werke,* Bd. 4–7. Tübingen 1827

Hillman, H.: »Research Practices«. *Science* 213, 1981(S. 494)

Holst, E. v.: *Zentralnervensystem. Fünf Beiträge zur Verhaltensphysiologie.* München 1974

Hughes, R. I. G.: »Quantum Logic«. *Scientific American* 245, (4) 1981 (S. 146–157)

Illies, J.: *Schöpfung oder Evolution. Ein Naturwissenschaftler zur Menschwerdung.* Zürich 1979

Jantsch, E.: *Design for Evolution. Self-Organization and Planning in the Life of Human Systems.* New York 1975

Jantsch, E.: *Die Selbstorganisation des Universums. Vom Urknall zum menschlichen Geist.* München 1979

Jaynes, J.: *The Origin of Consciousness and the Breakdown of the Bicameral Mind.* Princeton 1975

Jerison, H. J.: *Evolution of the Brain and Intelligence.* New York–San Francisco–London 1973

Jevons, R. R.: *Science Observed.* London 1973

Jonas, H.: *Organismus und Freiheit.* Göttingen 1973

Kanitscheider, B.: *Wissenschaftstheorie der Naturwissenschaft.* Berlin–New York 1981

Kant, I.: *Allgemeine Naturgeschichte und Theorie des Himmels.* (1755). Werkausgabe, Bd. 1. Frankfurt/M. 1977

Kant, I.: *Kritik der reinen Vernunft* (1781). Werkausgabe, Bd. 3–4. Frankfurt/M. 1977

Kant, I.: *Kritik der Urteilskraft* (1790). Werkausgabe, Bd. 10. Frankfurt/M. 1977

Kant, I.: *Anthropologie in pragmatischer Hinsicht* (1798). Großherzog Wilhelm-Ernst-Ausgabe, Bd. 1. Leipzig 1922

Kant, I.: *Gesammelte Schriften.* Herausgegeben von der Königlich-Preußischen Akademie der Wissenschaften. Berlin 1900–1978

Kaspar, R.: »Die Geschichtlichkeit lebendiger Ordnung«. *Biologie in unserer Zeit* 8, 1978 (S. 42–47)

Kaspar, R.: »Naturgesetz, Kausalität und Induktion«. *Acta Biotheoretica* 29, 1980a (S. 129–149)

Kaspar, R.: »Die Evolution erkenntnisgewinnender Mechanismen«. *Biologie in unserer Zeit* 10, 1980b (S. 17–22)

Kaspar, R.: »Die Evolution des Lebendigen als Erkenntnisvorgang«. *Umschau* 16, 1980c (S. 493–498)

Kaspar, R.: »Die Evolution des Erkennens«. In: Kaltenbrunner, G.-K. (Hrsg.): *Wir sind Evolution.* Freiburg–Basel–Wien 1981a (S. 57–77)

Kaspar, R.: »Das Werden lebendiger Ordnung«. *Praxis der Naturwissenschaften (Biologie)* 11, 1981b (S. 321–331)

Klug, A.: »Rosalind Franklin and the Double Helix«. *Nature* 248, 1974 (S. 787–788)

Köchler, H.: »Transzendentalphilosophie als Anthropologie? Bemerkungen zum universalen Anspruch der evolutionären Erkenntnistheorie«. In: *Veröffentlichungen der Universität Innsbruck*, Bd. 137 (Festschrift für Ivo Kohler zum 65. Geburtstag). Innsbruck 1982

König, J.: *Vorträge und Aufsätze.* München–Freiburg 1978

Krieg, H.: *Kausale Denkweise und Ethik.* Stuttgart 1946

Kuhn, T. S.: *Die Struktur wissenschaftlicher Revolutionen.* Frankfurt/M. 1967

Kutschera, F. v.: *Wissenschaftstheorie.* 2 Bde. München 1972

Lakatos, I. und Musgrave, A. (Hrsg.): *Kritik und Erkenntnisfortschritt.* Braunschweig 1974

Leinfellner, E.: *Kausalität und Sprache.* Wien 1980

Leinfellner, E. und Leinfellner, W.: *Ontologie, Systemtheorie und Semantik.* Berlin 1978

Leinfellner, W.: »A New Epitheoretical Analysis of Social Theories«. In: Leinfellner, W. und Köhler, E. (Hrsg.): *Developments in the Methodology of Social Science.* Dordrecht–Boston 1974 (S. 3–44)

Leinfellner, W.: »Interne und externe Kriterien der Wissenschaften und der kybernetische Charakter des wissenschaftlichen Fortschritts«. In: Strasser, H. und Knorr, K. D. (Hrsg.): *Wissenschaftssteuerung.* Frankfurt/M. 1976 (S. 139–155)

Leinfellner, W.: »Grundtypen der Ontologie«. In: Haller, R. und Grassl, W. (Hrsg.): *Sprache,Logik und Philosophie.* Wien 1980a (S. 124–131)

Leinfellner, W.: »›Entscheidungstheorie‹ und ›Spieltheorie‹«. In: Speck, J. (Hrsg.): *Handbuch wissenschaftstheoretischer Begriffe.* Göttingen 1980b (S. 160–165 und S. 597–599)

Leinfellner, W.: »Kausalität in den Sozialwissenschaften«. In: Posch, G. (Hrsg.): *Kausalität. Neue Texte.* Stuttgart 1981 (S. 221–259)

Leinfellner, W. und Gottinger, H. W. (Hrsg.): *Decision Theory and Social Ethics.* Dordrecht–Boston 1978

Lenneberg, E.: *Biologische Grundlagen der Sprache.* Frankfurt/M. 1972

Leroi-Gourhan, A.: *Hand und Wort. Die Evolution von Technik, Sprache und Kunst.* Frankfurt/M. 1980

Lévi-Strauss, C.: *Strukturale Anthropologie.* Frankfurt/M. 1971

Lewontin, R. C.: »Evolution and the Theory of Games«. *Journal of Theoretical Biology* 19, 1961 (S. 382–403)

Lorenz, K.: »Kants Lehre vom Apriorischen im Lichte gegenwärtiger Biologie«. *Blätter für Deutsche Philosophie* 15, 1941 (S. 94–125)

Lorenz, K.: »Die angeborenen Formen möglicher Erfahrung«. *Zeitschrift für Tierpsychologie* 5, 1943 (S. 235–409)

Lorenz, K.: »Psychologie und Stammesgeschichte«. In: Heberer, G. (Hrsg.): *Die Evolution der Organismen* (2. Aufl.). Stuttgart 1954 (S. 131–172)

Lorenz, K.: »Gestaltwahrnehmung als Quelle wissenschaftlicher Erkenntnis«. *Zeitschrift für experimentelle und angewandte Psychologie* 4, 1959 (S. 118–165)

Lorenz, K.: »Phylogenetische Anpassung und adaptive Modifikation des Verhaltens«. *Zeitschrift für Tierpsychologie* 18, 1961 (S. 139–187)

Lorenz, K.: *Über tierisches und menschliches Verhalten. Gesammelte Abhandlungen.* 2 Bde. München 1965

Lorenz, K.: *Die Rückseite des Spiegels. Versuch einer Naturgeschichte menschlichen Erkennens.* München 1973

Lorenz, K.: *Vergleichende Verhaltensforschung. Grundlagen der Ethologie.* Wien–New York 1978

Lorenzen, P.: *Metamathematik.* Mannheim 1962

Lorenzen, P.: *Normative Logics and Ethics.* Mannheim 1969

Löw, R.: »Naturwissenschaften – Theorie und Geschichte«. *Chemie in unserer Zeit* 13, 1979 (S. 82–86)

Löw, R.: *Philosophie des Lebendigen*. Frankfurt/M. 1980a

Löw, R.: »Ethische Ziele und naturwissenschaftliche Entwicklung«. *Chemie in unserer Zeit* 14, 1980b (S. 168–175)

Löw, R.: »Bemerkungen zu P. Duhem«. *Zeitschrift für Philosophische Forschung* (im Druck)

Löw, R.: »Neue Träume eines Geistersehers«. *Scheidewege* 12, 1982 (S. 685–697)

Lumsden, C. J. und Wilson, E. O. (Hrsg.): *Genes, Mind and Culture. The Coevolutionary Process*. Cambridge/Mass. 1981

Lumsden, C. J. und Wilson, E. O.: »Precis of Genes, Mind, and Culture«. *Behavioral Science* 5, 1982 (S. 1–37)

Lütterfelds, W.: »Kants Kausalkategorie – ein stammesgeschichtliches Aposteriori?« *Philosophia Naturalis* 19, 1982 (S. 104–124)

Lynen, F.: »President's Report«. *Quarterly Review of Biophysics* 8, 1975 (S. 439–442)

Mach, E.: *Erkenntnis und Irrtum*. Leipzig 1905

Mach, E.: »Die Leitgedanken meiner naturwissenschaftlichen Erkenntnislehre und ihre Aufnahme durch die Zeitgenossen«. *Physikalische Zeitschrift* 11, 1910 (S. 599–606)

Mach, E.: *Principien der Wärmelehre*. Leipzig 1911

MacKay, D. M.: »Quantal Aspects of Scientific Information«. *Philosophical Magazine* 46, 1950

MacKay, D. M.: *Brains, Machines and Persons*. London 1980

Maturana, H.: *Erkennen: Die Organisation und Verkörperung von Wirklichkeit. Ausgewählte Arbeiten zur biologischen Epistemologie*. Braunschweig–Wiesbaden 1982

Maynard Smith, J. und Price, G.: »The Logic of Animal Conflicts«. *Nature* 246, 1973 (S. 15–18)

Maynard Smith, J. und Parker, G. A.: »The Logic of Asymmetric Contests«. *Animal Behaviour* 24, 1976 (S. 159–175)

Merton, R. K.: *The Sociology of Science*. Chicago 1973

Meyer, P.: *Soziobiologie und Soziologie. Eine Einführung in die biologischen Voraussetzungen sozialen Handelns*. Darmstadt–Neuwied 1982

Mohr, H.: *Wissenschaft und menschliche Existenz. Vorlesungen über Struktur und Bedeutung der Wissenschaft*. Freiburg 1967

Mohr, H.: *Lectures on Structure and Significance of Science*. Berlin–Heidelberg–New York 1977

Mohr, H.: »The Ethics of Science«. *Interdisciplinary Science Reviews* 4, 1979 (S. 45–53)

Mohr, H.: *Biologische Erkenntnis, ihre Entstehung und Bedeutung.* Stuttgart 1981

Mohr, H.: »Leiden und Sterben als Faktoren der Evolution«. In: Böhme, W. (Hrsg.): *Das Böse in der Evolution.* 1982

Monod, J.: *Zufall und Notwendigkeit. Philosophische Fragen der modernen Biologie.* München 1971

Mühlmann, W. E. und Müller, E. W. (Hrsg.): *Kulturanthropologie.* Köln–Berlin 1966

Neumann, J. und Morgenstern, O.: *Theory of Games and Economic Behavior.* Princeton 1947

Oeser, E.: *System, Klassifikation, Evolution.* Wien–Stuttgart 1974

Oeser, E.: *Wissenschaft und Information.* 3 Bde. Wien–München 1976

Oeser, E.: *Wissenschaftstheorie als Rekonstruktion der Wissenschaftsgeschichte.* 2 Bde. Wien–München 1979

Oeser, E.: »Kants Beitrag zur progressiven Begründung der komparativen Wissenschaftstheorie«. *Philosophia Naturalis* 19, 1982 (S. 201–250)

Oeser, E.: *Wissenschaftsevolution. Das Abenteuer der kollektiven Vernunft.* In Vorbereitung

Parker, G. A.: »Sexual Selection and Sexual Conflict«. In: Blum, M. S. und Blum, A. N. (Hrsg.): *Sexual Selection and Reproductive Competition.* New York

Pekeris, C. L. in: Michaelis, A. R. und Harvey, H. (Hrsg.): *Scientists in Search of Their Conscience.* Berlin–Heidelberg–New York 1973

Peters, H. M.: »Historische, soziologische und erkenntniskritische Aspekte der Lehre Darwins«. In: Gadamer, H.-G. und Vogler, P. (Hrsg.): *Neue Anthropologie. Bd. 1: Biologische Anthropologie (1. Teil).* München 1972 (S. 326–352)

Piaget, J.: *Einführung in die genetische Erkenntnistheorie.* Frankfurt / M. 1973

Popper, K. R.: *Conjectures and Refutations. The Growth of Scientific Knowledge.* London 1963

Popper, K. R.: »Quantum Mechanics Without the ›Observer‹«. In: Bunge, M. (Hrsg.): *Quantum Theory and Reality.* Berlin–Heidelberg–New York 1967 (S. 7–44)

Popper, K. R.: *Objective Knowledge. An Evolutionary Approach.* Oxford 1972

Popper, K. R.: »Scientific Reduction and the Essential Incompleteness of All Science«. In: Ayala, F. J. und Dobzhansky, T. (Hrsg.): *Studies in the Philosophy of Biology.* London 1974 (S. 259–284)

Popper, K. R.: »The Rationality of Scientific Revolutions«. In: Harré, R. (Hrsg.): *Problems of Scientific Revolutions.* Oxford 1975 (S. 72–101)

Popper, K. R.: *Unended Quest. An Intellectual Autobiography.* London 1976

Popper, K. R.und Eccles, J. C.: *The Self and Its Brain. An Argument for Interactionism.* Berlin–Heidelberg–London–New York 1977

Prigogine, I. und Stengers, I.: *Dialog mit der Natur. Neue Wege naturwissenschaftlichen Denkens.* München–Zürich 1981

Radnitzky, G.: »Zur theoretischen Grundlage von Wissenschaft und Technik. Das Bild der Wissenschaft in der zeitgenössischen Methodologie«. In: Rössler, D. und Lindenlaub, E. (Hrsg.): *Möglichkeiten und Grenzen der technischen Kultur.* Stuttgart–New York 1982 (S. 53–111)

Rapport, D. J.: »Predator-Prey Interactions in Natural Communities«. *Journal of Theoretical Biology* 51, 1975 (S. 169–180)

Reichenbach, H.: »Kant und die Naturwissenschaft«. *Die Naturwissenschaften* 21, 1933 (S. 601–606 und S. 624–626)

Reichenbach, H.: *Der Aufstieg der wissenschaftlichen Philosophie.* Braunschweig 1953

Remane, A.: *Die Grundlagen des natürlichen Systems, der vergleichenden Anatomie und der Phylogenetik.* Königstein/Taunus 1971

Rensch, B.: *Biophilosophie auf erkenntnistheoretischer Grundlage.* Stuttgart 1968

Rensch, B.: *Homo sapiens. Vom Tier zum Halbgott.* Göttingen 1970

Rensch, B.: *Gedächtnis, Begriffsbildung und Planhandlungen bei Tieren.* Hamburg–Berlin 1973

Rensch, B.: *Das universale Weltbild. Evolution und Naturphilosophie.* Frankfurt/M. 1977

Rescher, N.: *The Coherence Theory of Truth.* Oxford 1973

Riedl, R.: *Biologie der Meereshöhlen.* Hamburg–Berlin 1966

Riedl, R.: (Hrsg.): *Fauna und Flora der Adria.* Hamburg–Berlin 1970

Riedl, R.: *Die Ordnung des Lebendigen. Systembedingungen der Evolution.* Hamburg–Berlin 1975

Riedl, R.: *Die Strategie der Genesis. Naturgeschichte der realen Welt.* München–Zürich 1976

Riedl, R.: »A Systems-analytical Approach to Macro-evolutionary Phenomena«. *The Quarterly Review of Biology* 52, 1977 (S. 351–370)

Riedl, R.: »Über die Biologie des Ursachen-Denkens. Ein evolutionistischer, systemtheoretischer Versuch«. *Mannheimer Forum 78/79,* 1979 (S. 9–70)

Riedl, R.: *Biologie der Erkenntnis. Die stammesgeschichtlichen Grundlagen der Vernunft* (unter Mitarbeit von Kaspar, R.). Berlin–Hamburg 1980 a

Riedl, R.: »Marine Ecology – A Century of Changes«. *Marine Ecology* 1, 1980 b (S. 3–46)

Riedl, R.: »Evolution als Naturgeschichte von Sinn und Freiheit«. In: Böhme, G. (Hrsg.): *Wie entsteht der Geist?* Karlsruhe 1980 c (S. 48–60)

Rokeach, M.: *The Nature of Human Values.* New York 1973

Roth, E., Oswald, W. D. und Daumenlang, K.: *Intelligenz.* Stuttgart–Berlin–Köln–Mainz 1972

Sachsse, H.: *Kausalität – Gesetzlichkeit – Wahrscheinlichkeit.* Darmstadt 1979

Sayre, A.: *Rosalind Franklin and DNA.* New York 1975

Schank, J.: »Intelligent Neural Networks«. In: Leinfellner, W., Schank, J. und Kraemer, E. (Hrsg.): *Sprache und Ontologie.* Wien 1982

Schrödinger, E.: *Mind and Matter.* Cambridge 1958

Schuster, P., Sigmund, K., Hofbauer, J. und Wolff, R.: »Self-regulation of Behaviour in Animal Societies«. *Biological Cybernetics* 40, 1981 (S. 1–25)

Sechser, O.: »Information und Wahrheit, falsche Information und Unwahrheit«. In: *Studien zur Klassifikation.* Bd. 9. Frankfurt/M. 1980

Seitelberger, F.: »Das Bild des Menschen in der Sicht der Hirnforschung«. *Abhandlungen der Österreichischen Akademie der Wissenschaften,* Abt. I, 181, 1972 (S. 38–50)

Seitelberger, F.: »Das menschliche Gehirn und die Sonderstellung des Menschen in der Natur aus heutiger Sicht«. *Österreichische Ärztezeitung* 26, 1973 (S. 777–791)

Seitelberger, F.: »Lebensstadien des Gehirns – strukturelle und funktionale Aspekte«. In: Rosenmayr, L. (Hrsg.): *Die menschlichen Lebensalter. Kontinuität und Krisen.* München–Zürich 1978 (S. 191–221)

Seitelberger, F.: »Die Rolle des Nervensystems im psychosomatischen Geschehen. Die Einheit von Struktur und Funktion im Aufbau des menschlichen Gehirns«. In: Uexküll, T. v. (Hrsg.): *Lehrbuch der*

Psychosomatischen Medizin. München–Wien–Baltimore 1979 (S. 135–140)

Seitelberger, F.: »Neue Aspekte und Erkenntnisse der Gehirnforschung: Freiheit und Verantwortung des Menschen«. *Universitas* 35, 1980a (S. 633–640)

Seitelberger, F.: »Umwelt und Gehirn«. *Dokumentation des Wissenschaftlichen Forums.* Hamburg 1980b

Seitelberger, F.: »Die Raum-Zeit-Struktur der menschlichen Erlebniswelt als Problem der Hirnforschung«. In: *Studien zur Klassifikation.* Bd. 9. Frankfurt/M. 1980c (S. 178–196)

Seitelberger, F.: »Neurobiologische Aspekte der Personalität des Menschen«. Vortragsmanuskript zum Symposium *Biologische Grundlagen der Geschichtlichkeit des Menschen.* Halle/Saale 1981

Seitelberger, F.: »Die Raum-Zeit im Blickpunkt der Hirnforschung«. *Nova Acta Leopoldina* (im Druck)

Seitelberger, F.: »Das Zeitproblem. Neurobiologische Aspekte«. Im Druck

Selten, R.: »A Note on Evolutionary Stable Strategies in Asymmetric Animal Contests«. *Journal of Theoretical Biology* 84, 1980 (S. 93–101)

Sen, A. K.: *Social Choice and Individual Welfare.* London 1970

Simon, A.: *The Matter of Life.* New Haven 1971

Simpson, G. G.: »Biology and the Nature of Science«. *Science* 139, 1963a (S. 81–88)

Simpson, G. G.: *This View of Life. The World of an Evolutionist.* New York 1963b

Skinner, B. F.: *Beyond Freedom and Dignity.* New York 1971

Sneath, P. und Sokal, R.: *Numerical Taxonomy. The Principle and Practice of Numerical Classification.* San Francisco 1973

Sneed, J. D.: *The Logical Structure of Mathematical Physics.* Dordrecht–Boston 1971

Sokal, R. und Sneath, P.: *Principles of Numerical Taxonomy.* San Francisco 1963

Spaemann, R.: »Der Streit der Philosophen«. In: Lübbe, H. (Hrsg.): *Wozu Philosophie?* Berlin 1978 (S. 91–106)

Spaemann, R. und Löw, R.: *Die Frage Wozu? Geschichte und Wiederentdeckung des teleologischen Denkens.* München–Zürich 1981

Spencer, H.: *Essays. Scientific, Political, Speculative.* 2 Bde. London 1858–1863

Spencer, H.: *Grundlagen der Philosophie*. (Übers. v. B. Vetter.) Stuttgart 1875

Spencer, H.: *Die Principien der Psychologie*. (Übers. v. B. Vetter.) Stuttgart 1882

Sperry, R. W., Gazzaniga, M. S. und Bogen, H. E.: »Interhemispheric Relationships. The Neocortical Commissures. Syndromes of Hemisphere Deconnection«. In: Vinken, P. J. und Bruyn, G. W. (Hrsg.): *Handbook of Clinical Neurology*, Bd. 4. Amsterdam 1969 (S. 273–290)

Stegmüller, W.: *Probleme und Resultate der Wissenschaftstheorie und Analytischen Philosophie*. Bd. 1. Berlin–Heidelberg–New York 1969

Stegmüller, W.: »Das Problem der Induktion. Humes Herausforderung und moderne Antworten«. In: Lenk, H. (Hrsg.): *Neue Aspekte der Wissenschaftstheorie*. Braunschweig 1971 (S. 13–74)

Stegmüller, W.: *Hauptströmungen der Gegenwartsphilosophie*. Bd. 2. Stuttgart 1975

Stegmüller, W.: *Aufsätze zur Wissenschaftstheorie*. Darmstadt 1974

Stegmüller, W.: *The Structuralist View of Theories*. Berlin–Heidelberg–New York 1979 a

Stegmüller, W.: *Rationale Rekonstruktion von Wissenschaft und ihrem Wandel*. Stuttgart 1979 b

Suppes, P.: *Probalistic Theory of Causality*. Amsterdam 1976

Topitsch, E.: *Erkenntnis und Illusion. Grundstrukturen unserer Weltauffassung*. Hamburg 1979

Unsöld, A.: *Evolution kosmischer, biologischer und geistiger Strukturen*. Stuttgart 1981

Vollmer, G.: *Evolutionäre Erkenntnistheorie*. Stuttgart 1975

Vollmer, G.: »Evolutionäre Erkenntnistheorie und Wissenschaft«. In: Sandkühler, H. J. (Hrsg.): *Die Wissenschaft der Erkenntnis und die Erkenntnis der Wissenschaft*. Stuttgart 1978 (S. 64–79)

Vollmer, G.: »Evolutionäre Erkenntnistheorie und Leib-Seele-Problem«. In: Böhme, G. (Hrsg.): *Wie entsteht der Geist?* Karlsruhe 1980 (S. 11–40)

Vollmer, G.: »Ein neuer dogmatischer Schlummer? Kausalität trotz Hume und Kant«. *Akten des 5. Internationalen Kant-Kongresses*. Mainz 1981 (S. 1125–1138)

Vollmer, G.: »Was können wir wissen? Eigenart und Reichweite menschlichen Erkennens«. In: *Kindlers Enzyklopädie: Der Mensch*. Bd. 1. Zürich 1982a (S. 114–149)

Vollmer, G.: »Probleme der Anschaulichkeit«. *Philosophia Naturalis* 19, 1982b (S. 277–314)

Vollmer, G.: On supposed circularities in an empirically oriented epistemology. Proc. Eleventh ICUS. Int. Cultural Foundation Press. New York 1983 (im Druck)

Vollmer, G.: *Objektivität und Invarianz – Grundlagen einer projektiven Erkenntnis- und Wissenschaftstheorie.* Wien–New York (in Vorbereitung)

Wagner, G. P.: »The Logical Basis of Evolutionary Epistemology«. In: Wuketits, F. M. (Hrsg.): *Concepts and Approaches in Evolutionary Epistemology. Towards an Evolutionary Theory of Knowledge.* Dordrecht–Boston 1983 (im Druck)

Wagner, C. P.: »Can Mathematical Evolutionary Theory Contribute to a Nonlinear Extension of Formal Logics?« In: Hejl, P. und Köck, W. (Hrsg.): *Selforganization, Selfreferentiality, and Autopoiesis.* 1982

Wagner, G. P.: »Some Comments on the Logical Structure of Evolutionary Epistemology«. In Vorbereitung

Walton, S.: »Data Falsification – Congress Asks How Much and Why«. *BioScience* 31, 1976 (S. 355–358)

Watson, J. D.: *The Double Helix. A Personal Account of the Discovery of the Structure of DNA.* New York–Toronto 1969

Watzlawick, P.: *Wie wirklich ist die Wirklichkeit?* München 1976

Watzlawick, P. (Hrsg.): *Die erfundene Wirklichkeit. Wie wissen wir, was wir zu wissen glauben?* München–Zürich 1981

Weinberg, A. M.: »Science in the Public Forum: Keeping It Honest«. *Science* 191, 1976 (S. 341)

Weinberg, A. M.: »The Limits of Science and Trans-Science«. *Interdisciplinary Science Reviews* 2, 1977 (S. 337–342)

Weizsäcker, C. F. v.: *Der Garten des Menschlichen.* München 1977

Weizsäcker, V. v.: *Der Gestaltkreis.* Stuttgart 1947

Whorf, B. L.: *Sprache, Denken, Wirklichkeit.* Reinbek 1963

Wilson, E. O.: *Sociobiology. The New Synthesis.* Cambridge/Mass. 1975

Wilson, E. O.: *On Human Nature.* Cambridge/Mass. 1978

Wuketits, F. M.: »Die Ordnung der Natur und die Natur der Ordnung«. In: Schäfer, W. (Hrsg.): *Evoluierende Systeme III.* Frankfurt/M. 1978a (S. 163– 172)

Wuketits, F. M.: *Wissenschaftstheoretische Probleme der modernen Biologie.* Berlin 1978b

Wuketits, F. M.: »Das Problem des Bewußtseins aus biologischer Sicht«. *Österreichische Ärztezeitung* 35, 1980a (S. 24–26)

Wuketits, F. M.: *Kausalitätsbegriff und Evolutionstheorie*. Berlin 1980b

Wuketits, F. M.: »Kybernetik, Gehirn und Bewußtsein«. *Umschau* 81, 1981a (S. 77–79)

Wuketits, F. M.: *Biologie und Kausalität. Biologische Ansätze zur Kausalität, Determination und Freiheit*. Berlin–Hamburg 1981b

Wuketits, F. M.: »Evolution und Ethik«. In: Morscher, E. und Stranzinger, R. (Hrsg.): *Ethik. Grundlagen, Probleme und Anwendungen*. Wien 1981c (S. 325–327)

Wuketits, F. M.: »Systems Research – the Search for Isomorphism«. In: Trappl, R., Findler, N. V. und Horn, W. (Hrsg.): *Progress in Cybernetics and Systems Research*. Bd. 11. Washington–New York–London 1982a (S. 403–407)

Wuketits, F. M.: *Grundriß der Evolutionstheorie*. Darmstadt 1982b

Wuketits, F. M.: »Biophilosophie heute – Argumente, Probleme, Perspektiven (5. Teil): Gehirn, Psyche und Bewußtsein«. *Der mathematische und naturwissenschaftliche Unterricht* 37, 1983a (im Druck)

Wuketits, F. M.: (Hrsg.): *Concepts and Approaches in Evolutionary Epistemology. Towards an Evolutionary Theory of Knowledge*. Dordrecht–Boston 1983b (im Druck)

Wuketits, F. M.: »Spencer, Darwin, Lorenz: Historische Perspektiven zur evolutionären Erkenntnistheorie«. 1983c (im Druck)

Wuketits, F. M.: »Evolutionsmodelle in der Erklärung menschlicher Denkstrukturen im 19. Jahrhundert«. *Berichte zur Wissenschaftsgeschichte* 6, 1983d (im Druck)

Zadeh, L. A.: »Fuzzy Sets«. *Information and Control* 8, 1965 (S. 338–353)

Zeeman, E. C.: »Dynamics of the Evolution of Animal Conflicts«. *Journal of Theoretical Biology* 89, 1981 (S. 249–270)

Ziman, J. M.: *Public Knowledge*. Cambridge 1968

Die Autoren

Robert Kaspar, geboren 1953. Studium der Zoologie und Humanbiologie an der Universität Wien, Arbeit an einer Dissertation über die Metrik des evolutiven Gestaltwandels der Wirbelsäule. Veröffentlichungen (u. a.): »Der Typus – Idee und Realität« in: *Acta Biotheoretica* (1977), »Die Evolution erkenntnisgewinnender Mechanismen« in: *Biologie in unserer Zeit* (1980), »Die Evolution des Erkennens« in: *Wir sind Evolution* (G.-K. Kaltenbrunner, Hrsg., 1981).

Werner Leinfellner, geboren 1921. Studium der Physik, Chemie und Philosophie an den Universitäten Graz und Wien. Von 1947 bis 1954 chemische Forschungen. Promotion zum Dr. phil. an der Universität Wien 1959. Von 1960 bis 1967 Forschungs- und Lehrtätigkeit an den Universitäten München und Wien sowie am Institut für Höhere Studien (Wien). Gastdozent für Wissenschaftstheorie der Ökonomie an der Universität Basel 1966 und an der Universität Bratislava 1967. Seit 1967 Professor of Philosophy an der University of Nebraska (Lincoln). Herausgeber der seit 1969 bestehenden Zeitschrift *Theory and Decision* und der *Theory and Decision Library*. Zahlreiche Veröffentlichungen. Buchpublikationen (u. a.): *Struktur und Aufbau wissenschaftlicher Theorien* (1965), *Einführung in die Erkenntnis- und Wissenschaftstheorie* (1965), *Die Entstehung der Theorie* (1966), *Ontologie, Systemtheorie und Semantik* (zusammen mit Elisabeth Leinfellner, 1978), *Decision Theory and Social Ethics* (zusammen mit Hans W. Gottinger, 1978).

Konrad Lorenz, geboren 1903. Studium der Medizin und Zoologie an der Universität Wien, Promotion zum Dr. med. und Dr. phil. ebendort. Ab 1940 Professor für vergleichende Psychologie an der Universität Königsberg, ab 1957 Honorarprofessor an der Universität München. Von 1961 bis 1973 Direktor am Max-Planck-Institut für Verhaltensphysiologie in Seewiesen, ab 1974 Direktor der Abteilung für Tiersoziologie des Instituts für vergleichende Verhaltensforschung der Österreichischen Akademie der Wissenschaften. Zahlreiche Ehrungen und Auszeichnungen, 1973 Nobelpreis für Medizin und Physiologie. Zahlreiche Veröffentlichungen. Buchpublikationen (u. a.): *Das sogenannte Böse* (1963), *Evolution and Modification of Behavior* (1965), *Über tierisches und menschliches Verhalten* (1965), *Die acht Todsünden der zivilisierten Menschheit* (1973), *Die Rückseite des Spiegels* (1973), *Vergleichende Verhaltensforschung* (1978).

Reinhard Löw, geboren 1949. Studium der Pharmazie, Mathematik, Wissenschaftsgeschichte und Philosophie an der Universität München. Promotion zum Dr. rer. nat. 1977, Promotion zum Dr. phil. 1979. Auszeichnung mit dem Partington Prize der Ambix Society für Chemiegeschichte 1978. Mehrere Veröffentlichungen, darunter die Bücher *Pflanzenchemie zwischen Lavoisier und Liebig* (1977), *Pharmazie und Geschichte* (Hrsg., 1978), *Philosophie des Lebendigen* (1980), *Die Frage Wozu?* (zusammen mit Robert Spaemann, 1981).

Hans Mohr, geboren 1930. Studium der Biologie und Physik, Promotion 1955. Danach Forschungsaufenthalt in den USA. 1959 Habilitation an der Universität Tübingen. Seit 1960 Ordinarius für Biologie in Freiburg und Projektleiter bei der Deutschen Forschungsgemeinschaft (»Molekulare Grundlagen der Entwicklung«). Mehrere Gastprofessuren vor allen in den USA. Zahlreiche Veröffentlichungen. Buchpublikationen: *Wissenschaft und menschliche Existenz* (1967), *Molekulare Grundlagen der Entwicklung* (1971), *Lectures on Photomorphogenesis* (1972), *Lectures on Structure and Significance of Science* (1977), *Lehrbuch der Pflanzenphysiologie* (zusammen mit P. Schopfer, 1978), *Biologische Erkenntnis, ihre Entstehung und Bedeutung* (1981).

Erhard Oeser, geboren 1938. Studium der Philosophie und Germanistik, Promotion 1963, Habilitation 1968 an der Universität Wien. Seit 1972 Ordinarius für Wissenschaftstheorie ebendort. Zahlreiche Veröffentlichungen. Buchpublikationen (u. a.): *Kepler: Die Entstehung der neuzeitlichen Wissenschaft* (1971), *System – Klassifikation – Evolution* (1974), *Wissenschaft und Information*, 3 Bände (1976), *Wissenschaftstheorie als Rekonstruktion der Wissenschaftsgeschichte* (1979); in Vorbereitung befindet sich: *Wissenschaftsevolution – Das Abenteuer der kollektiven Vernunft*.

Rupert Riedl, geboren 1925. Studium der Medizin, Anthropologie und Zoologie an der Universität Wien. Promotion zum Dr. phil. 1952 und Habilitation 1956 ebendort. Ab 1966 Visiting Professor und ab 1967 Full Professor of Zoology and Marine Sciences an der University of North Carolina (Chapel Hill). Seit 1971 Ordinarius für Zoologie an der Universität Wien. Herausgeber der Zeitschrift *Marine Ecology*. Zahlreiche Veröffentlichungen. Buchpublikationen: *Biologie der Meereshöhlen* (1966), *Fauna und Flora der Adria* (Hrsg., 1970), *Die Ordnung des Lebendigen* (1975), *Die Strategie der Genesis* (1976), *Biologie der Erkenntnis* (1980), *Evolution und Erkenntnis* (1982).

Franz Seitelberger, geboren 1916. Studium der Medizin an der Universität Wien, dort Promotion zum Dr. med. 1940 und Habilitation 1954. Seit 1959 Professor für Neurologie und Vorstand des Neurologischen Instituts der Universität Wien. Von 1975 bis 1977 Rektor der Universität. Mitglied der Österreichischen Akademie der Wissenschaften (seit 1964), der Max-Planck-Gesellschaft (seit 1965) und der Deutschen Gesellschaft der Naturforscher Leopoldina (seit 1968). Zahlreiche Veröffentlichungen über Neurologie, Neuropathologie und medizinische Anthropologie, zahlreiche Lehr- und Handbuchbeiträge.

Gerhard Vollmer, geboren 1943. Studium der Mathematik, Physik, Chemie und Philosophie an den Universitäten München, Berlin und Freiburg/Br. Promotion zum Dr. rer. nat. 1971, Promotion zum Dr. phil. 1973. Postdoctoral Fellow an der McGill University (Montreal) 1971/72. Ab 1974 Lehrtätigkeit an der Technischen Universität Hannover. Seit 1981 Professor für Philosophie an der Universität Gießen. Veröffentlichungen (u. a.): *Evolutionäre Erkenntnistheorie* (1975), »Evolutionäre Erkenntnistheorie und Leib-Seele-Problem« in: *Wie entsteht der Geist?* (W. Böhme, Hrsg., 1980), »Was können wir wissen?« in: *Kindlers Enzyklopädie: Der Mensch*, Band 1 (1982); in Vorbereitung befindet sich: *Objektivität und Invarianz – Grundlagen einer projektiven Erkenntnis- und Wissenschaftstheorie*.

Günter P. Wagner, geboren 1954. Studium der Zoologie, Biochemie und Logistik an der Universität Wien, Promotion zum Dr. phil. 1979 ebendort. Ab 1979 Forschungsarbeiten am Max-Planck-Institut für Biophysikalische Chemie (Göttingen) und ab 1982 am Max-Planck-Institut für Virusforschung (Tübingen). Veröffentlichungen (u. a.): »Feedback selection and the evolution of modifiers« in: *Acta Biotheoretica* (1981), »Komponenten des Informationsbegriffs« in: *Philosophia Naturalis* (1981), »Can mathematical evolutionary theory contribute to a nonlinear extension of formal logics?« in: *Selforganization, Selfreferentiality, and Autopoiesis* (P. Hejl u. W. Köck, Hrsg., 1982).

Franz M. Wuketits, geboren 1955. Studium der Zoologie, Paläontologie, Philosophie und Wissenschaftstheorie, Promotion zum Dr. phil. 1978, Habilitation 1980 an der Universität Wien. Seit 1980 Dozent für Wissenschaftstheorie (Schwerpunkt Biowissenschaften) ebendort. 1982 Österreichischer Staatspreis für publizistische Leistungen im Interesse von Wissenschaft und Forschung. Zahlreiche Veröffentlichungen. Buchpublikationen: *Wissenschaftstheoretische Probleme der modernen Biologie* (1978), *Kausalitätsbegriff und Evolutionstheorie* (1980), *Biologie und Kausalität: Biologische Ansätze zur Kausalität, Determination und Freiheit* (1981), *Grundriß der Evolutionstheorie* (1982), *Concepts and Approaches in Evolutionary Epistemology* (Hrsg., 1983); in Vorbereitung befindet sich: *Biologische Erkenntnis – Grundlagen und Probleme.*

Personenregister

Kursiv gedruckte Seitenzahlen verweisen auf die Bibliographie.

Sachregister

Die meisten Begriffe sind nur für diejenigen Stellen nachgewiesen, wo sie ausführlicher behandelt oder in einem speziellen Zusammenhang gebraucht werden.

Konrad Lorenz

Der Abbau des Menschlichen
2. Aufl., 102. Tsd. 1983. 294 Seiten. Geb.

Die acht Todsünden der zivilisierten Menschheit
16. Aufl., 393. Tsd. 1983. 112 Seiten. SP 50.

Die Rückseite des Spiegels
Versuch einer Naturgeschichte menschlichen Erkennens.
4. Aufl., 105. Tsd. 1983. 353 Seiten mit 4 Abbildungen. Geb.

Über tierisches und menschliches Verhalten
Aus dem Werdegang der Verhaltenslehre. Gesammelte Abhandlungen.
Bd. I: 17. Aufl., 139. Tsd. 1974. 412 Seiten mit 5 Abbildungen. Kt.

Das Wirkungsgefüge der Natur und das Schicksal des Menschen
Gesammelte Arbeiten. Herausgegeben und eingeleitet
von Irenäus Eibl-Eibesfeldt. 4. Aufl., 31. Tsd. 1983.
367 Seiten mit 23 Abbildungen. SP 309.

Konrad Lorenz / Franz Kreuzer
Leben ist Lernen
Von Immanuel Kant zu Konrad Lorenz. Ein Gespräch über das
Lebenswerk des Nobelpreisträgers. 2. Aufl., 10. Tsd. 1983.
103 Seiten mit 1 Abbildung. SP 223.

Antal Festetics
Konrad Lorenz
Aus der Welt des großen Naturforschers. 1983. 160 Seiten
mit 255 Photos, davon 41 Farbphotos und 28 Graphiken. Geb.

Piper

Evolutionstheorie und Verhaltensforschung

Carsten Bresch
Zwischenstufe Leben
Evolution ohne Ziel? 2. Aufl., 18. Tsd. 1978.
316 Seiten mit Abbildungen, Tabellen und 1 farbigen Tafel. Geb.

Irenäus Eibl-Eibesfeldt
Grundriß der vergleichenden
Verhaltensforschung – Ethologie
6., durchgesehene Auflage, 30. Tsd. 1980.
780 Seiten mit 374 Abbildungen, 8 farbige Tafeln. Geb.

Irenäus Eibl-Eibesfeldt
Liebe und Haß
Zur Naturgeschichte elementarer Verhaltensweisen.
11. Aufl., 81. Tsd. 1983. 293 Seiten mit 62 Abbildungen. SP 113.

Manfred Eigen / Ruthild Winkler
Das Spiel
Naturgesetze steuern den Zufall. 5. Aufl., 49. Tsd. 1983.
404 Seiten mit 68 zum Teil farbigen Abbildungen. Kt.

Rupert Riedl
Evolution und Erkenntnis
Die dritte kopernikanische Wende. 1982. 360 Seiten. Geb.

Piper